Geschichte und Mythologie Ägyptens

Ein spannender Überblick über Ägyptens Vergangenheit und die Mythen ihrer Göttinnen und Götter

© Copyright 2023

Alle Rechte vorbehalten. Kein Teil dieses Buches darf in irgendeiner Form ohne schriftliche Genehmigung des Autors reproduziert werden. Rezensenten dürfen in Besprechungen kurze Textpassagen zitieren.

Haftungsausschluss: Kein Teil dieser Publikation darf ohne die schriftliche Erlaubnis des Verlags reproduziert oder in irgendeiner Form übertragen werden, sei es auf mechanischem oder elektronischem Wege, einschließlich Fotokopie oder Tonaufnahme oder in einem Informationsspeicher oder Datenspeicher oder durch E-Mail.

Obwohl alle Anstrengungen unternommen wurden, die in diesem Werk enthaltenen Informationen zu verifizieren, übernehmen weder der Autor noch der Verlag Verantwortung für etwaige Fehler, Auslassungen oder gegenteilige Auslegungen des Themas.

Dieses Buch dient der Unterhaltung. Die geäußerte Meinung ist ausschließlich die des Autors und sollte nicht als Ausdruck von fachlicher Anweisung oder Anordnung verstanden werden. Der Leser / die Leserin ist selbst für seine / ihre Handlungen verantwortlich.

Die Einhaltung aller anwendbaren Gesetze und Regelungen, einschließlich internationaler, Bundes-, Staats- und lokaler Rechtsprechung, die Geschäftspraktiken, Werbung und alle übrigen Aspekte des Geschäftsbetriebs in den USA, Kanada, dem Vereinigten Königreich regeln oder jeglicher anderer Jurisdiktion obliegt ausschließlich dem Käufer oder Leser.

Weder der Autor noch der Verlag übernimmt Verantwortung oder Haftung oder sonst etwas im Namen des Käufers oder Lesers dieser Materialien. Jegliche Kränkung einer Einzelperson oder Organisation ist unbeabsichtigt.

Inhaltsverzeichnis

TEIL 1: DIE GESCHICHTE ÄGYPTENS 1
EINLEITUNG 2
ABSCHNITT EINS: EIN ÜBERBLICK ÜBER DAS ANTIKE ÄGYPTEN
(3150-330 V. CHR.) 5
   KAPITEL 1: DIE ANFÄNGE DES ANTIKEN ÄGYPTENS (3150-2180 V.
   CHR.) 6
   KAPITEL 2: DIE ENTSTEHUNG DES MITTLEREN REICHES
   (2180-1550 V. CHR.) 18
   KAPITEL 3: DAS NEUE REICH (1550-1070 V. CHR.) 29
   KAPITEL 4: DAS ENDE DES ALTEN ÄGYPTENS (1070-330 V. CHR.) 41
ABSCHNITT ZWEI: EIN ÜBERBLICK ÜBER DAS MODERNE
ÄGYPTEN (332 V. CHR. - 2021 N. CHR.) 52
   KAPITEL 5: DAS GRIECHISCH-RÖMISCHE ZEITALTER
   (332 V. CHR. - 629 N. CHR.) 53
   KAPITEL 6: DAS MITTELALTERLICHE ÄGYPTEN
   (650-1520 N. CHR.) 65
   KAPITEL 7: DAS FRÜHE MODERNE ÄGYPTEN (1520-1914) 76
   KAPITEL 8: DAS SPÄTMODERNE ÄGYPTEN (1890-2013 N. CHR.) 88
ABSCHNITT DREI: DIE ÄGYPTISCHE GESELLSCHAFT IM WANDEL DER
ZEIT 99
   KAPITEL 9: GESELLSCHAFT UND IHRE STRUKTUR 100
   KAPITEL 10: DER NIL UND SEINE SCHLÜSSELROLLE 112
   KAPITEL 11: DIE ENTWICKLUNG DER ÄGYPTISCHEN RELIGION 121
   KAPITEL 12: SPRACHE, KUNST UND ARCHITEKTUR 131

ABSCHNITT VIER: DIE SCHLÜSSELFIGUREN DER
ÄGYPTISCHEN GESCHICHTE.. 143
    KAPITEL 13: TUTANCHAMUN UND SEIN VERFLUCHTES
    GRABMAL (1341-1327 V. CHR.)... 144
    KAPITEL 14: HATSCHEPSUT UND KLEOPATRA: FRAUEN AN
    DER MACHT.. 157
    KAPITEL 15: SALADIN: DER ERSTE SULTAN VON ÄGYPTEN............. 168
    KAPITEL 16: MUBARAK UND MORSI 176
FAZIT 187
TEIL 2: ÄGYPTISCHE MYTHOLOGIE 189
EINFÜHRUNG... 190
    ABSCHNITT EINS: KOSMOLOGIE... 193
    KAPITEL 1: DIE SCHÖPFUNGSMYTHEN 194
    KAPITEL 2: DIE GESTALT DER WELT UND DAS PRINZIP MAAT 203
    KAPITEL 3: DIE DUAT UND DAS LEBEN IM JENSEITS 209
    ABSCHNITT ZWEI: MYTHEN UND LEGENDEN...................................... 216
    KAPITEL 4: RE UND APOPHIS 217
    KAPITEL 5: DER OSIRIS-MYTHOS.. 222
    KAPITEL 6: ZEIT UND DAS ENDE DER ZEIT.. 230
    KAPITEL 7: DER GOLDENE LOTUS 241
    KAPITEL 8: DIE GRIECHISCHE PRINZESSIN 246
    KAPITEL 9: DER SCHATZRÄUBER 257
    KAPITEL 10: DIE GESCHICHTE DER HATSCHEPSUT 264
    KAPITEL 11: DER VERFLUCHTE PRINZ 271
    KAPITEL 12: DIE BEIDEN BRÜDER 275
    KAPITEL 13: ISIS UND DIE SIEBEN SKORPIONE................................. 279
    KAPITEL 14: DER PRINZ UND DIE SPHINX 282
    KAPITEL 15: DIE ABENTEUER DES SINUHE 287
    ABSCHNITT DREI: GÖTTER UND GÖTTINNEN..................................... 292
    KAPITEL 16: AMUN-RE... 293
    KAPITEL 17: ISIS, OSIRIS UND HORUS 299
    KAPITEL 18: SETH UND NEPHTHYS 308
    KAPITEL 19: ANUBIS UND THOT 318
    KAPITEL 20: HATHOR UND BASTET 326
    ABSCHNITT VIER: DIE HEILIGEN BÜCHER 334
    KAPITEL 21: DIE SARGTEXTE UND DAS TOTENBUCH..................... 335
    KAPITEL 22: DIE BÜCHER DER HÖHLEN, TORE UND DIE

HIMMLISCHE KUH 342
SCHLUSSBEMERKUNG 351
SCHAUEN SIE SICH EIN WEITERES BUCH AUS DER REIHE
ENTHRALLING HISTORY AN. 353
BIBLIOGRAPHIE 354

Teil 1: Die Geschichte Ägyptens

Ein faszinierender Einblick in die Geschichte Ägyptens

Einleitung

Ägypten ist ein faszinierendes Land, das jedes Jahr Millionen von Besuchern anzieht. Menschen aus der ganzen Welt strömen in die Heimat der Pharaonen, um den Nil zu bereisen und die historischen Sehenswürdigkeiten zu besichtigen. Es ist ein wunderschönes Land, das eine spannende Mischung von Kulturen beherbergt, aber ein Großteil seiner Anziehungskraft ist auf seine illustre und rätselhafte Geschichte zurückzuführen. Von prächtigen Palästen bis hin zu hoch aufragenden Pyramiden - Ägyptens Geschichte ist Teil der Landschaft und fügt sich nahtlos in Ägyptens strahlende Gegenwart und Zukunft ein. Doch das Land ist so viel mehr als eine Handvoll alter Pyramiden und Tempel. Dieses Buch nimmt den Leser mit auf einen umfassenden Streifzug durch die antike, mittelalterliche und moderne Geschichte Ägyptens, auf eine Reise, die Ihre Wertschätzung für dieses großartige Land vertiefen wird.

Der erste Teil dieses Buches bietet Ihnen einen kurzen, aber umfassenden Überblick über das antike Ägypten und die mächtigen Dynastien, die das Reich einst beherrschten. Entdecken Sie, wie Unter- und Oberägypten zu einem Land vereint wurden, das später beeindruckende Kunstwerke hervorbrachte. Die mächtigen Dynastien bildeten einen integralen Bestandteil des ägyptischen Reiches. Die Herrscher wurden als Götter verehrt und regierten das Volk mit eiserner Faust. Erfahren Sie mehr über einige der bedeutendsten Pharaonen und darüber, was diese mit ihrer gottgleichen Macht anstellten.

Der zweite Teil des Buches lässt Pharaonen und Pyramiden hinter sich. Er knüpft an die griechische und römische Übernahme des Landes an, die die unabhängige ägyptische Herrschaft beendete und neue Herrscherdynastien und Kulturen einführte. Das Ptolemäer Reich war zum Beispiel die Heimat einer einzigartigen griechisch-ägyptischen Herrscherfamilie mit einer dramatischen Geschichte, die seit Jahrhunderten Gegenstand von Büchern, Filmen und Kunst ist. Doch die zweite Epoche in diesem Buch hat Ihnen noch mehr zu bieten als verrückte Herrscher, denn der Nil wurde während dieser Zeit zu einem wichtigen Hafen, der den Handel des Landes belebte. Ägypten entwickelte sich über diesen Zeitraum hinweg zu einem Zentrum der Philosophie und zog berühmte Gelehrte an. Mit der Zeit wurde Ägypten zu einem muslimischen Land und musste später hart für seine Unabhängigkeit kämpfen.

Im nächsten Abschnitt des Buches werden die Regeln und Sitten der ägyptischen Gesellschaft im Wandel der Jahrhunderte erörtert. Von der Antike bis hin zur Neuzeit hat die Struktur der Gesellschaft einen Einfluss darauf gehabt, wie das Land funktionierte. Dieser Teil des Buches greift Themen wie die Wirtschaft rund um den Nil noch einmal vertiefend auf und untersucht deren Auswirkungen auf die Gesellschaft und die Wirtschaft des Landes. Außerdem wird ein Blick auf Religion, Kunst, Architektur und Sprache geworfen. All diese Bereiche hatten einen unermesslichen Einfluss auf die weitere Entwicklung des Landes.

Die letzten Kapitel des Buches widmen sich schließlich einigen der wichtigsten Persönlichkeiten der ägyptischen Geschichte. Erfahren Sie mehr über den jungen König Tutanchamun, der nur wenige Jahre lang regierte und dessen unerwarteter Tod paradoxerweise sein bleibendes Vermächtnis sicherte. Die Geschichte seines verfluchten Grabes fasziniert uns Menschen seit Jahren und hat eine größere Diskussion über die Aufbewahrung ägyptischer Schätze im Allgemeinen ausgelöst. Obwohl Ägypten hauptsächlich von Männern regiert wurde, gab es auch Frauen, die es schafften, an die Macht zu kommen. Zwei der berühmtesten Herrscherinnen Ägyptens sind unter den Namen Hatschepsut und Kleopatra bekannt.

Mit der Zeit ging das Zeitalter der Pharaonen vorbei, und die Griechen und Römer verloren die Kontrolle über das Gebiet, so dass Sultane die Macht an sich reißen konnten. Ehrfahren Sie mehr über die Geschichte Saladins, des ersten Sultans, der Ägypten beherrschte. Sein Machtantritt leitete eine Zeit des Wandels im Lande ein. Das politische System des alten Ägyptens war von überwältigender Macht über das Volk und voller Gefahren, aber die Politik des modernen Ägyptens steht den politischen Intrigen der Antike in nichts nach und ist ebenso faszinierend. Erfahren Sie mehr über die Amtszeit von Hosni Mubarak und Mohammed Morsi - beide waren ägyptische Präsidenten, die während ihrer Amtszeit vor großen Herausforderungen standen.

Die ägyptische Geschichte ist so viel mehr als ein kurzer Zeitraum der Antike, und genau das will dieses Buch beweisen. Einige der wichtigsten Ereignisse in der glanzvollen Geschichte Ägyptens werden in diesem Text in einem einfachen Format dargestellt, das es dem Leser ermöglicht, die Geheimnisse Ägyptens zu entdecken, ohne das Interesse zu verlieren oder in einem Labyrinth wissenschaftlicher Beschreibungen den Faden zu verlieren. Die Lektüre dieses Buches ist wie eine gemütliche Reise durch die prächtige Geschichte Ägyptens und liefert Ihnen ein klares Verständnis davon, wie Ägypten unsere Welt noch heute beeinflusst.

Ägypten ist eines der schönsten Länder der Welt, und seine spannende Geschichte trägt nur noch mehr zu seiner Faszination bei. Erlauben Sie uns, Ihr Verständnis und Ihre Wertschätzung für die Heimat der Pharaonen mithilfe dieses Buches zu vertiefen.

ABSCHNITT EINS:
Ein Überblick über das Antike Ägypten (3150-330 v. Chr.)

Kapitel 1: Die Anfänge des Antiken Ägyptens (3150-2180 v. Chr.)

Das ägyptische Reich durchlebte während seiner jahrhundertelangen Existenz mehrere Perioden mit bedeutenden Veränderungen. Das macht es schwierig, den Überblick über die Geschichte Ägyptens zu behalten, weshalb Historiker die altägyptische Geschichte in verschiedene Herrschaftsperioden und Zwischenintervalle unterteilen. Eine Dynastie in der Sprache der altägyptischen Geschichte bezieht sich auf Herrscher, die gemeinsame Vorfahren oder Ursprünge haben. Es gab zweiunddreißig allgemein anerkannte Pharaonendynastien. Die früheste dieser Perioden begann während der frühdynastischen Zeit, die kurz nach der Vereinigung von Ober- und Unterägypten begann. Es folgte das Alte Reich, das auch als das Zeitalter der Pyramiden bekannt ist. In dieser Epoche bauten die großen ägyptischen Könige die berühmten Pyramiden, die auch heute noch Besucher nach Ägypten locken.

Bevor Ägypten ein blühendes Reich wurde, bestand die Region aus verschiedenen neolithischen Gesellschaften, die an den Ufern des Nils siedelten. Der Fluss versorgte diese Menschen mit allem, was sie zum Gedeihen brauchten. Mit der Zeit bildeten diese Gesellschaften Königreiche, die als Ober- und Unterägypten bekannt wurden. Diese beiden Königreiche waren regelmäßig in gegenseitige Angriffe verwickelt. Ihre Rivalität wurde legendär und bildete möglicherweise die Grundlage für einige der langlebigsten Mythen Ägyptens. Schließlich wurden die Königreiche jedoch unter einem Herrscher vereint, dem legendären Menes, der die Grundlage des ägyptischen Reiches bildete.

Neolithische ägyptische Gesellschaften

Jahrtausendelang lebten neolithische Gesellschaften an den Ufern des Nils und bauten sich dort ein komfortables Leben auf. In der Zeit zwischen 9300 und 4000 v. Chr. war Ägypten die Heimat einer vielfältigen Gruppe von Menschen, die heute nicht sehr bekannt ist, weil die Beweise für ihre Existenz von Überschwemmungsgebieten oder der umliegenden Wüste verwischt worden sind. Vor Tausenden von Jahren waren die Regionen, die heute trockene Wüstenebenen sind, einst üppiges und fruchtbares Land. Diese Bedingungen zogen neolithische Bauern an, die in Ägypten ihre Felder bestellten und ihre Herden züchteten. Über diese frühen Bewohner des Landes ist nicht viel bekannt, da sie nicht so intensiv erforscht wurden wie ihre Nachfolger, aber einige Gräber und antike Stätten haben über die Jahre Licht auf das Leben dieser geheimnisvollen Stämme werfen können.

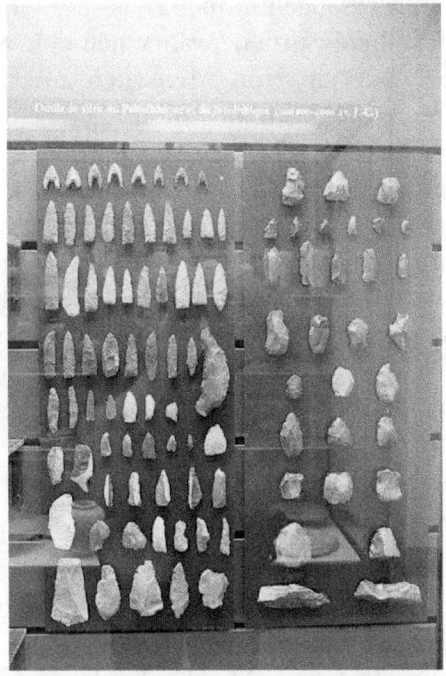

Ägyptische Steinwaffen und Werkzeuge aus dem Paläolithikum und Neolithikum.
Gary Todd aus Xinzheng, China, CC0, via Wikimedia Commons;
https://commons.wikimedia.org/wiki/File:Ancient_Egypt_Paleolithic_%26_Neolithic_Stone_Wea
pons_%26_Tools_(28426678975).jpg

Historiker haben Beweise für Megalithen, Kalenderkreise und Schreine gefunden, die darauf hindeuten, dass die Menschen der Jungsteinzeit komplizierte und weitverbreitete religiöse Rituale praktizierten. Mit der Zeit entwickelten die neolithischen Stämme Bestattungsriten und bestatteten ihre Toten in speziellen Friedhöfen. Archäologen fanden Töpferwaren, Muscheln, Schmuck, Werkzeuge und Waffen, die mit den Toten begraben wurden. Einige dieser Friedhöfe enthüllten überraschende Geheimnisse. In einigen Friedhöfen wurden sogar Menschen gefunden, die im Alter von fünfzig Jahren begraben worden waren, was für die damalige Zeit ein beeindruckendes Alter war, aber Ägypten beherbergt auch den ältesten bekannten Säuglingsfriedhof der Welt, auf dem Frauen mit ihren Säuglingen, spätgeborenen Föten und Babys begraben wurden.

Diese Grabstätten haben es den Historikern ermöglicht, die Zeit zurückzudrehen, denn sie enthalten zahlreiche Hinweise auf die Menschen, die in den Gräbern bestattet wurden. So ist heute zum Beispiel klar, dass die neolithischen Gesellschaften starre soziale Strukturen hatten. Es wird angenommen, dass die Grabstätten, in denen ältere Menschen begraben wurden, wahrscheinlich zur Elite gehörten, während die Gräber mit jüngeren Menschen möglicherweise benutzt wurden, um ärmere Arbeiter zu bestatten. Diese ansässigen Kulturen praktizierten möglicherweise Polygamie, und die Annahme, dass Familien wahrscheinlich gemeinsam bestattet wurden, ist weit verbreitet. Den Toten wurde großer Respekt entgegengebracht, was möglicherweise zum späteren Glauben an die Toten im Jenseits beigetragen hat. Es ist klar, dass die frühen neolithischen Siedler des alten Ägypten zwar größtenteils aus der Geschichte verschwunden sind, dass ihr Einfluss auf die Menschen, die Ägypten später bevölkerten aber deutlich sichtbar ist. Mit der Zeit bildeten die beiden altägyptischen Stämme zwei verschiedene Königreiche: Ober- und Unterägypten.

Oberägypten

Das Gebiet von Oberägypten erstreckte sich von Kairo bis hin zum Nassersee. Es war auch als das Land des Schilfs bekannt und umfasste alle Gebiete zwischen dem Nil und Nubien. Die Hauptstadt von Oberägypten war jahrhundertelang Nekhen, die Schutzstadt der geierähnlichen Göttin Nechbet. Als die beiden Königreiche vereinigt wurden, wurde sie zur Schutzgöttin der gesamten Region, was ihren Status von einer lokalen Gottheit zu einer einflussreichen Göttin erhob.

Die Menschen, die vor der Einigung in Oberägypten lebten, waren hauptsächlich Bauern und Hirten. Sie bauten Emmer, Linsen, Sesam, Weizen, Gerste und Papyrus an. Mit der Zeit wurden in Oberägypten Kulturen wie Knoblauch, Zuckerrohr, Zwiebeln, Salat und Kichererbsen angebaut. Dank des Nils war das Land fruchtbar, so dass die Menschen, die in Flussnähe lebten, mehr als genug zu essen hatten. Der Nil war ein wesentlicher Bestandteil ihres Lebens, da die regelmäßigen Überschwemmungen das Land fruchtbar hielten und verhinderten, dass sich das Gebiet in eine Wüstenebene verwandelte.

Zu dieser Zeit begannen die Menschen mit der Entwicklung besonderer Töpferwaren und arbeiteten zunehmend mit Kupfer. Außerdem begannen sie mit der Herstellung von Lehmziegeln, die den in Mesopotamien verwendeten ähnlich waren, und bauten vertiefte Wände und Bögen in ihre Gebäude ein, um deren Aussehen zu verbessern. Diese dekorativen Elemente waren für die damalige Zeit beeindruckend und dürften zur Entwicklung weiterer innovativer dekorativer Architekturtechniken geführt haben. Gleichzeitig waren die Menschen in Oberägypten aber auch an die Kriegsführung gewöhnt, da sie häufig in Schlachten gegen Unterägypten verwickelt waren.

Unterägypten

Unterägypten bestand aus der Region des Nildeltas, das bis zum Mittelmeer reichte. Sie haben das besondere Merkmal dieses Flusses vielleicht schon bemerkt: Der Nil fließt von Süden nach Norden, anders als die meisten Flüsse. Die Deltaregion war dank mehrerer Kanäle, die vom Nil abzweigten, für ihre gute Bewässerung bekannt und machte große Teile des Landes unglaublich fruchtbar. Die Hauptstadt von Unterägypten war die Stadt Memphis, die der Göttin Wadjet geweiht war. Diese Göttin wurde oft in Gestalt einer Kobra dargestellt. Schließlich wurden die beiden Königreiche vereinigt, die beiden Göttinnen Wadjet und Nechbet wurden infolgedessen regelmäßig gemeinsam abgebildet und wurden als die Schutzgöttinen der Region bekannt.

Obwohl die beiden Königreiche schließlich vereinigt wurden, hatten sie immer noch unterschiedliche Kulturen, die zwar einige Gemeinsamkeiten aufwiesen, aber letztlich doch einzigartig waren. Diese unterschiedlichen Kulturen wurden durch die Pschent- oder Doppelkrone von Ägypten repräsentiert, die der Herrscher trug. Die Krone bestand aus dem Hedjet, der weißen Krone, die für Oberägypten stand, und dem Deshret, der roten Krone, die Unterägypten repräsentierte. Die Vereinigung der beiden Reiche wurde in der ägyptischen Ikonographie zu einem häufigen Thema. Einige dieser Bilder zeigten die Göttinnen Wadjet und Nechbet, während andere die Götter Horus und Seth darstellten, die Papyrus- und Schilfpflanzen knüpften, die für die beiden Reiche standen. Die beiden getrennten Reiche erlangten in der letzten Phase des prähistorischen Ägyptens große Bedeutung, und mit ihrer Vereinigung wurde eine neue Ära eingeleitet. Die alten Ägypter schrieben die Vereinigung der beiden Reiche einem Mann namens Menes zu, der von Historikern als König Narmer identifiziert wurde.

König Narmer

Die Vereinigung von Ober- und Unterägypten war ein triumphaler Erfolg, dessen Gelingen lange Zeit einem Mann namens Menes zugeschrieben wurde. Jahrelang gingen die Historiker davon aus, dass Menes die Herausforderung der Vereinigung der beiden Reiche bewusst annahm, aber später wurde diese Theorie hinterfragt, da sich in den historischen Aufzeichnungen keine Beweise für seine Herrschaft finden ließen. Ein weiteres Problem bestand daher, dass „Menes" lediglich ein Ehrentitel war, der so viel wir „derjenige, der überdauert" bedeutet. Schließlich kamen die Historiker zu dem Schluss, dass es sich bei dem sagenumwobenen Menes tatsächlich wahrscheinlich um König Narmer gehandelt haben muss, der nach Ansicht der Historiker kurz vor der Vereinigung von Ober- und Unterägypten regierte. Sie vermuteten, dass Narmer nach der Vereinigung der Regionen unter dem Namen Menes bekannt wurde, und es gibt Belege dafür, dass er sowohl die Kronen von Ober- als auch von Unterägypten trug, was diese Theorie unterstützt.

Das Bildnis des König Narmer, eingemeißelt in eine Schieferpalette.
https://commons.wikimedia.org/wiki/File:EB1911_Egypt_-_Early_Art_-_King_Narmer,_Slate_Palette.jpg

Sofern diese Theorie stimmt, war Narmer der erste König eines geeinigten Ägyptens. Historiker glauben, dass Narmer aus Oberägypten stammte und ursprünglich aus der Stadt Thinis kam. Er begann mit der Eroberung der Staaten in der Umgebung seines Reiches, bevor er nach Unterägypten weiterzog. Viele glauben, dass er Unterägypten friedlich eroberte, wobei aber die Narmer-Platte, ein Artefakt, das mit einigen der frühesten Hieroglyphen der Region überdeckt ist, Narmer als mächtigen Krieger darstellt. Unabhängig davon, wie die Einigung der beiden Landeshälften tatsächlich zustande kam, gelang es Narmer um 3150 v. Chr., Ober- und Unterägypten zu vereinen.

Jahrelang hatte sich Oberägypten zu einer eher städtischen Zivilisation entwickelt, die mit anderen Kulturen Handel trieb, während Unterägypten eher ländlich geprägt war, was die Einigung begünstigt haben mag. Narmer scheint ein guter König gewesen zu sein, der friedlich regierte. Nach seinem Tod herrschte möglicherweise seine Frau Neithotep noch einige Zeit lang als alleinige Herrscherin. Diese Theorie hat ihren Ursprung in der Tatsache, dass ihr Grab kunstvoll gestaltet war, was darauf hindeutet, dass sie zu Lebzeiten einen hohen Status genoss.

Die Rivalität zwischen Horus und Seth

Horus ist einer der Götter in der altägyptischen Religion, der oft in Gestalt eines Falken dargestellt wurde. Sein rechtes Auge repräsentierte die Sonne und die Macht, während das linke Auge den Mond und die Heilung darstellt. Er wurde oft in Verbindung mit dem Gott Seth erwähnt, wobei die beiden üblicherweise als Todfeinde dargestellt wurden. Seth war ein Trickstergott mit verschiedenen tierischen Merkmalen. Er war bekannt als der Gott der Wüste, der Kriegsführung und des Chaos. Die Versöhnung von Seth und Horus bildete schließlich die mythische Grundlage für die Vereinigung von Unter- und Oberägypten. Die Pharaonen galten im Allgemeinen als lebende Verkörperungen von Horus und trugen Doppelkronen, die die Einheit zwischen den beiden Regionen symbolisierten.

Schnitzerei mit der Darstellung von Horus, der Seth im Kampfe besiegt.
Karen Green, CC BY-SA 2.0 https://creativecommons.org/licenses/by-sa/2.0, über Wikimedia Commons; https://commons.wikimedia.org/wiki/File:Flickr_-_schmuela_-_Horus_defeats_Seth.jpg

Der Mythos dreht sich um Osiris, Isis, Horus und Seth. Dem Mythos zufolge war Osiris der König von Ägypten und ein Nachkomme des Schöpfergottes Ra. Seine Königin war Isis, die den Frauen Ägyptens die Gaben des Webens, Bierbrauens und Backens schenkte. Das Paar war sehr glücklich und regierte Ägypten in Harmonie. Osiris wurde vom Volk auch mit Macht und rechtmäßiger Herrschaft assoziiert, was in starkem Kontrast zu Seths Kräften stand. Mit der Zeit wurde Osiris' Bruder Seth eifersüchtig auf ihn und wollte das Königtum für sich beanspruchen. Seth baute eine kunstvolle Holztruhe und überzog sie mit Blei. Der Betrüger schaffte es, Osiris in der Truhe zu fangen und warf sie in den Nil.

Osiris starb, und in seiner Abwesenheit wurde Seth König. Isis war jedoch nicht bereit, ihren Mann zu vergessen. Sie suchte überall nach seinem Leichnam. Schließlich fand sie die Holztruhe im Nil und brachte sie nach Hause. Als Seth entdeckte, was Isis getan hatte, zerhackte er Osiris' Körper in Stücke und verstreute sie über die ganze Welt. Isis und ihre Schwester Nephthys spürten alle Teile auf und setzten Osiris mithilfe von Bandagen wieder zusammen. Leider fehlte der Penis des Osiris nach wie vor, aber Isis setzte Magie ein, um ihren Mann wieder ganz zu machen. Dieser war jedoch weder lebendig noch tot und wurde in seinem wieder zusammengeflickten Zustand zur ersten Mumie Ägyptens. Neun

Monate später gebar Isis einen Sohn und nannte ihn Horus.

Als Horus alt genug war, forderte er Seth zum Kampf um die Herrschaft über Ägypten heraus. Seth und Horus kämpften, und in dem blutigen Kampf wurde das linke Auge des Horus beschädigt. Dieser Verlust wird seitdem oft als Erklärung für die Mondphasen verstanden. Horus und Seth kämpften mehrmals gegeneinander, aber mit der Zeit versöhnten sie sich wieder.

König Djoser und Imhotep

König Djoser wurde um 2650 v. Chr. zum König von Ägypten und ist für seine großen Bauprojekte in der Region bekannt, zu denen auch die erste Pyramide Ägyptens zählt. Er war der erste König der dritten Dynastie (obwohl einige Quellen auch behaupten, dass er der zweite war) und begann fast unmittelbar nach seiner Thronbesteigung mit der Vergabe von Bauaufträgen. Unter seiner Herrschaft kam es zu revolutionären Innovationen in der Architektur, einschließlich der Weiterentwicklung von Design, Symbolik und Ornamenten. Djoser sicherte Ägyptens Grenzen sorgsam ab, und Ägypten war während seiner etwa zwei Jahrzehnte währenden Herrschaft stabil. Sein Grabmal, die Stufenpyramide von Saqqara, wurde unter der Leitung seines Wesirs Imhotep erbaut und war zu seiner Zeit das höchste Gebäude der Welt.

Statue des Imhotep.
Cstew1996, CC0, über Wikimedia Commons;
https://commons.wikimedia.org/wiki/File:Imhotep8.jpg

Djoser war zwar ein guter König, doch ein Großteil seines Erfolgs beruhte auf den Fähigkeiten seines Wesirs, des berühmten Imhotep. Nach seinem Tod wurde Imhotep vergöttlicht und zum Gott der Medizin und Weisheit erhoben. Zu seinen Lebzeiten war Imhotep ein vollendeter Dichter, Universalgelehrter, Arzt, Architekt und Astronom. Am bekanntesten ist er für den Bau der Stufenpyramide des Djoser, aber er schrieb außerdem auch Abhandlungen über die Behandlung von Krankheiten und Verletzungen, die die Medizin seiner Zeit entscheidend voranbrachten. Er begann seine Laufbahn als Priester, stieg aber schnell zu dem Status eines der wichtigsten Männer Ägyptens auf.

Unter seiner Leitung wurde die Stufenpyramide etwa zweiundsechzig Meter hoch und umfasste einen Komplex, der einen Tempel, Schreine, Höfe und einen Wohnbereich für die Priester beherbergte. Dieser enthielt viele wichtige religiöse Symbole und zog Reisende von überall her an.

König Sneferu

König Sneferu war der erste König der Vierten Dynastie und begann um 2575 v. Chr. zu regieren. Seine Regierungszeit war der Höhepunkt des Antiken Reiches, und er verfeinerte die Kunst des Pyramidenbaus, die seine Vorgänger begonnen hatten. Sneferu läutete ein goldenes Zeitalter ein und baute zwei Pyramiden in Dahschur. Seine Pyramide in Meidum wird als „falsche Pyramide" bezeichnet, weil sie auf einem riesigen Erdhaufen ruht und insgesamt eher einem Turm als einer Pyramide ähnelt. Obwohl die Pyramide zweifellos beeindruckend war, stürzte sie bald nach ihrer Errichtung ein, da ihr Fundament aus Sand statt aus Stein bestand. Es ist wahrscheinlich, dass die Erbauer den ursprünglichen Entwurf von Imhotep verwendeten, aber einige Änderungen an dessen Plänen vornahmen, die schließlich zum Einsturz führten.

Sneferu war als kompetenter König bekannt, dem es gelang, sein Land zu stabilisieren und viele Schlachten gegen Nubien und Libyen zu gewinnen. Er baute mehrere Pyramiden, darunter die Rote Pyramide, die erste echte Pyramide Ägyptens. (Eine „echte" Pyramide ist eine Pyramide mit glatten Seiten, die gestuften Seiten werden dieser Bedingung also nicht gerecht.) Sneferus frühere Versuche verfehlten sein Ziel, aber er gab nicht auf, bis er die perfekte Pyramide geschaffen hatte. Obwohl er viele Projekte in Auftrag gab, litt sein Land nicht unter seinen Ambitionen, und Ägypten blieb unter seiner Herrschaft auch wirtschaftlich stabil.

Die Pyramiden von Gizeh

Dank der Bemühungen von König Sneferu verfügten seine Nachfolger durch seine Baupläne für „echte" und standhafte Pyramiden über das nötige Wissen, um weitere Bauten anzustreben. Infolgedessen bauten die nächsten drei Könige die berühmten Pyramiden von Gizeh. Pharao Cheops folgte Sneferu auf den Thron. Die Griechen hielten ihn für einen Tyrannen, der seine Macht missbrauchte. Ihren Aufzeichnungen zufolge zwang er sein Volk in die Sklaverei. Der Zeitzeuge Herodot behauptete in seinen Schriften, dass Cheops eine Reihe verschiedener Übel in sein Reich einführte und Hunderttausende von Männern zur unbezahlten Arbeit an seiner Pyramide zwang. Er behauptete außerdem, dass der skrupellose Herrscher seine eigene Tochter zwang, in Bordellen zu arbeiten, um zusätzliches Geld für seine Projekt zu sammeln. In anderen ägyptischen Quellen heißt es jedoch, dass er ein guter König war, der sich um seine Arbeiter kümmerte und nur in Zeiten, in denen aufgrund des Nilhochwassers keine Landwirtschaft möglich war, die Männer des Volkes für seine Arbeiten einstellte.

Der Herrscher Chephren baute später seine Pyramide neben der des Cheops und gab möglicherweise sogar den Bau der berühmten Sphinx in Auftrag – das Gesicht der Sphinx ist dem seinen sehr ähnlich. Wie Cheops wurde auch Chephren von den Griechen als unterdrückerischer Tyrann angesehen und es gibt kaum Beweise aus seiner Regierungszeit, die diese Behauptungen widerlegen. Sein Nachfolger war sein Sohn Menkaure, der seine eigene Tempelanlage in Gizeh baute und sowohl von den Griechen als auch von den Ägyptern als guter Herrscher gelobt wurde. Leider scheint es so, als ob Ägyptens reichhaltige Ressourcen unter den Anforderungen so vieler massiver Bauprojekte zu schwinden begannen, und Menkaures Pyramide viel daraufhin etwas kleiner aus als die Gräber seiner Vorgänger.

Die Fünfte und Sechste Dynastie

Eine der bleibenden Taten von König Sneferu bestand darin, seine Herrschaft mit dem Kult um den Glauben an den Gott Ra zu verbinden und er behauptete, dessen sterbliche Verkörperung zu sein. Einer seiner Nachfolger, Djedefre, behauptete später jedoch, die ägyptischen Könige seien die Söhne des Ras und nicht die lebende Verkörperung des Gottes persönlich. Das ermöglichte den ägyptischen Priestern, immer mächtiger zu werden, was die relative Macht der Herrscher gleichzeitig erheblich schmälerte. Während der fünften Dynastie erlangte eine Frau namens Khentkaus unglaubliche Bedeutung und Macht, weswegen die vierte

Pyramide in Gizeh ihr Grab beherbergt. Niemand weiß genau, warum ihr eine so hohe Ehre zuteilwurde. Die Könige der fünften Dynastie sind als Sonnenkönige bekannt, da viele von ihnen Namen trugen, die vom Namen des Sonnengottes Ra abgeleitet worden waren.

Leider verlor das Königtum weiterhin an Macht, während seine Verwalter immer mächtiger wurden. Die Sechste Dynastie begann mit der Herrschaft von Teti, der von seinen eigenen Gefolgsleuten ermordet wurde. Die Regierungsbeamten wagten es sogar, sich prächtige Gräber zu errichten, die mit denen der adligen Klassen konkurrieren konnten. Pepi II. Neferkare war ein bemerkenswerter König aus dieser Zeit; den historischen Schriften zufolge regierte er fast hundert Jahre lang und war anfangs ein fähiger König. Doch je länger Pepi II. regierte, desto instabiler wurde sein Reich. Ägypten brauchte einen mächtigen und tatkräftigen König, aber Pepi II. wurde alt und hatte nicht mehr den nötigen Eifer, um etwas im Land bewegen zu können. Die Zentralregierung wurde zunehmend destabilisiert, und er überlebte viele seiner möglichen Nachfolger. Bald nach seinem Tod endete die Sechste Dynastie und damit auch das altägyptische Reich.

Die erste Zwischenkriegszeit

In der altägyptischen Geschichte gab es viele Perioden des Wohlstands und der Stabilität, aber ebenso viele Zeiten der Instabilität. Die Zeiten der Stabilität sind als Herrschaftsperioden der mächtigen Anführer über die Königreiche bekannt, während die Zeiten der Instabilität als Zwischenzeiten beschrieben werden können. Das Alte Reich endete um 2181 v. Chr., und die Erste Zwischenzeit begann. Während dieser Zeit brach die ägyptische Zentralregierung zusammen und war infolgedessen fast völlig ineffektiv. Dies ermöglichte es den lokalen Verwaltern, sich im Sinne ihrer eigenen Vorlieben um ihre Gebiete zu kümmern. Viele Jahre lang hatten diese Beamten ihre Macht auf Kosten der Regierung ausgebaut. Die ägyptischen Bezirke waren von früheren Königen in sogenannte „Nome" eingeteilt worden, und die Verwalter dieser Nome waren als Nomarchen bekannt. Die Nomarchen wurden unglaublich reich und bauten sich prächtige Häuser und Gräber.

Eine schreckliche Dürre verschlimmerte die Lage weiter, und die königliche Familie hatte Mühe, einen geeigneten Erben zu finden, als Pepi II. starb. Die Erste Zwischenzeit war durch Uneinigkeit im Land geprägt, die durch Reibereien zwischen Ober- und Unterägypten intensiviert wurde. Es war eine Zeit immenser Veränderungen. Es gibt keine bedeutenden Denkmäler aus dieser Zeit, und auch die Kunst scheint etwas gelitten zu haben. Archäologen haben nur wenige schriftliche Aufzeichnungen aus dieser Zeit gefunden, was viele zu der Annahme veranlasste, dass es sich um eine Zeit des Chaos gehandelt haben muss. Gleichzeitig gibt es Hinweise darauf, dass die ländlichen Gebiete in dieser Zeit reicher und komplexer wurden. Ohne einen König, der seine Ressourcen für den Bau von Denkmälern aufwenden wollte, konnten die Menschen ihre Ressourcen für andere Zwecke einsetzen.

Für die gesellschaftliche Elite Ägyptens war es sicherlich ein dunkles Zeitalter, da die alte Ordnung einfach nichts mehr wert war. Gleichzeitig konnten sich die unteren Schichten mehr Luxusgüter leisten, was zur Massenproduktion vieler Gegenstände führte, die zuvor den höheren Schichten vorbehalten waren. Mit der Zeit gelang es den ägyptischen Königen aber schließlich, die Erste Zwischenzeit zu beenden und das Mittlere Reich einzuführen. Die Erste Zwischenzeit hatte einen spürbaren Einfluss auf die ägyptische Geschichte, und das Mittlere Reich unterschied sich in mehreren Punkten vom altägyptischen Reich. Zum Beispiel arbeiteten die Könige des Mittleren Reiches mit den Nomarchen zusammen, was Ägypten stabilisierte und zu einem der beeindruckendsten Reiche der Geschichte machte.

Kapitel 2: Die Entstehung des Mittleren Reiches (2180-1550 v. Chr.)

Das Mittlere Reich wird auch als die Zeit der Wiedervereinigung bezeichnet. Die Erste Zwischenzeit war eine Zeit der politischen Spaltung, in der lokale Nomarchen die Macht an sich rissen. Während dieser Zeit litt die Monarchie sehr und hatte oft nicht die nötigen Mittel, um sich um den Rest des Reiches zu kümmern. Infolgedessen übernahmen lokale Nomarchen (Regierungsbeamte, die für Nome oder territoriale Abteilungen innerhalb Ägyptens zuständig waren) die Verantwortung für ihre Gebiete, was ihren Einfluss im Verhältnis erhöhte. Während die Aristokratie diese Zeit als eine Periode des Chaos und der Gesetzlosigkeit betrachtete, begannen die einfachen Leute, mehr Geld zu verdienen, und die Massenproduktion von erschwinglichen Luxusgütern war zunehmend weit verbreitet.

In Kunst und Architektur wurden jedoch weniger bedeutende Fortschritte gemacht. Nach dem Ende der Ersten Zwischenzeit folgte das Mittlere Reich, das aufgrund der in dieser Epoche entstandenen Kunst oft als klassisches Zeitalter Ägyptens bezeichnet wird. Die Historiker sind sich nicht einig, wann das Mittlere Reich begründet wurde. Einige betrachten den Machtantritt der elften Dynastie als Beginn des Mittleren Reiches, während andere die zwölfte Dynastie als die Begründer dieses Zeitraums in der ägyptischen Geschichte ansehen. Sicher ist, dass

Mentuhotep II. aus der elften Dynastie den Grundstein für die klassische Zeitperiode Ägyptens legte, die Ägypten zu neuen Höhen führen sollte.

Mentuhotep II.

In der Ersten Zwischenzeit wurde Ägypten wieder in Ober- und Unterägypten geteilt. Herakleopolis war die wichtigste Stadt in Unterägypten, während Theben zur mächtigsten Stadt in Oberägypten aufstieg. Erneut kämpften die beiden Königreiche gegeneinander, um die Vorherrschaft über das Gebiet zu gewinnen. Die alten ägyptischen Könige versuchten, von ihrem Machtzentrum in Memphis aus die Kontrolle zu behalten, aber ihre Bemühungen erwiesen sich als vergeblich, als die Priester und Nomarchen die Macht an sich rissen. Mit der Zeit zog die Monarchie nach Herakleopolis um, um dort ihre Macht zu festigen, aber diese Entscheidung kam zu spät und konnte das Blatt nicht mehr wenden.

Mentuhotep II.
https://commons.wikimedia.org/wiki/File:Mentuhotep_II_(Detail).jpg

Wie tief die ägyptische Monarchie tatsächlich gesunken war, wurde besonders deutlich, als ein Nomarch namens Intef um 2125 v. Chr. offen gegen die traditionelle Autorität des Reiches rebellierte. Die Monarchie konnte ihn nicht bezwingen, und er baute Theben unbehindert zu einem wichtigen unabhängigen Machtsitz in der Region auf. Ägypten war auf dem Weg zur Wiedervereinigung, und Intefs Nachfolger bauten das Ansehen und die Macht Thebens weiter aus. Einer von Intefs Nachfolgern, Wahankh Intef (Intef II), erhob schließlich Anspruch auf den Titel „König von Ober- und Unterägypten". Es war jedoch Mentuhotep II., der Ägypten endlich wieder vereinigen sollte. Mentuhotep II. eroberte andere Nome und unterstellte sie seiner Herrschaft. Dann eroberte er Herakleopolis und alle rivalisierenden Nomarchen, die für ihn eine Bedrohung darstellten. Endlich gelang es ihm, Ober- und Unterägypten zu einem Königreich zu vereinigen.

Endlich hatte Ägypten wieder eine starke Zentralregierung, was zu noch mehr Bauprojekten, Kunst und militärischen Expeditionen führte. Während der Ersten Zwischenzeit entwickelten die ägyptischen Nome eigene, unterschiedliche Kulturen und einzigartige Merkmale, die schließlich die ägyptische Kultur als Ganzes beeinflussen sollten. Mentuhotep war ein kompetenter Herrscher, der sich darauf konzentrierte, seine Regierung zu stärken, den Handel auszuweiten und verschiedene Bauprojekte in Auftrag zu geben. Mentuhotep errichtete sich in der Nähe seiner geliebten Stadt Theben einen großen Tempel- und Begräbniskomplex (in dem er später begraben wurde) und starb um das Jahr 1957 v. Chr. Dank seiner Bemühungen hinterließ er Ägypten als starkes und wohlhabendes Land und ging durch seine Rolle als zweiter Menes Ägyptens in die Geschichtsbücher ein.

Die elfte Dynastie

Mentuhotep II. war ein starker König, der einen Großteil seiner Aufmerksamkeit auf die Rückeroberung alter Gebiete richtete, die Ägypten seit dem Untergang des Alten Reiches verloren hatte. Er führte auch die Vorstellung wieder ein, dass die ägyptischen Könige Stellvertreter der Götter waren. Er trug oft die typischen Kopfbedeckungen von Amun-Ra (Gott der Sonne und der Luft) und Min (Gott der Fruchtbarkeit und der Ernte und das ägyptische Männerideal). Beide waren äußerst wirksame Mittel, um seine eigene Macht zu stärken, da das Volk die Autorität eines Gottes nicht so leicht in Frage stellte wie die eines Sterblichen. Mentuhotep regierte etwa einundfünfzig Jahre lang und übergab den Thron an seinen Sohn, Mentuhotep III.

Mentuhotep III. regierte etwas mehr als ein Jahrzehnt und übernahm viele der politischen Maßnahmen seines Vaters, die Ägypten weiter stärkten. Beispielsweise baute er verschiedene Festungen, um Ägypten vor Invasionen aus dem Osten zu schützen. Als Mentuhotep III. starb, wurde er von Mentuhotep IV. abgelöst.

Ein Großteil der Informationen über die elfte Dynastie stammt aus der Turiner Königsliste, einem Papyrusmanuskript aus der Regierungszeit von Ramses II., aus der neunzehnten Dynastie. Dieses ist eine der detailliertesten Aufzeichnungen über das ägyptische Königtum. Es enthält nicht nur die Namen der ägyptischen Könige, sondern auch deren Regierungsdaten. Der Papyrus teilt die Könige in die entsprechenden Dynastien ein. Laut der Turiner Liste folgten auf die Herrschaft des Mentuhotep III. sieben königslose Jahre. Über die Regierungszeit von Mentuhotep IV. gibt es wenig bis gar keine Belege, und sein Name ist in mehreren ägyptischen Königslisten gar nicht zu finden. Einige der Inschriften mit seinem Namen beschreiben, wie er einst seinen Wesir Amenemhat in einen Steinbruch schickte, um Steine für ein königliches Denkmal zu holen.

Die historischen Aufzeichnungen geben Anlass zu der Vermutung, dass es während dieser Zeit einen Bürgerkrieg gegeben haben könnte, aus dem Amenemhat als Amenemhet I. als Sieger hervorging. Es gibt keine eindeutigen Aufzeichnungen darüber, wie Amenemhet König wurde, aber da er eigentlich nicht von königlichem Blut war, liegt die Theorie eines Bürgerkriegs oder Staatsstreichs nahe.

Theben

Theben wurde an den Ufern des Nils erbaut und lag in der Mitte von Oberägypten, südlich des Deltas. Während ihrer Blütezeit beherbergte die Stadt etwa fünfundsiebzigtausend Menschen, was sie ihrer Zeit zur größten Stadt der Welt machte. Theben war eine wohlhabende Stadt, die viele Jahre lang auch das königliche Machtzentrum beherbergte, was später wahrscheinlich weitere Einwohner sowie die gesellschaftliche Elite anzogen. Sie war außerdem eine wichtige religiöse Stätte, denn sie war das Zentrum der Verehrung des Amun-Ra. Die Könige der elften Dynastie regierten von Theben aus, aber als Mentuhotep IV. durch Amenemhet I. abgelöst wurde, verlegte man die ägyptische Hauptstadt nach Iti-tawi. Dieser Umzug kann als ein Zeichen dafür gedeutet werden, dass sich Amenemhet von der vorherigen Dynastie distanzieren wollte.

Theben war zwar nicht mehr die Hauptstadt des Königreichs, aber als religiöses Zentrum genoss es immer noch großen Einfluss. Senusret I., ein König aus der zwölften Dynastie, ließ einen Amun-Tempel in Theben errichten, was zeigt, dass die Stadt auch in späteren Jahren noch viel Aufmerksamkeit seitens der Monarchie erhielt. Während der Zeit des

Mittleren Reiches war die Stadt recht groß und besaß mindestens zwei Paläste innerhalb ihrer Grenzen. Während Theben während des Mittleren Reiches bereits großen Einfluss genoss, erreichte es seinen eigentlichen Höhepunkt erst während der Zeit des Neuen Reiches, als Amun zum Hauptgott wurde.

Amenemhet I

Auch wenn nicht viel über Amenemhets Aufstieg auf den Thren bekannt ist, steht fest, dass er ein starker und fähiger Führer war. Unter seiner Herrschaft blühte Ägypten auf und knüpfte neue Kontakte mit anderen Ländern. Amenemhet gründete die Zwölfte Dynastie, die Ägypten in den nächsten zwei Jahrhunderten beherrschte und die ausgeprägte Kultur hervorbrachte, für die das legendäre Reich bekannt ist. Es ist möglich, dass Amenemhet seine Hauptstadt von Theben nach Iti-tawi verlegte, um sich von der Elften Dynastie zu distanzieren. Andererseits befand sich die neue Hauptstadt in der Nähe von Lisht, das wiederum in der Nähe der alten Hauptstadt Herakleopolis lag. Iti-tawi wurde auf einer fruchtbaren Ebene erbaut, die der Stadt ein gutes Gedeihen ermöglichen sollte. Dies legt nahe, dass Amenemhet die Hauptstadt verlegte, um seine Dynastie als vollständig ägyptisch und nicht nur als thebanisch zu etablieren. Die neue Hauptstadt befand sich außerdem in zentraler Lage, was ihm ein effektiveres Regieren ermöglichte. So war er in der Lage, seine Macht im Land zu konsolidieren.

Amenemhet achtete außerdem darauf, die alte Hauptstadt Theben zu ehren, indem er seinen Beitrag zum Bau des Tempels von Amun leistete. Er gab verschiedene Bauprojekte in Auftrag, darunter Festungen zur Abwehr fremder Eindringlinge, sowie einen gewaltigen Pyramiden- und Begräbniskomplex in Lisht. Seine Bauten ähnelten den Pyramiden von Gizeh, was zeigt, dass Amenemhet mit dem Ruhm der Könige des Alten Reiches und ihrer erfolgreichen Herrschaftszeit in Verbindung gebracht werden wollte.

Im zwanzigsten Jahr seiner Herrschaft, um 1918 v. Chr., ernannte Amenemhet I. seinen Sohn Senusret I. zum Mitregenten. Senusret führte mehrere militärische Feldzüge im Süden durch. Die Aufzeichnungen geben den Anschein, dass sich Amenemhet I. am Ende seiner Herrschaft mit politischen Unruhen konfrontiert sah und möglicherweise ermordet wurde.

Kunst, Kultur und Regierung im Reich der Mitte

Im Alten Reich wurde Kunst zu Ehren der Götter in Auftrag gegeben, und literarische Werke waren gewöhnlich den Pyramidentexten, Inschriften und theologischen Schriften vorbehalten. Im Mittleren Reich blühte die Literatur jedoch förmlich auf, und Geschichten über das Leben gewöhnlicher Menschen wurden zunehmend populär. Die „Geschichte von Sinuhe" erzählt zum Beispiel die Geschichte eines Mannes, der einst Amenemhet I. diente, der aber nach der Ermordung des Königs floh und zum Beduinen wurde. Er lebte jahrelang unter den Beduinen, da er sich vor der Rache von Amenemhets Erben Senusret fürchtete, obwohl Sinuhe eigentlich nichts mit dem Tod des Königs zu tun gehabt hatte. Mit der Zeit sehnte sich Sinuhe danach, in seine Heimat zurückzukehren. Schließlich begnadigte ihn der König und erteilte ihm die Erlaubnis, seinen Lebensabend inmitten seines Volkes zu verbringen.

In anderen literarischen Werken wurden wichtige philosophische Fragen behandelt, z. B. die Frage, ob es ein Leben nach dem Tod gibt oder nicht. Poesie und Prosa wurden populär, und es entstanden Geschichten wie die „Geschichte vom schiffbrüchigen Matrosen". Skulpturen und Gemälde konzentrierten sich auf die Darstellung von Alltagsszenen. Großartige Gebäude wie zum Beispiel der Begräbniskomplex von Mentuhotep II. wurden entworfen, um die Schönheit der umliegenden Landschaft hervorzuheben.

Bootsschnitzerei aus dem Mittleren Reich.
Infrogmation von New Orleans, CC BY 2.0 https://creativecommons.org/licenses/by/2.0 via Wikimedia Commons;
https://commons.wikimedia.org/wiki/File:Middle_Kingdom_Ancient_Egyptian_boat_artwork_at_New_Orleans_Museum_of_Art.jpg

Während der Zeit des Mittleren Reiches trugen viele Könige doppelte Jahreszahlen auf ihren Kartuschen, was bedeutet, dass die Könige ihren ausgewählten Nachfolgern üblicherweise erlaubten, in ihren letzten Jahren als Mitregenten zu regieren, damit es keine Unterbrechung in der Herrschaft gab, wenn der König starb. Außerdem konnten die Nachfolger so viel darüber lernen, was einen effektiven König ausmachte. Diese Theorie ist nicht offiziell bestätigt, aber es scheint, als ob mehrere Könige ihre Nachfolger in ihren letzten Lebensjahren ernannten und diese dann zu ihren Mitregenten machten. Als Mentuhotep II. Ägypten wiedervereinigte, erhob er Mitglieder seiner eigenen Familie in Machtpositionen in der Regierung und entzog den Nomarchen gleichzeitig beträchtliche Macht. Spätere Könige folgten diesem Beispiel, aber viele der Herrscher hatten insgesamt gute Beziehungen zu ihren Nomarchen. Tatsächlich genossen die Nomarchen während der Herrschaft Senusrets II. so viel Wohlstand wie in der Ersten Zwischenzeit, ohne dass der Einfluss der Monarchie darunter litt. Infolgedessen waren die Nomarchen ihrem König gegenüber äußerst loyal, was dem Wohlstand Ägyptens sehr zugutekam.

Die zwölfte Dynastie

Wie sein Vater vor ihm wollte Senusret I. sein Königtum mit den mächtigen Herrschern des Alten Reiches in Verbindung bringen. Unmittelbar nach seiner Thronbesteigung begann er, Bauprojekte in Auftrag zu geben, die den Monumenten des Alten Reiches sehr ähnlich waren. Außerdem verbesserte er die Infrastruktur, was für das gesamte Reich von großem Vorteil war. Senusret I. gelang es, den Wohlstand Ägyptens zu mehren und Beamte für ihre Loyalität zu belohnen. Er schränkte die Macht der Nomarchen zwar ein, erlaubte ihnen jedoch, ihren Reichtum zu vergrößern, ohne der Monarchie die Macht zu entziehen. Auf diese Weise konnte Senusret seine eigene Regierung stärken, ohne die Nomarchen zu verärgern. Dieser Frieden zwischen der Monarchie und den Nomarchen ermöglichte es Senusret später, sich auf das Militär, seine Bauprojekte, die Landwirtschaft und die Kunst in seinem Reich zu konzentrieren.

Es hat den Anschein, als ob Senusret I. seinem Nachfolger Amenemhat II. erlaubte, in den letzten Jahren seiner Herrschaft als Mitregent neben ihm zu regieren. Über Amenemhat II. ist nicht viel bekannt, außer dass er um 1897 v. Chr. durch Senusret II. abgelöst wurde. Senusret II. hatte ein äußerst gutes Verhältnis zu den Nomarchen. Ihm folgte Senusret III. Er war derjenige, der Ägypten schließlich in eines seiner goldenen Zeitalter führen sollte.

Senusret III.

Die ägyptischen Könige wurden in der Regel mit der Macht der Götter in Verbindung gebracht, aber einige Könige beeindruckten das Volk so, dass sie aktiv als Götter verehrt wurden. Senusret III. war ein solcher König. Er wurde nicht nur in Ägypten als Gott verehrt und hatte einen eigenen Kult, der seine Verehrung der der großen Götter des ägyptischen Pantheons gleichstellte, er wurde sogar in Nubien als Gott verehrt. Er war der Sohn von Senusret II. und genoss eine privilegierte Erziehung, zu der auch eine königliche Ausbildung in Theben gehörte. Senusret III. bestieg den Thron um 1878 v. Chr. Eine seiner ersten Amtshandlungen bestand darin, die Regierung neu zu organisieren und dabei die Zahl der amtierenden Nomarchen zu verringern. Seltsamerweise scheint es kaum Widerstand gegen diese Umstrukturierung seitens seines Volkes gegeben zu haben. Es ist möglich, dass Senusret III. den Nomarchen, denen er die Herrschaft genommen hatte, stattedessen Posten in seiner Regierung gab.

Sobald seine politische Position gesichert war, strebte Senusret III. danach, die Grenzen Ägyptens zu erweitern und geriet bei diesem Vorhaben in Konflikt mit Nubien, Syrien und Palästina. Senusret III. war ein äußerst fähiger militärischer Anführer, und viele seiner Feldzüge endeten mit Erfolg. In der Vergangenheit war es üblich, dass Nomarchen über stehende Heere verfügten, deren Hilfe der König zu Konfliktzeiten erbitten konnte, doch Senusret entschied sich, all diese Heere in seine eigene große Streitmacht zu integrieren. Seine Gesellschaftspolitik trug dazu bei, dass sich eine Mittelschicht in Ägypten entwickelte. Während seiner Herrschaft wurde die Kunst immer ausgeprägter und wirklichkeitsgetreuer. Einige der berühmtesten Kunstwerke aus seiner Regierungszeit waren Statuen, die den König in verschiedenen Phasen seines Lebens darstellten.

Senusret III. arbeitete mit dem Amun-Kult zusammen, anstatt wie viele seiner Vorgänger mit dem Kult um die politische Vormacht zu ringen. Diese friedliche Zusammenarbeit war dem Wohl Ägyptens sehr zuträglich. Nur wenige Herrscher nach Senusret III. konnten seinem bleibenden Vermächtnis gerecht werden. Senusret III. starb um 1839 v. Chr. und wurde von seinem Sohn Amenemhet III. abgelöst.

Amenemhet III.

Amenemhet III. hatte die wenig beneidenswerte Aufgabe, dem Vorbild seines Vaters gerecht zu werden, der allgemein als der ideale ägyptische König galt. Amenemhet hinterließ nicht viele Aufzeichnungen über seine militärischen Siege, was bedeutet, dass er wahrscheinlich nicht so oft in den Krieg zog wie sein Vater vor ihm. Höchstwahrscheinlich erbte er ein friedliches Königreich und verspürte nicht das dringende Bedürfnis, sein Reich gegen etwaige Feinde zu verteidigen. Es ist auch möglich, dass er weniger wert darauflegte, die Grenzen des Landes zu erweitern, als sein Vater es tat. Amenemhet schien es jedoch zu genießen, Bauprojekte zu initiieren, was zum Bau vieler wichtiger Monumente führte. Herodot schrieb Amenemhet III. den Bau des legendären Totentempels zu, der auch als Labyrinth bekannt ist. Der griechische Historiker behauptete, dass der Totentempel, der von Amenemhet III. in Hawara errichtet worden war, eines der beeindruckendsten Monumente der antiken Welt gewesen sei.

Die vielleicht größte Errungenschaft Amenemhets III. war die Schaffung eines Systems zur Regulierung des Wasserflusses in den Moeris-See durch Trockenlegung der den See umgebenden Sümpfe. Er steigerte die Arbeit in den Türkisminen auf dem Sinai und nutzte Steinbrüche in ganz Nubien und Ägypten, um die notwendigen Mittel für seine verschiedenen Bauprojekte bereitzustellen. Demnach war Amenemhet III. also nicht ganz so ein geschickter Herrscher wie sein Vater, aber trotz seiner weniger triumphalen Regierungszeit war er ein fähiger König, der den Wohlstand Ägyptens auf seine eigene Weise zu steigern wusste. Sein Nachfolger Amenemhat IV. trat um 1815 v. Chr. die Thronfolge an.

Sobekneferu

Amenemhat IV. führte die Politik seines Vaters fort und startete viele eigene Initiativen, darunter Bauprojekte und militärische Kampagnen. Leider scheint er nur eine kurze Regierungszeit gehabt zu haben und starb, ohne einen männlichen Erben zu zeugen. Dies war eine Katastrophe, denn die vorherigen Könige scheinen zu Lebzeiten stets Mitregenten ernannt zu haben, wodurch ein reibungsloser Machtwechsel gewährleistet werden konnte. Da Amenemhet IV. keinen solchen Erben hatte, gab es keinen Mitregenten, und die Machtübergabe konnte nicht gewehrleistet werden. Als Amenemhet IV. starb, ging der Thron um 1807 v. Chr. an seine Frau oder Schwester (oder möglicherweise an beide in einer Person), Sobekneferu. Über ihre Herrschaft ist nicht viel bekannt, außer dass sie wahrscheinlich nicht die erste ägyptische Königin war, die selbständig regierte. Es wird angenommen, dass eine frühere Königin, Nitiqret, während des Alten Reiches ebenfalls für kurze Zeit als alleinige Herrschein regierte, aber es gibt nur wenige Aufzeichnungen aus ihrer Zeit, die diese Vermutung bestätigen können.

Statue der Königin Sobekneferu.
https://commons.wikimedia.org/wiki/File:Statue_of_Sobekneferu_(Berliner_Ägyptisches_Museum_14475).jpg

Ob Sobekneferu nun die erste Königin ihrer Art war oder nicht, ihre Herrschaft war auf jeden Fall bemerkenswert. Sie regierte mehrere hundert Jahre vor Hatschepsut, und ließ sich stets als Frau und nie als Mann darstellen. Sie gab mehrere wichtige Bauprojekte in Auftrag, wie zum Beispiel den Bau der Stadt Krokodilopolis, die sie entweder gründete oder zumindest reparierte. Leider war auch sie nicht in der Lage, vor Ihrem Tod einen Erben zu hinterlassen, und starb um 1802 v. Chr. Ihr Tod besiegelte das Ende der Zwölften Dynastie.

Der Untergang des Reichs der Mitte

Nach dem Tod von Königin Sobekneferu, ging der Thron an Sobekhotep I., der die Dreizehnte Dynastie einleitete. Während die Dreizehnte Dynastie ein wohlhabendes und starkes Land erbte, schienen die Könige dieser Dynastie nicht den gleichen Antrieb und die gleiche Begabung zum verantwortungsbewussten Machtgebrauch zu haben wie die Könige der Zwölften Dynastie vor ihnen. Die Aufzeichnungen aus dieser Zeit sind schwer aufzufinden und geben uns nur Bruchstücke von Informationen. Dies erschwert die Aufgabe der Historiker und macht es den Menschen schwierig, genau zu wissen, was schließlich zum Niedergang des Mittleren Reiches geführt hat. Es scheint, als ob die Könige der Dreizehnten Dynastie etwas schwächer waren als die der Zwölften. Sie behielten zwar viele ihrer politischen Strategien bei, aber innerhalb Ägyptens begannen sich Fraktionen zu bilden. Mit der Zeit stiegen die Hyksos zu einer mächtigen politischen Macht auf, die mit der Macht der herrschenden Iti-tawi rivalisierte.

Als die Dreizehnte Dynastie an Macht verlor, übernahmen die Hyksos die Herrschaft über Ägypten. Sie zeigten großen Respekt vor der ägyptischen Kultur und regierten während der Zweiten Zwischenzeit. In der Vergangenheit wurde die Zweite Zwischenzeit oft als eine gesetzlose Zeit beschrieben, aber historische Quellen deuten darauf hin, dass die meisten Menschen in Ägypten zu dieser Zeit eine relative Stabilität genossen. Es ist anzunehmen, dass sich der Machtwechsel hauptsächlich auf die soziale Elite Ägyptens ausgewirkt hat.

Es lässt sich nicht leugnen, dass das Mittlere Reich für Ägypten eine Zeit großen Wohlstandes einleitete, und die Errungenschaften der zwölften Dynastie machten Ägypten zu einem der mächtigsten und reichsten Länder der Welt. Leider waren die Nachfolger der verantwortlichen Herrscher nicht in der Lage, diese Stabilität aufrechtzuerhalten und brachen unter der Verantwortung für ihr beeindruckenden Reiches zusammen. Dies führte zum Aufstieg einer neuen Macht in der Region.

Auch wenn die Zweite Zwischenzeit wahrscheinlich keine Zeit des blinden Chaos war, so war sie doch weit von den Errungenschaften des Mittleren Reiches entfernt. Die Zweite Zwischenzeit sollte jedoch zur Gründung des Neuen Reiches führen, welches Ägypten zu noch größeren Höhenflügen verhelfen sollte.

Kapitel 3: Das Neue Reich (1550-1070 v. Chr.)

Das antike Ägypten erlebte viele goldene Zeitalter, in denen eindrucksvolle Pyramiden erbaut und wunderschöne Kunstwerke geschaffen wurden. Als das Mittlere Reich unterging, gelang es einer fremden Macht, den Hyksos, Reichtum und politische Macht im Land zu erlangen, die es ihnen schließlich ermöglichten, die Kontrolle über einen großen Teil Ägyptens zu übernehmen. Mit der Zeit gewann die ägyptische Monarchie wieder an Stärke und vertrieb die Hyksos aus Ägypten. Nachdem sie die fremde Macht losgeworden waren, errichteten die Ägypter Grenzen, die zukünftige Invasionen verhindern sollten. Diese Entscheidung sollte zukünftigen Königen dabei helfen, Ägypten in ein wahrlich mächtiges Reich zu verwandeln.

Das wohlhabendste ägyptische Zeitalter war die Zeit des Neuen Reiches. Die Literatur, die Architektur und der Handel blühten dieser Zeit förmlich auf. Ägypten wurde zu einer internationalen Macht, da es mit den wichtigsten Weltmächten der damaligen Zeit Handel trieb und regelmäßig korrespondierte. Mehr Menschen als je zuvor erlernten die Schreibkunst, was die Zeit des Neuen Reiches zu einer der am besten dokumentierten Epochen der altägyptischen Geschichte macht. Die damals niedergeschriebene Fülle an Informationen gibt uns noch heute einen klaren Einblick in eine der faszinierendsten Epochen der ägyptischen Geschichte. Das Neue Reich brachte legendäre Herrscher wie Echnaton, Hatschepsut, Tutanchamun und Ramses II. hervor. Während dieser Zeit wurde es üblich, dass ägyptischen Könige als

Pharaonen bezeichnet wurden.

Hyksos

Das Mittlere Reich gilt als eine Zeit unglaublicher Einheit und großen Wohlstands in Ägypten, während der die Monarchie Ägypten fest im Griff hatte. Diese Machtposition gelangte ins Wanken, als die Könige der dreizehnten Dynastie an die Macht kamen. Es gelang ihnen nicht, dem Beispiel ihrer Vorgänger gerecht zu werden. Die Könige der Dreizehnten Dynastie bemühten sich nach Kräften, die Einheit Ägyptens aufrechtzuerhalten, und infolgedessen siedelten sich die Hyksos zunächst in Avaris an, das sich in Unterägypten befand. Gleichzeitig gewann das Königreich von Kusch in der Nähe von Oberägypten an Macht, was ein weiteres Problem für die Monarchie darstellte.

Obwohl die Hyksos Fremde waren, waren sie während ihrer Herrschaft nicht unbeliebt. Spätere Aufzeichnungen stellten die Zweite Zwischenzeit als eine Zeit des bodenlosen Chaos dar, aber diese Darstellung könnte ein Ergebnis der negativen Propaganda gewesen sein, die herrschenden Könige des Neuen Reiches über die Herrschaftszeit der Hyksos verbreiteten. Die fremden Herrscher schienen eine relativ friedliche Beziehung zu den Herrschern Ägyptens gehabt zu haben und hatten einen bleibenden Einfluss auf die ägyptische Geschichte. So beeinflussten die Hyksos beispielsweise die ägyptische Kriegsführung durch die Einführung von Streitwagen, die von Pferden gezogen wurden. Außerdem brachten sie Bronze nach Ägypten, was den Menschen die Herstellung stärkerer Waffen und Rüstungen ermöglichte. Möglicherweise stammten die Hyksos aus dem Norden, was die Aufmerksamkeit der ägyptischen Herrscher auf den Nahen Osten lenkte und künftige ägyptische Könige dazu inspirierte, ihr Reich gen Norden erweitern zu wollen.

Die Beziehungen zwischen den Hyksos und der ägyptischen Monarchie verschlechterten sich während der Herrschaft von König Seqenenra Taa von Ägypten. Er zog gegen die Hyksos in den Krieg, wurde aber in der Schlacht getötet. Sein Sohn Kamose von Theben setzte den Krieg seines Vaters fort und besiegte die Hyksos, aber es war Ahmose I., der die Hyksos endlich aus dem Königreich vertrieb, und Ägypten unter seiner Herrschaft wiedervereinigte.

Ahmose I.

Ahmose I. bestieg den Thron um 1550 v. Chr. in einer turbulenten Zeit. Er sah sich mit unglaublichen Widrigkeiten und Herausforderungen konfrontiert und schaffte es dennoch, Ägypten Frieden und Stabilität zu bringen. Die Hyksos waren berüchtigt dafür, dass sie von den ägyptischen Königen Tribut verlangten und ägyptische Prinzessinnen heirateten, was auf ihre Absicht hinweisen könnte, sich auch durch ihre Blutlinie der ägyptischen Monarchie anzuschließen. Ahmose I. setzte Pferde, Streitwagen und Bronzewaffen ein, um Avaris zu zerstören und die Hyksos nach Palästina und später nach Syrien zu vertreiben. Nachdem die Hyksos aus dem Land vertrieben worden waren, machte Ahmose Theben wieder zur Hauptstadt seines Reiches und eroberte Nubien zurück. Dabei war er in der Lage, riesige Mengen an Gold aus Nubien zu plündern, was den Reichtum ganz Ägyptens vergrößerte. Ahmose I. erkannte, dass er entschiedene Maßnahmen ergreifen musste, um zu verhindern, dass die Hyksos oder andere feindliche Gruppen in die Grenzen seines Reiches eindringen konnten. Daher entschloss er sich zum Bau von Festungen in zuvor vernachlässigten Gebieten und richtete Pufferzonen in den Grenzgebieten des Landes ein, die die Aufgabe hatten, Ägypten vor feindlichen Invasionen zu schützen.

Beide Seiten eines Zeremonialbeils, das Ahmose I. gehört hat.
Farbfoto: Heidi Kontkanen (cc-by-sa-2.0 pro hochgeladenem Originalfoto)/Schwarz-Weiß-Foto: Mariette, Auguste (1821-1881) (Public Domain), CC BY-SA 2.0
https://creativecommons.org/licenses/by-sa/2.0 via Wikimedia Commons;
https://commons.wikimedia.org/wiki/File:Ceremonial_axe_of_Ahmose_I_(both_sides).jpg

Das ägyptische Volk verehrte Ahmose I. wie einen Gott, eine Ehre, die nur legendären Königen zuteilwurde. In dem Bemühen, die ägyptische Wirtschaft anzukurbeln, entschied sich Ahmose zur Wiedereröffnung mehrerer Minen und sorgte so für mehr Handel im

Land. Seine Bemühungen begründeten das Neue Reich, das fast fünf Jahrhunderte andauern sollte und dem Reich zunehmenden Wohlstand und Ruhm bescherte. Ahmose I. war in der Lage, die Kuschiten daran zu hindern, in Ägypten einzufallen, was seinen Vorgängern nicht gelungen war. Nach Jahrhunderten der Teilung war Ägypten wieder geeint, und die Zentralregierung hatte ihre Stabilität wiedergewonnen. Ahmose I. hinterließ seinem Sohn, Amenhotep I., ein sicheres und stabiles Königreich und wurde nach seinem Tod wie König Narmer vor ihm als einer der großen Einiger Ägyptens verehrt.

Hatschepsut

Amenhotep I. war ein kompetenter König, der große Beiträge zur Kunst leistete und seinem Sohn, Thutmose I., um 1520 v. Chr. wie sein Vater vor ihm ein geeintes, stabiles Land und seinen Thron hinterließ. Thutmose I. war ein Krieger wie sein Großvater Ahmose I. Er baute Ägyptens Einfluss in Nubien aus und strebte nach der Eroberung von weiteren Gebieten und Bauprojekten. Nach seinem Tod wurde offenbar seine legitime Tochter Hatschepsut als Erbin eingesetzt (dies ist den historischen Inschriften zu entnehmen), doch der Thron ging an seinen Sohn Thutmose II. über, der einer niederen Königin geboren wurde. Die Geschwister wurden verheiratet, wie es damals üblich war. Hatschepsut hatte die eigentliche Machtposition inne und wurde zu einem der einflussreichsten Staatsoberhäupter des Neuen Reiches. In den ersten sieben Jahren ihrer Regierungszeit wurde sie als Frau dargestellt, doch später entschied sie sich für die Darstellung eines männlichen Herrschers an ihrer statt.

Statue der Königin Hatschepsut.
Urheberrecht: Metropolitan Museum of Art, CC0, via Wikimedia Commons;
https://commons.wikimedia.org/wiki/File:Seated_Statue_of_Hatshepsut_MET_Hatshepsut2012.jpg

Ihre Herrschaft brachte Ägypten großen Wohlstand und Stabilität. Sie wurde zur Gemahlin des Gottes Amun ernannt, was in Ägypten als eine einflussreiche und mächtige Rolle galt. Nach einiger Zeit starb Thutmose II. und hinterließ seinen Sohn aus einer anderen Ehe, Thutmose III. Hatschepsut behielt ihre Macht und regierte als alleinige Regentin weiter. Etwa zur gleichen Zeit, als sie begann, sich als Mann darstellen zu lassen, erklärte sie sich auch zum Pharao. Wie ihre Vorgänger initiierte sie Militärkampagnen und Bauprojekte. Außerdem errichtete sie einen Tempel in Deir el-Bahari, der zu den beeindruckendsten in ganz Ägypten zählt, und unternahm einen aufwändigen Feldzug nach Punt. Hatschepsut gab mehr Bauprojekte in Auftrag als jeder andere ägyptische Monarch, mit Ausnahme von Ramses dem Großen.

Während der gesamten Regierungszeit der Hatschepsut bewies Thutmose III. seinen Wert, indem er als einer ihrer wichtigsten Generäle fungierte. Um 1457 v. Chr. wurde Thutmose III. ausgesandt, um eine Rebellion in Kadesch zu unterdrücken, und um dieselbe Zeit herum verschwand Hatschepsut aus der Geschichte. Es wird vermutet, dass sie an einem Abszess in ihrem Zahn starb. Was auch immer die wahre Ursache ihres Todes war, Thutmose III. wurde nach ihrem Ableben zum König ernannt und begann schnell damit, die Aufzeichnungen über die Herrschaft seiner Stiefmutter zu vernichten. Ihre Verdienste wurden ausgelöscht, und blieben Historikern lange ein Rätsel, bis es Forschern im 19. Jahrhundert n. Chr. gelang, Beweise für ihre Existenz zu finden.

Thutmose III.

Es ist unklar, warum Thutmose III. beschloss, den Namen seiner Stiefmutter aus der Geschichte zu tilgen, aber es gibt einige Theorien. Einige Historiker glauben, dass Thutmose III. das Gleichgewicht der ägyptischen Herrscherschaft wiederherstellen wollte, da Ägypten in der Regel von Männern regiert wurde. Andere glauben, dass Thutmose III. verhindern wollte, dass Frauen in der Gesellschaft zu ehrgeizig wurden. Dank der Bemühungen seiner Stiefmutter erbte Thutmose III. ein stabiles Königreich, das es ihm ermöglichte, die Grenzen Ägyptens zu erweitern. Tatsächlich war Thutmose III. für zahlreiche erfolgreiche Militärkampagnen verantwortlich, die Ägyptens Grenzen weiter ausdehnten als je zuvor.

Thutmose führte in zwei Jahrzehnten siebzehn Feldzüge durch und hinterließ zahlreiche Inschriften, die seine Siege beschreiben. Er hinterließ so viele Inschriften, dass er einer der bekanntesten Pharaonen Ägyptens ist. Als er starb, überließ er den Thron um 1425 v. Chr. seinem

Sohn Amenhotep II. Amenhotep war nicht so kriegsfreudig wie sein Vater und erwies sich als fähiger Herrscher. Er schloss einen Friedensvertrag mit den Mitanni und anderen Völkern. Um 1400 v. Chr. überließ er seinem Sohn Thutmose IV. den Thron. Thutmose ahmte seinen Vater in vielerlei Hinsicht nach und restaurierte die Große Sphinx.

Amenhotep III.

Amenhotep III. bestieg den Thron, als er erst zwölf Jahre alt war, aber er hatte eines der reichsten Königreiche der Welt geerbt. Unmittelbar nach seiner Krönung heiratete er Tiye und erhob sie in den Rang einer „Großen königlichen Gemahlin", was bedeutete, dass sie allen anderen Frauen am Hof im Rang überlegen war. Er erwies sich als fähiger Diplomat, der seinen großen Reichtum dazu nutzte, gute Beziehungen zu den umliegenden Völkern zu pflegen, indem er sich ihre Gunst erkaufte oder sie bezahlte, damit sie taten, was er wollte. Amenhotep III. war ein guter militärischer Führer, und einige seiner Inschriften berichten von seinen Feldzügen, darunter auch ein Feldzug nach Nubien. Sein leidenschaftliches Interesse galt jedoch der Kunst, der Architektur und der Religion.

Statue von Amenhotep III.
IGallic, CC BY-SA 4.0 https://creativecommons.org/licenses/by-sa/4.0 *via Wikimedia Commons;*
https://commons.wikimedia.org/wiki/File:Amenhotep_III.jpg

Zu seinen Lebzeiten gab er über 250 Bauprojekte in Auftrag, von denen die meisten massiv und aufwendig waren. Amenhotep III. verlieh seiner Frau außergewöhnliche Vollmachten, die es ihr ermöglichten, den Staat zu regieren, während er anderweitig beschäftigt war. Die beiden wurden oft zusammen in Schnitzereien oder als Statuen dargestellt. Doch während der Reichtum des Königs weiter wuchs, nahm der Amun-Kult im Reich ab. Als Amenhotep III. den Thron bestieg, besaßen die Priester des Amun ebenso viel Land wie der Pharao. Er erkannte die Gefahr, die darin lag, und verband sich mit dem Gott Aten, was die Macht der Priester nicht entscheidend verminderte. Sein Sohn Amenhotep IV (später bekannt als Echnaton) sollte drastischere Maßnahmen ergreifen, um dieses Problem zu lösen. Amenhotep III. starb um 1353 v. Chr. nach einer äußerst erfolgreichen Regierungszeit.

Echnaton

Echnatons Herrschaft begann friedlich. Er übernahm viele der Maßnahmen seines Vaters, doch nach einigen Jahren bekehrte er sich und begann sich streng an religiöse Vorschriften zu halten. In der Folge zwang er ganz Ägypten zu mehreren Reformen. Er erklärte die alte Religion für illegal und machte den Gott Aten zur Hauptgottheit Ägyptens. Echnaton beschloss, dass eine neue Stadt namens Achetaton zur neuen Hauptstadt werden sollte und behauptete, der Gott Aten sei der oberste Herrscher des Universums. Der König war laut seiner Beschreibung die menschliche Verkörperung des Aten. Es ist durchaus möglich, dass seine Bemühungen Ausdruck einer aufrichtigen Hingabe an diesen Gott waren, aber es ist andererseits auch denkbar, dass er durch die Veränderungen die Macht des Amun-Kultes reduzieren wollte. Seine Reformen zwangen den Kult, seinen großen angesammelten Reichtum aufzugeben, aber die Veränderungen hatten auch schwerwiegende Folgen für die Situation im ganzen Land.

Echnaton vernachlässigte Außenpolitische- und Staatsangelegenheiten, was zum Verlust von Vasallenstaaten und zu einem allgemeinen Zusammenbruch der lokalen Regierung führte. Seine Frau Nofretete übernahm viele seiner Pflichten und versuchte, das Land an seiner statt zu regieren, während er zunehmend von seiner Religion besessen wurde. Königin Nofretete war eine fähige Königin, aber das Land litt unter der Vernachlässigung durch den König. Die Macht der Königin reichte nur bis zu einem gewissen Punkt, und die Ressourcen aus der königlichen Schatzkammer waren schnell erschöpft. Die religiösen Reformen führten zu Einkommensverlusten für viele Handwerker, was sich negativ auf die gesamte Wirtschaft auswirkte. Darüber hinaus verschlechterten sich die außenpolitischen Verhältnisse im Laufe seiner Herrschaft. Echnaton starb 1336 v. Chr., nachdem er einen Großteil der Bemühungen seiner Vorgänger zunichte gemacht hatte.

Tutanchamun

Einige Jahre später bestieg Tutanchamun, der junge Sohn Echnatons, den Thron. Der achtjährige König (manche Quellen sprechen auch von einem neunjährigen König) tat sein Bestes, um den Schaden, den sein Vater angerichtet hatte, rückgängig zu machen. Unter anderem machte er die religiösen Reformen schnell wieder rückgängig und stellte die alte Religion wieder her. Er öffnete die alten Tempel und gab Ägypten einen Teil seines früheren Glanzes zurück. Das einfache Volk hatte unter der religiösen Reformation sehr gelitten, und Tutanchamun brachte wieder Stabilität in ihr Leben. Er heiratete seine Halbschwester Ankhesenamun irgendwann während seiner Herrschaft, starb aber, bevor er einen Erben zeugen konnte. Es wird allgemein angenommen, dass er um 1327 v. Chr. starb.

Statue des Tutanchamun.
EditorfromMars, CC BY-SA 4.0 https://creativecommons.org/licenses/by-sa/4.0 via Wikimedia Commons; https://commons.wikimedia.org/wiki/File:Tutankhamun,_Cairo_Museum.jpg

Möglicherweise versuchte Ankhesenamun, den Thron für sich zu beanspruchen, und schrieb zu diesem Zweck an den hethitischen König Suppiluliuma I., um ihn um einen seiner Söhne zu bitten. Der hethitische König schickte einen seiner Söhne, um die ägyptische Königin zu heiraten, doch der Prinz verschwand während seiner Reise. Tutanchamuns Wesir, Ay, wurde stattdessen zum nächsten Pharao. Ay setzte Tutanchamuns Bemühungen fort, Ägypten wieder zu seinem früheren Ruhm zu verhelfen, doch es gelang erst Ays Nachfolger Horemheb, die von Echnaton eingeleiteten religiösen Reformen vollständig rückgängig zu machen. Horemheb starb ebenfalls ohne einen Erben und überließ den Thron seinem Wesir Paramesse, der um 1292 v. Chr. zum Pharao Ramses I. wurde.

Ramses I.

Ramses war der erste König der Neunzehnten Dynastie und wahrscheinlich ein enger Freund von Horemheb. Historiker haben die Theorie aufgestellt, dass Ramses aus einer Militärfamilie stammte und Horemheb auf diesem Wege kennenlernte. Da Horemheb keine Erben hatte, ernannte er Ramses zu seinem Erben, obwohl dieser zum Zeitpunkt des Todes von Horemheb bereits in fortgeschrittenem Alter war. Es ist möglich, dass Horemheb Ramses zum Erben ernannte, weil dieser einen Erben hatte, der später seine Nachfolge antreten konnte. Ramses bestieg den Thron um 1292 v. Chr. und ernannte seinen Sohn Seti I. zu seinem Mitregenten. Möglicherweise fiel es Ramses schwer, seinen königlichen Pflichten nachzukommen, oder er wollte, dass sein Sohn lernte, ein fähiger König zu sein.

Seti I. begann sofort mit seinen militärischen Feldzügen und versuchte, die ehemaligen ägyptischen Herrschaftsgebiete in Syrien zurückzuerobern. In der Zwischenzeit beschäftigte sich Ramses I. mit zahlreichen Bauprojekten in Ägypten. Ramses I. starb nach einer kurzen Regierungszeit, die weniger als zwei Jahre andauerte, und überließ den Thron Seti I. Wie seine Vorgänger setzte Seti einen Großteil seiner Energie dafür ein, Ägypten wieder zu einer Zeit der Blüte zu verhelfen. Seti I. gab verschiedene Bauprojekte in Auftrag und begann, seinem Sohn beizubringen, wie man ein guter König wird. Er erwies sich als ein fähiger Herrscher. Während er sein Bestes tat, um Ägypten wieder zu dem Wohlstand zu verhelfen, den es unter Amenhotep III. genossen hatte, war es sein Sohn Ramses II. der zu einem der größten Pharaonen der ägyptischen Geschichte wurde.

Ramses II.

Ramses II. bestieg den Thron um 1279 v. Chr. und wurde fast einhundert Jahre alt. Als er starb, konnten sich viele seiner Untertanen nicht daran erinnern, je unter einem anderen Herrscher gelebt zu haben, was die Menschen anlässlich seines Todes in Panik versetzte. Schon in jungen Jahren begleitete Ramses seinen Vater auf militärischen Feldzügen und begann bald, selbst militärische Expeditionen anzuführen. Er kämpfte gegen die Hethiter, sicherte die Grenzen Ägyptens und baute die Handelswege aus. Ramses besiegte die mit den Hethitern verbündeten Seevölker und schloss sie nach ihrer Niederlage mit in seine eigene Armee ein. Außerdem baute er die Stadt Per-Ramesses, die so prachtvoll gewesen sein soll, dass sie mit der antiken Stadt Theben konkurrieren konnte.

Im Jahr 1274 v. Chr. nahm er an der Schlacht von Kadesh teil, die unentschieden endete. Der König behauptete jedoch, die Schlacht gewonnen zu haben, um sein eigenes Ansehen zu steigern. Kurze Zeit später wurde er Teil des ersten Friedensabkommens der Welt, welches er mit den Hethitern aushandelte. Außerdem war er ein großer Förderer der Künste, und viele Historiker behaupten, dass die altägyptische Kunst während seiner Herrschaft ihren Höhepunkt erreichte. Ramses II. gab viele Bauprojekte in Auftrag und hinterließ eine große Anzahl von Inschriften. Er war es auch, der das Grabmal der Nefertari errichten ließ. Nefertari war seine Lieblingsfrau, die früh in seiner Regierungszeit starb, und ihr Grab wurde prachtvoll gestaltet, um die Gunst des Königs widerzuspiegeln. Ramses ließ das Bildnis von Nefertari noch lange nach ihrem Tod in vielen seiner Schnitzereien neben sich aufstellen, was uns noch heute seine tiefe Hingabe zu seiner ersten Frau zeigt.

Tempel von Ramses II. in Abu Simbel.
Merlin UK, CC BY-SA 3.0 https://creativecommons.org/licenses/by-sa/3.0 via Wikimedia Commons; https://commons.wikimedia.org/wiki/File:Temple_of_Ramese_II_at_Abu_Simbel_-_panoramio.jpg

Während seiner Regierungszeit stärkte Ramses II. die Grenzen, förderte den Handel und füllte die ägyptischen Staatskassen auf. Seine Errungenschaften machten ihn zu einem der größten Pharaonen der Geschichte, und er wurde von den alten Ägyptern sehr geliebt und verehrt. Um 1213 v. Chr. folgte ihm sein Erbe, Merneptah auf den Thron. Er war bereits ein alter Mann, als er König wurde. Merneptah war bestrebt, sich zu beweisen, und führte mehrere erfolgreiche Feldzüge durch. Ihm folgte um 1203 v. Chr. für kurze Zeit Amenmesse auf den Thron, der möglicherweise ein Usurpator war, da der rechtmäßige Erbe Seti II. hätte sein sollen. Ab dem Jahr 1200 v. Chr. wird Amenmesse in den offiziellen Aufzeichnungen nicht mehr erwähnt. Seti II. regierte nach ihm bis etwa 1197 v. Chr. und wurde von Merneptah Siptah abgelöst, der den Thron als Junge erbte und kurze Zeit darauf jung starb. Seine Stiefmutter Tausret regierte als Regentin bis 1190 v. Chr., bis sie von Setnakht abgelöst wurde, bei dem es sich wahrscheinlich um einen weiteren Usurpator handelte.

Ramses III.

Historiker glauben, dass Setnakht einer der Söhne Setis II. gewesen sein könnte. Er begründete die Zwanzigste Dynastie. Sein Nachfolger war Ramses III., der sich nicht nur als fähiger König, sondern später auch als letzter großer König des Neuen Reiches erwies. Er begann seine Herrschaft mit der Vertreibung der Seevölker und der Stärkung der Regierung. Während seiner Herrschaft versuchten die Libyer, in das Land einzudringen, doch Ramses III. besiegte sie in einer triumphalen Schlacht und sicherte die Grenzen Ägyptens. Durch diese Tat konnte er seine Fähigkeiten als Kriegskönig unter Beweis stellte. Zwischen den Kämpfen gegen potenzielle Eindringlinge baute er sich seinen großen Totentempel. Handel und Industrie blühten unter seiner Herrschaft auf, und er nutzte die ägyptischen Minen, um die Wirtschaft weiter anzukurbeln.

Die Herrschaft von Ramses III. war jedoch nicht gänzlich erfolgreich, denn er erlebte einen der ersten Arbeitsstreiks der Geschichte. Arbeiter, die an einem seiner Bauprojekte arbeiteten, waren mit den Arbeitsbedingungen unzufrieden und weigerten sich zu arbeiten, bis die Probleme behoben worden waren. Ramses III. sah sich während seiner gesamten Herrschaft mit großer politischer Instabilität konfrontiert und wurde schließlich um 1155 v. Chr. ermordet.

Der Untergang des Neuen Reiches

Es ist möglich, dass Echnaton sein Land während seiner Herrschaft an den Rand des Niedergangs gebracht hat, um die Macht der Priester des Amun zu verringern und einzuschränken. Als seine religiösen Reformen rückgängig gemacht wurden, wurde der Amun-Kult wiederhergestellt, und sammelte weiterhin Macht und Reichtum auf Kosten der Krone an. Als Ramses III. den Thron bestieg, war die Macht des Pharaos bei weitem nicht mehr so groß wie zu der Regierungszeit von Amenhotep III. Ramses III. wurde von seinem Sohn Ramses IV. abgelöst, und viele seiner Nachfolger hießen ebenfalls Ramses. Sie hatten jedoch keinerlei Gemeinsamkeiten mit Ramses dem Großen, denn die Monarchie verfiel während der Herrschaft der Könige der Zwanzigsten Dynastie rapide.

Die Priester des Amun blieben weiterhin unkontrolliert und entzogen sich erfolgreich der Macht der Regierung. So konnten sie Ägypten effektiv in zwei Teile spalten und der Monarchie zunehmend die Macht entziehen, bis die Zentralregierung endlich lahmgelegt war. Ramses I. hatte Theben bereits Jahrhunderte zuvor verlassen, was es den Priestern ermöglichte, die Kontrolle über die alte Stadt zu übernehmen und ihren Einfluss auszuweiten. Mit der Zeit wurde der König zu einem Untergebenen des Amun, was ihn wiederum zu einem Untergebenen der Priester machte. Bald eroberten die Nubier einen Großteil Südägyptens, während die Priester Oberägypten regierten. Diese Umstände leiteten die Dritte Zwischenzeit ein. Leider sollte es diesmal kein weiteres großes Königreich geben, das Ägypten wieder vereinen und aus dem Chaos herausführen konnte. Die Dritte Zwischenzeit endete mit der Schlacht bei Pelusium im Jahr 525 v. Chr., die zur Invasion des Landes durch die Perser führte.

Kapitel 4: Das Ende des Alten Ägyptens (1070-330 v. Chr.)

Die Dritte Zwischenzeit setzte dem Ruhm des alten Ägyptens ein Ende. Das Neue Reich war von bemerkenswerten Herrschern geprägt worden, die diplomatische Beziehungen pflegten, die Grenzen Ägyptens ausdehnten und gleichzeitig die Stabilität des Landes sicherten. Es gelang ihnen, Ägypten immensen Wohlstand zu bringen und sie erbauten prächtige Monumente, die noch heute Touristen aus der ganzen Welt anziehen. Leider war Ägypten zu der Zeit, als der letzte große Pharao des Neuen Reiches den Thron bestieg, nur noch ein Schatten seines früheren selbst und sah sich mit einer Reihe systemischer Probleme konfrontiert, die auf religiöse Reformen und mit diesen verbundene Nachfolgeprobleme zurückzuführen waren.

Als die Zwanzigste Dynastie zu Ende ging, endete auch das Neue Reich. Während der Dritten Zwischenzeit wurden die Rolle der Pharaonen fast bedeutungslos, da der Amun-Kult die Macht in Ägypten übernahm. Im Laufe der Zeit wurde Ägypten zu kaum mehr als einem Schlachtfeld für Kämpfe zwischen Nubien und Assyrien. Beide fremden Mächte kämpften um den Reichtum Ägyptens. Schon bald fielen die Perser in Ägypten ein und herrschten mehrere Jahrzehnte lang über die Region, bevor Alexander der Große eintraf und das Land als sein Eigentum beanspruchte. Ägypten blieb zwar eine starke und einflussreiche Region, doch das glanzvolle Zeitalter der Pharaonen und Pyramiden war endgültig vorbei.

Der Niedergang der Pharaonen

Jahrzehntelang war die Macht des Amun-Kultes auf Kosten der Monarchie gewachsen. Während es den Pharaonen des Neuen Reiches in der Regel gelang, den Amun-Kult in Schach zu halten, waren die Pharaonen der Zwanzigsten Dynastie dazu nicht mehr in der Lage, was nachhaltige Folgen für ganz Ägypten haben sollte. Die Zwanzigste Dynastie endete mit der Herrschaft von Pharao Ramses XI, der um 1077 v. Chr. starb. Während eines Großteils der ägyptischen Geschichte wurden die Pharaonen als Stellvertreter der Götter auf Erden, oder gar als lebende Götter verehrt. Man glaubte, es sei ihre Aufgabe, den Willen der Götter umzusetzen. Dieser Status machte sie vermeintlich allmächtig, und ihre Autorität wurde von ihren Untertanen vollständig akzeptiert und selten in Frage gestellt. Die alten Ägypter waren stark von ihrer Religion beeinflusst und wagten es nicht, den Willen der Götter zu hinterfragen.

Im Laufe der Zeit wurden die Pharaonen jedoch zunehmend als Kinder der Götter bekannt, was ihre Macht deutlich einschränkte. Die Priester wurden zu den Vermittlern zwischen den Menschen und den Göttern. Dies verlieh den Priestern, die in den Tempeln lebten und im Namen der Götter große Mengen an Land und Reichtum für sich beanspruchten, unglaubliche Macht. Als Ramses XI. starb, folgte ihm Smendes, ein Regierungsbeamter aus Unterägypten, der die Einundzwanzigste Dynastie begründete auf den Thron. Smendes zog von Per-Ramesses nach Tanis um, während der Amun-Kult von Theben aus regierte. Wieder einmal war Ägypten geteilt, aber es gibt keine Hinweise darauf, dass diese Trennung durch einen Bürgerkrieg verursacht wurde. Es sieht so aus, als ob die Monarchie die Verwaltungsaufgaben von Tanis aus erledigte, während die Priester im Namen des Amun von Theben aus regierten. Dies erforderte auf Dauer eine bemerkenswert gute Zusammenarbeit, aber es sieht nicht so aus, als seien die beiden Parteien verfeindet gewesen.

Kult des Amun

Theben galt während eines Großteils der ägyptischen Geschichte als die Heimat des Gottes Amun. Während der Zeit des Neuen Reiches wurde der Gott Amun zur wichtigsten Gottheit im ägyptischen Pantheon und spielte in der ägyptischen Kultur eine ähnliche Rolle wie Zeus in der griechischen Kultur. Irgendwann während der Herrschaft von Ahmose I. wurde Amun mit der Figur des Sonnengottes Ra verschmolzen und war daraufhin nur noch als Amun-Ra bekannt. Mit der zunehmenden Bedeutung Thebens stieg auch die Bedeutung Amuns, was auch erklärt, warum der Gott für die Ägypter so wichtig wurde. Sein Tempel befand sich in der Tempelanlage von Karnak, die in der Nähe von Luxor errichtet wurde. Der Bau des Tempels begann während der Herrschaft von Senusret I., und es wurde zur Gewohnheit der Pharaonen, ihn während ihrer Regierungszeit zu erweitern. Dadurch wurde Karnak zum größten religiösen Gebäude der Welt und erfüllte die Ägypter mit großem Stolz.

Tempelkomplex in Karnak
*Cornell University Library, CC BY 2.0 https://creativecommons.org/licenses/by/2.0 , über Wikimedia Commons;
https://commons.wikimedia.org/wiki/File:Temple_Complex_at_Karnak.jpg*

Da Amun zu einem so wichtigen Gott wurde, gewann auch der Kult um seine Verehrung zunehmend an Bedeutung. Den Priestern, insbesondere den Hohepriestern, wurde eine direkte Verbindung zu Amun-Ra zugeschrieben, was sie zu äußerst wichtigen Stellvertretern der Götter machte. Sie waren enger mit dem Volk verbunden als der Pharao und standen mit allen möglichen ägyptischen Bürgern in Kontakt. Gegen Ende des Neuen Reiches lebten und arbeiteten bis zu achtzigtausend Priester in Karnak. Der Amun-Kult besaß mehr Land und Reichtum als der Pharao selbst, was sich spürbar negativ auf den Einfluss des Monarchen auswirkte. Während der Dritten Zwischenzeit wurde Amun praktisch zum König von Theben. Die Priester setzten Orakel ein, um den Willen des Gottes bei der Lösung gerichtlicher, innenpolitischer und politischer Probleme zu ermitteln. Während der Dritten Zwischenzeit war Theben zu einer vollständigen Theokratie geworden, und deren Priester kommunizierten regelmäßig mit Amun, dadurch gaben sie den Anschein, dass er der eigentliche Pharao war. Die Könige in Tanis beaufsichtigten das, was der mächtige Gott nicht konnte.

Nubische Eroberung

Während der Zeit des Mittleren und des Neuen Reiches drangen ägyptische Pharaonen nach Nubien vor und eroberten die Nubier entweder und unterwarfen sie ihrer Herrschaft. Die Nubier sahen sich gezwungen, einen Tribut an Ägypten zu zahlen. Nubien und Ägypten waren während des Großteils ihrer Geschichte eng miteinander verbunden, da beide Gebiete stark vom Nil abhängig waren. Als die ägyptischen Pharaonen Nubien in der Zeit des Mittleren und Neuen Reiches eroberten, brachten sie ihren Gott Amun mit sich in das eroberte Gebiet. Die Ägypter errichteten zahlreiche Tempel zur Verehrung von Amun und erklärten Nubien sogar offiziell zum südlichen Wohnsitz Amuns. Dies förderte die Verehrung des Amun auf dem Gebiet und legitimierte den Anspruch der Ägypter auf das Land Nubien. Die Ägypter waren an Nubien interessiert, weil es reich an natürlichen Ressourcen wie Elfenbein, Ebenholz, Tierhäuten und Gold war.

Die enge Beziehung zwischen den beiden Ländern führte zu kulturellen und religiösen Bindungen, die über Jahrhunderte lang bestehen bleiben sollten. Als jedoch die Macht Ägyptens zu schwinden begann, nutzte Nubien die von den früheren ägyptischen Pharaonen geschaffene Grundlage als Vorwand, um in Ägypten einzufallen. Um das Jahr 700 v. Chr. gelang es dem kuschitischen König Piye, Karnak zu annektieren und den Rest Ägyptens zu erobern. Er behauptete dabei, im Auftrag von Amun zu handeln, und wurde 744 v. Chr. zum ersten kuschitischen Pharao. Da die Nubier bereits Amun verehrten, durfte sein Kult seine Aufgaben weiterhin erfüllen und genoss sowohl in Ägypten als auch in Nubien weiterhin großen Einfluss. Als Piye über Ägypten herrschte, gestattete er den Königen von Unterägypten, ein gewisses Maß an Macht auszuüben. Die kuschitischen Könige hatten großen Respekt vor der ägyptischen Kultur, und ihre Herrschaft hatte keinerlei negative Auswirkungen auf die ägyptische Lebensart.

Assyrien gegen Ägypten

Während eines Großteils der ägyptischen Geschichte hatten die ägyptischen Könige gezielt Pufferzonen entlang ihrer Grenzen eingerichtet, um zu verhindern, dass es an den Grenzen zum Zusammenstoß mit mächtigen Feinden kam, die eine potenzielle Bedrohung für Ägypten darstellen könnten. Während der Dritten Zwischenzeit wurde die Funktion vieler dieser Pufferzonen jedoch verschoben. Die Herrscher vergrößerten zwar das ägyptische Territorium, machten den Staat dadurch aber auch anfälliger für feindliche Invasionen.

Um 926 v. Chr. eroberte Pharao Schoschenq I. Juda. Dies wurde als großer Sieg gefeiert, brachte Ägypten aber auch in engeren Kontakt mit den Assyrern. Als der kuschitische König Piye starb, wurde sein Bruder Schabaka zu seinem Nachfolger. Später unterstützte Shebitku, Schabakas Nachfolger, Juda im Kampf gegen den assyrischen König Sennacherib. Dies war völlig ausreichend, um den Hass Assyriens auf Ägypten zu ziehen.

Im Jahr 671 v. Chr. wurde Ägypten von Taharqa regiert. Während seiner Herrschaft entschied sich der assyrische König Esarhaddon, gegen Ägypten zu marschieren. Er überfiel das Land und nahm die Mitglieder der königlichen Familie als Geiseln. Taharqa konnte nach Ägypten entkommen und wurde von Tantamani abgelöst. Tantamani konnte die assyrische Herrschaft vorübergehend stürzen, wurde aber 666 v. Chr. von Esarhaddons Sohn Aschurbanipal besiegt, der nach seinem Sieg einen Marionettenkönig, Necho I., auf den ägyptischen Thron setzte.

Plünderung von Theben

Während die Kuschiten lange Zeit einen starken Einfluss auf Ägypten ausübten, ging ihr Einfluss schließlich während der Fünfundzwanzigsten Dynastie allmählich zurück. Tantamani hatte größtenteils die Kontrolle über Oberägypten und Nubien erlangt. Es war ihm gelungen, die Stadt Theben nach wie vor unter seiner Kontrolle zu halten, was ihm ein wichtiges militärisches Standbein auf dem Gebiet gab. Im Jahr 663 v. Chr. gerieten Aschurbanipal und Tantamani jedoch in einen Krieg, dessen Ausgang das Schicksal Ägyptens besiegeln sollte. Für kurze Zeit gewann Tantamani die Oberhand und konnte die Stadt Memphis erobern, wo er den Marionettenkönig Necho I. tötete. Daraufhin trafen Aschurbanipal und Psamtik (der Sohn von Necho I.) in der Nähe von Memphis in einer Schlacht auf den kuschitischen König. In dieser Schlacht wurden die Kuschiten wurden besiegt, und Tantamani zog sich nach Nubien zurück, wodurch er die alte Stadt Theben ungeschützt zurückließ.

Daraufhin fiel Theben in die Hände der assyrischen Truppen und wurde gründlich geplündert. Der größte Teil seiner Reichtümer und Einwohner wurde nach Assyrien verschleppt. Die Ägypter waren durch diese katastrophale Niederlage schwer geschlagen und die Erinnerung an diese Eroberung hinterließ einen deutlichen negativen Einfluss auf die ägyptische Geschichte und Moral. Die Plünderung von Theben setzte der Fünfundzwanzigsten Dynastie ein vernichtendes Ende, denn die kuschitischen Könige konnten das verlorene Land nie wieder für sich zurückgewinnen. Theben war so gründlich besiegt worden, dass es sich sechs Jahre später der Flotte von Psamtik ergab.

Psamtik wurde zum neuen König von Ägypten und gründete die Sechsundzwanzigste Dynastie, wodurch er die Dritte Zwischenzeit beendete, und die Spätzeit einleitete. Der König veranlasste die Bewohner Thebens dazu, seine Tochter Nitocris I. als Gottesgemahlin des Amun zu akzeptieren, eine unglaublich wichtige Position in der ägyptischen Kultur.

Psamtik war ein fähiger Anführer, der Ägypten Frieden und Einigkeit brachte. Er gab den Bau vieler Denkmäler in Auftrag, restaurierte alte Gebäude und erwies sich als starker militärischer Stratege. Sein Nachfolger war Necho II., der sich eine ägyptische Flotte aus griechischen Söldnern aufbaute. Auf Necho II. folgte um 595 v. Chr. Psamtik II., der sich im Kampf gegen Kusch bewährte und die Namen der kuschitischen Könige von den Denkmälern des Südens tilgte. Er soll sogar versucht haben, den Namen seines eigenen Vaters aus der Geschichte zu tilgen. Die Gründe für sein Handeln sind uns bis heute nicht bekannt. Sein Sohn Apries trat um 589 v. Chr. seine Nachfolge an. Apries wurde durch einen Staatsstreich gestürzt, den der General seines Vaters, Amasis II, inszeniert hatte.

Amasis II

Apries erwies sich als militärischer Anführer als erfolglos. Er versuchte, gegen die Babylonier zu kämpfen, verlor bei diesem Versuch aber. Als er seinen Thron verlor, bat er die Babylonier um Hilfe und wurde wahrscheinlich auf dem Schlachtfeld getötet, als er der Armee von Amasis II. gegenüberstand. Es ist möglich, dass Amasis II. für die Siege von Psamtik II. in Nubien verantwortlich war. Psamtik II. konnte aus seinen militärischen Siegen nie viel Gewinn ziehen und entschied sich stattdessen, nach Ägypten zurückzukehren, ohne seine Herrschaft fest zu etablieren. Das muss Amasis II. frustriert haben und könnte zu seinem Staatsstreich geführt haben.

Amasis II. war der stärkste Pharao seit Jahrhunderten und trug dazu bei, dass Ägypten zu einem Teil seines früheren Glanzes zurückkehrte. Er kurbelte die Wirtschaft an und führte mehrere erfolgreiche Militärkampagnen durch. Unter seiner Herrschaft wurden zahlreiche Bauprojekte durchgeführt, die Wirtschaft florierte und die Grenzen waren sicher. Die Kunstindustrie erfuhr ebenfalls einen enormen Aufschwung, was dem Ansehen von Amasis II. nur zuträglich war.

Amasis II. war zwar ein fähiger König, aber er ließ Ägypten in zweierlei Hinsicht im Stich. Sein Sohn Psamtik III. war völlig unvorbereitet auf die Herausforderungen der Herrschaft über Ägypten, als er um 526 v. Chr. den Thron bestieg, er war von seinem Vater nicht gut geschult worden. Außerdem wird vermutet, dass Amasis II. für die persische Invasion verantwortlich gewesen sein könnte. Dem griechischen Historiker Herodot zufolge bat der persische König Kambyses II. den ägyptischen Herrscher um die Heirat mit einer von dessen Töchtern. Die Ägypter weigerten sich bekanntlich, eine ihrer adligen Frauen an Ausländer zu vergeben, und Amasis wollte diese Tradition aufrechterhalten, ohne sich einen Todfeind zu machen. Deshalb schickte er stattdessen eine der Töchter von Apries zur Heirat mit Kambyses II fort. Die ehemalige Prinzessin fühlte sich durch Amasis Vorgehen so beleidigt, dass sie Kambyses II. ihre wahre Identität preisgab, sobald sie an ihrem Zielort angekommen war. Dies erzürnte Kambyses II., und der Überlieferung nach schwor er den Ägyptern Rache.

Bastet und die göttlichen Katzen

Tiere waren den Ägyptern in der Regel heilig, da sie verschiedene Merkmale der Götter im ägyptischen Pantheon repräsentierten. Oft mumifizierten die Menschen ihre Haustiere nach deren Tod, und kümmerten sich während ihrer Lebzeiten sehr sorgsam um sie. Während die meisten Tiere im Allgemeinen hoch angesehen waren, waren Katzen in Ägypten etwas Besonderes. Sie waren heilig und dadurch die am weitesten verbreiteten Haustiere. Ihre Beliebtheit war direkt mit der Verehrung der Göttin Bastet verbunden.

Statue der Göttin Bastet.
Rama, CC BY-SA 3.0 FR https://creativecommons.org/licenses/by-sa/3.0/fr/deed.en , über Wikimedia Commons; https://commons.wikimedia.org/wiki/File:Bastet-E_3731-IMG_0549-gradient.jpg

Die Göttin Bastet war beim Volk sehr beliebt, und die Ägypter hatten Angst davor, sie zu beleidigen. Bastet war die Göttin der Geheimnisse der Frauen, der Fruchtbarkeit, der Katzen, der Geburten und des Hauses. Sie schützte Häuser, Frauen und Kinder vor Krankheiten und bösen Geistern. Ihre Rolle erstreckte sich auch auf das Leben nach dem Tod, und sie war dafür bekannt, äußerst rachsüchtig zu sein. Eine Zeit lang wurde sie sogar mit der Kriegsgöttin Sekhmet in Verbindung gebracht, die die Feinde von Ra vernichtete. Diese Verbindung zwischen den Göttinnen ist darauf zurückzuführen, dass Bastet einige der furchterregenden Eigenschaften von Sekhmet übernommen hatte. Bastet wurde so einflussreich, dass die Menschen glaubten, sie sei in der Lage, Ungerechtigkeiten zu korrigieren.

Die Ägypter glaubten, dass Bastet, wenn sie sich beleidigt fühlte, verheerende Plagen über die Menschheit bringen konnte. Eine Möglichkeit, die Göttin zu beleidigen, bestand darin, eine Katze zu töten. Diese Handlung wurde im im alten Ägypten mit dem Tod bestraft. Herodot zufolge mussten bei einem Feuer in einem jeden Gebäude zuerst die Katzen gerettet werden. Und wenn die Katze eines Haushalts starb, musste man sich als Zeichen des Respekts die Augenbrauen abrasieren, um den Zorn der Göttin zu vermeiden.

Die Schlacht von Pelusium

Als Kambyses II. im Jahr 525 v. Chr. beschloss, in Ägypten einzumarschieren, war klar, dass er die Stadt Pelusium besiegen musste, um sich Zugang zum Rest des Landes zu verschaffen. Das einzige Problem war, dass Pelusium stark befestigt war und wahrscheinlich erst nach einer langen, erbitterten Schlacht fallen würde. Kambyses II. ließ sich nicht entmutigen und mobilisierte seine Streitkräfte gegen die Stadt, wurde aber schnell zurückgedrängt. Der König war entschlossen, Ägypten zu erobern, und hatte einen kreativen Plan ausgeheckt. Der Respekt und die Liebe der Ägypter zu ihren Katzen waren allgemein bekannt. Daher ließ Kambyses seine Truppen verschiedene streunende Tiere, meist Katzen, einfangen. Er befahl seinem Heer außerdem, das Abbild von Bastet auf ihre Schilde zu malen. Als sein Heer ein zweites Mal gegen Pelusium vorrückte, trieb es die Tiere vor sich her.

Infolgedessen sahen sich die Ägypter gezwungen, sich entweder zu ergeben oder das Risiko einzugehen, Bastet zu beleidigen. Da sie glaubten, der Zorn der Göttin könnte großes Unheil über sie bringen, konnten sie nicht kämpfen. Pelusium fiel, und Kambyses II. marschierte siegreich durch die Straßen. Der Legende nach warf Kambyses während dieses Marsches Katzen nach den Ägyptern, um sie für ihren Glauben zu verspotten. Von Elusium aus eroberte Kambyses II. später auch den Rest von Ägypten.

Persische Herrschaft

Es ist unwahrscheinlich, dass Kambyses II. wegen einer einzigen vermeintlichen Beleidigung in Ägypten einmarschierte, aber die Taten von Amasis II. könnten ihm den nötigen Vorwand geliefert haben, um gegen das Land in den Krieg zu ziehen. Die Assyrer hatten bewiesen, dass die Ägypter nicht dazu in der Lage waren, einen Krieg gegen fremde Armeen zu gewinnen, und die Perser wurden immer mächtiger und waren bestrebt, ihr Territorium zu erweitern. Ägyptens Reichtümer und Kultur waren in der antiken Welt wohlbekannt, so dass die Eroberung des reichen Landes für den persischen König eine unwiderstehliche Versuchung darstellte.

Zum Unglück des ägyptischen Volkes war Psamtik III. nicht auf die eindringenden persischen Streitkräfte vorbereitet, und Ägypten fiel schnell in die Hände der persischen Armee. Nach der Niederlage Ägyptens nahm Kambyses II. die ägyptische Königsfamilie und viele Adlige mit in seine Hauptstadt Susa. Offenbar wurden viele Adlige und ein Großteil der königlichen Familie kurz darauf hingerichtet. Psamtik wurde zunächst erlaubt, weiter am persischen Hof zu leben. Allerdings wurde er kurz darauf hingerichtet, weil bekannt wurde, dass er einen Aufstand gegen die Herrschaft der Perser plante. Als Psamtik III. starb, endeten mit seinem Tod auch die Dritte Zwischenzeit und die Sechsundzwanzigste Dynastie.

Die Berichte über die persische Herrschaft über Ägypten variieren. Die Griechen behaupteten, Kambyses sei ein tyrannischer Despot gewesen, der ägyptische Tempel verbrannte und keinen Respekt vor der ägyptischen Kultur zeigte. Ein ägyptischer Admiral, Wedjahor-Resne, der ein Zeitgenosse von Kambyses II. war, behauptete jedoch, dass der persische König die Ägypter sehr respektierte und sich bemüht zeigte, der Kultur seiner neuen Untertanen Achtung entgegenzubringen. Zum Leidwesen der Ägypter wurden viele von ihnen von den Persern versklavt und zum Dienst in Kambyses Armee gezwungen. Den Persern gelang es, Ägypten bis zum Eintreffen von Alexander dem Großen um 331 v. Chr. fest im Griff zu behalten.

Alexander der Große in Ägypten

Alexander der Große war einer der erfolgreichsten militärischen Anführer der Welt. Er eroberte eine Vielzahl von Gebieten und dehnte den griechischen Einfluss weiter aus, als er je zuvor gewesen war. Nachdem er Tyrus erobert hatte, nahm der große Kämpfer Ägypten ins Visier. Viele der Städte auf dem Weg von Tyrus nach Ägypten unterwarfen sich schnell seiner Herrschaft, um nicht völlig zerstört zu werden. Leider geriet Alexander in Gaza in Schwierigkeiten. Die Festungsanlage war gut geschützt und lag auf einem großen Hügel, so dass Alexander nichts anderes übrigblieb, als die Stadt zu belagern. Er war gezwungen, sich einige Male zurückzuziehen, aber seine berühmte Entschlossenheit trieb ihn dazu, weiterzukämpfen, bis Gaza endlich fiel. Als die Festung schließlich besiegt worden war, wurden die Frauen und Kinder versklavt, während die Männer hingerichtet wurden.

Alexander gründet Alexandria
https://commons.wikimedia.org/wiki/File:Alexander_the_Great_Founding_Alexandria.jpg

Von der Festung aus drang er weiter nach Ägypten vor und nahm den Persern große Teile ihres Territoriums. Die Ägypter nahmen Alexander begeistert in ihrer Mitte auf und krönten ihn in Memphis zum König, da sie die Herrschaft der Perser unbedingt loswerden wollten. Während der persischen Herrschaft waren viele ägyptische Tempel vernachlässigt worden. Alexander gewann die Gunst der Ägypter, indem er ihre Tempel renovierte, Denkmäler baute, das Steuersystem reformierte und das Militär des Landes organisierte.

Im Jahr 332 v. Chr. versuchte Alexander, seine Herrschaft zu legitimieren, indem er den ägyptischen Göttern große Opfer darbrachte und das Orakel von Amun-Ra ehrte. Die Ägypter erklärten ihn zum Sohn des Amun, und er nahm diese Rolle an, indem er Zeus-Amun als seinen wahren Vater darstellte. Sein Abbild wurde auf Münzen geprägt und zeigte ihn mit den Hörnern des Amun, die seinen Anspruch auf die Herrschaft symbolisieren sollten. Anschließend baute er die berühmte Stadt Alexandria und hinterließ dadurch einen bleibenden Eindruck in der ägyptischen Geschichte. Nach seinem Tod wurde er von Ptolemäus I. abgelöst, der die ptolemäische Dynastie gründete.

ABSCHNITT ZWEI:
Ein Überblick über das moderne Ägypten (332 v. Chr. - 2021 n. Chr.)

Kapitel 5: Das griechisch-römische Zeitalter (332 v. Chr. - 629 n. Chr.)

Das griechisch-römische Zeitalter begann mit dem Auszug Alexanders des Großen aus Ägypten und dauerte bis zur Eroberung Ägyptens durch die Raschidun um 639 n. Chr. an. Diese Zeit war geprägt von großen Fortschritten in der Philosophie und Wissenschaft sowie der Kultur der griechischen und römischen Herrscher, die Ägypten während dieser Zeit regierten. Die Kultur und Religion der ägyptischen Antike vermischten sich mit der griechischen und römischen Kultur und es entstand eine enge Verbindung zwischen den beiden Ländern. Dies war auch die Zeit, zu der die berühmte Dynastie der Ptolemäer in Ägypten die Macht erlangte. Die Ptolemäer waren eine mazedonische Familie, die jahrhundertelang über Ägypten herrschte und dabei ihre griechische Identität bewahren wollte. Dies wurde hauptsächlich durch Mischehen gewehrleistet, die es den Ptolemäern ermöglichte, streng griechisch zu bleiben.

Die letzte ptolemäische Pharaonin, Kleopatra VII., schloss unauflösbare Bande mit Rom und nahm an einem blutigen römischen Bürgerkrieg teil. Leider verloren Kleopatras Truppen, und Ägypten wurde zu einer römischen Provinz. Ägypten diente als Roms Kornkammer, bis Diokletian das Römische Reich in zwei Teile teilte. Ägypten wurde Teil des Byzantinischen Reiches. Die griechisch-römische Zeit war eine der einflussreichsten Perioden in der ägyptischen, griechischen und römischen Geschichte. Reiche entstanden und zerfielen Reiche, Alexandria gewann zunehmend an Bedeutung, und der Bau bedeutender Monumente wurde veranlasst. Einige der berühmtesten Persönlichkeiten der Geschichte lebten in dieser Epoche und hinterließen ihre Spuren im Land. Das antike Erbe Ägyptens ist fest in der Vergangenheit verankert, da es die mächtigsten Reiche seiner Zeit beeinflussen konnte und mit ihnen interagiert hat.

Ptolomäus I. Soter

Ptolomäus war ein makedonischer Adliger, der durch Alexanders Vater Philipp II. möglicherweise der Halbbruder Alexanders des Großen war. Offiziell war Ptolomäus Vater ein anderer Adliger namens Lagos. Obwohl Ptolomäus älter war als Alexander, wurden die beiden enge Freunde. Ptolomäus fungierte als Geschichtsschreiber und zeichnete viele von Alexanders Heldentaten auf, wobei er auch seine eigene Beteiligung an verschiedenen Schlachten vermerkte. Wahrscheinlich war er auch im Jahre 332 v. Chr. an Alexanders Seite, als dieser sich in Ägypten aufhielt. Während dieser Zeit wurde Ptolomäus zu einem von Alexanders persönlichen Leibwächtern. Dies ist ein deutlicher Hinweis darauf, wie sehr Alexander Ptolomäus schätzte.

Ptolomäus I. als ägyptischer Pharao.
https://commons.wikimedia.org/wiki/File:Ring_with_engraved_portrait_of_Ptolemy_VI_Philometor_(3.%E2%80%932.Jahrhundert_BCE)_-_2009.jpg

Als Alexander 323 v. Chr. starb, gab er seinen Siegelring an seinen Kavallerieführer Perdikkas weiter, was möglicherweise auf Alexanders Absicht hindeutete, die Macht an ihn zu übertragen. Perdikkas beschloss, das Reich intakt zu lassen, da Alexanders Frau Roxana mit einem möglichen Erben des früheren Herrschers schwanger war. Alexanders Generäle, angeführt von Ptolomäus, wollten das Reich jedoch unter sich aufteilen, was zum Ausbruch der Diadochenkriege (oder Nachfolgekriege) führte. Perdikkas und Ptolomäus hassten einander, und dieser Hass gipfelte in einem schockierenden Ereignis - dem Diebstahl des Leichnams von Alexander dem Großen. Perdikkas veranlasste die Bestattung von Alexanders Leichnam in einem Grab in Makedonien, aber Ptolemäus fing den Leichnam auf dem Weg ab und ließ ihn stattdessen in einem Grab in Alexandria bestatten. Perdikkas war empört und versuchte, Ägypten anzugreifen, scheiterte bei diesem Versuch aber dreimal, bevor seine Männer die Geduld mit ihm verloren und ihn hinrichten ließen.

Ptolemäus konzentrierte sich ganz auf die Herrschaft über Ägypten, im Gegensatz zu den anderen Generälen, die permanent versuchten, so viele Gebiete wie möglich zu erobern. Er machte Alexandria zur Hauptstadt Ägyptens, um die Macht der Priester über die Hauptstadt zu umgehen, und schaffte es, die ägyptische Wirtschaft zu stabilisieren. Unter Ptolomäus Führung wurde Alexandria zu einer vorwiegend griechischen Stadt. Um seine Herrschaft zu legitimieren, vergötterte Ptolomäus Alexander den Großen und erklärte sich selbst zum Erben Alexanders. Er ließ in Alexandria ein großes Museum und eine Bibliothek errichten und begann mit dem Bau des Leuchtturms von Alexandria. Ptolomäus I. starb um 282 v. Chr. und hinterließ seinem Volk die fest etablierte ptolemäische Dynastie, die fast drei Jahrhunderte lang über Ägypten herrschen sollte.

Alexandria

Alexandria ist eine Hafenstadt an der Mittelmeerküste Ägyptens, die um 331 v. Chr. von Alexander dem Großen gegründet wurde. Die Stadt wurde nach ihrem Bau schnell populär und zog Tausende von Einwohnern an. Ihr Einfluss wuchs, nachdem sie während der ptolemäischen Dynastie zur neuen Hauptstadt Ägyptens wurde. In der Stadt befand sich auch der berühmte Leuchtturm von Alexandria, der zu einem der sieben Weltwunder der Antike wurde. Die berühmte Bibliothek von Alexandria zog währenddessen einige der bedeutendsten Gelehrten der Welt an. Alexander wollte mit Alexandria als Hauptstadt eine Verbindung zwischen Griechenland und Ägypten herstellen. Obwohl Alexander nach seinem Auszug aus Ägypten nie mehr nach Alexandria zurückkehrte, erfüllte die Stadt ihren Zweck und wurde zu einem Zentrum der hellenistischen Kultur.

Leuchtturm von Alexandria.
https://commons.wikimedia.org/wiki/File:Philip_Galle_-_Lighthouse_of_Alexandria_(Pharos_von_Alexandria)_-_1572.jpg

Alexandria wurde zur Heimat von Griechen, Ägyptern und Juden. Die Septuaginta, eine griechische Version des Tanach (der hebräischen Bibel, die die Thora, die Ketuvim und die Nevi'im enthält), wurde ebenfalls in Alexandria hergestellt. Ptolomäus I. hatte seine eigene Vision für Alexandria und wollte die Stadt zur Heimat einer bedeutenden und einflussreichen Gemeinde im Mittelmeerraum machen. Er war es, der die Bibliothek von Alexandria errichten ließ, in der Stadt ein Museum gründete und mit dem Bau des Leuchtturms von Alexandria begann. Die Bibliothek sammelte Tausende von Papyrusrollen an, eine jede gefüllt mit Wissen über Themen wie Geschichte, Literatur, Wissenschaft und Philosophie. Gelehrte aus der ganzen antiken Welt, insbesondere aus Griechenland, strömten in die Bibliothek, um sich das dort geborgene Wissen anzueignen. Die Stadt spiegelte den Glanz der ptolemäischen Dynastie wider, und die Herrscherfamilie verließ die Hauptstadt nur selten.

Hellenistische Einflüsse auf Ägypten

Es ist nicht verwunderlich, dass Ägypten stark von der griechischen Sprache, Religion und Kultur beeinflusst wurde, denn die herrschende Dynastie war stolz auf ihre griechische Herkunft und wollte diesen Stolz dem ganzen Volk vermitteln. Ptolomäus I. verstand Ägypten als sein Erbe von Alexander dem Großen, da das Land reich an natürlichen Ressourcen war und gute Beziehungen zu den Griechen genoss. Bald sollte Ägypten von griechischen Einwohnern förmlich überschwemmt werden. Ptolomäus baute in Oberägypten eine neue Stadt namens Ptolemais auf, um dort all die neuen Einwanderer unterzubringen. Die ptolemäische Dynastie zeigte großen Respekt vor der ägyptischen Kultur, unternahm gleichzeitig aber nur wenige Versuche, sich in die Bedeutung der ägyptischen Traditionen zu vertiefen. Tatsächlich war die berühmte Kleopatra VII., die letzte Pharaonin, auch die einzige ptolemäische Herrscherin, die Ägyptisch sprechen lernte.

Die Ptolemäer achteten darauf, die bestehende Ordnung in Ägypten nicht zu stören, und ließen die ägyptische Religion im Wesentlichen in Ruhe. Die ägyptischen Priester durften ganz normal weiterarbeiten und behielten sogar ihren elitären sozialen Status. Um sich bei den Ägyptern noch beliebter zu machen, gab Ptolomäus I. viele religiöse Artefakte an die Gläubigen zurück, die von den Persern gestohlen worden waren. Außerdem führte er den Kult um Alexander den Großen und den Kult um Serapis, einen Heilgott, ein. Der Serapis-Kult gewann nie viel Popularität und verblasste schließlich, bis er wieder gänzlich verschwand. Die Ptolemäer führten viel von ihrem hellenistischen Erbe in die ägyptische Kultur ein und machten Griechisch zur offiziellen Sprache der Regierung und der Wirtschaft. Die ägyptischen und griechischen Einflüsse existierten den Großteil der Zeit lang harmonisch Seite an Seite.

Die ptolemäische Dynastie

Ptolomäus II. Philadelphos folgte seinem Vater Ptolomäus I. um 282 v. Chr. auf den Thron und heiratete Arsinoe I., die Tochter des thrakischen Königs Lysimachus. Im Gegenzug heiratete Lysimachus die Schwester von Ptolomäus II, Arsinoe II. Als Lysimachus starb, heiratete Ptolomäus II. Arsinoe II. Er kämpfte zwischen 260 bis 252 v. Chr. in den Syrischen Kriegen, baute mehrere Handelsposten, vollendete den Pharos (Leuchtturm von Alexandria) und gründete das Ptolemäische Fest. Ptolomäus II. war als einer der großen Pharaonen Ägyptens bekannt. Leider war die ptolemäische Dynastie aber auch für kleinliche Eifersucht, Verrat und Inzest bekannt, wobei letzteres etwas war, das sie von den vorherigen ägyptischen Dynastien übernommen hatte.

Ptolomäus III. wurde um 246 v. Chr. Nachfolger seines Vaters und heiratete Berenike II. Als eine ihrer Töchter, die ebenfalls Berenice hieß, kurz darauf starb, wurde das Canopus-Dekret erlassen, das Berenice nach ihrem Tod zur Göttin machte und einen neuen Kalender vorschlug, der aus 365 Tagen im Jahr bestand und alle vier Jahre ein Schaltjahr vorsah. Dieser Kalender wurde jedoch nicht eingeführt. Ptolomäus IV. bestieg um 221 v. Chr. den Thron und heiratete seine Schwester Arsinoe III. Er errang einige Erfolge im Vierten Syrischen Krieg und baute die sogenannte Sema, die zu Ehren der Ptolemäer und Alexanders des Großen errichtet werden sollte. Ptolomäus IV. und Arsinoe III. wurden im Jahr 205 v. Chr. ermordet, sie waren einem Staatsstreich zum Opfer gefallen.

Ptolomäus V. erbte den Thron schon als Kind, hatte aber mit einer Reihe von Kriegen zu kämpfen, die den Verlust mehrerer ägyptischer Gebiete zur Folge hatten. Ptolomäus VI. war ebenfalls noch sehr jung, als er den Thron von seinem Vater erbte und regierte an der Seite seiner Mutter. Leider war auch seine Herrschaft mit Problemen behaftet, denn er war gezwungen, gleichzeitig gegen Eindringlinge von außen und gegen seinen eigenen Bruder, Ptolomäus VIII. innerhalb seines Reiches zu kämpfen. Ptolomäus VI. starb um 145 v. Chr. in einer Schlacht und überließ Ptolomäus VIII. den Thron.

Ptolomäus VIII. galt weithin als verhasster Herrscher, und es kam zu einem Bürgerkrieg, der von 132 bis 124 v. Chr. dauerte. Während der gesamten ptolemäischen Dynastie herrschte zwischen der königlichen Familie und den Einwohnern Alexandrias ein ausgesprochen turbulentes Verhältnis, das mehrere Rebellionen zur Folge hatte. Ptolomäus VIII. wurde von Ptolomäus IX. abgelöst, der für kurze Zeit erfolgreich von seinem Bruder gestürzt wurde, bevor er den Thron zurückerobern konnte.

In der Zwischenzeit begann Rom zu einer gewaltigen Macht aufzusteigen. Mehrere ptolemäische Pharaonen ernteten das Misstrauen ihrer Bürger, indem sie enge Beziehungen zu Rom aufbauten. Ägypten erkannte, dass es nur eine Frage der Zeit war, bis Rom versuchen würde, das reiche Land zu erobern. Die nächsten Generationen von Pharaonen hatten im Vergleich zu Rom wenig Einfluss und keine vergleichbare militärische Macht. Ptolomäus XIII. wurde im Jahre 51 v. Chr. Pharao und heiratete seine Schwester, Kleopatra VII. Ptolomäus XIII. und seine Schwester Arsinoe kämpften später gegen Kleopatra und Julius Cäsar um die Herrschaft über Ägypten und wurden in der Schlacht besiegt. Arsinoe wurde gefangen genommen, während Ptolomäus XIII. während des Kampfes ertrank. Cäsar ersetzte Ptolomäus XIII. durch Ptolomäus XIV., der Ägypten an der Seite Kleopatras regierte, bis sie ihn angeblich vergiften ließ.

So bestieg Kleopatra VII. schließlich selbst den Thron und wurde als die letzte ägyptische Pharaonin bekannt.

Die Schlacht von Actium

Als Kleopatra im Jahr 51 v. Chr. den ägyptischen Thron bestieg, begann sie damit, sich mit Rom und ihrem eigenen Volk anzufreunden. Sie hatte großes Interesse an der ägyptischen Kultur und lernte sogar die Sprache zu sprechen. Als Julius Cäsar jedoch im Jahr 44 v. Chr. starb, wurde Rom von einem Bürgerkrieg heimgesucht, der mit dem Zweiten Triumvirat endete, einer Machtkoalition, die aus Julius Cäsars Erben bestand: Octavian, Marcus Antonius und Lepidus. Das Triumvirat teilte das römische Reich in überschaubare Teile auf. Markus Antonius entschied sich für die Herrschaft über den östlichen Teil des Reiches, was ihn in direkten Kontakt mit Kleopatra brachte. Die beiden begannen kurze Zeit darauf eine stürmische Affäre.

Schlacht von Actium
https://commons.wikimedia.org/wiki/File:Castro_Battle_of_Actium.jpg

Die Beziehungen zwischen den Mitgliedern des Triumvirats verschlechterten sich, und bald waren Markus Antonius und Octavian in eine hitzige Fehde verwickelt, die 31 v. Chr. in der Schlacht von Actium gipfelte. Die beiden gegnerischen Mächte setzten ihre Flotten in der Schlacht ein, und obwohl Kleopatra Markus Antonius mit reichlichen Ressourcen versorgt hatte, verlor er diesen Kampf. Markus Antonius und Kleopatra konnten mit einigen ihrer Schiffe entkommen. Ein Jahr später traf Octavian in Ägypten ein, um seine Beute einzufordern. Markus Antonius wurde in der Schlacht gegen Octavian getötet, und Kleopatra beging Selbstmord. Kleopatras Sohn, den sie mit Cäsar gezeugt hatte und der den Namen Cäsarion trug, war der rechtmäßige Erbe Ägyptens. Aus diesem Grunde wurde er von Octavian hingerichtet, der im Jahr 27 v. Chr. zum Herrscher Cäsar Augustus wurde. Infolgedessen wurde Ägypten in das Römische Reich eingegliedert.

Römisches Ägypten

In der Blütezeit des Römischen Reiches wurde das Mittelmeer oft als die Römische See bezeichnet. Ägypten war die Kornkammer des Reiches. Feldfrüchte und Lebensmittel wurden aus Ägypten exportiert und in die anderen Gebiete des Römischen Reiches transportiert. Die Ressourcen Ägyptens wurden systematisch zum Wohle Roms geplündert. Im Großen und Ganzen respektierte Rom die ägyptische Kultur, und die Ägypter durften in ihrem alltäglichen Leben so weitermachen wie unter der Herrschaft der ptolemäischen Dynastie. Eine der größten Veränderungen während dieser Zeit war die Tatsache, dass Ägypten dem römischen Recht unterstellt wurde, das vor allen ägyptischen Gesetzen Vorrang hatte. Rom behielt die Kontrolle über Ägypten durch einen ernannten Gouverneur, der das Land im Namen Roms regierte. Auf dem Nil war eine Flottille stationiert, und drei Legionen sicherten die römische Kontrolle an Land.

Die ägyptische Religion durfte beibehalten werden, aber die hellenischen Bürger hatten gesellschaftlichen Vorrang und bildeten bald die Elite des Reiches. Die Großstädte waren am stärksten von der hellenistischen Kultur beeinflusst, während die ägyptischen Bauern und die ländlichen Gebiete noch den alten Traditionen und der alten Kultur folgten. Der Aristokratie im Römischen Reich war es gestattet, Land für sich zu erwerben, und die Aristokraten erlangten schnell die Kontrolle über riesige private Ländereien. Lebensmittel, Gewürze und andere Luxusgüter aus dem Osten wurden über den Nil nach Alexandria gebracht und von dort aus in den Rest des Reiches transportiert. Schon bald hatte Alexandria eine große griechische und jüdische Bevölkerung, was den römischen Kaisern manchmal Probleme bereitete. So versuchte die jüdische Bevölkerung während der Herrschaft Neros zum Beispiel, das Amphitheater von Alexandria niederzubrennen. Etwa fünfzigtausend Menschen starben bei diesem Aufstand, und Rom entsandte zwei Legionen, um das Problem zu lösen.

Zunächst akzeptierte Ägypten die römische Besatzung friedlich, doch um 115 n. Chr. brachen Unruhen aus, und es wurde deutlich, dass die Ägypter der römischen Herrschaft überdrüssig geworden waren. In den nächsten Jahrzehnten war Ägypten immer wieder Schauplatz von Unruhen und Rebellionen gegen die Römer, bis Rom schließlich endgültig fiel.

Vespasian

Als Nero um das Jahr 68 n. Chr. starb, brach eine Reihe von Bürgerkriegen aus, während die Römer versuchten, ihren neuen Anführer zu bestimmen. Vier Männer versuchten, ihren Anspruch auf den römischen Thron geltend zu machen, was zum Jahr der vier Kaiser führte. Galba, Otho, Vespasian und Vitellius versuchten alles in ihrer Macht Stehende, um zum nächsten Kaiser von Rom zu werden. Mit der Zeit waren Vitellius und Vespasian die einzigen verbliebenen Anwärter auf den Thron.

Eine Büste des Vespasian.
Imperator_Cäsar_Vespasianus_Augustus_Vaux.jpg: Jebulonderivative work: Jebulon, CC0, via Wikimedia Commons; https://commons.wikimedia.org/wiki/File:Imperator_Cäsar_Vespasianus_Augustus_Vaux_1.jpg

Vespasian stammte aus relativ bescheidenen Verhältnissen; sein Vater war ein gewöhnlicher Ritter und ehemaliger Steuereintreiber. Im Laufe der Zeit wurde Vespasian Mitglied des römischen Senats und begann eine erfolgreiche militärische Karriere, die ihn im Jahr 39 n. Chr. zum Prätor machte. Er sorgte dafür, dass die nächsten römischen Kaiser, darunter auch Claudius und Nero, auf seiner Seite blieben. Während des Machtkampfes, der die Wahl des nächsten römischen Kaisers bestimmen sollte, hielt sich Vespasian aus den Kämpfen heraus, da er nicht damit rechnete, gegen Galba gewinnen zu können. Als Galba jedoch ermordet wurde, trat Vespasian als Anwärter auf den Thron auf die Bildfläche. Otho wurde besiegt und beging Selbstmord. Vespasian reiste nach Alexandria, in der Hoffnung, Vitellius' Nachschublinien zu sabotieren. Während dieser Zeit gelang es Vespasians Verbündeten, Vitellius zu besiegen, der kurze Zeit später in Rom getötet wurde. Vespasian ging dabei als klarer Sieger hervor und wurde noch in Alexandria zum Kaiser von Rom erklärt.

Sobald Vespasian Kaiser war, suchte er nach Mitteln und Wegen, das Reich nach der katastrophalen Herrschaft Neros und den anschließenden Bürgerkriegen zu stabilisieren. Er steigerte die Einnahmen Roms (obwohl seine Finanzpolitik äußerst unpopulär war und Unzufriedenheit in Ägypten hervorrief) und stabilisierte das Militär. Er starb um das Jahr 79 n. Chr. herum, am Ende einer langen und erfolgreichen Karriere.

Diokletian

Im Jahr 284 n. Chr. waren die Tage römischer Ausnahmekaiser wie Vespasian und Augustus längst vorbei. Das Römische Reich war nur noch ein Schatten seiner selbst und sah sich mit schweren Aufständen und Unruhen konfrontiert. All das änderte sich, als Diokletian den Thron bestieg. Diokletian wurde um 245 n. Chr. in der Provinz des Balkans geboren. Er schloss sich dem Militär an und stieg schnell dort zu einer bedeutenden Persönlichkeit auf. Er diente unter Kaiser Carus als ein Mitglied der kaiserlichen Leibwache. Als Carus starb, überließ er seinen Thron seinem Sohn Numerian, der wahrscheinlich von seinem Schwiegervater Arrius Aper getötet wurde. Diokletian rächte den Tod des Kaisers und wurde im November 284 n. Chr. selbst zum neuen Kaiser Roms.

Diokletian erkannte, dass Rom zu groß geworden war, um es effektiv zu regieren, und teilte das Reich in zwei Teile auf. Er ernannte seinen Schwiegersohn Maximian zum Cäsar des Weströmischen Reiches, während er den Osten kontrollierte. Diokletian gelang es, im Osten große

Siege gegen Persien und an der Donau zu erringen. Im Jahr 305 n. Chr. verzichtete er zusammen mit Maximian auf den Thron und zog sich in seinen riesigen Palast im heutigen Kroatien zurück. Leider wurde das Römische Reich in den folgenden Jahrzehnten von weiteren Problemen geplagt. Das Weströmische Reich fiel 476 n. Chr., während das Oströmische Reich weiter bestehen blieb. Die östliche Hälfte des Reiches ist heute auch unter dem Namen Byzantinisches Reich bekannt.

Das Byzantinische Reich

Diokletian war der letzte römische Kaiser, der Ägypten je persönlich besuchte. Als das Römische Reich in zwei Teile geteilt wurde, hörte der Westen auf, einen großen Einfluss auf Ägypten auszuüben. Im Jahr 330 n. Chr. wurde Konstantinopel gegründet, was Alexandria einen Teil seines Einflusses in der Region entzog. Konstantinopel benötigte jedoch weiterhin Getreide aus Ägypten, und Ägypten wurde daher bald ein politisch wichtiger Teil des Oströmischen Reiches. Mit der Zeit entwickelte sich das Byzantinische Reich zu einem christlichen Staat. Die griechisch-römischen Einflüsse verblassten und die „orientalischen" Einflüsse gewannen die Überhand. Alexandria blieb jedoch eine einflussreiche Stadt, die von religiöser Gewalt beherrscht wurde.

Im 5. Jahrhundert wurde Ägypten von mehreren bedeutenden christlichen Kirchen kontrolliert. Das Christentum gewann schnell an Popularität, da es sowohl die Reichen als auch die Armen ansprach. Kirchen und Klöster stellten Gemeinschaftsgebäude wie Wasserzisternen, Bäckereien, Werkstätten, Ställe, Küchen und andere Ressourcen zur Verfügung, die es den Gemeinden ermöglichten, wohlhabend und unabhängig zu werden. Allerdings wurden die Kirchen von rivalisierenden Patriarchen beherrscht, die sich gegenseitig um die Macht stritten. Die Religion wurde kompliziert und politisch, was zum Untergang des Christentums während der arabischen Invasion im 7. Jahrhundert beigetragen haben mag. Während der Islam in der Region viele Anhänger fand, blieb das Christentum in Ägypten für die nächsten Jahrhunderte bestehen.

Philosophie in Ägypten

Viele Jahrhunderte lang betrachteten die Griechen Ägypten als einen Ort der Philosophie und des Wissens. Viele griechische Gelehrte und Philosophen wurden von Ägypten, insbesondere von Alexandria, angezogen, als die Ptolemäer die Kontrolle über das Land übernahmen. Die Legende besagt, dass Pythagoras nach Ägypten reiste, um mehr

Wissen zu erlangen, da die Ägypter für ihr philosophisches Streben bekannt waren. Pythagoras wird zugeschrieben, den Griechen die Philosophie gebracht zu haben, zumindest laut den Schriften des berühmten griechischen Gelehrten Isokrates. Platon glaubte, die Ägypter hätten die Arithmetik, die Buchstaben und die Zahlen erfunden. Auch Sokrates schätzte die Ägypter sehr und behauptete, Solon sei nach Ägypten gereist, um sein eigenes Wissen zu vertiefen.

Ägypten hatte sicherlich eines der ältesten politischen Systeme der Welt, und Aristoteles behauptete, Ägypten sei das ursprüngliche Land der Weisheit. In der griechisch-römischen Zeit behielt Ägypten seinen Ruf als Land der Weisheit, und Alexandria wurde zur Heimat von Gelehrten aus der ganzen Welt. Diese Gelehrten arbeiteten in der Bibliothek von Alexandria und expandierten deren Inhalt weiter. Leider wurde die Bibliothek während der römischen Herrschaft vernachlässigt und durch eine Reihe von Bränden zerstört, was zum Verlust eines immensen Wissensschatzes führte. Alexandria blieb zwar ein intellektuelles Zentrum, doch sein Einfluss nahm im Laufe der Zeit ab.

Kapitel 6: Das mittelalterliche Ägypten (650-1520 n. Chr.)

Die altägyptische Geschichte ist voll von Geschichten über mächtige Pharaonen, die ihr Reich zu einer glanzvollen Weltmacht machten. Leider waren die Pharaonen nicht in der Lage, ihre Macht zu halten, so dass Ägypten von mehreren ausländischen Dynastien regiert wurde. Als Alexander der Große Ägypten erreichte, war das Zeitalter der Pyramiden und der mächtigen Pharaonen, die das Land autonom regierten, vorbei. In den nächsten Jahrhunderten wechselte Ägypten von den Griechen in den Besitz der Römer, bevor es schließlich Teil des Byzantinischen Reiches wurde.

Ägypten ging jedoch bald an das Byzantinische Reich verloren, als es von der Sasaniden-Dynastie erobert wurde. Mit der Eroberung durch das islamische Raschidun-Kalifat erlebte Ägypten eine weitere Zeit des großen Umschwungs. Damit begann das mittelalterliche Zeitalter, das von ausländischen islamischen Königen geprägt war, die über Ägypten herrschten. Das Mittelalter war für Ägypten eine Zeit großer Veränderungen, des Fortschritts und der Entdeckungen, aber es gab auch Zeiten des Krieges und der Verwüstung.

Sasanisches Ägypten

Jahrelang war Ägypten eine Provinz des Byzantinischen Reiches, doch als Maurice um 582 n. Chr. den Thron bestieg, brachen für das Reich schwierige Zeiten an. Maurice hatte eine herausfordernde Regierungszeit, die von Kriegen heimgesucht wurde. Zu dieser Zeit wurde Persien von der sasanidischen Dynastie regiert; dieses Reich wird auch als Neo-Persisches Reich bezeichnet. Obwohl Maurice ein erfolgreicher militärischer Befehlshaber war, trieb er seine Truppen zu weit und wurde von Phokas gestürzt und 602 n. Chr. hingerichtet. Dieses Ereignis löste massive Unruhen im Byzantinischen Reich aus. Der damalige persische Schah, Khosrow II., nutzte diese Gelegenheit und begann mit der Eroberung byzantinischer Gebiete, darunter auch Nordmesopotamien, Palästina und Syrien. Im Jahr 618 n. Chr. fiel Khosrow II. schließlich in Ägypten ein und eroberte Alexandria.

Nachdem Alexandria gefallen war, wurde der Rest Ägyptens von den Persern erobert, und im Jahr 621 n. Chr. war Ägypten bereits eine persische Provinz geworden. Die anfängliche Invasion Ägyptens führte zu schweren Schäden und Verlusten, aber sobald die Perser die Kontrolle erlangt hatten, begannen sie mit dem Wiederaufbau von Teilen des Landes. Obwohl Ägypten nun zu einem anderen Reich gehörte, wandten die Sasaniden viele der gleichen Verwaltungsmaßnahmen an wie das Byzantinische Reich zuvor. Einige iranische Familien ließen sich sogar freiwillig im Land nieder, was bedeutet, dass die beiden Zivilisationen möglicherweise friedlich nebeneinander existiert haben könnten.

General Shahrbaraz regierte Ägypten im Auftrag des persischen Schahs. Einige Jahre später besiegte Heraklius, der byzantinische Kaiser, die Perser, die Ägypten im Jahr 629 n. Chr. verließen. Zwar konnte das Byzantinische Reich Ägypten zurückgewinnen, doch das Land war durch den Verlust seiner wichtigsten Gebiete geschwächt und hatte Mühe, viele seiner Provinzen zu halten.

Die Eroberung Ägyptens durch die Muslimen

Dem Byzantinischen Reich gelang es, Ägypten ein weiteres Jahrzehnt zu halten, bevor es erneut erobert wurde. Im Jahr 639 n. Chr. führte das Raschidun-Kalifat seine Streitmacht über die ägyptische Grenze. Die Armee bestand aus römischen und persischen Soldaten, die zum Islam übergetreten waren. Die Raschidun-Armee belagerte Pelusium etwa zwei Monate lang. In der Zwischenzeit hatten sich der Invasionsarmee viele Beduinen aus dem Sinai angeschlossen, was die Gesamtzahl der Soldaten erhöhte. Viele ägyptische Städte wurden erfolgreich erobert oder waren gezwungen, sich den eindringenden Truppen zu ergeben. Die Byzantiner und die Muslime trafen in der Schlacht von Heliopolis aufeinander, in der die byzantinische Armee eine schwere Niederlage erlitt. Im Jahr 641 n. Chr. brachen die Raschidun-Truppen nach Alexandria auf. Den byzantinischen Streitkräften gelang es zwar, den Vormarsch der Muslime zeitweise aufzuhalten, doch die Invasoren erreichten trotz ihrer Bemühungen bald Alexandria.

Das Byzantinische Reich entsandte eine große Armee zur Verteidigung der Stadt, was zur Belagerung von Alexandria im Jahr 641 n. Chr. führte. Alexandria war keine leicht zu erobernde Stadt, und die byzantinische Armee hatte Katapulte an den Stadtmauern installiert, um sie vor Eindringlingen zu schützen. Es war eine schwierige Belagerung, aber die Muslime besiegten die byzantinische Armee, und Alexandria ergab sich. Als die Muslime in Alexandria einmarschierten, fanden sie eine prächtige Stadt mit Palästen, Vergnügungsstätten und großen Reichtümern vor. Ägypten war sehr reich, und sein Verlust hatte schwerwiegende Folgen für das Byzantinische Reich. Das Mittelmeer war zuvor als die Römische See bekannt gewesen, doch nun wurde es langsam zwischen dem Byzantinischen Reich und dem muslimischen Kalifat aufgeteilt. Während die Muslime das persische Reich erobert hatten, konnten die Byzantiner der Invasion aufgrund der ausgedehnten Befestigungsanlagen von Konstantinopel standhalten.

Das Raschidun-Kalifat

Der Prophet Mohammed war der einflussreichste muslimische Anführer und galt als Paradebeispiel für die islamische Militärführung. Er hinterließ eine große Zahl von Ansar (Gefolgsleute). Es gehörte zu ihren Aufgaben, dafür zu sorgen, dass die Kalifen den Koran und die Sunna genau befolgten. Die Raschidun waren die ersten vier Führer (Kalifen) der muslimischen Gemeinschaft. Als Kalifen waren die Raschidun dafür verantwortlich, die Gebete in der Moschee zu leiten, Predigten zu halten und die Armee zu befehlen. Die Raschidun dehnten die Grenzen des islamischen Staates auf die Gebiete Irak, Palästina, Iran, Armenien, Syrien und Ägypten aus. Sie führten außerdem auch den Gebrauch des islamischen Kalenders ein und stärkten die islamische Gemeinschaft durch religiöse Studien. Während des Raschidun-Kalifats eroberte der islamische Staat große Teile des Territoriums, das schließlich nur noch schwer zu kontrollieren war. Es war klar, dass sie eine praktischere Verwaltungspolitik umsetzen mussten, denn die Theokratie allein reichte nicht aus, um die verschiedenen Regionen zu beherrschen.

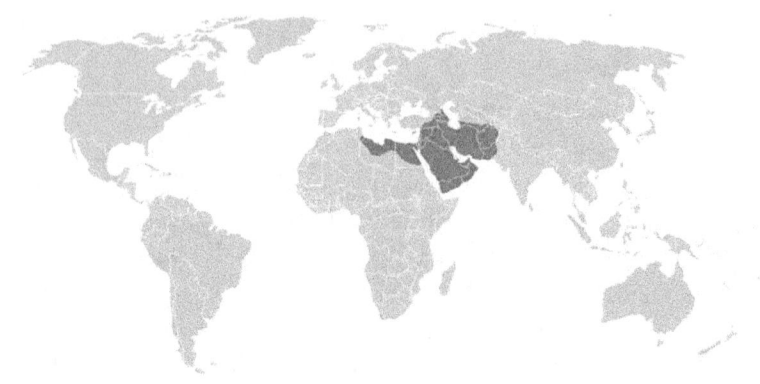

Territorien des Raschidun-Kalifats.
Mohammed Adil, Englischer Wikipedia Text, CC BY-SA 3.0 http://creativecommons.org/licenses/by-sa/3.0/, über Wikimedia Commons; https://commons.wikimedia.org/wiki/File:Mohammed_adil_rais-rashidun_empire-at-its_peak.PNG

Der erste Kalif der Raschidun war Abu Bakr, der den Titel „Khalifat rasul Allah" trug, der schließlich zu *khalifa* verkürzt und später zum Titel des Kalifen wurde. Abu Bakr wurde von Umar abgelöst, der im Jahr 644 n. Chr. ein Komitee zur Wahl seines Nachfolgers einsetzte. Das Komitee wählte Uthman ibn Affan zum nächsten Kalifen, aber seine Herrschaft war von Vorwürfen der Vetternwirtschaft geprägt, da sein Stamm, die Banu Umayyad, durch seine Machtposition erheblichen Einfluss gewinnen konnte. Uthman wählte Familienmitglieder aus, um eroberte Gebiete zu regieren. Er wurde 656 n. Chr, von ägyptischen Rebellen ermordet, und das Kalifat wurde nach seinem Tod Ali ibn Abi Talib angeboten.

Ali wurde 661 n. Chr. ermordet, und sein Sohn Hasan wurde zum Kalifen ernannt, wurde aber von Muawiya herausgefordert, der schließlich anstelle von Hasan Kalif wurde. Das Raschidun-Kalifat endete mit Ali, und die islamischen Gebiete kamen unter die Kontrolle des Umayyaden-Kalifats unter Muawiya. Unter der Herrschaft der Umayyaden wurde die Rolle des Kalifen dieselbe wie die eines weltlichen Königs.

Das Leben im frühislamischen Ägypten

Als die muslimischen Truppen in Ägypten einmarschierten, errichteten sie in der Nähe von Babylon ein Zentrum namens Fustat, das zum Sitz des Gouverneurs und zum Verwaltungszentrum wurde. Bald nach Abschluss der Invasion wurde Ägypten wieder in Ober- und Unterägypten geteilt, da das Gebiet so leichter zu kontrollieren war. Kalif

Uthman vereinigte Ägypten jedoch bald wieder unter einem Gouverneur, der in Fustat residieren sollte. Der Gouverneur war für die Verwaltung Ägyptens zuständig und durfte Männer, die für die Kontrolle von Ober- und Unterägypten verantwortlich waren, ernennen.

Kunstwerk aus Fustat.
https://commons.wikimedia.org/wiki/File:Seated_drinker,_from_a_bath_complex_in_Fustat.jpg

Die Muslime verfügten über eine starke militärische Streitmacht, die sich hauptsächlich aus arabischen Siedlern und Soldaten zusammensetzte. Schnell bildete sich eine elitäre männliche gesellschaftliche Schicht, deren Mitglieder erhebliche Privilegien genoss. Viele der alten Verwaltungssysteme, einschließlich der Besteuerung, wurden beibehalten, was den neuen Anführern den Machtwechsel erleichterte. Viele Ägypter blieben Christen und durften ihre Religion frei ausüben. Solange sie Tribut an die Armee zahlten, waren sie vom Militärdienst befreit. Zu dieser Zeit war die Konversionen zum Islam noch vergleichsweise selten.

Das Kalifat der Abbasiden

Die Umayyaden-Dynastie wurde im Jahr 750 n. Chr. von der Abbasiden-Dynastie gestürzt. Während der Umayyaden-Dynastie galten die nichtarabischen Muslime, die so genannten Mawali, als Unterschicht, was zu vielen Reibereien führte. Als die Abbasiden die Macht übernahmen, begünstigten sie die Mawali und beschuldigten die Umayyaden-Kalifen, das Land unmoralisch und unfähig zu regieren. Die Abbasiden hießen Perser an ihrem Hof willkommen und verlegten ihre Hauptstadt von Damaskus nach Bagdad, was die Zustimmung ihrer Mawali-Anhänger fand. Die Abbasiden waren Nachkommen von Mohammeds Onkel Abbas ibn Abd al-Muttalib, der die Unterstützung der schiitischen Muslime für sich gewinnen konnte. (Der Islam spaltete sich nach der Nachfolgekrise nach Mohammeds Tod in zwei Fraktionen, die der Sunniten und die der Schiiten.) Sobald die Abbasiden die Herrschaft übernommen hatten, wechselten sie jedoch wieder zu den sunnitischen Muslimen über.

Die Abbasiden-Dynastie herrschte über dreihundert Jahre lang und vollbrachte beeindruckende Leistungen, wie die Stärkung der islamischen Herrschaft, die dann zum Goldenen Zeitalter des Islams in Ägypten führte. Diese Zeit ist bekannt als eine Zeit großer wissenschaftlicher, wirtschaftlicher und kultureller Fortschritte in der islamischen Kultur. Während der Abbasiden-Dynastie verliehen die Wesire und die gewählten lokalen Emire (Titel eines hohen Amtes innerhalb der muslimischen Gemeinschaft) bestimmten Männern unglaublichen Einfluss. Mit der Zeit wurde die Rolle der Kalifen zu einer zeremoniellen Position, während die Wesire zunehmend mehr Macht ausübten. Dies führte zum Niedergang des Abbasiden-Kalifats. In den 860er Jahren gründete Ägypten das Tuluniden-Emirat, das von Ahmad ibn Tulun geleitet wurde. Dieses Emirat regierte unabhängig vom Kalifat. Den Tuluniden gelang es, große Teile Ägyptens, Palästinas und des Hidschas (eine Region im Westen Saudi-Arabiens) zu kontrollieren.

Im Jahr 909 n. Chr. erklärte sich der Schiit Ubayd Allah al-Mahdi Billah zum Kalifen, womit ein neues Kalifat in Nordafrika entstand. Dieses neue Kalifat wurde von der Fatimiden-Dynastie regiert, die von einer der Töchter Mohammeds abstammte.

Das Fatimidenkalifat

Die Fatimiden-Dynastie lehnte die Abbasiden-Dynastie als Usurpatoren ab, da sie von sunnitischen Muslimen kontrolliert wurde, die die Kontrolle über das gesamte islamische Kalifat anstrebten. Den Fatimiden gelang es jedoch nur, Nordafrika und Teile des Nahen Ostens zu sichern. Während andere Kalifen die Abbasiden anerkannten und nur bestimmte Regionen kontrollieren wollten, waren die Fatimiden entschlossen, ein völlig neues Kalifat zu errichten. Die Fatimiden ließen sich an der tunesischen Küste nieder, wo sie versuchten, Ägypten zu erobern. Es dauerte mehrere Jahrzehnte, doch im Jahr 969 n. Chr. erreichten sie ihr Ziel. Den Fatimiden gelang es, das Niltal zu erobern. Von dort aus eroberten sie den Sinai, Palästina und Südsyrien. Die Fatimiden gründeten ihr Reich in Ägypten und ließen nie von ihrem Ziel ab, das einzige islamische Kalifat zu werden.

Auf ihrem Höhepunkt kontrollierte die Fatimiden-Dynastie Sizilien, Nordafrika, Teile der Küste des Roten Meeres, Palästina, Syrien, den Jemen, Mekka und Medina. Die Kontrolle über die heiligen Städte war äußerst wichtig, da sie der Herrschaft eines muslimischen Herrschers ein unglaubliches religiöses Prestige verlieh. Während der Herrschaft der Fatimiden war der Sturz des abbasidischen Kalifats vielleicht die wichtigste Aufgabe, und die schiitischen Herrscher schickten Missionare und Agenten in die abbasidischen Gebiete, um von dort aus Unterstützung und Konvertiten zu gewinnen. Bis 1057 n. Chr. war es den Fatimiden gelungen in den Osten zu expandieren und beinahe die Kontrolle über Bagdad zu erlangen. Die Fatimiden scheiterten jedoch mit ihrer Mission, da der sunnitische Zweig des Islam die schiitischen Lehren nur widerwillig annahm. Im 12. Jahrhundert begannen die Kreuzzüge, und die Sunniten und Schiiten waren gezwungen, die eindringenden Christen zu bekämpfen.

Ägypten während der Zeit des Fatimidenkalifats

Nachdem die Fatimiden Ägypten erobert hatten, errichteten sie dort die Stadt Kairo, die als königliche Residenz des Fatimidenkalifen dienen sollte. Fustat blieb bis 1169 n. Chr. die Verwaltungshauptstadt von Ägypten. Ägypten blühte unter der Herrschaft der Fatimiden auf, da die Dynastie die Handelswege ausbaute und die Wirtschaft ankurbelte. Bald verliefen die ägyptischen Handelsrouten entlang des Mittelmeers und des Indischen Ozeans und reichten bis nach China. Die Fatimiden praktizierten religiöse Toleranz und erlaubten Christen und Juden, friedlich in Ägypten zu leben. Außerdem legten sie mehr Wert auf Fähigkeiten als auf Vetternwirtschaft, was bedeutete, dass jeder schnell in der Regierung aufsteigen konnte, wenn er die nötigen Fähigkeiten besaß.

Die Fatimiden unterhielten eine große Armee von Mamelucken (Sklaven). Es war den Mamelucken durch die Mitgliedschaft in der Armee möglich, zu einer Elite von Rittern und Kriegern zu werden. Einige Mamelucken stiegen zum Rang der Sultane auf und durften Machtpositionen besetzen. Neben der Wirtschaft förderten die Fatimidenkalifen auch die intellektuellen Aktivitäten und bauten anspruchsvolle Bibliotheken. Sie förderten die Gedankenfreiheit, die es den Gelehrten erlaubte, ihre Gedanken und Ansichten ohne Angst vor Verfolgung zu äußern. Wieder einmal wurde Ägypten zu einem Zentrum des Wissens, der Philosophie und der Literatur. Gelehrte kamen aus der ganzen Welt, um von diesem Wissensaustausch zu profitieren, und lobten die großen Bibliotheken Ägyptens. Die fatimidischen Kalifen waren Mäzene vieler Gelehrter und ernannten diese Gelehrten zu bedeutenden Persönlichkeiten an ihrem Hof. Leider ging die Fatimiden-Dynastie im 11. Jahrhundert unter, was es Saladin ermöglichte, im Jahr 1171 n. Chr. in Ägypten einzufallen.

Saladin war der Begründer der Ayyubiden-Dynastie, deren Herrschaft zur Rückgabe der Fatimidengebiete an das Kalifat der Abbasiden führte.

Der Schwarze Tod in Ägypten

Bevor wir uns weiter mit Saladin und der politischen Situation in Ägypten befassen, wollen wir einen Blick auf ein wichtiges Ereignis werfen, das im Mittelalter stattfand. Der Schwarze Tod war eine Pandemie der Beulenpest, die von 1346 bis 1353 n. Chr. grassierte und in Eurasien und Nordafrika insgesamt zwischen fünfundsiebzig und zweihundert Millionen Todesopfer forderte. Es ist wahrscheinlich, dass der Schwarze Tod zuerst in Zentralasien ausbrach, aber der erste Hinweis auf die Existenz der Pandemie wurde 1347 n. Chr. auf der Krim erbracht. Von dort aus wurde die Pest durch Flöhe übertragen, die Ratten auf Handelsschiffen befallen hatten, wodurch die Pest in die gesamte bekannte Welt transportiert werden konnte. Sie breitete sich über den Mittelmeerraum bis nach Afrika, Westasien und Europa aus. Sobald sich Menschen mit der Pest angesteckt hatten, konnten sie andere Menschen leicht anstecken, so dass die Pest auch in Gebiete vordrang, die von Handelsschiffen nicht erreicht werden konnten. Experten gehen davon aus, dass der Schwarze Tod die Weltbevölkerung von etwa 475 Millionen auf 350 bis 375 Millionen Menschen schrumpfen ließ.

Die Pandemie verursachte den Tod von Millionen von Menschen, was sich nachhaltig auf die damaligen Zivilisationen auswirkte. Da viele Gebiete stark entvölkert worden waren, führte die Pest zu sozialen, religiösen und wirtschaftlichen Veränderungen. Der Schwarze Tod erreichte Alexandria um 1347 n. Chr., als ein infiziertes Handelsschiff voller Sklaven aus Konstantinopel eintraf. Im Jahr darauf erreichte die Pest Kairo, die größte Stadt im Mittelmeerraum und das kulturelle Zentrum der islamischen Gemeinschaft. Einigen Schätzungen zufolge dezimierte die Pest etwa 40 Prozent der ägyptischen Bevölkerung. Vor der Pest hatte Kairo etwa 600.000 Einwohner, und der Schwarze Tod tötete etwa ein Drittel der Stadtbevölkerung. Die Stadt verfügte zwar über ein funktionierendes Krankenhaus, doch die Schwere der Pest und die schiere Zahl der Infizierten überforderten die Ressourcen der Stadt. Einigen Berichten zufolge war der Nil mit Leichen verstopft, weil die Totengräber und die Bestatter mit den Zahlen der Pesttoten nicht mehr mithalten konnten.

Die verheerenden Auswirkungen des Schwarzen Todes waren stark von der geographischen Lage eines Landes abhängig. Überfüllte städtische Zentren waren am stärksten betroffen, aber das bedeutet nicht, dass ländliche Städte von der Tragödie ausgenommen waren.

Das Sultanat der Mamelucken

Mamelucken waren Sklavensoldaten, die in Ägypten und später im Osmanischen Reich eine kämpferische Eliteklasse bildeten. Sie dienten zunächst den abbasidischen Kalifen und waren in der Regel türkische Nicht-Muslime, die in den Regionen nördlich des Schwarzen Meeres, dem heutigen Russland, gefangen genommen worden waren. Diese Soldaten konvertierten zum Islam und hatten die Aufgabe, die Kalifen zu schützen und ihnen zu dienen, obwohl sie mit der Zeit sehr mächtig wurden, insbesondere in Ägypten. Die Mamelucken wurden als Kavalleriesoldaten ausgebildet und mussten sich an einen Verhaltenskodex, die *Furusiyya*, halten, der ihnen Werte wie Mut und Großzügigkeit abverlangte. Jeder Mamelucke durchlief eine umfassende Ausbildung, die sicherstellen sollte, dass die mameluckischen Streitkräfte immer kampfbereit waren.

Als Saladin einen Großteil des Nahen Ostens eroberte, gründete er die mächtige Dynastie der Ayyubiden. Als er starb, stritten sich seine Erben um die Kontrolle über sein riesiges Reich. Jeder seiner Erben setzte kampferprobte Mitglieder der Mamelucken ein, in der Hoffnung, das Reich für sich erobern zu können. Saladins Bruder Al-Adil gelang es schließlich, sich das gesamte Reich zu sichern, nachdem er seine Brüder und Neffen besiegt und deren mameluckische Gefolgsleute zu seinen eigenen hinzugefügt hatte. Die Ayyubiden setzten diese Praxis fort, bis sie vollständig von den Mamelucken umzingelt waren, die schließlich ein wesentlicher Bestandteil des ayyubidischen Hofes wurden.

Im Jahr 1250 n. Chr. starb der ägyptische Sultan Turanshah, woraufhin seine Frau, Shajar al-Durr, mit Unterstützung der Mamelucken die Macht übernahm. Sie brauchte jedoch einen Gatten, der an ihrer

Seite stehen konnte, und heiratete daher während des Siebten Kreuzzugs einen mameluckischen Kommandanten namens Aybak. Aybak wurde später ermordet, und ein Mamelucke namens Qutuz übernahm an seiner statt die Macht. Qutuz gründete das Mamelucken-Sultanat, das Ägypten bis etwa 1517 n. Chr regierte, als es vom Osmanischen Reich besiegt wurde.

Der Osmanisch-Mameluckische Krieg

Im Jahr 1453 n. Chr. fiel Konstantinopel an das Osmanische Reich, was die Osmanen in direkten Kontakt mit den Mamelucken brachte. Die beiden Mächte kämpften um ein Monopol auf den äußerst lukrativen Gewürzhandel. Die Osmanen eroberten viele Regionen im Nahen Osten, darunter die heiligen Städte des Islams, und hatten auch ein Auge auf Ägypten geworfen.

Die Mamelucken reagierten darauf, indem sie Menschen aus den ländlichen Gebieten in ihre Armee einberiefen, was jedoch zu einem Mangel an Nahrungsmitteln und dem Verlust von Vorräten führte, die nötig waren, um die Armee zu versorgen. Es lebten nicht mehr genug Menschen auf den Bauernhöfen, um den Nahrungsertrag aufrechtzuerhalten. Diese Knappheit löste eine Hungersnot aus, die Ägypten stark schwächte. Die Osmanen und die Mamelucken zogen schließlich 1516 n. Chr. in den Krieg, und obwohl beide Armeen etwa gleich stark waren, hatten die Osmanen einen klaren Vorteil. Nur ein kleiner Teil der mameluckischen Armee bestand aus ausgebildeten Soldaten, und diese Männer kämpften mit veralteten Waffen wie beispielsweise Pfeil und Bogen. Die Osmanen verfügten über ein kampferprobtes Heer, das mit modernen Waffen wie beispielsweise der Arkebuse (Hakenbüchse – Vorderlader Gewehr) ausgerüstet war. Die Mamelucken waren unglaublich stolz und verließen sich auf ihre traditionellen Methoden, was schließlich zu ihrem Untergang führte. Die Osmanen gewannen den Krieg im Jahr 1517 und übernahmen die Kontrolle über Ägypten. Trotz ihrer Niederlage durften die Mamelucken als Sklavensoldaten weiterleben, erlangten aber nie wieder die Macht und den Status, den sie während des Mamelucken-Sultanats genossen hatten.

Die Osmanen setzten einen Gouverneur in Ägypten ein, der von einer gut ausgebildeten Truppe osmanischer Soldaten geschützt wurde. Dank ihres Sieges in Ägypten konnten die Osmanen Angriffe auf andere afrikanische Königreiche starten und ihre Grenzen weiter ausdehnen. Dank ihrer militärischen Siege war es den Osmanen gelungen, die Kontrolle über die heiligen Städte des Islams zu gewinnen, was die osmanischen Herrscher zu Kalifen über die gesamte muslimische Welt, einschließlich Ägyptens, machte. Dieser Titel blieb ihnen bis ins 20. Jahrhundert erhalten.

Kapitel 7: Das frühe moderne Ägypten (1520-1914)

Die mittelalterliche Geschichte Ägyptens war geprägt von Kriegen, tödlichen Seuchen und ständig wechselnden Regierungen, die das Land und seine Bevölkerung stark beeinflussten. Während dieser Zeit wechselte die Staatsreligion mehrmals, weil die Ägypter erst von einer traditionellen heidnischen Religion zum Christentum und dann zum Islam übergingen. Diese Religionswechsel wirkten sich nicht nur auf die ägyptische Bevölkerung aus, sondern hatten auch Auswirkungen auf die Rechts-, Wirtschafts- und Verwaltungspolitik des Landes. Die mittelalterliche Periode begann mit der Invasion der Sasaniden und endete mit der osmanischen Invasion, durch die Ägypten ein Teil des Osmanischen Reiches wurde. Mit diesem Regierungswechsel begann in Ägypten die frühe Neuzeit, die bis zur Zeit des Ersten Weltkriegs andauern sollte.

Die frühe Neuzeit war zwar einige Jahrhunderte kürzer als das Mittelalter, aber nicht weniger aufregend. Ägypten musste sich an das Leben unter der Herrschaft der Osmanen anpassen, was zum Niedergang der ägyptischen Wirtschaft und Kultur beitrug. Die Menschen im Land mussten eine schreckliche Hungersnot überleben, schwache und mächtige Herrscher überstehen, eine französische Invasion, die Ankunft der Briten und wirtschaftliche Turbulenzen überleben. Ausländische Mächte versuchten zunehmend, sich in die ägyptischen Angelegenheiten einmischten. All diese Ereignisse trugen dazu bei, die ägyptische Kultur zu formen – besonders als das Land das Mittelalter hinter sich ließ und seine Reise in die Moderne begann.

Das Osmanische Reich

Als die Osmanen Ägypten übernahmen, wurde das Land erneut zur Provinz. Die Osmanen herrschten von Konstantinopel aus und nutzten Ägypten als Kornkammer und Einnahmequelle – die landwirtschaftlichen Erträge der ägyptischen Bauer wurden stark besteuert. Leider erlebte Ägypten unter der Herrschaft der Mamelucken bereits den Beginn eines Niederganges, und die osmanische Invasion trug nur wenig zur Verbesserung der wirtschaftlichen Lage des Landes bei. Die wirtschaftlichen Verluste wirkten sich auch negativ auf die ägyptische Kultur aus und das Land wurde zunehmend in Mitleidenschaft gezogen. Die Osmanen waren jedoch nicht allein für diese Veränderungen verantwortlich, denn sie führten mehrere politische Maßnahmen ein, um sicherzustellen, dass sie insbesondere von Ägyptens Wohlstand und Erfolg profitieren konnten. Die ägyptische Elite arbeitete jedoch oft nicht mit der Regierung zusammen, was die Versuche der Osmanen, die Wirtschaft wieder anzukurbeln, deutlich beeinträchtigte.

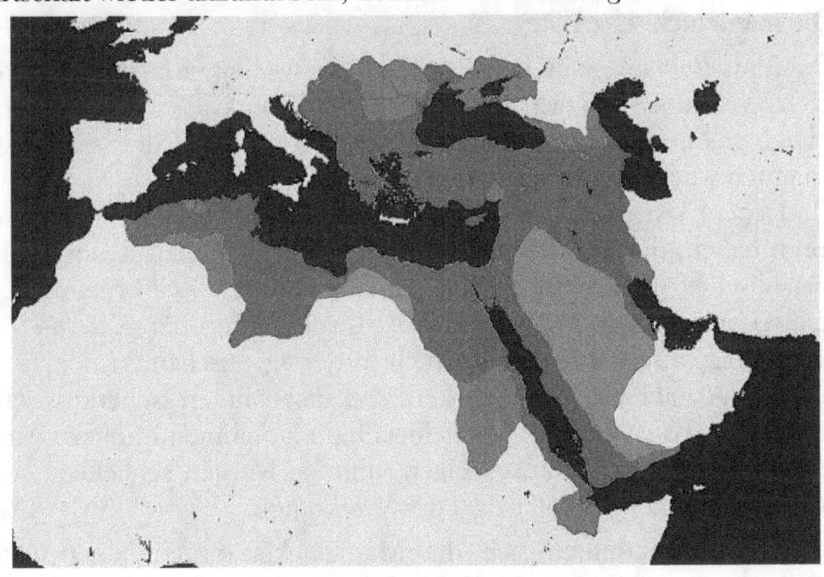

Karte des Osmanischen Reiches in seiner Blütezeit.
Dodobondo, CC BY-SA 4.0 https://creativecommons.org/licenses/by-sa/4.0 via Wikimedia Commons; https://commons.wikimedia.org/wiki/File:Ottoman-Empire-peak-1590-map.jpg

Die Osmanen machten sich schnell daran, ihre Autorität in Ägypten zu etablieren, und 1525 ernannte Süleyman der Prächtige seinen Großwesir, Ibrahim Pascha, zum Regierungschef Ägyptens. Er sollte Ägypten im Auftrag seines Monarchen regieren. Ibrahim ernannte einen

Vizekönig und einen Rat von Beratern, die von einer großen Armee unterstützt wurden. Die Osmanen teilten Ägypten außerdem in vier überschaubare Provinzen auf, die jeweils verantwortlichen Inspektoren zugewiesen wurden, um die Verwaltung und Besteuerung des Landes besser überwachen zu können. Die ägyptische Regierung wurde zwar eigentlich von Beamten aus Konstantinopel kontrolliert, aber mit der Zeit gelang es einigen Mamelucken, Positionen innerhalb der Regierung einzunehmen.

Nachdem die Osmanen ihre Macht in Ägypten etabliert hatten, wollten sie ihre Grenzen weiter nach Süden ausdehnen. Ägypten war der perfekte Stützpunkt für ihre geplanten Invasionen, und schon bald waren die Osmanen in der Lage, Nubien zu kontrollieren. Außerdem kämpften sie mit den Portugiesen um die Kontrolle über das Rote Meer. Sie gründeten eine Kolonie in Mitsiwa (dem heutigen Eritrea) und eroberten den Jemen und Aden. Das Osmanische Reich war in erster Linie muslimisch, und die Religion diente als Grundlage für viele Regierungsfunktionen im Land.

Die mameluckische Elite

Die Mamelucken galten lange Zeit als eine wichtige Klasse in Ägypten. Zunächst waren sie lediglich als Klasse der Sklavenkrieger bekannt, doch im Laufe der Zeit entwickelten sie sich zu einer der wichtigsten Gemeinden der ägyptischen Gesellschaft. Obwohl sie nach der Niederlage im Krieg gegen die Osmanen einen Großteil ihrer Macht verloren hatten, durften sie auch unter dem Osmanischen Reich als Teil der ägyptischen Gesellschaft weiter regieren. Mit der Zeit ernannten die Osmanen ausgewählte Mamelucken zu Inspektoren oder *Kaschifen* für bestimmte ägyptische Provinzen. Auch in der ägyptischen Armee gab es eine große Anzahl von Mamelucken, die sogenannten tscherkessischen Mamelucken. Es gelang den Mamelucken, in zunehmend höhere Ämter innerhalb der Regierung aufzusteigen, und sie wurden schließlich sogar ein wichtiger Teil des Beraterstabs des Vizekönigs.

Mit der Zeit konnten sich die Mamelucken erneut als mächtige politische und militärische Macht etablieren. Dabei behielten sie viele ihrer alten Praktiken bei, um ihre Reihen zu stärken. Die elitären Mamelucken kauften Sklaven und bildeten sie nach mameluckischer Tradition zu Kämpfern aus. Sobald ein Sklave ausgebildet war, wurde er in den mameluckischen Haushalt aufgenommen, bevor ihm schließlich die Freiheit gewährt wurde. Im 17. Jahrhundert dienten die elitären Mamelucken als Beys. Ein Bey war in der Regel der Gouverneur einer

Provinz (oder hatte eine ähnlich wichtige Position inne). Die Beys erhielten vom Osmanischen Reich Gehälter. Während die Mamelucken weiterhin Tribut an die Osmanen zahlten und dem Vizekönig unterstanden, waren sie im Grunde die mächtigste Klasse in Ägypten. Im 18. Jahrhundert wurde der Titel shaykh al-balad eingeführt, was so viel wie Oberhaupt der Stadt bedeutete. Dieser Titel wurde an den mächtigsten Bey des Gebietes vergeben. Nach einiger Zeit gelang es zwei Emirs, Ali Bey und Abu al-Dahab, eine unabhängige Machtposition einzunehmen. Im Jahr 1786 n. Chr. versuchten die Osmanen, die Mamelucken zu erobern, mussten aber ein Jahr später ihre Armee zurückziehen. Die Mamelucken bildeten eine Koalition, die von zwei Herrschern, Murad Bey und Ibrahim Bey angeführt wurde. Sie regierten Ägypten gemeinsam, bis in das Jahr 1798 n. Chr.

Ägyptische Kultur im Osmanischen Reich

Ägypten erlebte während der Herrschaft der Mamelucken und der Fatimiden-Dynastie einen kulturellen Aufschwung. Wichtige Persönlichkeiten, die ebenfalls Teil der Regierung waren, hatten die Angewohnheit, Gelehrte finanziell zu unterstützen. Dies ermöglichte es einer Flut von Historikern, die Ereignisse der Zeit sorgfältig zu dokumentierten und ausführliche Aufzeichnungen über das Leben in Ägypten zu ihren Lebzeiten festzuhalten. Während der Zeit des Osmanischen Reichs legten die Osmanen jedoch nicht so viel Wert auf Bildung, Wissen und Kultur. Vor allem die Mameluckenzeit brachte eine große Zahl bedeutender Historiker hervor, während wir nur von einem einzigen bedeutenden ägyptischen Historiker wissen, der aus der Herrschaftsperiode der Osmanen bekannt ist.

Der Einfluss Ägyptens als intellektuelles Zentrum und die Heimat internationaler Gelehrter ging während der osmanischen Herrschaft verloren. Der Niedergang der ägyptischen Kultur in dieser Zeit zeigt sich unter anderem in dem Mangel an bemerkenswerten öffentlichen Gebäuden, die von den Osmanen errichtet wurden. Die byzantinische Basilika wurde oft als Vorlage für den Bau von Moscheen genutzt. Da man die Architekten regelmäßig aufforderte, bereits bekannte Gebäude nachzubauen und die Baupraktiken aus Konstantinopel zu imitieren, machte die ägyptische Architektur kaum Fortschritte. Während der osmanischen Herrschaftsperiode blieb Ägypten ein überwiegend muslimisches Land, doch Christen und Juden war es ebenfalls gestattet, ihre Religion ausüben, solange sie den Osmanen den geforderten Tribut zahlten. Dabei gilt zu beachten, dass der Umgang mit anderen

Religionsgruppen sich im Laufe der Jahre aufgrund der turbulenten Geschichte des Reiches immer wieder änderte.

Die Hungersnot von 1784 n. Chr.

Während des größten Teils seiner Geschichte war Ägypten auf den Nil als Haupttrinkwasser- und Bewässerungsquelle angewiesen. Der Nil war die Quelle des Lebens, und seine regelmäßigen Überschwemmungen und Wasserkreisläufe düngten den Boden und ermöglichten es den Bauern, jedes Jahr eine große Menge an Nahrungsmitteln zu ernten. Leider bedeutete diese Abhängigkeit auch, dass, wenn der Nil kein Hochwasser führte oder von einer Dürre betroffen war, das ganze Land darunter litt. Im Jahr 1783 n. Chr. stieg der Nil nicht wie erwartet an, was bedeutete, dass viele Bauern nicht genug Wasser für ihre Felder und Ernten hatten. Außerdem fehlte es den Menschen an Saatgut, so dass die Bauern mit ihrer Arbeit in Rückstand gerieten. Im nächsten Jahr herrschten dieselben Bedingungen, was Ägypten in eine schwere Hungersnot stürzte. Experten schätzen, dass die Hungersnot die Bevölkerung Ägyptens um ein Sechstel schrumpfen ließ. Es handelte sich um die schlimmste Katastrophe in Ägypten, die das Land seit dem Schwarzen Tod einige Jahrhunderte vorher heimsuchte.

Da die Hungersnot während der Zeit des Osmanischen Reiches in Ägypten auftrat, wird sie als ein wichtiges Beispiel für die Fehler der osmanischen Regierung verstanden – die Bewohner des Landes wurden im Stich gelassen und große Teile der Bevölkerung verhungerten. Vor einigen Jahren konnte ein Forschungsprojekt, das von Rutgers durchgeführt wurde und von der National Science Foundation und der National Aeronautics and Space Administration (NASA) finanziert wurde, feststellen, dass die geringe Wassermenge im Nil um 1783 n. Chr. wahrscheinlich auf den Ausbruch eines isländischen Vulkans zurückzuführen ist. Da die ägyptische Wirtschaft stark vom Nil abhängig war, hatte die Veränderung des Nilflusses katastrophale Folgen für den Handel.

Die französische Invasion

Im 17. und 18. Jahrhundert versuchte Frankreich regelmäßig eine Möglichkeit zu finden, um Ägypten zu besetzen. Als Napoleon Bonaparte im Jahre 1798 n. Chr. nach Ägypten segelte, dachte er jedoch vor allem daran, Ägypten als Verbündeten zu gewinnen, um Großbritannien einen schweren Schlag zu versetzen. Sein Ziel war es, die britischen Handelswege zu unterbrechen und erhoffte sich so bessere

Chancen auf eine gute Position bei den Friedensverhandlungen mit den Briten. Die Franzosen wollten außerdem herausfinden, ob es eine Möglichkeit gab, Ägypten zu seinem früheren Ruhm zu verhelfen, was für Frankreich positive Folgen gehabt hätte. Napoleon sah in einem wirtschaftlichen Aufschwung in Ägypten auch eine vielversprechende Möglichkeit, für sein eigenes Land Profit zu ziehen. Als Napoleons Truppen nach Ägypten aufbrachen, wurden sie von Wissenschaftlern begleitet, die den Auftrag hatten, einen Bericht über den Zustand und die Ressourcen, die Ägypten zur Verfügung hatte, zu erstellen.

Napoleons Flotte sah sich ihrer ersten Herausforderung gestellt, da sie dringend vermeiden mussten, auf die britische Mittelmeerflotte zu treffen, die von dem legendären Horatio Nelson befehligt wurde. Da sich Frankreich und Großbritannien im Krieg befanden, hätte die französische Flotte im Falle eines Zusammentreffens eine Seeschlacht überstehen und eine Gefangennahme verhindern müssen. Beide Herausforderungen hätte ihre Chancen auf die erfolgreiche Besetzung Ägyptens deutlich geschmälert. Napoleon war in der Lage, seine Flotte an die ägyptische Küste zu navigieren, ohne die Aufmerksamkeit der britischen Marine auf sich zu ziehen, und landete am 1. Juli in der Bucht von Aboukir. Die Franzosen nahmen die berühmte Stadt Alexandria bereits am nächsten Tag ein. Napoleon richtete eine Proklamation in arabischer Sprache an das Volk, in der er den Ägyptern versicherte, dass er vorhabe, die Mamelucken zu stürzen. Er versprach ihnen auch, dass er keinerlei Groll gegen den Islam oder die Osmanen hege. Seinen Männern versprach Napoleon fruchtbares Land in Ägypten und warnte sie eindringlich, die Muslime im Land nicht zu missachten, da sie unter ihnen leben mussten. Die Ägypter waren Napoleons Versprechen gegenüber skeptisch, und die französischen Herausforderungen sollten schon bald ernsthaftere Schwierigkeiten bekommen.

Napoleon in Ägypten

Sobald Napoleon Alexandria erobert hatte, mobilisierte er seine Armee und marschierte in Richtung Kairo. Die Mamelucken wollten jedoch nicht so einfach aufgeben, und Murad Bey führte am 13. Juli eine Armee gegen Napoleon bei Shubra Khit in den Kampf. Napoleon gewann die Schlacht, und die Armeen trafen am 21. Juli in einer zweiten Schlacht in der Nähe der Pyramiden erneut aufeinander. Die Franzosen wurden von den Mamelucken angegriffen, die über eine Armee von etwa sechstausend Mann verfügten. Napoleon besiegte die Mamelucken und nahm die Stadt Kairo am 25. Juli ein. Murad Bey sah sich gezwungen, nach Oberägypten zu fliehen, während Ibrahim Bey sich nach Syrien zurückzog.

Napoleon in Ägypten.
https://commons.wikimedia.org/wiki/File:Napoleon_in_Egypt_by_Jean-Leon_Gerome,_French,_1867-1868,_oil_on_wood_panel_-_Princeton_University_Art_Museum_-_DSC07051.jpg

Während Napoleon zu Lande große Siege errang, lagerte die britische Flotte vor Ägypten und sollte Ende des Monats im Land eintreffen. Napoleon verschwendete in Kairo keine Zeit und ernannte eine Reihe von Räten, die ihn bei der Übernahme der ägyptischen Regierung beraten sollten. Zum ersten Mal seit vielen Jahrhunderten sah sich Ägypten dem Westen gegenübergestellt; der Schutz durch die Mamelucken und Osmanen, die sich hauptsächlich auf Angreifer aus dem Osten konzentrierten, war gebrochen worden. Es gelang den Franzosen, Ägypten für Europa zugänglich zu machen. Darüber hinaus waren sie auch in der Lage, die Herrschaft der Mamelucken zu schwächen, die daraufhin nie wieder zu ihrem alten Glanz zurückkehren sollte.

Während der Besetzung entdeckten französische Wissenschaftler den berühmten Stein von Rosette, der mit Einritzungen in drei Sprachen übersäht war und den Gelehrten half, die Hieroglyphen zu entziffern. Die Entdeckung des Steins war wahrlich erstaunlich, und die Inschriften bilden noch heute die Grundlage der Ägyptologie. Der Stein von Rosette bildet noch immer die Grundlage unser heutiges Verständnis der antiken ägyptischen Kultur.

Der erste Teil von Napoleons Feldzug in Ägypten verlief erfolgreich, was die französische Moral wahrscheinlich gestärkt haben mag. Doch schon bald trafen Franzosen und Briten in einer entscheidenden Seeschlacht aufeinander, die das Blatt gegen Napoleon wendete und ihn dazu veranlasste, im folgenden Jahr nach Frankreich zurückzukehren.

Die Schlacht am Nil

Als die Briten erfuhren, dass Napoleon die Besetzung Ägyptens plante, schickten sie Horatio Nelson, um Napoleons Operationen in Toulon auszukundschaften. Als Nelson dort ankam, stellte er jedoch fest, dass der Hafen leer und Napoleon bereits abgereist war. Nelson erriet richtig, was Napoleon vorhatte, und steuerte umgehend den Hafen von Alexandria an, der ebenfalls leer war. Die britische Flotte war zu früh eingetroffen. Nelson entschied sich, vorerst nach Sizilien zu segeln. Als er im August nach Ägypten zurückkehrte, fand er die französische Flotte in der Bucht von Aboukir vor. Die französische Flotte stand unter dem Kommando von Admiral François-Paul Brueys d'Aigailliers.

Schlacht am Nil
https://commons.wikimedia.org/wiki/File:Loutherbourg_-_battle_of_the_nile.jpg

Nelson ergriff seine Chance und befahl den britischen Streitkräften, die französische Flotte sofort anzugreifen. In der nächtlichen Schlacht erlitt Napoleon eine Kopfwunde, und das französische Flaggschiff *L'Orient* wurde von den Briten zerstört. Brueys, der sich an Bord des Schiffes befand, starb zusammen mit den meisten Matrosen an Bord. Die französische Flotte wurde fast vollständig vernichtet; nur eine Handvoll Schiffe konnten entkommen. Die Niederlage war ein verheerender Schlag für Napoleons Armee und der Anfang vom Ende für die französische Besatzung.

Schon bald stellte sich außerdem heraus, dass die Ägypter mit der französischen Herrschaft unzufrieden waren, denn Napoleon musste im Oktober 1798 n. Chr. einen Aufstand in Kairo niederschlagen. Der osmanische Sultan Selim III. erklärte Frankreich im September den Krieg. Im August 1799 n. Chr. verließ Napoleon Ägypten und kehrte nach Frankreich zurück, wo er Jean-Baptiste Kléber die Leitung über seine Streitkräfte überließ. Die Franzosen wurden 1801 n. Chr. zur Kapitulation gezwungen, nachdem britische Truppen in Aboukir gelandet waren. Gleichzeitig waren die Osmanen von Syrien aus auf dem Vormarsch, während die britisch-indische Armee zur gleichen Zeit an der Küste des Roten Meeres landete.

Mohammed Ali aus Ägypten

Nachdem die Franzosen Ägypten verlassen hatten, waren die Osmanen fest entschlossen, Ägypten zurückzuerobern. Die britischen Truppen verließen Ägypten 1803 n. Chr., aber die Osmanen mussten immer noch gegen die verbliebenen Mamelucken kämpfen, die ihre Macht wiederherstellen wollten. Daher stützten sich die Osmanen auf eine albanische Kampftruppe, die ihnen dabei half, Ägypten zurückzuerobern und einen Vizekönig zu ernennen, der die osmanischen Interessen schützen sollte. Die Albaner hatten jedoch ihre eigenen Vorstellungen und rebellierten gegen die Osmanen. Ihr Anführer wurde zum neuen Vizekönig ernannt, aber er wurde schnell ermordet, woraufhin sein Nachfolger Mohammed Ali zum neuen Anführer ernannt wurde, der die Mamelucken und Osmanen schließlich stürzen konnte.

Mohammed Ali wurde vom osmanischen Sultan zum Vizekönig ernannt, um die 1805 n. Chr. in Kairo ausgebrochenen Revolten zu beenden. Der neue Vizekönig erwies sich als kompetenter militärischer Stratege, der mehrere wichtige Schlachten gewann. Im Jahr 1807 n. Chr. versuchten die Briten, Ägypten zu besetzen, um so eine strategisch-günstige Position gegenüber Napoleons Armee zu erlangen. Mohammed

Ali besiegte ihre Expedition jedoch, und die Briten waren erneut zum Rückzug gezwungen. Da sich das Osmanische Reich in ernsten Schwierigkeiten befand, konnte er sich von dessen Machthabern lösen, sich selbst zum Herrscher von Ägypten erklären und große Gebiete erobern, die zuvor von den Osmanen kontrolliert worden waren. Danach dehnte er die ägyptischen Gebiete bis nach Zentralarabien und in den Nordsudan aus, was ihm die Nutzung einer lukrativen Sklavenhandelsroute ermöglichte. Leider zerfiel Mohammed Alis arabisches Reich noch zu seinen Lebzeiten, aber er regierte trotz dieses Rückschlages weiterhin über Ägypten.

Als ägyptischer Staatschef modernisierte er die ägyptische Armee, kurbelte die Wirtschaft an, förderte die Bildung, indem er mehrere Bildungseinrichtungen gründete. Er schickte mehrere Ägypter an französische Universitäten, wodurch sich Ägypten zunehmend von der osmanischen Kultur abwandte. Mohammed Ali führte auch Impfungen für Kinder, Zwangsarbeit und die Wehrpflicht ein. Er verwandelte Ägypten in einen Zwangsstaat. Die Ägypter waren unter Mohammed Alis Herrschaft nicht glücklich, und es kam zu mehreren Bauernaufständen, die jedoch alle schnell niedergeschlagen wurden. Mohammed Ali war im Alter senil geworden, und sein Sohn Ibrahim übernahm die Herrschaft über Ägypten ab dem Jahr 1848 n. Chr. Ibrahim regierte einige Monate lang, bevor er starb. Sein Sohn Abbās I. trat die Nachfolge an. 1849 n. Chr. starb auch Mohammed Ali.

Mohammed Ali
https://commons.wikimedia.org/wiki/File:ModernEgypt,_Mohammed_Ali_by_Auguste_Couder,_BAP_17996.jpg

Das Khedivat von Ägypten

Als die Franzosen aus Ägypten vertrieben wurden und Mohammed Ali seine Dynastie gründete, wurde Ägypten offiziell zum Khedivat von Ägypten ernannt. Bei dem Khedivat handelte es sich um einen autonomen Staat, der zwar unabhängig agieren durfte, aber Tribut an das Osmanische Reich zahlen musste. Während es Mohammed Ali gelang, Ägypten mehrere Jahrzehnte lang erfolgreich zu regieren, taten sich seine Nachfolger schwer bei dem Versuch, das Gleiche zu tun. Im Jahr 1863 bestieg Ismail den Thron und zeigte sich fest entschlossen, Ägypten zu modernisieren. Leider führten seine hochgesteckten Ziele und seine Extravaganz zum Bankrott für das Land, was zu einer europäischen Einmischung in die Wirtschaft und Entwicklung Ägyptens führte. Es gelang Ismail, seinen Titel eines Khediven zu erhalten, der ihn im Wesentlichen zu einem vom Osmanischen Reich unabhängigen Herrscher machte, aber dieses Privileg bedeutete gleichzeitig, dass er mehr Tribut an die Osmanen zahlen musste.

Ismail wurde zunehmend unter europäische Kontrolle gebracht, dadurch wurde Ägypten mehrere Jahre lang indirekt gemeinsam von den Franzosen und Briten regiert. Im Jahr 1879 n. Chr. wurde Ismail aus dem Amt gedrängt, und sein Sohn Tewfik wurde an seiner statt zum Khediven ernannt. Einige Jahre später bekam ein Offizier namens Ahmed 'Urabi Wind von der weitreichenden Unzufriedenheit der Armee und der Frustration der unteren Schichten der Gesellschaft. Er entschloss sich, einen schnellen Aufstand gegen die Europäer und Türken anzuzetteln. Die Regierung war nicht in der Lage, 'Urabi zu stoppen, und so stieg er schnell innerhalb der Regierung auf und wurde ein Mitglied des Kabinetts. Das genügte ihm aber noch nicht, und schon bald brachen weit verbreitete Revolten im Land aus.

1882 n. Chr. brachten die Briten und Franzosen ihre Flotten nach Alexandria, um den schweren Aufstand zu unterdrücken und die europäischen Interessen zu schützen, aber die Franzosen zogen sich wieder zurück. Die Briten blieben, unterdrückten die Revolte und stationierten ihre Truppen in Ägypten. Dies sollte ursprünglich nur eine vorübergehende Maßnahme sein, aber die Briten blieben letztendlich bis 1956 n. Chr. in Ägypten. 'Urabi wurde besiegt und ins Exil gezwungen, und der Khedive durfte wieder regieren. Die britische Regierung initiierte zunächst keine formale politische Kontrolle in Ägypten, da sie wusste, dass dies zu Problemen mit den Osmanen und anderen europäischen Nationen führen würde. Die Briten behaupteten jedoch, ihre Interessen in Ägypten schützen zu wollen, wodurch sie ihre militärische Präsenz im Lande zu rechtfertigen versuchten.

Obwohl die Briten nie eine formale politische Präsenz in Ägypten aufgebaut haben, verfügten sie dennoch über erhebliche Macht im Land. Als zum Beispiel Tewfik und seine Regierung 'Urabi und seine Verschwörer vor Gericht stellten, kam es zunächst zum Todesurteil für die Rebellen. Die Briten mischten sich jedoch ein und wandelten die Strafe der Rebellen in eine Verbannung ins Exil um. Tewfik bildete sein eigenes Kabinett, dem Riaz Pascha als führendes Mitglied angehörte. Nach der britischen Einmischung trat Riaz jedoch zurück, und der Khedive arbeitete mit dem britischen Botschafter in Istanbul zusammen, um die ägyptische Regierung neu zu organisieren. Während seiner Zeit als Khedive leistete Tewfik wenig Widerstand gegen die britische Einmischung. Als er jedoch starb, wurde 1892 n. Chr. sein Sohn Abbās II. zu seinem Nachfolger. Er war nicht so selbstgefällig wie sein Vater und sollte den Briten später ernsthafte Probleme bereiten.

Kapitel 8: Das spätmoderne Ägypten (1890-2013 n. Chr.)

Nachdem die Briten Ägypten besetzt hatten, begannen sie, sich in die ägyptische Politik einzumischen, da sie viel in die ägyptische Wirtschaft investiert hatten und sicherstellen wollten, dass ihre Investitionen gut geschützt wurden. Leider entsprach ihre Einmischung oft nicht den Interessen Ägyptens, was auf Dauer zu Konflikten und sogar Feindschaft führte. Während viele von Mohammed Alis Nachfolgern mit den Briten zusammenarbeiteten, endete die Zusammenarbeit unter der Herrschaft von Abbās II. Kaum hatten die Briten den Umgang mit Abbās II. beendet, tauchte eine weitere Bedrohung am Horizont auf. Als Großbritannien dem Osmanischen Reich während des Ersten Weltkriegs den Krieg erklärte, wurde Ägypten zu einer Operationsbasis, worunter es in den Kriegsjahren stark zu leiden hatte.

Kurz nach dem Ersten Weltkrieg wurde Ägypten zu einem unabhängigen Königreich, bevor es sich in eine Republik verwandelte. Endlich frei von ausländischer Führung, durchlief die ägyptische Regierung mehrere Wandel, es entstanden neue politische Gruppen, die um die Vorherrschaft kämpften. Dazu gehörten auch die Wafd und die Muslimbruderschaft, die beide die moderne ägyptische Politik stark beeinflussen sollten. Während diesen Jahren erlebte Ägypten turbulente Ereignisse, die seine Regierung, sein Volk und seine Kultur geprägt haben. Dieser neue Abschnitt der ägyptischen Geschichte hat vielleicht nicht die gleiche faszinierende Anziehungskraft wie das antike Ägypten, aber er ist dennoch spannend.

Abbās II

Als Abbās II. 1892 n. Chr. das Amt des Khediven von seinem Vater erbte, wuchs der Unmut über den britischen Einfluss in Ägypten. Anders als sein Vater war Abbās nicht bereit, sich der britischen Herrschaft zu unterwerfen, und zeigte fast sofort, dass er die britische Einmischung in seine Regierung überhaupt nicht schätzte. Durch diese Haltung gewann er die Unterstützung der ägyptischen Nationalisten, und Abbās ernannte einen Premierminister, der seine Ansichten teilte. Außerdem unterstützte Abbās die *Al-Mu'ayyad*, eine antibritische Zeitung. Nach seiner lautstarken Kritik an den Briten stellte Lord Cromer, der britische Generalkonsul in Ägypten, fest, dass der Einfluss des Khediven zu stark und für die Briten gefährlich wurde.

Im Jahr 1906 n. Chr. verkündeten ägyptische Nationalisten jedoch, dass sie eine konstitutionelle Regierung wollten, doch Abbās lehnte ihre Petition ab. Im folgenden Jahr wurde die Nationale Partei unter der Führung von Mustafā Kāmil gegründet. Zu diesem Zeitpunkt war Lord Cromer von Lord Kitchener als Generalkonsul abgelöst worden, und dieser unternahm ernsthaftere Schritte, um die Unabhängigkeit von Abbās einzuschränken. Des Weiteren versetzte er der Nationalen Partei einen Schlag, indem er alle ihre Führungskräfte ins Exil schickte oder inhaftierte.

Hof von Schah Abbās II.
*Credit: Sorosh Tavakoli aus Stockholm, Sverige, CC BY 2.0
https://creativecommons.org/licenses/by/2.0 via Wikimedia Commons;
https://commons.wikimedia.org/wiki/File:Shah_Abbas_II.jpg*

Abbās war nicht so schnell bereit, aufzugeben. Er wartete seine Zeit ab. Seine Chance bot sich, als der Erste Weltkrieg ausbrach und die Briten sich anschickten, in den Kampf einzutreten. Abbās forderte seine Anhänger, die Ägypter und Sudanesen, zum Kampf gegen die britische Besatzung auf. Abbās Plan bestand darin, sich den Mittelmächten in Europa im Krieg anzuschließen (damit ist die Koalition aus dem Deutschen Reich, dem Osmanischen Reich und Österreich-Ungarn, die sich mit Frankreich, Großbritannien und Russland im Krieg befand, gemeint). Abbās Appell scheiterte jedoch, und er wurde 1914 n. Chr. abgesetzt. Er wurde durch seinen Onkel Husayn Kāmil ersetzt, der der erste Sultan des britischen Protektorats wurde. Abbās II. verbrachte den Rest seines Lebens im Exil.

Erster Weltkrieg

Im November 1914 n. Chr. erklärte Großbritannien dem Osmanischen Reich den Krieg. Da der Khedive von Ägypten mit den Osmanen verbündet war, wurde er abgesetzt und ein britisches Protektorat an seiner Stelle eingerichtet. Obwohl Ägypten formal nicht am Krieg beteiligt war, wurde es doch zu einem britischen Basislager, und über eine Million Ägypter wurden in den Militärdienst eingezogen. Zeitquellen zufolge litten die Ägypter sehr unter dem Krieg, weil sie nicht mit angemessenen Hilfsgütern wie Zelten, Lebensmitteln und medizinischen Mitteln versorgt wurden. Schlimmer noch, die Zwangseinberufung führte zu schwerwiegenden wirtschaftlichen Folgen, die eine Rezession und Armut in Ägypten verursachten. Während des Krieges wurden die Soldaten schlechter als Tiere behandelt, und viele von ihnen starben an Infektionskrankheiten oder erlagen ihren Wunden.

Die Ägypter waren an die Bedingungen in Frankreich nicht gewöhnt und starben an Cholera oder an der Kälte in diesem fremden Land. Als die Soldaten zurückkehrten, erhielten sie nur eine geringe Entschädigung, und behinderte ägyptische Kriegsveteranen wurden gar nicht unterstützt. Außerdem brachten sie fremde Krankheiten wie die Cholera mit in ihr Heimatland. Das ägyptische Gesundheitssystem war für den Ansturm der Opfer nicht gerüstet.

Aufgrund seiner strategisch guten Lage stationierten die Briten Truppen in Ägypten und errichteten mehrere Befestigungsstellen in ägyptischen Städten – in Alexandria wurde beispielsweise eine riesige Kanone aufgestellt. Die Einwohner waren gezwungen, während bestimmter Stunden zu Hause zu bleiben, da es oft zu Überfällen kam.

Öffentliche Gebäude wurden in Krankenhäuser umgewandelt, und britische, indische und australische Truppen wurden in ihren Kampfpausen nach Ägypten geschickt. Die Ägypter mussten Tribut an die Briten zahlen, um die Kriegsanstrengungen zu unterstützen, was die finanzielle Belastung Ägyptens noch erhöhte. Wenn die Ägypter die Abgaben nicht wie geheißen zahlten, wurden sie unter Kriegsrecht gestellt. Die Briten beendeten die osmanische Herrschaft in Ägypten, und als das Osmanische Reich fiel, wurden dessen Ländereien zwischen Großbritannien und Frankreich aufgeteilt.

Während die ganze Welt vom Ersten Weltkrieg betroffen war, beutete Großbritannien Ägypten aus, indem es seine Bürger in die Armee zwang und seine Ressourcen zum eigenen Vorteil ausnutzte. All dies trieb die Bürger von Ägypten 1919 zur Revolution und führte schließlich zur Unabhängigkeit des Landes.

Das Wafd

Im Verlauf des Ersten Weltkriegs wurden die Ägypter immer unzufriedener mit der britischen Herrschaft. Sobald der Krieg beendet war, versuchte Ägypten, seine vollständige Unabhängigkeit von Großbritannien zurückzuverlangen. Während dieser Zeit gründete eine Delegation namhafter Ägypter die Wafd-Partei, eine nationalistische, liberale politische Partei. Die Wafd-Partei wurde von Saad Zaghloul angeführt, der ein äußerst populärer und charismatischer Anführer war. In den nächsten Jahren wurde die Wafd-Partei eng in die ägyptische Politik eingebunden, die offizielle Parteizulassung wurde aber erst 1924 erteilt.

Bild der Wafd-Partei
https://commons.wikimedia.org/wiki/File:Blue_Shirts_(Wafd_partei).jpg

Die Partei war streng hierarchisch organisiert, mit dem Exekutivrat an der Spitze. Sie verfügte über Organisatoren, die in Städten und Dörfern arbeiteten, um Unterstützung für ihre Sache zu gewinnen. Die Wafd bestand hauptsächlich aus städtischen Ägyptern, die der Ober- und Mittelschicht angehörten, aber sie machte sich schnell bei den meisten Ägyptern unabhängig von ihrem gesellschaftlichen Stand beliebt. Die Menschen sehnten sich nach Freiheit von der britischen Kontrolle. Saad Zaghloul war zwar der Vorsitzende der Partei, aber es gab auch eine Reihe prominenter Frauen in ihren Reihen, die eine wichtige Rolle spielten. Zaghlouls Frau Safiya wurde zu einer wichtigen Stimme im Kampf für die Rechte der Frauen, ebenso wie Huda Sha'arawi. Leider sah sich die Wafd-Partei ernsthaften Herausforderungen durch die Briten und die ägyptische Monarchie ausgesetzt, die beide nach Kräften versuchten, den Einfluss der Partei zu untergraben.

Saad Zaghloul

Saad Zaghloul wurde als Sohn einer Bauernfamilie im Nildelta geboren. Seine Familie verdiente genug Geld, um ihn auf die Al-Azhar-Universität in Kairo zu schicken, als junger Mann war er in der Lage, die ägyptische Rechtsschule zu besuchen. Später heiratete er Safiya, die Tochter des ägyptischen Premierministers Mustafa Pascha Fahmi. Safiya engagierte sich wie ihr Mann in der Politik und wurde eine einflussreiche Revolutionärin und Feministin. Im Jahr 1906 wurde Zaghloul Leiter des Bildungsministeriums. Zu dieser Zeit war der ägyptische Nationalismus auf dem Vormarsch, und Zaghloul half bei der Gründung der Hizb al-Umma, der ägyptischen Volkspartei.

Saad Zaghloul
https://commons.wikimedia.org/wiki/File:ModernEgypt,_Saad_Zaghloul,_BAP_14781.jpg

Während seiner Zeit in der Regierung arbeitete Zaghloul mit den britischen Besatzern zusammen, was ihm bei den Nationalisten keinen guten Ruf einbrachte. Im Jahr 1913 wurde er jedoch in die gesetzgebende Versammlung gewählt und begann, die Regierung und die britischen Einflüsse im Land zu kritisieren. Als Ägypten ein britisches Protektorat wurde, litten die Ägypter unter der Wehrpflicht, dem Kriegsrecht und der Inflation. Es wurde deutlich, dass die Briten planten, Ägypten in eine Kolonie zu verwandeln, was die Wut der Ägypter provozierte. Während des Ersten Weltkriegs war Zaghloul schwer damit beschäftigt, verschiedene Aktivistengruppen im ganzen Land zu gründen.

Am 13. November 1918 lud Zaghloul die Wafd zu einem Gespräch mit dem britischen Hochkommissar (dem britischen Vertreter in Ägypten), Sir Reginald Wingate ein. Die Partei erklärte ihre Absicht, und ihren Wunsch, die Ägypter anzuführen, und forderten, dass das Protektorat durch einen Bündnisvertrag ersetzt werden sollte. Die Wafd wollte diesen Vertrag direkt mit der britischen Regierung aushandeln, doch ihre Anträge wurden wiederholt abgelehnt. Dies führte zu weit verbreiteten Revolten in Ägypten, die als die Revolution von 1919 bekannt wurden. Im Jahr 1919 wurden die Führer der Wafd verhaftet und ins Exil geschickt, was die ägyptische Bevölkerung nur noch mehr verärgerte.

Wingate wurde sofort durch General Edmund Allenby ersetzt, der die Anführer der Wafd wieder freiließ. Zaghloul vertrat daraufhin Ägypten auf der Friedenskonferenz in Paris, und obwohl seine Bemühungen politisch erfolglos blieben, wurde er zum Nationalhelden. In den folgenden Jahren wurde Zaghloul immer beliebter. Die Briten erlaubten Ägypten 1923 eine neue Verfassung (Ägypten durfte eine konstitutionelle Monarchie werden), und 1924 gewann die Wafd die Parlamentswahlen, wodurch Zaghloul zum neuen Premierminister Ägyptens wurde. Zaghloul erfreute sich großer Beliebtheit, die jedoch nur zum Teil auf sein Charisma zurückzuführen war. Seine bescheidene Herkunft machte ihn bei der ägyptischen Bevölkerung beliebt, und er wurde zum Katalysator einer Freiheitsbewegung, die ihn überleben sollte.

Das ägyptische Königreich

Nach der Revolution von 1919 erkannte Großbritannien, dass sein Protektorat gescheitert war und dass neue Maßnahmen erforderlich waren. Im Jahr 1922 wurde die einseitige Erklärung der ägyptischen Unabhängigkeit ausgehandelt. Das Königreich Ägypten war offiziell gegründet worden. Diese neue Unabhängigkeit war jedoch rein nominell, denn die Briten durften sich weiterhin in die ägyptische Politik einmischen, und britische Truppen blieben in Ägypten zurück. Das Königreich wurde von König Fuad I. und später von seinem Sohn, Farouk I., regiert.

In Zaghlouls letzten Lebensjahren stimmte er der Bildung einer Koalitionsregierung mit Lord Lloyd, dem britischen Hochkommissar, zu. Als Zaghloul 1927 n. Chr. starb, wurde Mustafā al-Nahhās Präsident der Wafd. Im Jahr 1936 n. Chr. unterzeichnete er den anglo-ägyptischen Vertrag, der es den Briten erlaubte, ihre Truppen entlang des Suezkanals zu stationieren. Der Vertrag ermöglichte es den Briten außerdem, die Kontrolle über den Sudan zu behalten. Da der radikale Faschismus in den 1930er Jahren auf dem Vormarsch war, gründete die Wafd die Blauhemden, eine militante Jugendgruppe.

Die Auswirkungen des Zweiten Weltkriegs

Ägypten sah sich gezwungen, Großbritannien während des Zweiten Weltkriegs zu unterstützen, aber nur wenige Ägypter rechneten mit einem Sieg Großbritanniens. Während des Krieges verbündete sich Italien mit Nazi-Deutschland und erklärte Großbritannien und Frankreich im Juni 1940 offiziell den Krieg. Ägypten blieb neutral, aber aufgrund des anglo-ägyptischen Vertrags von 1936 durften die Briten den Suezkanal besetzen, sobald er bedroht war. Es dauerte nicht lange, bis Italien von der italienischen Kolonie Libyen aus Angriffe auf Ägypten startete. Die Italiener versuchten, den Suezkanal zu erreichen, wurden aber von den Briten aufgehalten, bevor sie ihr Ziel erreichen konnten.

Im Jahr 1942 wäre Deutschland beinahe in Ägypten einmarschiert, was Großbritannien dazu veranlasste, sich in die ägyptische Regierung einzumischen. Bei einem Zwischenfall am 4. Februar sah sich König Farouk gezwungen, al-Nahhās zu seinem Premierminister zu machen. Obwohl dies wie ein Sieg für die Wafd aussah, die die Wahlen im März 1942 gewonnen hatte, wurde bald klar, dass die Wafd nicht länger die Verfechter des ägyptischen Nationalismus waren, da Nahhās nun mit den Briten kooperierte.

Der Zweite Weltkrieg destabilisierte Ägypten vollständig. Mit dem Niedergang der Wafd kämpften andere politische Parteien um die Vorherrschaft und forderten eine Revision des Vertrages von 1936. Die Ägypter wollten, dass die Briten ihre Truppen aus dem Suezkanal abzogen und die britische Kontrolle über den Sudan beendeten. Extremisten gewannen an Popularität, und Gruppen wie die

Muslimbruderschaft verübten Gewalttaten und zettelten Unruhen an. All dies führte zu einer Revolution, die im Jahre 1952 begann. Die Revolution, die von Gamal Abdel Nasser angeführt wurde, beinhaltete einen Militärputsch, der das plötzliche Ende der konstitutionellen Monarchie Ägyptens bedeutete. Die Revolution leitete eine Zeit tiefgreifender politischer und sozialer Veränderungen in Ägypten ein. Am 18. Juni 1953 wurde Ägypten zu einer Republik, deren erster Präsident Mohamed Naguib war.

Die Muslimbruderschaft

Die Muslimbruderschaft ist die älteste politische islamische Gruppierung in Ägypten, und wird in einigen Ländern nicht als politische Partei zugelassen. Die Gruppe wurde 1928 in Ägypten von Hassan al-Banna gegründet. Die Gruppe entstand, weil ihr Gründer davon träumte, ein islamisches Herrschaftssystem zu schaffen, das fest auf islamischen Gesetzen und Grundsätzen beruhen sollte. Hassan al-Banna glaubte, dass er diesen Traum verwirklichen konnte, indem er den Menschen verschiedene soziale Vorteile anbot. Die Muslimbruderschaft setzte sich das Ziel, alle bestehenden Regierungen in der arabischen Welt zu reformieren.

Im Laufe ihrer Geschichte wurde die Muslimbruderschaft immer wieder beschuldigt, Gewalttaten und Terrorismus begangen zu haben. Zunächst konzentrierte sich die Muslimbruderschaft auf das Predigen des Islam, die Einrichtung von Krankenhäusern, die Ankurbelung der Wirtschaft und um schulische Bildung für Analphabeten. Da sie in einer Zeit gegründet wurde, in der aufgrund der britischen Besatzung weit verbreitete Unruhen herrschten, war es nur eine Frage der Zeit, bis die Muslimbruderschaft in die politische Arena eintrat.

Die Muslimbruderschaft arbeitete zunächst mit den Freien Offizieren (einer Gruppe revolutionär-nationalistischer Offiziere in den ägyptischen Streitkräften) zusammen, doch als es zu Meinungsverschiedenheiten zwischen den beiden Gruppen kam, beendeten sie ihre Zusammenarbeit. In den 1950er Jahren wurde ein Attentat auf Gamal Abdel Nasser verübt. Dies führte zur Inhaftierung von Sayyid Qutb, einem führenden Mitglied der Muslimbruderschaft. Im Gefängnis sprach dieser sich offen für einen bewaffneten Kampf gegen das ägyptische Regime aus. Er wurde schließlich durch die Hinrichtung bestraft, aber seine Schriften wurden von islamistischen Gruppen weiterhin genutzt, um den bewaffneten Kampf für die Sache der Bruderschaft zu befürworten. In den 1970er Jahren erklärten sich die Muslimbrüder bereit, auf Gewalt zu verzichten, und 1995 nahmen sie die Demokratie an. Im Laufe der Zeit verbreitete sich die Muslimbruderschaft in anderen arabischen Ländern und beeinflusste verschiedene islamische Gruppen.

Das Nasser-Regime

Gamal Abdel Nasser wurde 1918 geboren und nahm in seiner Jugend an anti-britischen Protesten teil. Nach einem mehrmonatigen Jurastudium trat er in die Königliche Militärakademie ein, eine Ausbildung, die er 1938 als Oberleutnant abschloss. Während des Zweiten Weltkriegs half er bei der Gründung einer Geheimorganisation namens Freie Offiziere. Im Jahr 1952 führten die Freien Offiziere unter der Führung von Nasser einen Staatsstreich durch, durch den König Farouk gestürzt wurde. Mohamed Naguib wurde 1953 ägyptischer Premierminister, doch Nasser entmachtete Naguib 1954 und wurde stattdessen selbst neuer Premierminister.

Nasser erwies sich als ein beliebter und effektiver Politiker. Im Jahr 1956 wurden seine neue Verfassung und seine Präsidentschaft von den ägyptischen Wählern bestätigt und legitimiert. Daraufhin schloss Nasser ein Rüstungsabkommen mit der UdSSR ab, was die Briten dazu veranlasste, sich zu weigern, Nassers Hochdamm-Projekt zu bezahlen, das über den Nil in Assuan, in Ägypten, gebaut werden sollte.

Daraufhin verstaatlichte Nasser den Suezkanal, der technisch gesehen im Besitz von Frankreich und England war. Im Oktober 1956 griffen Israel, Frankreich und Großbritannien Ägypten an. Die ausländischen Streitkräfte konnten den Suezkanal besetzen, wurden aber von den Vereinten Nationen und den Sowjets zum Rückzug gezwungen. Im Jahr 1957 wurde der Suezkanal vollständig unter ägyptische Kontrolle gebracht. Der Assuan-Hochdamm wurde 1970 fertiggestellt und bescherte der ägyptischen Wirtschaft einen enormen Aufschwung. Nasser war in der ganzen Welt hoch angesehen, und seine unabhängige Politik machte ihn bei den Ägyptern zu einem beliebten Anführer. Zwei Monate nach der Fertigstellung des Assuan-Hochdamms starb Nasser an einem Herzinfarkt und wurde von Anwar el-Sadat abgelöst. Nassers Regime beendete 2.300 Jahre Fremdherrschaft und leitete eine neue Ära in der ägyptischen Geschichte ein.

Anwar Sadat

Anwar el-Sadat wurde 1918 geboren und machte 1938 seinen Abschluss an der Militärakademie in Kairo. Während des Zweiten Weltkriegs wurde er von den Briten verhaftet, weil er einen

Regierungsumsturz plante. Ihm gelang 1950 die Flucht, er schloss sich den Freien Offizieren an und half Nasser beim Sturz der Monarchie. Während des Regimes von Nasser bekleidete Sadat verschiedene Ämter in der Regierung, bis er schließlich Nassers Vizepräsident wurde. Als Nasser starb, wurde Sadat im September 1970 Präsident von Ägypten.

Anwar Sadat
Aboadel2020, CC BY-SA 4.0 https://creativecommons.org/licenses/by-sa/4.0 via Wikimedia Commons; https://commons.wikimedia.org/wiki/File:Anwar_Sadat.jpg

Während Sadat anfangs einige von Nassers politischen Strategien beibehielt, begann er schnell, sich von Nassers Erbe abzusetzen. Er führte ein Programm wirtschaftlicher Reformen ein, das ausländische Investitionen anlocken sollte. Seine Bemühungen waren nicht sehr erfolgreich; sie führten zu Inflation, ungleicher Verteilung des Wohlstands und Lebensmittelunruhen im Jahr 1977. Er beendete die Partnerschaft Ägyptens mit den Sowjets. 1973 trat er in den arabisch-israelischen Krieg ein und eroberte einige Gebiete in Israel zurück. Sadat begann jedoch bald darauf, sich für den Frieden im Nahen Osten einzusetzen, und stattete Israel einen historischen Besuch ab. Sadat nahm auch Friedensverhandlungen mit dem israelischen Premierminister Menachem Begin auf, die in den Camp-David-Verträgen, einem vorläufigen Friedensvertrag zwischen den beiden Ländern, mündeten. Für diesen Erfolg erhielten Sadat und Begin 1978 auch den Friedensnobelpreis. Im Jahr 1979 gelang es Sadat, einen Friedensvertrag zwischen Israel und Ägypten auszuhandeln.

Leider wurde der Friedensvertrag nicht von allen unterstützt, was zu einer Opposition innerhalb der Regierung Sadats führte. Auch die wirtschaftliche Lage im Land verschlechterte sich, was zu öffentlichen Unruhen führte. Im September 1981 schlug Sadat zurück, indem er 1.500 seiner Gegner aus allen Gesellschaftsschichten inhaftieren ließ. Im darauffolgenden Monat wurde er vom Ägyptischen Islamischen Dschihad, einer militanten islamistischen Gruppe, ermordet. Hosni Mubarak wurde im Jahr 1981 zu Sadats Nachfolger, und sollte drei Jahrzehnte lang Präsident bleiben.

Die ägyptische Krise

Am 25. Januar 2011 sah sich die ägyptische Jugend gezwungen, in Kairo gegen das Regime von Hosni Mubarak zu protestieren. Große Menschenmengen versammelten sich auf dem Tahrir-Platz, um gegen die zunehmende Armut und Arbeitslosigkeit im Land zu protestieren. Die Proteste dauerten achtzehn Tage lang an und wurden schnell zu einer Revolution. Ägypten versank in Gewalt, Unterdrückung und einem politischen Defizit. Das Ziel der Proteste war der Sturz von Hosni Mubarak. Zwar wurde Mubarak während der Revolution seines Amtes enthoben, doch die Lage verschlimmerte sich schnell, als die politischen Parteien gegen die Muslimbruderschaft um die Vorherrschaft kämpften. Hunderte von Demonstranten wurden während der Revolution getötet, was die Frustration und Unruhe nur noch vergrößerte.

Im Juni 2012 gewann Mohamed Morsi die demokratischen Wahlen in Ägypten und wurde Premierminister. Die Unruhen in Ägypten waren jedoch noch lange nicht vorbei. Morsis Präsidentschaft war von diplomatischen, wirtschaftlichen und sicherheitspolitischen Herausforderungen sowie von Energieknappheit geprägt. Im Jahr 2013 führte Abdel Fattah al-Sisi einen Putsch an, der Morsi stürzte und es ihm ermöglichte, selbst Präsident von Ägypten zu werden.

ABSCHNITT DREI:
Die ägyptische Gesellschaft im Wandel der Zeit

Kapitel 9: Gesellschaft und ihre Struktur

Ägypten hat im Laufe seiner langen Geschichte viele Veränderungen durchgemacht. Die Region entwickelte sich von einer Ansammlung einzelner verstreuter Stämme zu einem hoch organisierten Reich mit einem komplexen Religionssystem. Im alten Ägypten hatte die Gesellschaft eine pyramidenähnliche Struktur, mit dem Pharao und den Göttern an der Spitze und den Sklaven am Boden, die die breite Basis der ägyptischen Gesellschaft bildeten. Als die Ägypter unter Fremdherrschaft fielen, wurden sie den Traditionen, Kulturen und sozialen Strukturen verschiedener anderer Länder unterworfen. Mit der Verbreitung des Christentums erfuhr die ägyptische Gesellschaft weitere Veränderungen, durch die die heidnischen Priesterklassen durch Mönche ersetzt wurden.

Während die koptisch-orthodoxen Christen in Ägypten blieben, nahm die überwiegende Mehrheit der Bevölkerung schließlich den Islam an, was wiederum die traditionelle Gesellschaftsstruktur erneut veränderte. Im Laufe der Jahre passte sich die ägyptische Gesellschaft an und fand eine eigene, einzigartige Identität, die sich von anderen islamischen Königreichen abhob, insbesondere nachdem die Mamelucken die Macht übernahmen. Diese Veränderungen waren überall spürbar, von den Gesetzen bis hin zur Kleidung.

Altägyptische Gesellschaft

Die wichtigste Tugend der altägyptischen Gesellschaft war Ma'at, was Harmonie und Gleichgewicht bedeutete. Wenn Ma'at nicht bewahrt wurde, so glaubte man, würde die Gesellschaft im Chaos versinken. Eine Möglichkeit, Ma'at zu bewahren, war die Aufrechterhaltung des sozialen Gleichgewichts, weshalb die Zwischenzeiten als Perioden der Gesetzlosigkeit und des Chaos angesehen wurden. Die soziale Ordnung brach während der verschiedenen Zwischenzeiten in Ägypten größtenteils zusammen, was Gelehrte und Historiker dazu veranlasste, diese Zeitalter als dunkle Zeiten zu beschreiben. Die altägyptische Gesellschaftshierarchie hatte die Form einer Pyramide mit dem König an der Spitze. Nach dem König kamen sein Wesir und seine Höflinge, gefolgt von den Schriftgelehrten und Priestern. Darauf folgten die Nomarchen (oder regionalen Gouverneure). Nach den Nomarchen kamen die Generäle, dann die Künstler und die Aufseher, die den Bau der königlichen Projekte beaufsichtigten. Am unteren Ende standen die Bauern und Sklaven.

Pyramide der Struktur der ägyptischen Gesellschaft.
Von oben nach unten: Pharao, Wesire und Hohe Priester, Königliche Aufseher, Nomarchen, Schriftgelehrte, Künstler, Bauern und Arbeiter
Reptail82, CC BY-SA 4.0 https://creativecommons.org/licenses/by-sa/4.0 via Wikimedia Commons; https://commons.wikimedia.org/wiki/File:Govt12e.gif

Im alten Ägypten herrschten die Götter als wahre Staatsoberhäupter, und die Menschen glaubten, dass die Götter sie erschaffen und ihnen ein perfektes Zuhause gegeben hatten. Sie glaubten, dass die Götter einen Herrscher ernannten, dessen Hauptaufgabe darin bestand, den Willen der Götter gegenüber dem Volk zu vertreten und Ma'at auf diese Weise zu bewahren. Sofern der Pharao in der Lage war, seine Pflichten zu erfüllen, funktionierte die Gesellschaft also vermeintlich so, wie sie sollte. Da die soziale Ordnung so eng mit der Religion verknüpft war, gab es keinen Spielraum für soziale Mobilität. Die Menschen konnten nicht einfach gesellschaftlich aufsteigen oder in eine andere soziale Klasse wechseln, da dies die natürliche Ordnung der Dinge gestört hätte.

Da der Pharao so viele Aufgaben hatte, wurde das Amt des Wesirs geschaffen, um ihn zu unterstützen. Der Wesir kümmerte sich um viele der praktischen Aufgaben, die als Teil der Verwaltung anfielen, wie z. B. das Delegieren von Aufgaben, die Beaufsichtigung der Gouverneure und des Militärs, die Steuererhebung und die Kontrolle der Bauprojekte des Herrschers. Die Bauern machten die große Mehrheit der Bevölkerung aus, obwohl die Sklavenklasse ebenfalls ein wichtiger Bestandteil der ägyptischen Gesellschaft war. Sklaven waren in der Regel Kriminelle, Menschen, die ihre Schulden nicht begleichen konnten, oder Kriegsgefangene.

Altägyptisches Recht

Die Tradition war in der ägyptischen Kultur äußerst wichtig, und die alten Ägypter legten großen Wert auf die strikte Einhaltung der natürlichen Ordnung der Dinge, einschließlich des Erhalts des Rechtssystems. Die Ägypter hatten bereits in der prädynastischen Periode, die sich von etwa 6000 bis 3150 v. Chr. erstreckte, ihr eigenes Rechtssystem entwickelt. Je mehr sich Ägypten entwickelten, desto fortgeschrittener wurde sein Rechtssystem. Auch hier spielte die Ma'at eine wichtige Rolle, denn der größte Teil des ägyptischen Rechtssystems drehte sich um die Wahrung der Ma'at. Die Ägypter glaubten, dass die Menschen Hilfe brauchten, um auf dem von den Göttern vorgezeichneten Weg zu bleiben. Wenn jemand gegen die Gesetze verstieß, wurde er streng bestraft, denn jeder verstand, dass die Einhaltung der Gesetze im besten Interesse aller war. Leider bedeutete dies, dass die Ägypter oft davon ausgingen, dass die Menschen schuldig waren, bis das Gegenteil bewiesen werden konnte. Wenn eine Person eines Verbrechens beschuldigt wurde, wurde sie aller Wahrscheinlichkeit nach bestraft, obwohl es vereinzelte Fälle von Gnade und gemilderten Strafen gab.

Obwohl in Ägypten keine offiziellen Gesetzbücher gefunden wurden, ist klar, dass die Ägypter einem Rechtssystem folgten – denn es gab zur Zeit der frühen Dynastie (3150-2613 v. Chr.) bereits rechtliche Präzedenzfälle. Es scheint, als ob die Gesetze von Polizisten durchgesetzt wurden, die die Aufgabe hatten, den Frieden zu wahren. Wurde ein Verbrecher erwischt, musste er sich der Justiz stellen. Die alten Ägypter glaubten, dass ihre Gesetze bei der Schöpfung von den Göttern überliefert wurden, was den König als Stellvertreter der Götter zum

Oberhaupt des Rechtssystems machte. Der Wesir hatte in der Regel ein Mitspracherecht in Justizangelegenheiten, konnte aber vom König überstimmt werden. Wesire ernannten üblicherweise die Richter und konnten dazu ermutigt werden, sich an lokalen Gerichten zu beteiligen, aber dies geschah nur in seltenen Fällen. Nomarchen waren ebenfalls dafür verantwortlich, dass in ihren Bezirken Recht gesprochen wurde. Es gibt Hinweise darauf, dass Priester in bestimmten Fällen als Richter fungierten, da die Menschen glaubten, sie könnten die Götter konsultieren, um ein korrektes Urteil zu erhalten.

Ehebruch war ein schweres Vergehen, und sowohl Ehemänner als auch Ehefrauen durften ihre Ehepartner vor Gericht bringen, wenn deren Untreue aufgedeckt wurde. Die Familie war für die Aufrechterhaltung der Ma'at und des sozialen Gleichgewichts äußerst wichtig. Eine Frau, die sich der Untreue schuldig machte, konnte geschieden werden, ihre Nase amputiert bekommen oder verbrannt werden. Einem Mann drohten zwar bis zu tausend Hiebe, aber nicht die Todesstrafe. Das Gerichtssystem stützte sich in hohem Maße auf die Aussagen von Zeugen, was bedeutete, dass falsche Zeugen mit unglaublich harten Strafen belegt wurden. In den meisten Fällen war die Aussicht auf öffentliche Schande jedoch so abschreckend, dass die Menschen dazu neigten, die strengen Gesetze zu befolgen. Die alten Ägypter stützten sich stark auf ihre Gemeinschaften, so dass eine öffentliche Demütigung oder Ächtung für jede Familie ein schreckliches Schicksal gewesen wäre, das es zu vermeiden galt.

Das tägliche Leben im Alten Ägypten

Im alten Ägypten hatte jeder seinen festen Platz, und die Menschen waren im Allgemeinen stolz auf ihre Arbeit. Sie glaubten, dass sie ihren Beitrag zur natürlichen Ordnung leisteten und so dazu beitrugen, dass das Gleichgewicht der Dinge aufrechterhalten wurde. Man nimmt an, dass antike Handwerker und Arbeiter ihre Zeit und ihr Können gerne freiwillig für ein Bauprojekt des Königs zur Verfügung stellten. Jahrelang glaubte man, die Pyramiden seien mit Hilfe von Sklavenarbeit fertiggestellt worden, und obwohl Sklaven sicherlich beim Bau der Monumente helfen konnten, waren die öffentlichen Projekte des Königs eine Quelle des Nationalstolzes, die auch freie Männer dazu veranlasste, ihre Dienste anzubieten.

Die Familie bildete die Grundlage der ägyptischen Gesellschaft, und verstorbenen Familienmitgliedern wurden Grabbeigaben dargebracht. Wenn eine Familie keine Zeit hatte, die Opfergaben selbst zu überbringen, konnte sie Priester beauftragen, in ihrem Namen

Opfergaben zu erbringen.

Die alten Ägypter waren äußerst reinlich und nahmen sich viel Zeit für ihre Körperpflege. Die Bauern webten Flachs zu feinem Leinen. Bauern und Arbeiter trugen lange Gewänder, die mit einer Schärpe um die Taille gebunden wurden, sowie kurze Röcke. Reiche Männer trugen knielange Hemden und Röcke mit Schmuck und Make-up. Viele Ägypter liefen barfuß, aber viele trugen auch Papyrussandalen. Frauen aus der Arbeiterklasse trugen lange Wickelkleider, während wohlhabende Frauen in der Lage waren, ihre Kleider mit aufwendigen Verzierungen zu schmücken. Der Schmuck bestand in der Regel aus Perlen, Armreifen, Armbändern, Halsketten und Ohrringen.

Das tägliche Leben im ptolemäischen Ägypten

Als die Ptolemäer Ägypten regierten, war das Land bereits von der hellenistischen Kultur und Religion beeinflusst worden. Die pyramidenartige Struktur der Gesellschaft war zusammengebrochen, und die meisten wichtigen Positionen in der Regierung wurden an Griechen oder deren griechische Nachkommen vergeben. Die Ptolemäer behielten die ägyptische Religion bei, aber das Land wurde immer vielfältiger. Die Ägypter durften ihren eigenen Traditionen und Gesetzen folgen, aber die Griechen wurden nach griechischen Gesetzen regiert, was bedeutete, dass sich das Leben in Ägypten je nach Abstammung der Menschen deutlich unterschied.

Als Alexander der Große Ägypten eroberte, machte er es zu einem Teil seines ethnisch vielfältigen Reiches. Das bedeutete, dass sich Ägypten für verschiedene Kulturen öffnete, viele Menschen zogen nach Ägypten und brachten ihre Kulturen mit. Städte wie Alexandria wurden zu kosmopolitischen Schmelztiegeln voller Kulturen, Religionen und intellektuellen Theorien. Während die ägyptische Religion beibehalten werden durfte, brachten die Griechen neue Kultpraktiken in das Land und vermischten bald die ägyptische und die griechische Religion miteinander.

Die Ptolemäer besaßen den größten Teil des ägyptischen Bodens, und die Landwirte wurden der staatlichen Kontrolle unterworfen, wodurch es den Ptolemäer gelang, ihren Reichtum noch zu steigern. Obwohl die Steuern stiegen und die Aufsicht über das tägliche Leben zunahm, förderte die Regierung gleichzeitig auch innovative Bewässerungsprojekte, die zur Ankurbelung der Wirtschaft beitrugen. Ägypten nahm am Handel mit vielen anderen Ländern teil, und die Hafenstädte erhielten Zugang zu exotischen Luxusgütern. Da die Griechen Bildung schätzten, erhielten wohlhabende Frauen eine Ausbildung und durften an bestimmten religiösen Riten teilnehmen. Leider machten Ägyptens Fruchtbarkeit und Getreideproduktion das Land zu einer unwiderstehlichen Versuchung für das Römische Reich, und schon bald veränderte sich die ägyptische Gesellschaft erneut.

Die Römischen Einflüsse auf die ägyptische Gesellschaft

Obwohl sich die Ptolemäer von den Ägyptern abgrenzten, blieben sie während ihrer Herrschaft dennoch in Ägypten. Als Ägypten jedoch ein römischer Staat wurde, verbündete sich der römische Kaiser zwar mit den Pharaonen, regierte aber von Rom aus. Der erste römische Kaiser, Augustus, ernannte einen Statthalter, der die Region kontrollierte und dem Kaiser Bericht erstattete. So wurde Ägypten zur Heimat römischer Legionen, bis sich Augustus sicher war, dass die Ägypter nicht rebellieren würden. Die Römer änderten die Gesetze in Ägypten und passten sie so an, dass sie mit den römischen Gesetzen übereinstimmten und die Staatsgeschäfte nach römischen Verfahren abgewickelt wurden. Auch die lokale Verwaltung wurde auf das römische System umgestellt und schrieb nun vor, dass die Grundbesitzer für die Erbringung öffentlicher Dienstleistungen verantwortlich waren und sich um ihre Ländereien kümmern mussten.

Auch hier waren besondere Privilegien für griechische und römische Bürger vorgesehen. Als Kornkammer Roms musste Ägypten Rom mit Getreide versorgen, und seine natürlichen Ressourcen wurden zum Wohle des Römischen Reiches genutzt. Es scheint jedoch so, als ob die Ägypter auch einen Einfluss auf die Römer hatten, da die römische Architektur dieser Zeit Ähnlichkeiten mit ägyptischen Stilen aufweist. Die Ägypter sahen sich mit neuen Ideen konfrontiert, denn Alexandria zog viele namhafte Gelehrte an. Das tägliche Leben in den ländlichen Gebieten blieb indessen weitgehend gleich, obwohl nun von den wohlhabenden Landbesitzern erwartet wurde, dass sie einen Beitrag zur Gesellschaft leisteten, und jeder nach den römischen Gesetzen regiert wurde.

Byzantinische Sozialstruktur

Als das Römische Reich in zwei Teile gespalten wurde, fiel Ägypten unter die Herrschaft des Byzantinischen Reichs, das bald seine eigene Identität entwickelte, die es vom Weströmischen Reich unterscheiden sollte. Die byzantinische Gesellschaft wurde von der königlichen Familie und einer wohlhabenden Elite kontrolliert. Im Gegensatz zum alten Ägypten war die soziale Mobilität jedoch sehr viel flexibler, da die Menschen durch Kriege, kaiserliche Gunst, Landbesitz oder durch Heirat gesellschaftlich aufsteigen konnten. Gewöhnliche Menschen übernahmen üblicherweise den Beruf ihrer Eltern, aber ehrgeizige Menschen konnten realistischerweise darauf hoffen, ihren sozialen Status zu verbessern.

Das Byzantinische Reich war erstaunlich vielfältig, und seine Städte wurden unglaublich kosmopolitisch. Alexandria konnte wieder an Einfluss gewinnen und zog Händler, Flüchtlinge, Söldner, Pilger und Reisende an. Die byzantinische Gesellschaft war immer noch stark durch gesellschaftliche Schichten geprägt und bestand aus zwei Hauptklassen: den Privilegierten (*honestiores*) und den Bescheidenen (*humiliores*), also den Reichen und allen anderen. Sklaven hatten ihre eigene soziale Klasse, die jedoch niedriger war als alle anderen. Die soziale Kluft hatte deutliche Unterschiede in der Lebensqualität zufolge. Die Reichen hatten mehr als genug, um zu überleben und konnten sich üppigen Luxus leisten, während die Armen um ihren Lebensunterhalt und um ihr Überleben kämpfen mussten. Die wohlhabende Klasse war jedoch nicht mehr auf Blut oder Abstammung angewiesen, da die Dynastien schnell wechselten. Eine Familie konnte genauso schnell wieder in Ungnade fallen, wie sie aufgestiegen war.

Die christliche Gesellschaft

Während der byzantinischen Ära wurde die christliche Religion weithin akzeptiert, und die Mehrheit der Bevölkerung konvertierte zum Christentum. Der Klerus bildete eine eigene Klasse und spielte eine sehr wichtige gesellschaftliche Rolle. An der Spitze der Ostkirche stand der Patriarch von Konstantinopel. Die byzantinischen Kaiser übten jedoch gleichzeitig auch einen gewissen Einfluss auf die Kirche aus. Der Kaiser konnte Patriarchen nach eigenem Gutdünken ernennen oder absetzen. Dem Patriarchen unterstanden die Ortsbischöfe, die sich um kleinere Regionen kümmerten und Konstantinopel Bericht erstatteten.

Glasmalerei in einer koptischen Kirche in Ägypten.
someone10x, CC BY 2.0 https://creativecommons.org/licenses/by/2.0 via Wikimedia Commons;
https://commons.wikimedia.org/wiki/File:Coptic_church_in_Egypt_(9198216449).jpg

Priester durften heiraten, aber sobald sie Bischof wurden, mussten sie sich von ihren Ehefrauen trennen, um sich auf ihr Amt zu konzentrieren. Die Ehefrau musste sich dann in ein Kloster zurückziehen. Frauen durften Nonnen werden und ihr Leben Christus widmen. Die Nonnen mussten sich um Arme und Kranke kümmern. Klöster waren kommunale Gebäude, die oft den Bedürfnissen der Gemeinde dienten.

Die islamische Gesellschaft

Als Ägypten zu einer zunehmend islamischen Gesellschaft wurde, änderten sich die Regeln und Bräuche des Landes erneut. Während der arabischen Kalifate waren die Regionen verpflichtet, der Hauptstadt des Reiches Bericht zu erstatten, und die Araber genossen eine privilegierte Stellung in der sozialen Ordnung. Mit der Zeit schwand die Macht der Kalifate jedoch, und kleinere Regionen spalteten sich in gegnerischen Kalifaten ab. In Ägypten hing der Status einer Person von ihrer sozialen Klasse, ihrem Geschlecht, ihrem rechtlichen Status, ihrer Religion und ihrer ethnischen Zugehörigkeit ab. Während andere Religionen unter der Vorherrschaft der Muslime zumindest größtenteils koexistieren durften, war die Behandlung von Nicht-Muslimen sehr unterschiedlich. Nicht-Muslime mussten sich dem islamischen Recht unterwerfen und eine besondere Steuer, die Dschizya, entrichten, wodurch sie Teil einer geschützten Klasse, der Dhimmi, werden konnten. Leider genossen die Dhimmi nicht die gleichen sozialen und rechtlichen Privilegien wie Muslime.

Während des Umayyaden-Kalifats waren Nicht-Araber als mawali bekannt und genossen nicht die gleichen Privilegien wie die Araber. Mit der Zeit wurden Perser und andere Nicht-Araber in den abbasidischen Staat integriert, was den mawali einen sozialen Aufstieg ermöglichte. Die islamische Gesellschaft wurde von den islamischen Gesetzen und Traditionen beherrscht. Der Grad dieser Kontrolle war davon abhängig, ob eine Person dem sunnitischen oder dem schiitischen Zweig des Islams angehörte. Frauen durften in der Regel in der Landwirtschaft tätig sein und handwerkliche Fertigkeiten entwickeln, waren aber üblicherweise auf Aufgaben im Haushalt, bei der Nahrungszubereitung, als Hebamme und in der Medizin beschränkt. Allerdings gab es je nach Religion oder sozioökonomischem Status unterschiedliche Regeln, die Frauen in der Gesellschaft befolgen mussten. Frauen durften sich ihre finanzielle und rechtliche Unabhängigkeit bewahren, was in anderen mittelalterlichen Gesellschaften eher ungewöhnlich war. Frauen durften Geld anlegen, ihr Vermögen verwalten, Handel treiben, sich scheiden lassen oder an einer Erbschaft beteiligt werden (obwohl sie oft weniger erbten als ihre männlichen Verwandten).

Die meisten Kulturen sahen vor, dass eine Familie von einem Patriarchen geführt werden musste. Einige Gesellschaften, wie die der Mamelucken, ließen den Menschen jedoch mehr Freiheit und gewährten den Frauen mehr Unabhängigkeit. Zur Zeit der islamischen Herrschaft war die ägyptische Gesellschaft in eine städtische Elite, Kaufleute, Landbesitzer, einfache Menschen (einschließlich Bauern und Handwerker) und Sklaven unterteilt. Als die Mamelucken die Macht übernahmen, wurden sie zur vorherrschenden Gesellschaftsschicht.

Osmanische Sozialstruktur

Das Osmanische Reich umfasste ein unglaublich großes Gebiet und setzte sich aus verschiedenen Kulturen zusammen, was bedeutete, dass seine Sozialstruktur komplex sein musste, um dieser Vielfalt gerecht zu werden. Die muslimischen Osmanen hatten im Allgemeinen mehr Einfluss als Christen und Juden. Die Osmanen wendeten das Millet-System an, was bedeutete, dass Menschen jedes Glaubens nach ihren eigenen Gesetzen beurteilt wurden. Dadurch galten für Juden, Christen und Muslime je unterschiedliche Gesetze. Nicht-Muslime mussten höhere Steuern zahlen, und Christen mussten eine Blutsteuer entrichten (ihre erstgeborenen Söhne wurden ihnen weggenommen, zum Islam konvertiert und zum Dienst in der osmanischen Armee gezwungen).

Die höchsten gesellschaftlichen Positionen wurden von Personen eingenommen, die der Regierung des Sultans angehörten, darunter der Haushalt des Sultans, die Armee, Bürokraten, Schriftgelehrte, Richter, Rechtsanwälte und Lehrer. Die Türken machten den größten Teil dieser Klasse aus und konnten innerhalb der Regierung leichter aufsteigen als Mitglieder anderer Kulturen. Der Großteil der Bevölkerung bestand aus Arbeitern, darunter hauptsächlich Bauern und Handwerker. Die Konversion zum Islam wurde nicht allgemein gefordert; Muslime zahlten niedrigere Steuern, folglich wäre es für das Osmanische Reich eine wirtschaftliche Katastrophe gewesen, wenn alle Menschen zum Islam konvertiert wären.

In Ägypten wurde Kairo zu einer weiteren Provinzstadt und stand damit nicht mehr unter dem Einfluss, den die Mamelucken während ihrer Herrschaft auf die Stadt ausgeübt hatten. Die Mamelucken blieben jedoch weiterhin eine mächtige Gesellschaftsschicht. Zum Leidwesen der Ägypter zwangen die Osmanen die Europäer, ihre Handelsrouten zu ändern, in der Folge wurde Ägypten vom Rest der Welt isoliert. Dadurch blieben seine Kultur und Gesellschaft über Jahrzehnte hinweg praktisch unverändert.

Das Leben unter britischer Besatzung

Als die Franzosen in Ägypten einmarschierten, unterbrachen sie eine Periode langanhaltender Stagnation in der ägyptischen Kultur. Sie öffneten Ägypten wieder für den Rest der Welt, aber das war für die Ägypter nicht unbedingt vorteilhaft. Sie mussten mehrere gewaltsame Kriege und die Einmischung der Briten in ihre Politik über sich ergehen lassen. Britische und französische Soldaten wurden in Ägypten stationiert, und europäische Diplomaten und Beamte zogen nach Ägypten, wo sie eine Sonderbehandlung genießen durften.

Infolge der europäischen Einmischung wurden die ägyptische Regierung und Wirtschaft destabilisiert, was für die einfachen Ägypter katastrophale Folgen hatte. Während Ausländern besondere Privilegien eingeräumt wurden, erhielten die Ägypter Hilfe und Unterstützung von europäischen Ländern wie Großbritannien und Frankreich, was es den Europäern ermöglichte, sich unter dem Deckmantel des Schutzes ihrer finanziellen Interessen in ägyptische Angelegenheiten einzumischen. Im

Laufe des 20. Jahrhunderts war Ägypten der europäischen Einmischung überdrüssig geworden, und ein heftiger Aufruf zum Nationalismus erfasste das Land. Dies führte zu Unruhen, Aufständen und Revolutionen, die das Land und die Gesellschaft weiter destabilisierten. Während der britischen Besetzung sahen sich die Ägypter mit dem Kriegsrecht, höheren Steuern, der Inflation und der Zwangseinberufung zum Militär konfrontiert. Mit der Zeit erlangte Ägypten seine Unabhängigkeit zurück, und die ägyptische Gesellschaft konnte sich natürlich weiterentwickeln.

Kapitel 10: Der Nil und seine Schlüsselrolle

Der Nil ist der längste Fluss in Afrika. Er fließt durch mehrere Länder und mündet schließlich im Mittelmeer. Er ist die Hauptwasserquelle für Ägypten, den Sudan und den Südsudan, was ihn zu einem lebenswichtigen Fluss macht, der auch die Wirtschaft dieser Länder unterstützt.

Der Nil galt lange Zeit als der längste Fluss der Welt, aber Forscher konnten seitdem ermitteln, dass der Amazonas etwas länger ist. Der Nil besteht aus zwei großen Nebenflüssen: dem Weißen Nil und dem Blauen Nil. Der Weiße Nil entspringt am Viktoriasee in Uganda, während der Blaue Nil in Äthiopien entspringt. Der nördliche Teil des Flusses fließt durch den Sudan direkt nach Ägypten, wo er ein großes Delta bildet, auf dessen Gebiet die Stadt Kairo gebaut wurde. Von dort aus fließt er in das Mittelmeer, an der Flussmündung wurde Alexandria erbaut.

Dank der jährlichen Überschwemmungen sind die Ebenen rund um den Nil unglaublich fruchtbar, so dass sich mehrere Zivilisationen an seinen Ufern ansiedeln konnten. Der Fluss war für die alten Ägypter von entscheidender Bedeutung, und diese Bedeutung spiegelt sich in ihrer Religion wider. Der Nil spielte jahrtausendelang eine wichtige Rolle für die Wirtschaft und das tägliche Leben der Ägypter. Später wurde den Menschen die Suche nach der Quelle des Nils zu einem dauerhaften Rätsel, das Wissenschaftler und Entdecker gleichermaßen beschäftigte. Aufgrund seines Einflusses auf seine Umgebung hat der Nil eine faszinierende Geschichte zu erzählen.

Gründung der ägyptischen Zivilisation

Vor Tausenden von Jahren herrschte in Nordafrika ein ganz anderes Klima. Früher gab es in der Region viel mehr Niederschläge. Doch mit der Zeit trockneten die üppigen Feuchtgebiete aus und verwandelten sich in Wüsten, was die alten Zivilisationen dazu zwang, in feuchtere Gebiete umzusiedeln. Glücklicherweise mussten viele von ihnen nicht allzu weit wegziehen, da der Nil direkt durch die Wüste floss und fruchtbare Ebenen schuf, die sich perfekt in die Landwirtschaft einfügten. Als die ersten Bewohner an den Ufern des Nils ankamen, stellten sie fest, dass es dort reichlich Nahrung gab. Sie erkannten auch, dass der Fluss regelmäßig für einen Zeitraum von sechs Monaten anstieg und sich dann wieder zurückzog, und eine Schlammschicht zurückließ. Dieser Schlamm eignete sich hervorragend für den Ackerbau, und schon bald lebten mehrere Kulturen an den Ufern des Nils und betrieben dort Ackerbau.

Als diese frühen Kulturen neue Bewässerungsmöglichkeiten entwickelten, wurde die Landwirtschaft zu einer regelmäßigen Praxis und zur Hauptnahrungsgrundlage vieler Stämme. Der Nil bot den Menschen eine stätige Nahrungsquelle, und die Menschen bauten Getreide wie Weizen, Baumwolle und Bohnen an. Auf diese Weise waren sie nicht mehr zum Umherziehen gezwungen und konnten auf ihrem angestammten Gebiet Nahrung finden. Dadurch ließen sich dauerhafte Siedlungen errichten, die schließlich zu Städten wurden, aus denen später die ägyptischen Königreiche hervorgingen. Der Nil floss jedoch nicht immer regelmäßig, was die Menschen zu der Annahme veranlasste, dass die Götter etwas mit den wandelbaren jährlichen Überschwemmungen zu tun hatten. Die alten Ägypter glaubten, dass der Nil ein Geschenk der Götter sei, und ein Großteil ihres Glaubens und ihrer Kultur baute auf dem Fluss auf. So drehte sich zum Beispiel ihr Kalender um den Nil, denn ihr Jahr begann immer mit dem ersten Monat der Überschwemmung. Um die Götter zufrieden zu stellen und regelmäßige Überschwemmungen zu gewährleisten, entwickelten die Ägypter eine komplizierte religiöse Rituale, die Opfergaben und Feste beinhaltete.

Neben der Landwirtschaft ermöglichte der Nil den Ägyptern auch die Entwicklung von Fertigkeiten wie dem Bootsbau, was später dazu führte, dass sie den Fluss auch als Transport- und Handelsweg nutzen konnten.

Geographie

Der Nil ist etwa 6.700 Kilometer lang und fließt vom Osten von Zentralafrika aus in Richtung Norden bis hin zum Mittelmeer. Er besteht aus Nebenflüssen, die von kleineren Flüssen gespeist werden, und seine Wassermenge hängt jedes Jahr vom Beginn der Regenzeit ab. Der Blaue Nil, einer der wichtigsten Nebenflüsse, entspringt am Tana-See in Äthiopien und fließt etwa 1.400 Kilometer weit, bis er in Khartum im Sudan in den Weißen Nil mündet. Die Regenzeit in Äthiopien findet normalerweise im Sommer statt, was zu starken Wasserströmungen führt, die Erosionen verursachen und sehr fruchtbaren Schlamm mit sich führen. In der Trockenzeit ist die Strömung jedoch extrem langsam, und an manchen Stellen trocknet der Fluss sogar völlig aus.

Teile des Nilbeckens liegen in einer Reihe von afrikanischen Ländern, nämlich auf den Gebieten von Tansania, Ruanda, Burundi, der Demokratischen Republik des Kongo, Uganda, Kenia, Südsudan, Äthiopien, Sudan und Ägypten. Die antiken Ägypter nutzten den Nil, um sich einen Überblick über die Welt um sie herum zu verschaffen, und teilten ihre Region in zwei wichtige Gebiete ein. Der erste Teil hieß Kemet. Kemet war das fruchtbare Land des Niltals und der umliegenden Oasen. Der zweite Teil war die Deshret, ein Wüstengebiet, das nicht über genügend Ressourcen verfügte, um die Menschen zu ernähren, und daher mit Tod und Unordnung verbunden war.

Flora und Fauna

Da sich der Nil über einen so langen Landstrich erstreckt, gibt es in seinem Umfeld verschiedene Regionen, die jeweils eine einzigartige Umgebung aufweisen. Das Land rund um den Nil in Ägypten wurde über Tausende von Jahren sorgfältig kultiviert und lieferte regelmäßige Ernten von Weizen, Flachs, Baumwolle, Papyrus und Gerste. Diese Grundnahrungsmittel lieferten den Menschen genügend Getreide, um nicht nur die Ägypter zu ernähren, die Ressourcen reichten sogar aus, um ihnen den Handel mit anderen Ländern zu ermöglichen. Die Ägypter waren außerdem in der Lage, Linsen, Erbsen, Wassermelonen, Lauch und Gewürze wie Kümmel und Koriander anzubauen.

Der Nil beherbergte viele verschiedene Tierarten. Wenn die Ägypter selbst keine Landwirte sein wollten, konnten sie sich immer darauf verlassen, dass der Nil ihnen genug Fisch lieferte, um sich einen Lebensunterhalt zu verdienen. Fischer konnten Nilbarsche, Bolti, Welse, Tigerfische oder den Elefantenrüsselfisch fangen. Auch das Nilkrokodil, die Weichschildkröte und das Nilpferd tauchten regelmäßig am Fluss auf. Der Nil beherbergt Warane und etwa dreißig Schlangenarten, darunter auch die berüchtigte Aspis, die möglicherweise eine Hauptrolle bei Kleopatras Selbstmord gespielt hat. In weniger gut bewässerten Gebieten sind Flora und Fauna seltener und weniger vielfältig. In den Wüstengebieten rund um den Nil gibt es weniger Lebensformen. Auf einigen Gebieten stehen nur spärlich belaubte Bäume und vereinzelte Gräser und Kräuter.

Bewässerung und Landwirtschaft

Jedes Jahr ließen die Regenfälle das Wasser des Nils in Richtung Ägypten fließen. Auf seinem Weg trug der Fluss reiche, nährstoffreiche Erde vom Horn von Afrika mit sich, die so dunkel war, dass sie oft schwarz aussah. Sobald das Wasser bei ihnen ankam, konnten die ägyptischen Bauern mit der Landwirtschaft beginnen. Historiker gehen davon aus, dass die Ägypter zu den ersten Landwirten gehörten, die lernten, ihr Land zu bewässern, auch wenn sie diese Fähigkeiten nur durch ausdauerndes Ausprobieren erreichen konnten. Wenn der Nil Hochwasser führte, bedeckte er das ganze Land mit Wasser, das die Häuser und Felder zerstörte. Die Überschwemmungen brachten zwar lebenswichtige Nährstoffe mit sich, aber die Ägypter erkannten bald, dass sie einen Weg finden mussten, um das Wasser zu kontrollieren. Deshalb gruben sie Kanäle und Wasserbecken, was für die Menschen ein langwieriger Prozess gewesen sein muss.

Als die alten Ägypter die Bewässerungssysteme entwickelten, basierte ihre Strategie auf der sogenannten Methode der Beckenbewässerung. Die Bauern hoben zu diesem Zweck strategisch gut gelegene Felder aus, um an ihrer Stelle Becken zu schaffen. Anschließend bauten sie Kanäle, die das Wasser des Nils in die Becken leiteten, wo das Wasser dann verweilte und in den Boden versank. Sobald das Wasser verdunstet war, war das Land bereit für die Bepflanzung.

Um den Wasserstand des Nils im Auge zu behalten, verwendeten die alten Ägypter Nilometer. Die Nilometer waren einfache Säulen, die mit Markierungen versehen waren. Anhand der Nilometer konnten die Ägypter feststellen, ob sie mit ungewöhnlichen Überschwemmungen konfrontiert waren. Sowohl zu viel als auch zu wenig Wasser hätte katastrophale Folgen für die Wirtschaft gehabt. In den 1950er Jahren begann Gamal Abdel Nasser mit dem Bau des Assuan-Hochdamms, der in den 1970er Jahren fertig gestellt wurde. Der Assuan-Staudamm erhöhte die Menge an Wasserkraft, die aus dem Nil gewonnen werden konnte, und konnte die Hochwasser des Nils regulieren. Dies führte zu einer Verbesserung der landwirtschaftlichen Praktiken, von denen Ägyptens Landwirte und Wirtschaft profitierten.

Transport und Handel

Die alten Ägypter entwickelten nicht nur die Landwirtschaft und die Bewässerungssysteme, sondern entdeckten auch, dass sie den Nil für den Transport nutzen konnten. Nach einiger Zeit waren die Ägypter in der Lage, Holzboote mit Segeln und Rudern zu bauen, die große Entfernungen zurücklegen konnten. Kleinere Boote wurden aus Papyrusschilf, der um einen Holzrahmen gespannt wurde, hergestellt. Diese kleineren Boote waren für kurze Reisen oder zum Fischen gedacht. Schon im Alten Reich transportierten die Ägypter Vieh, Fisch, Brot, Holz und Gemüse, die zu Handelszwecken in verschiedene Teile des Königreichs oder in andere Reiche gebracht wurden. Boote wurden schnell zu einem festen Bestandteil der ägyptischen Kultur. Könige und wichtige Beamte wurden in der Regel mit ihren Booten begraben, die perfekt gebaut waren und auf dem Nil eingesetzt werden konnten.

Antikes Mosaik das den Nil darstellt.
Ad Meskens, CC BY-SA 3.0 https://creativecommons.org/licenses/by-sa/3.0 via Wikimedia Commons; https://commons.wikimedia.org/wiki/File:Sousse_mosaic_Nile_landscape.JPG

Da Ägypten Zugang zu reichhaltigen landwirtschaftlichen Ressourcen hatte, konnten die Ägypter ihre Waren in andere Länder verkaufen. Dies machte das Königreich nicht nur reicher, sondern schuf auch friedliche diplomatische Beziehungen mit seinen Nachbarn. Dank des Nils konnten die Waren schnell durch Ägypten transportiert werden. Ägypten war geographisch günstig gelegen, und gut an die internationalen Handelswege angebunden. Dank Alexandria war das Reich mit den Handelsrouten des Mittelmeers verbunden, während die Lage am Ufer der Roten Meeres den Menschen die Handelsrouten in den Osten zugänglich machte. Der Handel war für die ägyptische Wirtschaft von unschätzbarem Wert, und die ägyptischen Handelswege etablierten sich aufgrund der großen Wasserfläche des Nils schnell.

Wirtschaft

Die Landwirtschaft war ein wichtiger Bestandteil des gesamten wirtschaftlichen Ertrages in Ägypten. Aufgrund des ganzjährig warmen Wetters und der regelmäßigen Überschwemmungen des Nils konnten die Ägypter manchmal bis zu drei Ernten im Jahr einfahren. Sie produzierten viel mehr Lebensmittel als sie brauchten, während die Nachbarländer im Nahen Osten oft mit Dürren und Hungersnöten zu kämpfen hatten, was bedeutete, dass sie dringend Getreide und Feldfrüchte benötigten, die ihnen Ägypten liefern konnte. Die antiken Ägypter hatten Zugang zu Flachs, Papyrus, Stein und Gold. Diese Ressourcen konnten zur Herstellung von Stoffen, zum Bau von Gebäuden, zur Fertigung von Schmuck und Papier verwendet werden. Da die Handwerker ihre Fertigkeiten weiterentwickelt hatten, waren sie in der Lage, wunderschöne Kunstwerke wie Ikonen und Schnitzereien zu schaffen, die auch für beträchtliche Geldbeträge gehandelt werden konnten. Neben dem Ackerbau lieferte der Nil den Menschen auch genügend Wasser und Weideland für Tiere wie Rinder und Schafe. Ochsen wurden zum Pflügen der Felder eingesetzt und ermöglichten den Bauern noch schnellere Ernteerträge. Neben ihrer Arbeitskraft lieferten die Tiere den Menschen auch Fleisch und Milch.

Papyrus war ein weiterer wichtiger Bestandteil der ägyptischen Wirtschaft. Die Pflanze war an den Ufern des Nils im Überfluss zu finden und konnte zur Herstellung von Booten, Körben und Papier verwendet werden. Die Ägypter waren die erste Kultur, die entdeckte, wie man Papier herstellt, und es wurde schnell zum Hauptexportgut Ägyptens, was die Menschen dazu veranlasste, den Prozess der Papierherstellung geheim zu halten, um den Papierhandel zu kontrollieren. Ägypten produzierte außerdem große Mengen an Gold, Holz, Eisen, Silber und Gewürzen. Dies führte zur Entwicklung von überlegenen Waffen und Metallarbeiten. Das ägyptische Königtum profitierte von der Besteuerung von Ernten und Grundbesitz. Die

Steuern konnten mit Getreide, Tieren oder Arbeitskräften bezahlt werden, während die Kaufleute zusätzliche Steuern zahlen mussten. Dadurch bereicherten sich der Pharao und die Regierung, so dass sie öffentliche Gebäude errichten und das Land in Krisenzeiten unterstützen konnten. Die Pharaonen waren auch dafür verantwortlich, neue Handelswege zu eröffnen, was die Wirtschaft weiter ankurbelte.

Nilus

Die Griechen waren von Ägypten fasziniert und hielten es für ein geheimnisvolles Land voller Weisheit. Mit der Eroberung Ägyptens durch Alexander den Großen verschmolzen die beiden Kulturen schließlich und wurden stark voneinander beeinflusst. Die Griechen wussten, dass der Nil die Quelle des Lebens in Ägypten war, und wie die Ägypter schrieben sie seinen Reichtum den Göttern zu. Die Griechen teilten jedoch nicht denselben Glauben wie die Ägypter und glaubten an ihren eigenen Nilgott namens Nilus. Das moderne Wort „Nil" stammt von dem griechischen Wort „Nelios" ab (eine andere Schreibweise für Nilus), was „Fluss" bedeutet. Die alten Ägypter nannten den Nil „Ar", was schwarz bedeutet. Es scheint, als hätten die Ägypter den Fluss nach dem dunklen Sand benannt, der für ihre nahrhaften Ernten verantwortlich war.

Nilus war ein unbedeutender griechischer Gott, der keinen großen Einfluss auf die griechische Mythologie hatte. Den Griechen zufolge war Nilus der Sohn der Titanen Oceanus und Tethys. Ozeanus war der Sohn von Gaea und Chaos und heiratete dessen Schwester. Gemeinsam hatten die Titanen viele Kinder, die Oceaniden und Potamoi, die Götter und Göttinnen der Meere, Flüsse und Quellen. Die Titanen hatten laut der griechischen Mythologie so viele Kinder, dass sie sich „überproduzierten" und so Überschwemmungen verursachten. Daraufhin ließen sich die Titanen scheiden, um zu verhindern, dass die ganze Erde mit Wasser überschwemmt wird. Nilus hatte selbst mehrere Kinder, darunter unter anderem Memphis, Europa und Thebe.

Hapi und Khnum

Der Nil war eng mit der altägyptischen Religion verbunden, und die meisten Götter und Göttinnen standen auf die eine oder andere Art mit dem Nil in Verbindung. Nach Ansicht der alten Ägypter gab es jedoch zwei Hauptgötter, die für die Gaben des Nils verantwortlich waren: Hapi und Khnum. Khnum war der Gott der Fruchtbarkeit und hatte in der Regel mit Fortpflanzung und Wasser zu tun. Er wurde als Mann mit

Widderkopf dargestellt und hatte oft lange, gewundene Hörner. Die alten Ägypter glaubten, dass Khnum die Menschen aus Lehm erschuf. Dies hätte den alten Ägyptern gefallen, da an den Ufern des Flusses große Mengen an Lehm zu finden waren. Der Gott hatte mehrere Kulte, die ihn verehrten, darunter auch einen in Herwer (dem Hauptzentrum seines Kults). Während der Zeit des Neuen Reiches wurde er mit der Insel Elephantine in Verbindung gebracht und galt als Herr des ersten Katarakts des Nils. Er soll außerdem mit den Göttinnen Satis und Anuket verbunden gewesen sein.

Hapi galt als die Personifikation der jährlichen Nilüberschwemmung. Er wurde außerdem mit Fruchtbarkeit assoziiert und galt im alten Ägypten als sehr einflussvoll. Hapi war eine eher androgyne Figur mit einem großen Körper, einem dicken Bauch und hängenden Brüsten, die die erstaunliche Fruchtbarkeit des Gottes darstellen sollten. Der Gott wurde auch mit einem falschen Bart und einem Lendenschurz dargestellt, wie sie häufig von Arbeitern getragen wurden. Hapi wurde manchmal sogar als Nilpferd abgebildet. Obwohl Hapi eng mit dem Nil verbunden war, galt er nicht als Gott des Nils, sondern eher als Gott der Nilüberschwemmungen. Er wurde gewöhnlich als fürsorglicher Vater dargestellt, und seine Priester führten Rituale durch, die den stetigen Fluss des Nils sicherstellen sollten. Die Priester von Hapi kümmerten sich außerdem auch um das offizielle Nilometer, welches sie sorgfältig überwachten.

Der Nil und die ägyptische Religion

Neben Khnum und Hapi war auch die altägyptische Religion eng mit dem Nil verbunden. Das Prinzip des Ma'at, das die ägyptische Religion und das tägliche Leben bestimmte, könnte sogar durch den Fluss beeinflusst worden sein. Der Nil stieg immer Mitte Juli an und flachte dann irgendwann im September wieder ab, was den Ägyptern eine Vorstellung von Harmonie und Gleichgewicht vermittelt haben mag. Immer wenn der Nil nicht rechtzeitig anstieg oder abfiel, hatte dies katastrophale Folgen für die Ägypter. Die Ägypter wussten also sehr genau, was ihnen drohte, sollten die göttlichen Kräfte der Welt aus dem Gleichgewicht geraten, und waren sehr darauf bedacht, die Ordnung der Dinge in ihrem Reich zu erhalten.

Die Ägypter glaubten, dass die Götter für den Aufstieg und Fall des Nils verantwortlich waren und dass die Götter ihrem Volk den Nil geschenkt hatten. Die meisten Götter aus der ägyptischen Mythologie hatten etwas mit dem Nil zu tun. Manchmal hatten die Götter direkten

Einfluss auf die Vorgänge am Nil, und die meisten von ihnen wurden in irgendeiner Weise vom Nil beeinflusst. Im Mythos von Seth und Osiris entledigte sich Seth zu Beispiel des Leichnams seines Bruders, indem er ihn in den Nil warf. In einigen Mythen war entweder Osiris oder Isis dafür verantwortlich, dass die Ägypter die Landwirtschaft und Bewässerungssysteme entdeckten. Der Nil wurde als „Vater des Lebens" bezeichnet und galt als eine Erweiterung von Hapi, der dafür verantwortlich war, dem Land das Leben zu geben. Der Fluss war auch als „Mutter aller Menschen" bekannt, da die Göttin Ma'at (die göttliche Manifestation der Konzepte von Harmonie und Wahrheit) eng mit dem Nil verbunden war.

Die Suche nach der Quelle des Nils

Als die Europäer damit begannen, Afrika zu erforschen, entdeckten sie schnell die Bedeutung und die schiere Größe des Nilflusses. Sie stellten sich dabei eine brennende Frage: Wo entspringt der Nil? Im Jahr 1856 n. Chr. organisierte die Royal Geographical Society eine Expedition, die die Quelle des Flusses ausfindig machen sollte. John Hanning Speke und Kapitän Richard Burton waren beide erfahrene Forscher, die sich der Suche anschlossen. Im Jahr 1858 entdeckten sie den Tanganjikasee, aber Burton musste wegen einer Krankheit umkehren. Speke setzte seine Suche fort und entdeckte den Viktoriasee, von dem er richtigerweise behauptete, dass er die Quelle des Nils sei. Burton war damit nicht einverstanden, seiner Ansicht nach war der Tanganjikasee die wahre Quelle des Nils. Die beiden Männer stritten bis zu Spekes Tod im Jahr 1864 weiter über diese Frage und kamen nie zu einer Einigung.

Der Viktoriasee gilt zwar als Quelle des Nils, aber es wurde später festgestellt, dass der See von verschiedenen Nebenflüssen gespeist wird, was es sehr schwierig machte, die „wahre" Quelle des Nils zu finden. Im Jahr 2006 behaupteten Forscher, dass sie den entlegensten Teil des Nils im Nyungwe-Wald in der Nähe des Kivu-Sees gefunden hätten.

Der antike griechische Historiker Herodot schrieb einst, Ägypten sei ein Geschenk des Nils. Es liegt auf der Hand, dass die alten Ägypter ohne den Nil vielleicht nicht dauerhaft im Niltal ansässig geworden wären. Ohne den Nil und die Gründung von Ägypten wäre unsere Geschichte ganz anders verlaufen. Je mehr sich die Wissenschaftler mit dem Einfluss des Nils auf die Geschichte Ägyptens befassen, desto klarer wird, dass es ohne den Nil kein Ägypten gegeben hätte, oder zumindest keines, was dem, was wir heute kennen, entspräche.

Kapitel 11: Die Entwicklung der ägyptischen Religion

Die Religion hat in der ägyptischen Kultur schon immer eine wichtige Rolle gespielt. Seit der frühesten Geschichte entwickelte sich ein kompliziertes System der Anbetung eines Pantheons, das eine Vielzahl von Göttern beherbergte, die alles von Gleichgewicht bis Chaos repräsentierten. Die alten Ägypter nutzten die Religion, um die Welt, in der sie lebten, besser zu verstehen und schrieben den Göttern die Verantwortlichkeit für alles zu, sowohl das Gute als auch das Böse. Sie glaubten, dass Katastrophen vermieden werden konnten, wenn sie die natürliche Harmonie der Dinge respektierten, indem sie sich an ihre strenge soziale Hierarchie hielten, einen Beitrag zur Gesellschaft leisteten und die Götter angemessen verehrten. Wann immer eine Katastrophe eintrat, glaubten die Ägypter, dass das natürliche Gleichgewicht der Welt verloren gegangen war.

Als Ägypten unter fremde Herrschaft geriet, brachten die neuen Führer ihre Religionen mit in das Land. Die meisten fremden Reiche erlaubten den Ägyptern, weiterhin ihre traditionelle Religion zu verehren, und hatten wenig Einfluss auf das ägyptische Glaubenssystem. Als die Griechen die Herrschaft über Ägypten übernahmen, brachten sie Elemente ihrer eigenen Religion mit, was zur Bildung neuer Kulturen führte. Als sich jedoch der Monotheismus in der Region ausbreitete, begann die alte polytheistische Religion an Popularität zu verlieren. Das Christentum überschwemmte die Region, und die neuen Konvertiten lehnten die alte Religion vollständig ab. Die orthodoxe Kirche herrschte jahrelang über Ägypten, doch schließlich wich sie der Verbreitung des Islam, der auch heute noch die Staatsreligion Ägyptens ist.

Altägyptische Religion

Die alten Ägypter glaubten, dass alles Leben heilig war und dass die Natur von den Göttern beherrscht wurde. Ihr Pantheon beherbergte sowohl Haupt- als auch Nebengötter sowie einige Menschen, die vor oder nach ihrem Tod zu Göttern geworden waren. Um Unheil zu vermeiden, glaubten die Ägypter, sie seien dafür verantwortlich, die Götter zu besänftigen, was bedeutete, dass die Religion alle täglichen Aktivitäten beeinflusste, einschließlich der Regierung des Landes. Der Pharao war das Religionsoberhaupt und galt als die Brücke zwischen den Menschen und den Göttern. Folglich gaben die alten Ägypter enorme Summen für Rituale, Tempel und Opfergaben aus. Zu Lebzeiten galt der Pharao als Sohn des Ra, einer Verkörperung des Gottes Horus. Nach seinem Tod wurde der Pharao vergöttlicht und mit Ra und Osiris in Verbindung gebracht.

Die alten Ägypter glaubten auch an *Heka* (die Magie), die ihr Leben beeinflussen oder Dinge geschehen lassen konnte. Ma'at war auch ein wichtiger Bestandteil der Religion, und die Menschen waren fest davon überzeugt, dass Ma'at erneuert werden konnte. Man glaubte, dass die jährliche Überschwemmung und Erneuerung des Nils durch Ma'at verursacht wurde, da sie die Schöpfung des Universums widerspiegelt. Heilige Rituale und Zeremonien waren ein wichtiger Teil des ägyptischen Lebens. Einige Zeremonien waren sogar mit Namensgebung und Geburten verbunden. Die Götter konnten im Laufe der Zeit aufsteigen und fallen, da der Kult um ihre Macht an Popularität gewinnen und verlieren konnten. In einigen Fällen wurden ältere Götter durch neue Götter ersetzt, die dann die Kräfte oder die Bedeutung des alten Gottes übernahmen, den sie ersetzt hatten.

Das ägyptische Pantheon

Die Religion spielte in der altägyptischen Kultur eine so wichtige Rolle, dass die Ägypter über zweitausend Götter und Göttinnen verehrten. Allerdings spielten nur wenige dieser Götter eine wichtige Rolle im täglichen Leben oder tauchten regelmäßig in der ägyptischen Mythologie auf. Einige Götter erlangten große lokale Bedeutung und wurden zu Staatsgöttern, während andere lediglich kleinere Regionen repräsentierten oder eine besondere Aufgabe in der Mythologie hatten. Beispielsweise galt Seshat als die Göttin der Maße und der Schrift. Jeder Gott hatte seinen eigenen Namen und seine eigene Persönlichkeit. Der Charakter der Götter war sehr von dem Individuum abhängig und wurde durch unterschiedliche Kleidung, Gegenstände oder Tiere repräsentativ dargestellt. Einige Götter veränderten sich im Laufe der Zeit und nahmen neue Persönlichkeiten an oder bekamen eine andere Bedeutung. Die Göttin Neith war zum Beispiel eine ehemalige Kriegsgöttin, die schließlich zu einer nährenden Muttergöttin wurde, die die Streitigkeiten der Götter schlichtete.

Statue von Horus, Isis und Osiris.
Metropolitan Museum of Art, CC0, über Wikimedia Commons;
https://commons.wikimedia.org/wiki/File:Isis,_Osiris_and_Horus_triad_MET_23.6.11_001.jpg

Einige der wichtigsten Götter waren Isis, Osiris, Horus, Amun, Ra, Hathor, Neith, Sekhmet, Bastet, Thoth, Anubis, Seth und Ptah. Isis, Osiris und Horus wurden häufig als Schnitzereien dargestellt, und ihr Mythos bildete die Grundlage für die pharaonische Autorität und das ägyptische Leben nach dem Tod. Hathor war eine Göttin, die stark mit der Unterhaltung verbunden war; sie war die Göttin des Tanzes, der Trunkenheit und der Musik. Sie war außerdem das Spiegelbild des Nils und war ursprünglich als Sekhmet bekannt. Hathor war zuvor eine zerstörerische Göttin gewesen, die oft mit Bastet in Verbindung gebracht wurde.

Amun oder Amun-Ra war ein weiterer faszinierender ägyptischer Gott. Er war anfangs ein eher unbedeutender Gott, doch im Neuen Reich wurde er in ganz Ägypten fast ausschließlich verehrt und war als der mächtigste aller Götter bekannt. Seine Priesterschaft war äußerst einflussreich. Bestimmte königliche Frauen wurden zur Gottesgemahlin des Amun ernannt, was eine so mächtige Position war, dass sie ihnen fast so viel Einfluss verlieren, wie dem Pharao zugestanden wurde. Manchmal übernahmen die Ägypter auch Götter anderer Kulturen, wie beispielsweise Anat, die Göttin der Fruchtbarkeit, der Sexualität und des Krieges. Anat wurde ursprünglich in Syrien und Kanaan verehrt, aber fand schließlich auch in Ägypten Popularität, wo sie zur Gefährtin von Seth wurde.

Das Leben nach dem Tod

Der Tod war ein wichtiger Teil des alltäglichen ägyptischen Lebens, denn die Ägypter glaubten, dass ihre Seelen nach dem Tod weiterlebten. Dieser Glaube veranlasste die Ägypter dazu, aufwendige Gräber zu bauen, Grabbeigaben herzustellen (Gegenstände, die von dem Verstorbenen ins nächste Leben mitgenommen wurden) und den Toten Opfergaben darzubringen. In der altägyptischen Mythologie besaßen alle Menschen ka, die Lebensessenz, die den Körper nach dem Tod verließ. Um im Jenseits überleben zu können, musste das ka die Lebensessenz der von den Familienmitgliedern dargebrachten Speisen verzehren. Bestattungsriten wurden oft durchgeführt, um die Seele einer Person freizusetzen, damit sie sich wieder mit ihrem ka verbinden konnte. Die Mumifizierung hatte ebenfalls eine wichtige religiöse Bedeutung, da man glaubte, dass der Körper einer Person intakt bleiben musste, um ins Jenseits transportiert werden zu können.

Gericht der Toten vor Osiris.
https://commons.wikimedia.org/wiki/File:The_judgement_of_the_dead_in_the_presence_of_Osiris.jpg

Sobald das Herz eines Menschen auf der Waage vor Osiris gewogen wurde, durfte er entweder ins Jenseits gehen oder wurde vom Seelenverschlinger Ammit verschlungen. Wenn eine Person ins Jenseits überging, wurde sie von einem göttlichen Fährmann abgeholt, der sie über den Lilienteich zum Schilfrohrfeld brachte. Das Schilfrohrfeld war das ägyptische Paradies, in dem alles wie auf der Erde war, mit Ausnahme von Krankheit, Tod und Enttäuschung. Um das Schilfrohrfeld betreten zu können, musste sich der Mensch jedoch durch ein gutes Leben auf das Gericht des Osiris vorbereiten. Eine kleinere Göttin namens Amentet empfing die Seelen der Verstorbenen bei ihrer Ankunft im Jenseits und versorgte sie mit Essen und Trinken. Die Göttin Hathor spielte ebenfalls eine Rolle im Jenseits, da sie die Toten ins Paradies führte.

Die Kulte von Alexander und Serapis

Als Ptolemäus I. die Herrschaft über Ägypten antrat, erkannte er in der Religion eine Möglichkeit, die Griechen und Ägypter zu vereinen. Daraufhin schuf er die Kulte des Alexanders und des Serapis. Der Alexanderkult verehrte den kürzlich verstorbenen Alexander den Großen, der als mächtiger Eroberer und Held angesehen wurde. Die Ägypter waren Alexander sehr zugetan, was es seinem Kult erleichterte, an Popularität zu gewinnen. Ptolomäus I. ließ für Alexander den Großen ein prächtiges Grabmal errichten und beauftragte einen Priester mit der Durchführung religiöser Rituale am Grabmal. Dieser Priester wurde daraufhin zum wichtigsten Priester Ägyptens, und Alexanders Grab wurde zu einer einflussreichen Pilgerstätte. Schließlich schlossen sich auch die Ptolemäer dem Kult an, und verstorbene Ptolemäer stiegen ebenfalls als Götter in das Pantheon auf. Dies steigerte ihre gesellschaftliche Bedeutung und festigte ihre Position gegenüber den Ägyptern.

Serapis hingegen war eine Mischung aus mehreren wichtigen ägyptischen und griechischen Göttern, nämlich Osiris, Apis und Zeus. Diese neue Gottheit sollte die vielfältige Bevölkerung Ägyptens repräsentieren. Serapis hatte ähnliche Kräfte wie Osiris und Apis, was ihm eine gewisse Verwandlungsfähigkeiten verlieh, und er hatte die gleiche Autorität wie Zeus, der als König der griechischen Götter galt. Der Serapis-Kult war in Ägypten nicht sehr populär, verbreitete sich aber bald in Rom und Griechenland.

Das Judentum in Ägypten

Einige der frühesten Belege für das Judentum in Ägypten lassen sich auf etwa 650 v. Chr. zurückdatieren. Um 597 v. Chr. flüchtete eine große Zahl von Juden nach Ägypten, nachdem ihr Statthalter ermordet worden war. Während der Herrschaft der Ptolemäer wanderte eine große Zahl von Juden nach Ägypten ein und ließ sich in Alexandria nieder. Bis zum 3. Jahrhundert lebten Juden in einer Reihe von ägyptischen Städten und Dörfern und waren friedlich in das ägyptische Leben integriert, da sie Geschäfte eröffnet hatten und am Handel teilnahmen. Die Ptolemäer wiesen den Juden einen Teil der Stadt zu, da sie einen großen Teil der Gesamtbevölkerung von Alexandria ausmachten. Dies ermöglichte es den Juden, ihre religiösen Praktiken frei von heidnischen Einflüssen beizubehalten. In Alexandria genossen die Juden politische Freiheit und lebten friedlich Seite an Seite mit anderen religiösen Gruppen.

Im hellenistischen Alexandria gelang es der jüdischen Gemeinde, das Alte Testament ins Griechische zu übersetzen. Diese Übersetzung wurde als Septuaginta bekannt. Als jedoch das Christentum während der byzantinischen Ära in Alexandria an Popularität gewann, wurden die Juden um 415 n. Chr. vom Heiligen Kyrill aus der Stadt vertrieben. Zeitgenössischen Historikern zufolge wurden die Juden nach einer Reihe von Kontroversen und einem angeblich von Juden verübten Massaker gezwungen, die Stadt zu verlassen. Während des Mittelalters durften die Juden wieder neben Christen und Muslimen im Land leben, obwohl sie während dieser Zeit mehrere Male verfolgt wurden.

Die Verbreitung des Christentums

Das Christentum begann sich ab dem 1. Jahrhundert n. Chr. in Ägypten auszubreiten und wurde schnell zu einer Volksreligion, da es Menschen aus allen Gesellschaftsschichten ansprach. Es verursachte den raschen Niedergang der traditionellen heidnischen Religion, die es seit etwa dreitausend Jahren gab. Im 4. Jahrhundert n. Chr. war das Christentum die vorherrschende Religion Ägyptens, und im 5. Jahrhundert n. Chr. kam es zur Gründung der koptischen Kirche. Die Verbreitung des Christentums in Ägypten wird üblicherweise dem heiligen Markus zugeschrieben, aber dieser wurde bei seiner Arbeit möglicherweise von dem Missionar Apollos unterstützt. Die koptische Kirche hatte einen deutlichen Einfluss auf die ägyptische Kultur und Kunst. Während Ägypten zuvor bereits mehrfach von anderen ausländischen Mächten erobert worden war, hatten diese Reiche keinen annähernd so großen Einfluss auf die ägyptische Kultur, wie die

Einführung des Christentums. Die neue Religion wurde von den Ägyptern angenommen und veränderte viele Aspekte des alltäglichen Lebens.

Ägypten spielte später eine wichtige Rolle bei der weltweiten Verbreitung des Christentums. Das Land hatte eine vielfältige Bevölkerung und empfing aufgrund seiner intellektuellen Gelehrten Besucher aus der ganzen Welt. Die ägyptischen Bischöfe spielten eine führende Rolle bei der Entwicklung der christlichen Lehre, und schon bald wurde die Religion von ägyptischen Glaubensvorstellungen und Praktiken beeinflusst. Klöster ersetzten Tempel und Priesterschaften wurden zum Mittelpunkt des täglichen Lebens in Ägypten. Doch die Christen wurden nicht immer in Ruhe gelassen. Die Römer gestatteten es den eroberten Ländern, ihre Religionen beizubehalten, solange sie den römischen Kaiser als einen ihrer Götter anerkannten, was die Christen nicht taten. Dies brachte sie oft in Konflikt mit dem Römischen Reich, da ihre Weigerung, den römischen Kaiser zu verehren, als ein Akt der Missachtung und des mangelnden Respekts angesehen wurde. Als die Ausbreitung des Christentums begann, war der größte Teil der Welt eher mit dem Polytheismus vertraut, was es den Menschen zunächst schwer machte, das Konzept der alleinigen Verehrung eines obersten Herrschers nachzuvollziehen.

Die Christenverfolgung durch Diokletian

Diokletian war ein römischer Kaiser, der von 286 bis 305 n. Chr. regierte. Er hoffte auf einen Kompromiss mit den Christen und erklärte ihnen, er sei der Sohn Jupiters (des Königs der römischen Götter) und Jupiters Apostel auf Erden. Diese Geschichte wurde wahrscheinlich erfunden, um sich an den christlichen Glauben anzunähern, insbesondere im Hinblick auf die Bedeutung von Gottes Sohn Jesus Christus. Die Christen weigerten sich jedoch, Diokletians neuen Status zu akzeptieren und lehnten seinen Kompromissvorschlag ab. Diokletian war zwar ein geschickter Herrscher, aber er war außerdem egoistisch und empfand die Ablehnung als Beleidigung. Infolge dieser „Beleidigung" begann Diokletian mit der Verfolgung der Christen im gesamten Römischen Reich.

Die ägyptische Kirche nannte dieses Zeitalter der Verfolgung das Zeitalter der Märtyrer, weil so viele Christen brutal gemartert und getötet wurden. Tausende wurden von römischen Legionen gefoltert, bevor sie ermordet wurden, und Kirchen wurden zerstört, geplündert und bis auf den Grund niedergebrannt. Diokletian hoffte, dass das Christentum durch die neuen Maßnahmen in die Ausrottung getrieben würde. Stattdessen verstärkte die Verfolgung den Eifer der Christen nur, und immer mehr Menschen schlossen sich der christlichen Bewegung an. Die Christen wurden häufig in römische Tempel gezwungen, wo sie die Statuen römischer Götter unter Aufsicht verehren sollten.

Trotz der Androhung schwerer Strafen hielten die Christen an ihrem Glauben fest. Dies überraschte Diokletian zunächst, aber schließlich erzürnte ihn ihr Widerstand, was zu weiteren Gräueltaten führte. Es war eine blutige und gewalttätige Zeit für die Bewohner des Landes, aber schließlich schwand die Unterstützung für die Verfolgung der Christen und Diokletian stieß auf Widerstand. Als Diokletian 305 n. Chr. zurücktrat, endete damit auch die Verfolgung. Die Christen durften ihre Religion in Ruhe ausüben, denn Diokletian war der letzte römische Kaiser, der die Christen ernsthaft verfolgte. Im Jahr 306 n. Chr. wurde Konstantin zum neuen Kaiser des Byzantinischen Reiches und konvertierte zum Christentum. Schließlich wurde das Christentum zur byzantinischen Staatsreligion.

Die Ausbreitung des Islam

Nach dem Tod des Propheten Mohammed wurden die Kalifate gegründet. Sie begannen rasch mit der Eroberung von weiten Gebieten und brachten ihre Religion mit sich, so dass sich der Islam in den neu erworbenen Gebieten ausbreitete. Sobald die Gebiete konvertiert waren, kamen neue Rekruten in die Armee, die sich mit Eifer für die Sache einsetzten. Der Islam konnte sich zügig ausbreiten, weil die Armee ständig wuchs. Das islamische Reich wuchs bald auf ein beträchtliches Gebiet an. Die bedeutendste Zeit der Expansion fand während des Raschidun-Kalifats um 632 n. Chr. statt. Während des Raschidun-Kalifats wurde Ägypten erobert und unter die Autorität des Kalifats gestellt, das Hunderte von Jahren lang über Ägypten herrschte.

Das Raschidun-Kalifat stützte seine Herrschaft auf islamische Grundsätze und brachte die muslimische Wirtschaft und den Handel mit sich. Es war für den Beginn des goldenen Zeitalters für den Islam und die Einführung einer neuen Ära der Kriegsführung, die von Schießpulver geprägt wurde, verantwortlich. Bis zum 7 Jahrhundert waren viele Ägypter zum Islam konvertiert der das Christentum als Staatsreligion ablöste. Die islamische Welt war vielfältig und führte zur Entstehung von Zentren der Kultur und Wissenschaft. Auch der Handel florierte, da die muslimische Welt mit Ressourcen handelte und diplomatische Beziehungen auf Grundlage ihrer Religion entwickelte. Mehrere Dynastien stiegen zur

Vorherrschaft auf, aber das große herrschende Kalifat wurde bald durch kleinere, regionale Kalifate, wie beispielsweise das Fatimidenkalifat in Ägypten, ersetzt. Dieser Wandel wirkte sich massive auf Ägypten aus, da die früheren herrschenden Kalifen dem sunnitischen Zweig des Islam angehörten, während die Fatimiden dem schiitischen Zweig des Islams angehörten.

Der Islam während der Zeit des Fatimidenkalifats

Der schiitische und der sunnitische Zweig des Islams haben viele Gemeinsamkeiten; so erkannten sie beispielsweise alle die Bedeutung des Korans an, stützen sich beide auf die Hadithe und akzeptieren die fünf Säulen des Islams als Grundsätze der Gesellschaft. Die Hauptunterschiede zwischen ihnen liegen jedoch in der Frage der religiösen Autorität, und ihre Spaltung erfolgte kurz nach dem Tod des Propheten Mohammed. Als der Prophet starb, gab es ernsthafte Fragen darüber, wer seine Nachfolge antreten sollte. Einige bevorzugten seinen Cousin Ali. Diese Gruppe gründete später den schiitischen Zweig des Islam. Die Sunniten hingegen folgten dem engsten Freund des Propheten, Abu Bakr. Die Sunniten stützen ihre Anbetung auf das Beispiel des Propheten Mohammed, während die Schiiten sich auf Mohammeds Nachfolger in Form von Imamen (Religionslehrern) konzentrieren, die laut ihres Glaubens von den Göttern berufen worden waren.

Die Fatimiden waren streng schiitische Muslime und fest entschlossen, dem Kalifat der Abbasiden ein Ende zu setzen, da sie hofften, so die Herrschaft über die muslimische Welt erlangen zu können. Dies hätte ihnen die Möglichkeit gegeben, anderen Muslimen ihr Glaubenssystem aufzuzwingen und die Frage der Nachfolge des Propheten Mohammed endgültig zu regeln. Trotz dieses Ziels sind die Fatimiden auch dafür bekannt, dass sie gegenüber allen anderen Religionen bemerkenswert tolerant waren. Sie erlaubten Christen, Juden und sunnitischen Muslimen den Aufstieg innerhalb der Regierung und legten Wert auf die Sicherung bestimmter Frauenrechte. Die Fatimiden nutzten Ägypten als ihren Stützpunkt und förderten die Religionslehre und die ägyptische Wirtschaft. Ihre Herrschaft galt als eine Zeit der kulturellen Erleuchtung und des Fortschritts in Ägypten. Viele ihrer politischen Maßnahmen wurden jedoch von Saladin wieder rückgängig gemacht, als er die Region eroberte.

Die moderne ägyptische Religion

Die Staatsreligion Ägyptens ist nach wie vor der Islam, und das Land ist nach wie vor fest in die muslimische Welt eingebettet. Die Bevölkerung besteht hauptsächlich aus sunnitischen Muslimen, die der Maliki-Schule folgen. Im Land leben jedoch auch schiitische Muslime, Christen und Juden, die insgesamt ungefähr 10 % der gesamten Bevölkerung ausmachen. Ägypten ist nach wie vor ein vielfältiges Land mit einem breiten Spektrum an islamischen Ansichten. Gelegentlich wird von religiöser Intoleranz im Land berichtet, aber diese Probleme treten in den meisten Teilen des Landes nur vereinzelt auf.

Kapitel 12: Sprache, Kunst und Architektur

Seit der Gründung der ägyptischen Zivilisation, wuchs die Kultur des Landes zeitgleich mit dessen Bevölkerung. Die alten Ägypter fanden Mittel und Wege, die Welt um sich herum zu verstehen. Ihr Heimatland beeinflusste alle Aspekte ihres Lebens, von ihrem Glauben bis hin zu ihrer Architektur. Die altägyptische Kultur, die sich entwickelte, war einflussreich genug, dass wir ihre Spuren noch Tausende von Jahren später wahrnehmen können. Durch einen Blick auf die faszinierenden Hinweise auf Kunst, Architektur und Literatur, die die alten Ägypter hinterlassen haben, können wir einen einzigartigen Eindruck ihres täglichen Lebens gewinnen. Tausende von Artefakten wurden in versiegelten Gräbern zurückgelassen, die den Wissenschaftlern reichlich Anhaltspunkte für Vermutungen darüber liefern, wie die ägyptische Kultur ausgesehen haben muss, bevor sie von fremden Eroberern beeinflusst wurde.

Als andere mächtige Reiche in Ägypten einfielen und es eroberten, hinterließen auch sie Spuren ihrer Kultur. Während einige fremde Herrscher das kulturelle Wachstum in Ägypten stagnieren ließen, zeigten andere ein reges Interesse am Land der Pharaonen und leisteten wertvolle Beiträge zur ägyptischen Sprache und Kunst.

Hieroglyphen

Die ersten Belege für die Hieroglyphenschrift lassen sich bis etwa 3100 v. Chr. zurückverfolgen, als Ägypten begann, seine einzigartige pyramidenartige Sozialstruktur zu entwickeln. Diese Schrift verwendet zwar Bilder, aber die Bilder bedeuten nicht immer genau das, was sie darstellen. Vielmehr stehen die Hieroglyphen für bestimmte Laute in der altägyptischen Sprache, ähnlich wie die Zeichen in modernen Alphabeten auch Laute repräsentieren. Hieroglyphen wurden erstmals in Königsgräbern verwendet, um Aufzeichnungen über das Leben und die Taten des Königs für zukünftige Generationen zu hinterlassen. Mit der Zeit begannen auch nicht-adelige Ägypter damit, Hieroglyphen zu verwenden, aber sie blieben trotzdem hauptsächlich die Schrift der königlichen Grabinschriften und Monumente. Obwohl Hieroglyphen eng mit der ägyptischen Kultur verwoben sind, verwendeten die meisten Ägypter keine Hieroglyphen und konnten die Hieroglyphenschrift auch nicht lesen. Da Hieroglyphen schwer zu erstellen waren, entwickelten die Ägypter später die hieratische Schrift als Alternative. Die hieratische Schrift war eine Art Schreibschrift. Für das Erstellen gewöhnliches Dokumente wurde später die demotische Schrift erfunden.

Ägyptische Hieroglyphen.
Hosni bin Park, CC BY-SA 4.0 https://creativecommons.org/licenses/by-sa/4.0 via Wikimedia Commons; https://commons.wikimedia.org/wiki/File:Egyptian_hieroglyphics.jpg

Die Hieroglyphen waren in den unteren Schichten von Ägypten nicht sehr verbreitet, so dass sie nur von Priestern gelesen werden konnten. Das einfache Volk wurde stattdessen in demotischer Schrift unterrichtet. Mit der Zeit starben die Hieroglyphen aus, als die Pharaonen durch ausländische Herrscher ersetzt wurden. Die Ptolemäer machten

Griechisch zur offiziellen Hofsprache, und im Jahr 384 n. Chr. verbot der römische Kaiser die heidnische Religion Ägyptens, wodurch auch die Hieroglyphen ausstarben. Der Stein von Rosette ermöglichte es den Historikern schließlich, die Hieroglyphen zu entziffern, aber diese Aufgabe war immer noch ein schwieriges Unterfangen. Das ägyptische Sprachsystem wurde nie vollständig niedergeschrieben, und die Hieroglyphen enthalten viele Eigenheiten, die ihre Übersetzung erschweren. Die Übersetzung von Hieroglyphen kann auch subjektiv sein, was zu großer Verwirrung in der wissenschaftlichen Gemeinschaft geführt hat.

Altägyptische Gräber

Die Ägypter waren sehr darauf bedacht, ihren Körper nach dem Tod zu erhalten und einen erfolgreichen Übergang von der Welt der Lebenden ins Jenseits zu gewährleisten. Daher begannen die ersten ägyptischen Könige mit dem Bau aufwändiger Grabmäler, die mit allem gefüllt waren, was sie im Jenseits zu brauchen glaubten. Die ersten dieser Gräber wurden Mastabas genannt. Die Inschriften der Gräber trugen die Namen des Königs. Die Mastabas waren in Felsen gehauen und bestanden aus in der Sonne gebrannten Ziegeln und Holzplatten. Es ist gut möglich, dass beim Tod eines Königs üblicherweise eine große Anzahl von Dienern geopfert wurde, damit sie dem König im Jenseits dienen konnten. Die Hinweise auf diese Praktik wird auch durch eine große Anzahl von Frauen- und Zwergengräbern belegt, die rund um die Mastabas angelegt gefunden wurden. Die königlichen Gräber waren mit Krügen, Möbeln und verschiedenen Beigaben gefüllt, die mit dem König begraben wurden, damit er seinen luxuriösen Lebensstil auch im Jenseits beibehalten konnte.

Mit der Zeit wurden die königlichen Gräber und Monumente immer aufwendiger, was zum Bau zunehmend größerer Pyramiden führte. Allerdings kam es immer häufiger zu Grabräubereien, was für die königliche Familie ein ernstes Problem darstellte. Wenn ihre Gräber geplündert wurden, liefen sie Gefahr, im Jenseits ohne all ihre Reichtümer dazustehen. Daher wählten die Könige des Neuen Reiches einen neuen, abgelegenen Ort für ihre Gräber aus, der als Tal der Könige bekannt wurde.

Die Pyramiden von Gizeh

Die ägyptischen Herrscher hatten guten Grund, sich über ihr Leben nach dem Tod zu Sorgen. Sie glaubten, dass sie im nächsten Leben

Götter und Herrscher sein würden, was bedeutete, dass sie ihre Gräber mit allem ausstatten mussten, was ein guter Anführer brauchte. Daher war der Bau von Königsgräbern eine Angelegenheit von nationaler Bedeutung. Pharao Cheops war der erste König, der seine Pyramide in Gizeh errichtete. Das Bauprojekt wurde um 2550 v. Chr. begonnen. Seine Pyramide ist ein prächtiges Bauwerk, das aus etwa 2,3 Millionen Steinblöcken besteht und etwa 481 Fuß (147 Meter) hoch ist. Die Cheops-Pyramide ist die größte Pyramide Ägyptens. Chephren, der Nachfolger von Cheops, folgte dem Beispiel seines Vaters und baute ebenfalls eine Pyramide in Gizeh. Es wird angenommen, dass auch der Bau der Sphinx ihm zu verdanken ist, die stolz über die große Anlage wacht. Die letzte Pyramide in Gizeh wurde von Menkaure um 2490 v. Chr. erbaut. Die Pyramide von Menkaure ist zwar nicht so groß wie die anderen, verfügt aber über einen besonders komplizierten Grabkomplex.

Die Pyramiden von Gizeh

Walkerssk, CC0, über Wikimedia Commons;
https://commons.wikimedia.org/wiki/File:Pyramids_in_Giza_-_Egypt.jpg

Die Pyramiden sollten mehr sein als nur Gräber und wurden auf einem riesigen Areal errichtet, auf dem auch Tempel und Paläste standen. Da die Pyramiden von nationaler Bedeutung waren, trug das gewöhnliche Volk in Ägypten seinen Teil zu den Projekten bei. So haben Historiker haben Beweise für eine provisorische Stadt gefunden, die zeigen, dass die Arbeiter, die die Pyramiden errichteten, im Allgemeinen glücklich und wohlgenährt waren. Es scheint auch, als ob qualifizierte Arbeiter freiwillig an den Projekten der Pharaonen mitwirkten.

Der Tempel von Saqqara

Die Tempelanlage von Saqqara ist eine der vielleicht berühmtesten und wichtigsten archäologischen Stätten Ägyptens. Saqqara liegt südlich von Kairo und wird von der Stufenpyramide geprägt, die von Djoser während des Alten Reiches erbaut wurde. Die Stufenpyramide ist der älteste bekannte Steinbaukomplex der Geschichte. Es gibt aber auch noch mehrere andere wichtige Pyramiden und Gräber auf dem Gelände, das sich über fünf Meilen erstreckt. Historiker haben an dieser Stätte Tausende von Artefakten gefunden, die ihnen einen unschätzbaren Einblick in das Leben der alten Ägypter gewähren konnten. In der Nekropole wurden auch „Megagräber" entdeckt, die Hunderte von Särgen, Mumien und mumifizierten Katzen enthielten. Auch Grabbeigaben, wie Porträtmasken, Edelsteine und Kunstwerke, wurden in Saqqara freigelegt.

Die Stätte verfügt über zahlreiche unterirdische Höhlen, die für Bestattungen genutzt wurden, aber im Laufe der Zeit geplündert worden sind. Saqqara erregte erstmals um 1850 n. Chr. die Aufmerksamkeit der Wissenschaft, als es von Auguste Mariette, einem französischen Ägyptologen, entdeckt wurde. Seinem Bericht zufolge hatte er Teile der Mumienumhüllung im Sand gefunden, was bewies, dass die Stätte geplündert worden. Er war der Erste, der die Bedeutung der von einer Sphinx gesäumten Straße erkannte, die zum Serapeum führte, einem wichtigen Tempel in Saqqara. Der Tempel war auch die Begräbnisstätte der Stiere des Apis-Kults, die die Götter Osiris und Ptah repräsentierten. Dreitausend Jahre lang diente Saqqara als Ort für wichtige nichtkönigliche Bestattungen und religiöse Zeremonien. Im Jahr 1979 n. Chr. wurde sie von der UNESCO zum Weltkulturerbe erklärt.

Die Große Sphinx in Gaza

Die Große Sphinx ist eines der berühmtesten und bekanntesten Denkmäler in Ägypten. Sphinxe waren mythologische Kreaturen mit dem Körper eines Löwen und dem Kopf eines Menschen. Die Große Sphinx wurde aus Kalkstein gehauen und ist etwa 20 Meter hoch und 73 Meter lang. Das Gesicht der Sphinx scheint Pharao Chephren darzustellen, aber seine Nase wurde irgendwann zwischen dem 3 und 10. Jahrhundert n. Chr. abgebrochen. Trotz des Rätsels darum, was mit der Nase passiert ist, gilt die Große Sphinx als die älteste Monumentalskulptur Ägyptens und ist sicherlich ein einzigartiges Stück Architektur, das bereits Tausende von Jahren überdauert hat.

Die Große Sphinx.
Hamerani, CC BY-SA 4.0 https://creativecommons.org/licenses/by-sa/4.0 via Wikimedia Commons; https://commons.wikimedia.org/wiki/File:Great_Sphinx_of_Giza_(2).jpg

Der Bau der Großen Sphinx ist seit Hunderten von Jahren eine Quelle der Faszination und birgt viele Geheimnisse. Man vermutet, dass die Sphinx aus denselben Steinen wie die Pyramiden gebaut wurde und möglicherweise sogar aus demselben Steinbruch stammt. Einige Historiker vermuten, dass der Kopf zuerst aus einem großen Felsen gehauen wurde, der bereits vom Wind vorgeformt worden war. Der Körper der Sphinx wurde aus denselben Steinen gefertigt, die auch für den Bau des Tempels, der vor der Sphinx steht, verwendet wurden. Seltsamerweise wurde der Bau des Tempels nie vollendet, und es gibt auch sonst keine Beweise dafür, dass es in Ägypten jemals einen Sphinx-Kult gab. Es ist möglich, dass Chephren die Große Sphinx baute, um den Saqqara-Komplex zu schützen, der im alten Ägypten eine wichtige Gebetsstätte war.

Festungen

Ägypten war eine äußerst fruchtbare und gewinnbringende Region, was bedeutete, dass es die Aufmerksamkeit der Nachbarländer auf sich zog, die den Wert einer Invasion des Landes und die Aneignung seiner Reichtümer für ihre eigene Nation unschwer erkannt hatten. Daher mussten die ägyptischen Pharaonen ständig auf der Hut sein. Um die Sicherheit ihres Landes zu gewährleisten, bauten die Pharaonen Festungen, Grenzposten und Mauern, um angriffsgefährdete Gebiete zu schützen. Die meisten Pharaonen konzentrierten sich auf die Verteidigung der Gebiete, die sie bereits besaßen, was auch bedeutet, dass Ägypten während des größten Teils seiner Geschichte kein stehendes Heer unterhielt. Die alten Ägypter verbrachten viel Zeit und Mühe mit dem Bau und der Instandhaltung von Grenzfestungen, die sie vor einer potenziellen Invasion schützten.

Eine der wichtigsten Festungen wurde zwischen dem Zweiten und dem Ersten Katarakt des Nils errichtet und wurden Buhen genannt. Sie diente bereits um 2770 v. Chr. als ägyptischer Außenposten und entwickelte sich während des Neuen Reiches zu einer wichtigen Festung. Der Komplex bestand aus massiven Außenmauern, Innentempeln und Bastionen, wie es für altägyptische Festungen üblich war. Buhen war aus Felsen und Ziegeln gefertigt und wurde entlang des Flusses am Fuße eines felsigen Abhangs errichtet. Um Eindringlinge daran zu hindern, die Burg zu erklimmen, wurde ein steiler Graben in den Fels gehauen. Hatschepsut ließ im südlichen Teil von Buhen einen Tempel errichten, und spätere Pharaonen renovierten die Anlage oder fügten ihre eigenen Heiligtümer hinzu.

Ramses II. oder Ramses der Große war ebenfalls für seine umfangreiche Bautätigkeit bekannt, und er errichtete eine Reihe von Festungen entlang der nordwestlichen Küste Ägyptens.

Tempel und Gräber des Neuen Reiches

Das Neue Reich war als das goldene Zeitalter Ägyptens bekannt. Da Ägypten durch seine ausländischen Eroberungen zunehmend an Einfluss und Reichtum gewann, konnten die Pharaonen in viel größerem und großartigerem Maßstab als je zuvor bauen. Vor allem Hatschepsut war dafür bekannt, dass sie unglaubliche Bauwerke errichtete, die mit allem, was zuvor in Ägypten gebaut worden war, unvergleichbar waren. Der Hatschepsut-Tempel war der Totentempel der Königin. Er weist eine beeindruckende Säulenstruktur auf, die noch vor dem Parthenon errichtet wurde. Er wurde in eine Felswand hineingebaut und beherbergt eine Reihe von Terrassen, die einst mit kultivierten Gärten gefüllt waren.

Ramses II. war seiner Zeit ebenfalls ein großer Baumeister. Er baute das Grab der Nofretete im Tal der Könige und veranlasste den Bau das Ramesseums. Das Grab der Nofretete weist atemberaubende Wandmalereien auf, und das Ramesseum zeigt enorme Schnitzereien, die Höhepunkte aus der Regierungszeit des Königs darstellen.

Tempel von Luxor.
© Vyacheslav Argenberg http://www.vascoplanet.com , CC BY 4.0
https://creativecommons.org/licenses/by/4.0 via Wikimedia Commons;
https://commons.wikimedia.org/wiki/File:Luxor_Temple,_Luxor,_Egypt.jpg

Der Tempel von Luxor gehörte zu den wichtigsten Tempeln des Neuen Reiches. Dieser Komplex wurde in der Nähe der antiken Stadt Theben errichtet und bestand aus sechs massiven Tempeln. Die Tempel enthalten viele Beispiele von Illusionismus und Symbolik, beide waren in der altägyptischen Architektur weit verbreitet. So wurden beispielsweise zwei Obelisken gebaut, um einen Durchgang zu betonen und die Illusion zu erwecken, dass sie gleich hoch waren, obwohl das nicht der Fall ist. Die Tempel von Karnak gelten als eine weitere wichtige antike Stätte. Sie dienten der Verehrung des Gottes Amun, dessen Priesterschaft in Ägypten einen unglaublichen Einfluss ausübte. Der Komplex ist heute nicht nur die größte antike Glaubensstätte der Welt, sondern auch ein beliebtes Museum.

Kopten

Die Kopten sind die größte einheimische christliche Gemeinschaft Ägyptens und existieren in Ägypten seit der ursprünglichen Verbreitung des Christentums. Die koptisch-orthodoxe Kirche ist nach wie vor die größte christliche Kirche in Ägypten. Vor der Ausbreitung des Islams sprachen die Ägypter die koptische Sprache. Die muslimischen Ägypter hörten jedoch schließlich auf, koptisch zu sprechen, und so wurde die Sprache nur noch von der christlichen Minderheit gesprochen. Die koptische Dialektfamilie stammt von der altägyptischen Sprache ab und entstand etwa im 3. Jahrhundert n. Chr. Sie wurde schnell zur populärsten Sprache Ägyptens, da sie sich zusammen mit dem Christentum im ganzen Land verbreitete. Die Sprache hatte viele griechische Einflüsse und wurde mit dem koptischen Alphabet geschrieben, das eine Mischung aus griechischer und demotischer Schrift war.

Einige der ältesten koptischen Schriften stammen aus der Zeit vor dem Christentum und sind in altkoptischer Sprache verfasst. Der Großteil der koptischen Literatur besteht jedoch aus Texten, die von Mitgliedern der koptischen Kirche verfasst wurden, die später zu Heiligen erklärt wurden. Shenoute war beispielsweise ein Heiliger, der die koptische Sprache durch seine Homilien, Predigten und Abhandlungen, die einen großen Teil der frühen koptischen Literatur ausmachen, popularisierte und verbesserte. Mehrere Jahrhunderte lang war das Christentum die Hauptreligion Ägyptens, und hatte einen massiven Einfluss auf die ägyptische Kunst. Während dieser Zeit führte es zum Bau von besonderen Gebäuden und zur Entstehung einzigartiger Kunstwerke.

Koptische Kunst und Architektur

Als der römische Kaiser Theodosius die heidnischen Religionen verbot, wurde das Christentum zur ägyptischen Staatsreligion. Ägypten wurde dadurch für immer verändert. Die koptischen Christen verwandelten bereits bestehende alte Tempel, Gräber und Schreine in Klöster, Kirchen und Märtyrerheiligtümer. Christen aus dem gesamten byzantinischen Reich besuchten die bedeutenden heiligen Stätten, die üblicherweise mit bestimmten Heiligen in Verbindung gebracht wurden, und die Bibel wurde ins Koptische übersetzt, was zur Entwicklung einer eigenen ägyptischen christlichen Literatur führte. Koptische Kirchen waren mit farbenfrohen Wandmalereien, Naturmotiven und Inschriften von Bibelauszügen, Psalmen und Klostergeschichten geschmückt. Grabsteine wurden oft mit Kreuzen, Tauben und Laubmustern verziert.

Die koptisch-orthodoxe Markus-Kathedrale in Ägypten.
Roland Unger, CC BY-SA 3.0 https://creativecommons.org/licenses/by-sa/3.0 via Wikimedia Commons; https://commons.wikimedia.org/wiki/File:CairoAbbasiyaMarkEntrance.jpg

Blumen- und Tiermotive waren beliebte Motive in der koptischen Architektur, da sie das Paradies darstellten. Auch die Töpferwaren trugen ähnliche Markierungen und zeigten Inschriften aus der Bibel. Die Kopten bauten große Kathedralen, wie zum Beispiel die koptisch-orthodoxe Markus-Kathedrale. Auch Klöster wurden populär, und viele alte Klöster, wie das Kloster des Heiligen Antonius, sind noch heute in Ägypten aktiv. Einige koptische Kathedralen weisen ähnliche Grundrisse und architektonische Elemente wie die früheren Tempel auf. So verfügten einige Kirchen über ein verstecktes inneres Heiligtum, wie es sie einst in ägyptischen Tempeln gegeben hat. Allerdings wurden die koptischen Kirchen schließlich von der byzantinischen Architektur beeinflusst. Im Laufe der Jahrhunderte wiesen die koptischen Gebäude immer mehr islamische Einflüsse auf.

Arabisch

Als das Raschidun-Kalifat im 7. Jahrhundert nach Ägypten kam, war Koptisch die ägyptische Landessprache, obwohl Griechisch immer noch zu Verwaltungszwecken verwendet wurde. Obwohl Koptisch und Griechisch weit verbreitet waren, handelte es sich bei beiden um relativ neue Sprachen. Griechisch war von den Ptolemäern als Staatssprache eingeführt worden, wurde aber hauptsächlich von Staatsmännern und ausländischen Kaufleuten gesprochen. Das Christentum setzte sich in

Ägypten zwischen dem 4. und 5. Jahrhundert durch, was zu einer massiven Abkehr von den klassischen griechischen Praktiken und der griechischen Religion führte. Um 451 n. Chr. kam es zu einer drastischen Spaltung zwischen der ägyptischen und griechischen Kirche, was die Distanz zwischen Ägyptern und Griechen nochmal erheblich vergrößerte. Koptisch war zwar die wichtigste Literatursprache in Ägypten, aber gleichzeitig noch immer relativ neumodisch, da es sich um eine einzigartige Mischung aus Griechisch und Altägyptisch handelte.

Die koptische Sprache blieb in Ägypten auch unter der arabischen Herrschaft beliebt, da sie die einzige Sprache war, die von der Kirche verwendet wurde. Im ersten Jahrhundert der arabischen Herrschaft war die arabische Sprache noch arabischen Einwanderern, Regierungsbeamten und der Führungselite vorbehalten. Schließlich zog eine große Zahl von Arabern nach Ägypten, und die islamischen Herrscher sahen sich gezwungen, einen koptischen Bauernaufstand niederzuschlagen. Mit der Zeit konvertierten viele Ägypter zum Islam, und die Kopten wurden zu überhöhten Steuerzahlungen gezwungen. Im 8. und 9. Jahrhundert sprachen die meisten Ägypter Arabisch. Arabisch wurde zur neuen Hauptsprache des Landes. Heute ist das moderne Arabisch die Nationalsprache Ägyptens, eine standardisierte literarische Version des Arabischen. Es wurde im 19. und 20. Jahrhundert entwickelt und entspricht einem vorgegebenen Standard.

Die islamische Kunst und Architektur

Zu Anfand der islamischen Herrschaft in Ägypten wurde Kairo zum Zentrum von Verwaltung und Religion. Dies sollte dazu führte, dass die Stadt bald einige der prächtigsten Beispiele islamischer Architektur auf der ganzen Welt beherbergte. Die islamische Kunst ist eng mit der Religion verbunden und stellt oft das Prinzip der göttlichen Einheit dar. Besonders beliebt ist die Kalligrafie, ein kunstvoller Schriftstil, mit dessen Hilfe Teile des Korans geschrieben worden sind. Moscheen sind wahrscheinlich das Erste, was den meisten Menschen in den Sinn kommt, wenn sie an islamische Architektur denken. Im Laufe der Zeit entwickelte sich die ägyptische Architektur zu einer Mischung aus ayyubidischen, fatimidischen, mameluckischen, osmanischen und anderen modernen Stilen, die die persönlichen Präferenzen der jeweiligen Herrscherklassen und ihrer Epochen widerspiegelte.

Die Moschee von Ibn Tulun.
Berthold Werner, CC BY 3.0 https://creativecommons.org/licenses/by/3.0 via Wikimedia Commons; https://commons.wikimedia.org/wiki/File:Kairo_Ibn_Tulun_Moschee_BW_0.jpg

Eines der beeindruckendsten Beispiele islamischer Architektur in Kairo ist die Moschee von Ibn Tulun. Ibn Tulun gründete eine Herrscherdynastie in Ägypten, nachdem er als Gouverneur nach Fustat geschickt worden war. Die Moschee wurde nach dem Vorbild der großen Moschee im irakischen Samarra gebaut, dem Ort, an dem Ibn Tulun als Kind lebte. Das Gebäude wies Elemente der spanischen Architektur auf. In Ägypten befindet sich außerdem die alte Moschee von Amr ibn al-As, die nur wenige Jahre nach dem Tod des Propheten Mohammed und kurz nach der islamischen Eroberung Ägyptens errichtet wurde. Die Moschee von Amr ibn al-As war die älteste Moschee in Afrika; sie wurde im Laufe der Jahrhunderte mehrmals umgebaut.

Neben Moscheen dominieren auch Madrasas und Minarette die ägyptische Skyline. Tatsächlich hat Kairo so viele Minarette, dass die Stadt als „Stadt der tausend Minarette" bekannt ist.

ABSCHNITT VIER:
Die Schlüsselfiguren der ägyptischen Geschichte

Kapitel 13: Tutanchamun und sein verfluchtes Grabmal (1341-1327 v. Chr.)

König Tutanchamun gilt als einer der berühmtesten ägyptischen Herrscher aller Zeiten. Im Gegensatz zu vielen seiner Vorgänger wurde er nicht für seine mächtigen militärischen Eroberungen oder seine blühende Herrschaft berühmt. Stattdessen ist er vor allem wegen seines Grabes bekannt. Als Tutanchamun noch ein kleiner Junge war, erbte er ein Land, das durch den Fanatismus seines Vaters ins Chaos gestürzt worden war. Der junge König arbeitete mit erfahrenen Beratern zusammen, um den Kurs des Landes zu korrigieren. Seine Berater verfolgten jedoch ihre eigenen Ziele, eine Tatsache, die sich bald nach dem Tod Tutanchamuns offenbaren sollte. Tutanchamun wurde den Traditionen der ägyptischen Monarchen gemäß mumifiziert und in einem Grab voller Reichtümer bestattet. Leider wurde er in einem provisorischen Grab beigesetzt, das weit von dem Prunk der Gräber seiner Vorgänger entfernt war.

Tutanchamun geriet in Vergessenheit, nachdem er durch seinen Wesir Ay und später durch General Horemheb ersetzt worden war. Erst als der britische Ägyptologe Howard Carter 1922 n. Chr. das Grab des Königs entdeckte, wurde die Geschichte von Tutanchamun der Welt offenbart. Sein Grab enthielt unglaubliche archäologische Funde, wurde jedoch bald nach dem Fund zum Gegenstand von Gerüchten und

Kontroversen, da ein angeblicher Fluch auf Howard Carters Team lastete. In den folgenden Jahrzehnten sollte die Geschichte Tutanchamuns die Welt faszinieren, denn sein Grab enthüllte die Geheimnisse der altägyptischen Politik. Experten bemühten sich außerdem darum herauszufinden, wie viel Wahrheit wirklich hinter der Legende des tödlichen „Fluches" lag.

Tutanchamuns Eltern

Echnaton war ein Pharao, der während der achtzehnten Dynastie des Neuen Reiches herrschte. Er war der Sohn des großen Königs Amenhotep III. und seiner Frau Tiye. Zunächst war Echnaton unter dem Namen Amenhotep IV. bekannt, doch später änderte er seinen Namen zu Echnaton, um dem Gott Aten Ehre zu erweisen. Er war der Ehemann der legendären Königin Nofretete, die für ihre Fähigkeiten als Herrscherin und für ihre Schönheit bekannt war. In den letzten Jahren der Herrschaft von Amenhotep III. regierte sein Sohn als Mitregent, um die Feinheiten der ägyptischen Politik kennenzulernen.

Echnaton und seine Familie bei der Anbetung des Aten
Romagy, CC BY-SA 4.0 https://creativecommons.org/licenses/by-sa/4.0 via Wikimedia Commons; https://commons.wikimedia.org/wiki/File:Akhenaten_and_the_his_family_worshipping_the_Aten.jpg

Bald nachdem Echnaton zum Monotheismus konvertiert war, verlor er das Interesse am Regieren und wurde zunehmend vom religiösen Kult des Aten besessen. Das bedeutete, dass seine Berater und seine Hauptfrau Nofretete für ihn einspringen mussten und sich gezwungen sahen, in seinem Namen zu regieren. Es gibt einige Hinweise darauf, dass der König sich gelegentlich an den Staatsgeschäften beteiligte, aber zum größten Teil vernachlässigte er Ägypten. Echnaton galt allgemein als Familienmensch und hatte möglicherweise sieben oder acht Kinder von verschiedenen Frauen. Historische Aufzeichnungen zeigen, dass Echnaton gegen Ende seiner Herrschaft mit einer Mitregentin regierte, dabei handelte es sich möglicherweise um seine Frau Nofretete oder seine Tochter Meritaten.

Die Identität der Mutter von Tutanchamun war umstritten. Einige hielten Nofretete für seine Mutter, während andere glaubten, dass seine Mutter Meketaten, die Tochter von Echnaton und Nofretete, war. All diese Behauptungen erwiesen sich jedoch als falsch, als im Grab von Amenhotep II. drei weibliche Mumien entdeckt wurden. DNA-Tests ergaben, dass eine der Mumien, die den Spitznamen „die jüngere Dame" trug, Echnatons Schwester und Tutanchamuns Mutter war. Im Jahr 2013 stellte ein Ägyptologe namens Marc Gabolde diese neue Theorie ebenfalls in Frage. Er behauptete, dass weitere DNA-Tests bewiesen, dass die Mumie die Tochter der Nofretete war. Mit der Zeit werden Historiker vielleicht Nofretetes Leichnam finden und durch weitere Tests beweisen, dass sie die wahre Mutter Tutanchamuns war.

Frühes Leben

Wie die meisten Monarchien waren auch die Ägypter sehr vorsichtig, wenn es um den Erhalt der Erbfolge ging. Es scheint, als ob viele Herrschaftsaufgaben am Ende von Echnatons Leben von einem oder zwei Mitregenten übernommen wurden. Über diese Mitregenten ist nicht viel bekannt, und ihre Namen erscheinen nur auf einigen wenigen Denkmälern in Achetaton, die auf das Ende von Echnatons Regierungszeit datiert wurden. Die Inschriften auf diesen Denkmälern beziehen sich auf Smenkhkare, der den Krönungsnamen Ankhkheperure mit einer Person namens Neferneferuaten teilte. Im alten Ägypten waren Krönungsnamen für einen jeden Herrscher einzigartig und wurden nicht an andere weitergegeben. Dies hat viele Menschen zu der Annahme veranlasst, dass Smenkhkare in Wirklichkeit Neferneferuaten (Nofretetes vollständiger Name) gewesen sein könnte. Es ist klar, dass in den letzten Jahren von Echnatons Herrschaft ein Mitregent ernannt wurde. Der

Mitregent regierte für kurze Zeit nach Echnatons Tod, da Tutanchamun damals noch ein Kind war.

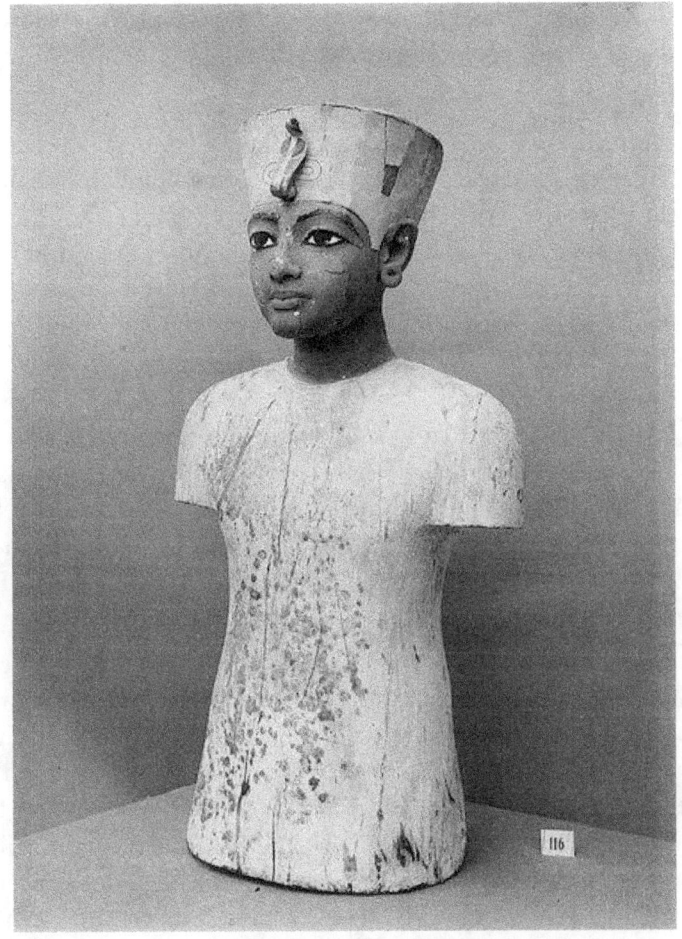

Schnitzerei des Tutanchamun
*Harry Burton (1879-1940), gemeinfrei, über Wikimedia Commons;
https://commons.wikimedia.org/wiki/File:Tutankhamun_tomb_photographs_4_326.jpg*

Einige Historiker glauben, dass Smenkhkare Meritaten, die älteste Tochter Echnatons, gewesen sein könnte. Es ist nicht klar, ob sie durch die Heirat mit ihrem Vater in eine neue Machtposition aufgestiegen ist oder ob sie die Verantwortung für diese Aufgabe einfach zugeteilt bekam. Einige Menschen vermuteten allerdings auch, dass Smenkhkare der Ehemann von Meritaten gewesen sein könnte. Andere Gelehrte haben wiederum die Theorie aufgestellt, dass Smenkhkare einer von Echnatons Söhnen gewesen sein könnte und dass Smenkhkare und Tutanchamun Brüder waren. Die Hinweise auf Mitregenten legen nahe, dass die

Familie versuchte, den Thron zu halten, bis Tutanchamun alt genug war, um selbst zu regieren. Da nicht viel über Smenkhkare bekannt ist, weiß man nicht, wie die Herrschaft des Mitregenten endete, aber kurz nach Echnatons Tod wurde der neunjährige Tutanchamun zum König.

Herrschaft

Tutanchamun erbte den Thron um 1333 v. Chr. und heiratete prompt seine Schwester Ankhesenamun, die wahrscheinlich seine älteste überlebende Schwester war. Er nahm den Krönungsnamen Nebkheperure an. Aufgrund seines Alters regierte er zusammen mit zwei Beratern, Ay und Horemheb. Ay war ein fähiger Höfling, der seit langem enge Beziehungen zur königlichen Familie unterhielt, während Horemheb ein fähiger militärischer Stratege war, der sich auf dem Schlachtfeld bewährt hatte. Tutanchamun legte seinen Geburtsnamen nach drei Jahren der Herrschaft ab und wurde als Tutanchamun bekannt. Der junge Herrscher verlegte den Sitz der königlichen Hauptstadt von Achetaton zurück nach Memphis. Dies galt als ein wichtiger Schritt, der seine Herrschaft von der seines Vaters unterschied. Tutanchamun stellte die Verehrung der alten Götter wieder her und begann mit dem Wiederaufbau des Amun-Kults.

Außerdem baute er während seiner Herrschaft einen Tempel in Theben, einen Palast in Karnak und fügte eine Kolonnade zum Tempel von Luxor hinzu. Leider wurden der Tempel und Karnak einige Zeit nach dem Ende seiner Herrschaft zerstört. Tutanchamun und Ankhesenamun hatten zwei Töchter, aber die Kinder wurden beide tot geboren und starben möglicherweise an Komplikationen, die durch Inzest verursacht worden waren. Tutanchamun regierte zwar nur etwa neun Jahre lang, aber es ist klar, dass er sich sehr darum bemühte, die Religionspolitik seines Vaters rückgängig zu machen.

Tod

Da Tutanchamun nach der Entdeckung seines Grabes noch berühmter wurde, ist es nur natürlich, dass die Menschen auch von der Ursache seines Todes fasziniert sind. Die Historiker sind sich nicht einig, woran der König gestorben sein könnte, was zur Entwicklung mehrerer Theorien geführt hat. Man hat herausgefunden, dass Tutanchamun relativ groß war, aber an einer schrecklichen Knochenkrankheit litt, die unter anderem zu einem Klumpfuß führte. Wahrscheinlich war er kein kräftiges Kind und vermutlich sehr kränklich. Überraschenderweise fanden Wissenschaftler ein Loch in seinem Hinterkopf, was viele zu der

Annahme veranlasste, dass der junge König ermordet wurde. Diese Theorie wurde kürzlich widerlegt, als sich herausstellte, dass das Loch wahrscheinlich während des Mumifizierungsprozesses entstanden war. Weitere Tests haben ergeben, dass das linke Bein des Königs gebrochen und infiziert war. Der König hatte mehrere Malariainfektionen, die ihn alle hätten töten können. CT-Scans zeigten, dass der junge König eine gekrümmte Wirbelsäule, einen langen Kopf und eine Gaumenspalte hatte. Seine oberen Wirbel waren verschmolzen, was dem König das Leben schwer gemacht haben muss. Einige Gelehrte haben die Theorie aufgestellt, dass Tutanchamun in einen Wagenunfall verwickelt war, bei dem seine Beine und sein Becken gebrochen wurden. Er könnte sich in Folge eines Unfalls eine Infektion zugezogen haben, die sein Blut vergiftete und ihn tötete.

Leider können die Experten nicht sagen, welche Knochen Tutanchamun zu Lebzeiten gebrochen wurden und welche Schäden von Howard Carters Ausgrabungsteam verursacht wurden. Tutanchamun wurde mit mehreren Halsketten und Ringen begraben, die alle von Carters Team entfernt wurden. Dabei wurde die zerbrechliche Mumie beschädigt, was die Feststellung der Todesursache erschwert. Es ist denkbar, dass die Wissenschaftler nie herausfinden werden, woran der junge König gestorben ist, aber sie werden sicher weiter nach möglichen Hinweisen auf eine klare Todesursache suchen und weiter spekulieren.

Die Jagd nach dem Grab von König Tutanchamun

Es ist zwar nicht klar, wie genau Tutanchamun umkam, aber es ist klar, dass er plötzlich und ohne Vorwarnung starb. Die Erbfolge war ungeklärt. Es scheint, als ob Horemheb der akzeptierte Nachfolger Tutanchamuns gewesen sein könnte, da er den Titel „Kronprinz" trug. Historiker vermuten, dass Horemheb zum Erben Tutanchamuns ernannt wurde, sollte der König sterben, bevor er einen Erben zeugen konnte. Unmittelbar nach dem Tod Tutanchamuns geriet der ägyptische Hof in Aufruhr. Horemheb befand sich mit der ägyptischen Armee in Asien und kehrte nach Ägypten zurück, sobald er vom Tod des Königs hörte, konnte aber erst nach einigen Monaten in das Land zurückkehren. Ay befand sich noch immer am Hof und war fest entschlossen, den Thron selbst zu besteigen. Er wollte derjenige sein, der den jungen Pharao beerdigte, um dieses Ziel zu erreichen. Bei diesem Versuch musste sich Ay allerdings einigen unerwarteten Herausforderungen stellen.

Tutanchamuns Grabkammer.
Romagy, CC BY-SA 4.0 https://creativecommons.org/licenses/by-sa/4.0 via Wikimedia Commons; https://commons.wikimedia.org/wiki/File:Tutankhamun_KV62_burial_chamber_and_sarcophagus.jpg

Tutanchamuns Witwe, Ankhesenamun, etablierte sich schnell als Anwärterin auf den Thron, es ist möglich, dass sie den hethitischen König sogar gebeten haben könnte, ihr die Heirat mit seinem Sohn zu erlauben. Hethitische Aufzeichnungen zeigen, dass die Hethiten einen dringenden Brief von einer ägyptischen Königin namens Nibkhururiya erhielten. In dem Brief flehte sie den hethitischen König an, ihr einen seiner Söhne zu schicken, damit sie ihn heiraten konnte. Die Hethiter schickten einen Abgesandten, der mit einer weiteren dringenden Bitte und mehreren Zusicherungen zurückkehrte. Sollte Ankhesenamun wirklich vorgehabt haben, selbst Königin von Ägypten zu werden, wäre ihr Plan den Ägyptern ein Dorn im Auge gewesen, denn ihr Thronantritt wäre ein Verstoß gegen die Ma'at gewesen. Die gesellschaftliche Ordnung sah es nicht vor, einen fremden König auf den Thron zu setzen. Der hethitische Prinz kam nie in Ägypten an, und es ist möglich, dass er auf seiner Reise von Ay ermordet wurde. Es gibt auch Hinweise darauf, dass Nofretete die Königin gewesen sein könnte, die die Hethiter um einen Ehemann bat.

Während die königliche Familie und die Höflinge um die Vorherrschaft stritten, musste die Frage des Grabes von Tutanchamun gelöst werden. Da der König starb, bevor sein offizielles Grab fertiggestellt werden konnte, wurde im Tal der Könige ein privates Grab gefunden und rasch umgebaut. Es hat den Anschein, dass einige von Tutanchamuns Grabbeigaben in Eile gefertigt worden waren, und auch sein Mumifizierungsprozess könnte beschleunigt worden sein, da sein Schädel wahrscheinlich kurz nach seinem Tod beschädigt wurde. Mit der Zeit gingen die Informationen über die Lage von Tutanchamuns Grab verloren, und über dem Eingang der Anlage wurden Arbeiterhütten errichtet.

Nachfolger

Alten Aufzeichnungen zufolge scheint Ay Echnaton in Achetaton als einer seiner Höflinge gedient zu haben. Wahrscheinlich begann Ay seinen Dienst beim Militär und wurde schließlich Reitmeister und Truppenführer. Irgendwann während seiner Laufbahn wurde er zu einem außergewöhnlich engen Freund der königlichen Familie. Seine Frau Tey wurde zu einer von Nofretetes Ammen. Es wird manchmal vermutet, dass Ay und Tey Nofretete's Eltern waren, obwohl diese Behauptung schwer zu beweisen ist. Sobald Echnaton starb, wurde Ay einer der engsten Berater Tutanchamuns und brachte den jungen König möglicherweise auch dazu, viele von Echnatons politischen Entscheidungen rückgängig zu machen.

Kurz nach dem Tod des Tutanchamun wurde Ay um 1323 v. Chr. König von Ägypten. Er könnte sogar das offizielle Grab und den Totentempel des jungen Königs für sich beansprucht haben, denn sein Grab war viel luxuriöser als das von Tutanchamun. Wissenschaftler haben mehrere Artefakte gefunden, die die Namen Ay und Ankhesenamun tragen, was viele von ihnen als Beweise für diese Vermutung interpretierten. Sie gaben außerdem Anlass zu der Annahme, dass Ay die Witwe Tutanchamuns geheiratet hat, aber dafür gibt es nicht viele Beweise. Ay gewann zwar den Kampf um Thron, starb aber bereits um 1319 v. Chr. und überließ den Thron an Horemheb.

Nachdem Horemheb König geworden war, setzte er die Wiederherstellung der Tempel und Kulte der alten Götter fort, begann aber auch damit, die Namen seiner Vorgänger, nämlich Ay, Tutanchamun und Echnaton, aus der Geschichte auszulöschen. Er ließ seine Namen über ihren Denkmälern einmeißeln und verband die Aufzeichnungen über die Errungenschaften ihrer Herrschaft mit seiner eigenen Herrschaft. Es ist überraschend, dass Horemheb seine Vorgänger aus der Geschichte auslöschen wollte, denn er war mit Mutnodjmet verheiratet, die wahrscheinlich selbst mit der königlichen

Familie verwandt war. Seine Ehe und seine Beziehung zu Tutanchamun lassen vermuten, dass er der königlichen Familie nahestand. Horemheb war der letzte König der Achtzehnten Dynastie und wurde nach seinem Tod von seinem Wesir, Ramses I., abgelöst.

Howard Carter

Howard Carter wurde am 9. Mai 1874 in dem Ort Swaffham in Norfolk, England, geboren. Er war eines von elf Kindern und hatte ein großes künstlerisches Talent, was eine Nachbarin der Familie, Lady Amherst, dazu veranlasste, Carter eine Reise nach Ägypten zu ermöglichen. Als er siebzehn Jahre alt war, nahm er an einer archäologischen Expedition in Ägypten teil. Bei dieser Arbeit bewies er sein Talent, indem er geschickt Grabdekorationen kopierte. Später wurde er Generalinspektor der ägyptischen Altertumsbehörde. Im Jahr 1902 war er an der Entdeckung der Gräber von Hatschepsut und Thutmose IV. beteiligt. Carter führte während seines Lebens ein Tagebuch, das uns einen detaillierten Überblick über die von ihm beaufsichtigten Ausgrabungen und seine Entdeckungen gibt.

Während seiner Zeit als Generalinspekteur beaufsichtigte Carter zahlreiche Ausgrabungen und Restaurierungen im Tal der Könige. Im Jahr 1904 wurde er nach Unterägypten versetzt, wo er seine eigenen Ausgrabungen leiten durfte. Ein Jahr später trat er jedoch zurück, nachdem ägyptische Grabungswächter in eine Auseinandersetzung mit französischen Touristen verwickelt worden waren. Er entschied sich, die ägyptischen Wächter zu unterstützen und weigerte sich, sich bei den Franzosen zu entschuldigen. Im Jahr 1907 wurde er mit der Überwachung weiterer Ausgrabungen im Tal der Könige beauftragt, nachdem der 5. Graf von Carnarvon ihn eigens darum gebeten hatte.

Die Entdeckung des Grabes von Tutanchamun

Carter und Lord Carnarvon arbeiteten mehrere Saisons lang zusammen, mussten aber während des Ersten Weltkriegs eine Pause einlegen. Sobald sie dazu in der Lage waren, begannen sie die geplanten Ausgrabungen im Tal der Könige. Die Männer fanden bald mehrere antike Artefakte, die den Namen Tutanchamuns trugen, was Carter zu der Annahme veranlasste, dass sie kurz davor waren, das Grab des Königs zu finden. Leider fand Carter nach jahrelanger Suche nur alte Arbeiterhütten und ein paar Kalzitgefäße. Graf Carnarvon verlor allmählich das Interesse an Carters Theorien, aber es gelang Carter schließlich, den Grafen zu überzeugen, ihn noch eine weitere Saison bei der Suche zu unterstützen.

Howard Carter untersucht den Sarkophag des Tutanchamun.
https://commons.wikimedia.org/wiki/File:Tuts_Tomb_Opened.JPG

Carters letzte Saison begann am 1. November, 1922. Er beschloss, die Arbeiterhütten auszugraben, und als er und sein Team damit fertig waren, entdeckten sie, dass eine Stufe in den Boden gehauen worden war. Bald entdeckten die Arbeiter eine Treppe, die in einem überdachten Eingang endete, der die Siegel der königlichen Nekropole trug. Kurze Zeit später traf Carnarvon in Luxor ein, und das Team konnte mit den Ausgrabungen am Grab beginnen. Es stellte sich schnell heraus, dass das Grab zweimal ausgeraubt worden war, nachdem Tutanchamun begraben worden war, aber das Grab war beide Male wieder verschlossen worden, was das Team zu der Annahme veranlasste, dass im Inneren noch etwas übrig war. Laut Carters Tagebuch machte er ein kleines Loch in den Eingang des Grabes und führte einige Tests durch, um sicherzustellen, dass die Luft im Grab sicher war. Als er feststellte, dass dies der Fall war, spähte er in das Loch und sah, dass das Grab voller „wunderbarer Dinge" war.

Inhalt des Grabmals

Tutanchamuns Grab war viel kleiner als das vieler anderer Pharaonen, aber aufgrund seiner geringen Größe und seiner obskuren Lage war es trotzdem weitestgehend vor Grabräubern geschützt. Während die

Eingangshalle bald nach seinem Tod geplündert wurde, blieben die inneren Kammern des Grabes unberührt. Carters Team fand in dem Grab etwa 5.000 Artefakte, darunter Kleidung, 130 Spazierstöcke, Streitwagen, Möbel und Kunstwerke. Es befanden sich so viele Artefakte in dem Grab, dass Carter und sein Team etwa ein Jahrzehnt brauchten, um ihre Funde vollständig zu dokumentieren.

Fotografien des Tutanchamun-Grabes.
https://commons.wikimedia.org/wiki/File:Tutankhamun_tomb_photographs_2_026.jpg

Einer der erstaunlichsten Funde war der Sarkophag des Königs, der aus drei Särgen bestand, die alle ineinanderpassten. Der Sarg von König Tutanchamun war aus massivem Gold gefertigt und enthielt noch immer seinen Körper. Er wurde mit goldenen Statuen und Schmuckstücken begraben. Während die Schätze erstaunlich und sicherlich wertvoll waren, waren die Archäologen von der Entdeckung der Mumie des Tutanchamun besonders begeistert. Das Grab enthielt auch einen ungewöhnlichen Dolch mit einer Klinge, die wahrscheinlich aus einem Meteoriten gefertigt war. Die Grabbeigaben gewährten einen seltenen Einblick in das Leben der Pharaonen und ermöglichten Historikern einen näheren Blick auf die altägyptische Metallverarbeitung. Tutanchamuns Grabbeigaben verrieten auch die Eile, mit der er bestattet wurde, denn viele der Gegenstände waren ursprünglich für andere Empfänger bestimmt, nämlich für Smenkhkare und Neferneferuaten.

Der Fluch des Tutanchamun

Carters Entdeckung war beeindruckend, denn die meisten Archäologen glaubten, dass alle Gräber im Tal der Könige von Grabräubern vollständig geplündert worden waren. Als seine Entdeckung bekannt gegeben wurde, ging die Nachricht um die Welt und wurde zu einer Sensationsstory. Touristen und Reporter strömten zu dem Grab, und jedes Mal, wenn etwas aus dem Grab entwendet wurde, blitzen Hunderte von Kameras. In den ersten Monaten der Ausgrabung war das Grab der Schauplatz eines Medienzirkus. Als sich die Nachricht in der ganzen Welt verbreitete, wurden auch Gerüchte über einen Fluch laut.

Touristen und Reporter vor dem Grab des Tutanchamun.
https://commons.wikimedia.org/wiki/File:Tourists_outside_Tutankhamun%27s_tomb,_February_1923.jpg

Mehrere Zeitschriften und Zeitungen berichteten, dass „auf jeden unvorsichtigen Eindringling, der ein versiegeltes Grab betrat, die schlimmste Strafe folgt." Kurz darauf starb Lord Carnarvon in Kairo, und in der Stadt kam es zu einem Stromausfall. Dies gab weiteren Gerüchten Auftrieb, und Arthur Conan Doyle mischte sich ein, indem er der Presse erzählte, ein böser Geist sei von den altägyptischen Priestern erschaffen worden, um den König zu schützen. In den folgenden Jahren wurde die Geschichte fortgeschrieben, als weitere bekannte Persönlichkeiten, die mit der Entdeckung des Grabes in Verbindung standen, unter mysteriösen oder gewaltsamen Umständen starben. Im Jahr 1923 wurde

Prinz Ali Kamel Fahmy Bey von seiner Frau erschossen. Im Jahr 1924 fiel Sir Lee Stack (der Generalgouverneur des Sudans) in Kairo einem Mord zum Opfer. 1928 starb Arthur Mace, ein Mitglied des Ausgrabungsteams, an einer Arsenvergiftung. 1929 wurde Richard Bethell, der Sekretär von Carter, in seinem Bett erstickt. Und 1939 starb Howard Carter an der Hodgkin-Krankheit. Obwohl die Gerüchte über einen Fluch zum Synonym für das Grab des Tutanchamun wurden, wurden keine Hinweise auf einen Fluch im Grab des Königs gefunden, und viele Menschen, die an den Ausgrabungen beteiligt waren, genossen ein langes und glückliches Leben.

Kapitel 14: Hatschepsut und Kleopatra: Frauen an der Macht

Das alte Ägypten wurde von vielen mächtigen Persönlichkeiten regiert, die den Lauf der Geschichte veränderten. Zwei dieser Herrscher waren Frauen, die Ägypten nach ihren eigenen Vorstellungen regierten, indem sie schwierige politische Situationen zu ihrem Vorteil nutzten. Hatschepsut und Kleopatra waren nicht die ersten Frauen, die Ägypten regierten, aber sie konnten sich viele Jahre lang auf dem Thron halten und hinterließen einen bleibenden Einfluss auf das Land. Obwohl ihre Regierungszeiten für die damalige Zeit ungewöhnlich waren, waren sie beide erfolgreiche Herrscherinnen, die es schafften, sich bei ihren Untertanen beliebt zu machen. Der Erfolg ihrer Regentschaft ist auf ihr Geschick, ihren Einfallsreichtum und ihre Kreativität zurückzuführen.

Hatschepsut war die rechtmäßige Thronfolgerin und bewies ihre Fähigkeiten, indem sie anstelle ihres unfähigen Ehemanns regierte. Sie war schließlich in der Lage, selbst zu regieren und fand eine geschickte Möglichkeit, das ägyptische Prinzip der Harmonie und des Gleichgewichts aufrechtzuerhalten, das sowohl einen männlichen als auch einen weiblichen Herrscher auf dem Thron erforderte. Kleopatra musste ihre Familie austricksen und sich durch tödliche politische Intrigen durchschlagen, um sich den Thron zu sichern. Leider wurde der Ruf beider Frauen später getrübt, und ihr Erbe wurde mit der Zeit durch Gerüchte und rachsüchtige Nachfolger und Gelehrte verdunkelt.

Hatschepsuts Aufstieg an die Macht

Hatschepsut wurde um 1504 v. Chr. als Tochter von Thutmose I. und seiner Frau Ahmose geboren. Hatschepsut scheint sehr stolz auf ihren Vater gewesen zu sein und soll ihn sogar in ihr eigenes großes Grab umbetten lassen haben. Sie behauptete, dass er sie vor seinem Tod zu seiner Nachfolgerin ernannt hatte, was jedoch unwahrscheinlich war, da weibliche Pharaonen zu dieser Zeit noch gänzlich unbekannt waren. Thutmose I. war ein fähiger König, der die Grenzen Ägyptens ausdehnte. Er war für seine legendären Feldzüge berühmt und segelte angeblich nach einem erfolgreichen Sieg in Nubien mit dem nackten Körper eines nubischen Häuptlings, der an seinem Schiff hing, nach Theben zurück.

Traditionell wurde der Thron des Pharaos an dessen Sohn weitergegeben. Normalerweise ging die Ehre an den Sohn des Pharaos, den er mit seiner Königin gezeugt hatte, aber wenn die Königin keinen Sohn hatte, wurde der Sohn einer zweiten Frau (einer Konkubine im Harem) ausgewählt. Ahmose scheint Thutmose I. zwei Söhne geschenkt zu haben, die jedoch beide früh starben. Infolgedessen war der Erbe von Thutmose I. Thutmose II., sein Sohn von einer seiner Nebenfrauen, Mutnofret. Um die königlichen Ansprüche von Thutmose II. zu stärken, entschloss er sich zur Heirat mit Hatschepsut, als sie erst zwölf Jahre alt war. Skulpturen, die sie als Ehefrau von Thutmose II. darstellen, zeigen sie dabei, wie sie hinter ihrem Mann steht.

Thutmose II. war jedoch schwach und konnte dem Erbe seines Vaters nicht gerecht werden. Als Königin von Ägypten wurde Hatschepsut in den Rang einer Gottesgemahlin des Amun erhoben. Während ihrer Ehe gebar Hatschepsut eine Tochter namens Neferure, sie war Hatschepsuts einziges bekanntes Kind.

Als Gottesgemahlin des Amun spielte Hatschepsut eine Rolle bei der politischen Gestaltung des Landes und leitete die Feste des Amun. Obwohl nicht viel über ihre genauen Aufgaben bekannt ist, ist es wahrscheinlich, dass sie eine wichtige Rolle in der ägyptischen Gesellschaft spielte und als göttliches Wesen verehrt wurde. Außerdem musste sie bei allen Festen für Amun singen und tanzen, um ihn zur Teilnahme an den Festen zu bewegen. Ihre Rolle als Gottesgemahlin des Amun machte sie mit den inneren Abläufen in der Regierung vertraut.

Thutmose II. starb um 1479 v. Chr., und der Thron ging an Thutmose III. über, den Sohn einer Nebenfrau von Thutmose II. Hatschepsut wurde zur Mitregentin des Prinzen ernannt und sollte nur so lange regieren, bis er alt genug war, um den Thron selbst zu besteigen. Dies war in Ägypten eine gängige Praxis, da verwitwete Königinnen in der Regel im Namen ihrer jüngeren männlichen Verwandten regierten, bis diese alt genug waren, um allein zu regieren. Obwohl Hatschepsut definitiv diejenige war, die das Königreich regierte, wurde Thutmose III. als König von Ägypten anerkannt.

Das änderte sich im siebten Jahr ihrer Regentschaft. Sie erklärte sich selbst zum Pharao von Ägypten und nahm alle Pharaonentitel an. Während sie bei der Inschrift ihrer Titel immer noch weibliche grammatikalische Begriffe verwendete, begann sie gleichzeitig, sich mit dem männlichen Pharaonenbart darstellen zu lassen. Thutmose III. wurde vom Thron verdrängt. Er wurde auf Schnitzereien zusammen mit Hatschepsut abgebildet, wurde aber in der Regel kleiner als sie dargestellt oder stand sogar hinter ihr. Es war also klar, wer wirklich über das Reich herrschte.

Herrschaft

Hatschepsut erkannte, dass sie kreativ werden musste, um ihre Herrschaft zu festigen, da sie keinen Präzedenzfall hatte, auf den sie sich hätte berufen können. Eine ihrer ersten Amtshandlungen bestand darin, ihre Tochter Neferure mit Thutmose III. zu verheiraten und Neferure zur Gottesgemahlin des Amun zu machen. Damit stellte sie sicher, dass sie, selbst wenn sie abgesetzt werden sollte, immer noch eine der mächtigsten Personen in ganz Ägypten bleiben durfte. Sie behauptete außerdem, der Gott Amun habe Ahmose eines Nachts besucht und der Königin vorgegaukelt, er sei Thutmose I. Als der Gott sich der Königin offenbarte, war sie von ihm überwältigt, und beide zeugten durch ihre Vereinigung Hatschepsut. Sie behauptete außerdem, dass Thutmose I. sie zu seiner Mitregentin ernannt hatte und dass ihre Herrschaft etwa achtzig Jahre zuvor von einem Orakel prophezeit worden war.

Hatschepsut-Statuen, rechts mit dem pharaonischen Bart dargestellt.
JCarriker, hochgeladen von Giorces, CC BY 2.5 https://creativecommons.org/licenses/by/2.5 via Wikimedia Commons; https://commons.wikimedia.org/wiki/File:Hatshepsut.jpeg

Hatschepsuts Bemühungen waren erfolgreich, und sie war die erste Frau, die Ägypten alleine regierte. Wahrscheinlich regierte Sobekneferu vor Hatschepsut, aber es ist schwer zu sagen, in welcher Funktion sie das Land regierte, da aus dieser Zeit keine Informationen vorliegen. Hatschepsut initiierte verschiedene militärische Kampagnen und begann zahlreiche Bauprojekte. Außerdem verließ sie sich stark auf einen ihrer Berater, Senenmut. Der Höfling erlangte während der Herrschaft der Hatschepsut erstaunlichen Einfluss und wurde mit der Leitung aller ihrer Bauprojekte betraut. Außerdem wurde er mit der Betreuung von Neferure beauftragt. Hatschepsut erwies sich als fähige Anführerin, die dem Land Wohlstand brachte. Sie förderte den Bau neuer Handelsrouten und war sogar in der Lage, eine eigene Expedition in das benachbarte Königreich Punt zu unternehmen. Den Aufzeichnungen zufolge kehrte sie mit Booten zurück, die mit Elfenbein, Myrrhenbäumen, exotischen Tieren und Gold beladen waren. Sie betrachtete diese Expedition als ihre größte Leistung und ließ das Ereignis in die Wände ihres Totentempels einmeißeln. Der Erfolg führte dazu, dass ihre Popularität und ihr Einfluss stark zunahmen.

Bauprojekte der Hatschepsut

Hatschepsut gab sich große Mühe, ihre Herrschaft zu legitimieren, und sie stärkte ihre Machtposition unter anderem durch umfangreiche Baumaßnahmen. Ihre Projekte boten viele Arbeitsplätze für das einfache Volk und waren von unglaublicher Schönheit. Die Tatsache, dass sie in der Lage war, so viele Projekte zu verwirklichen, zeigt, dass sie Zugang zu allen Ressourcen Ägyptens hatte, denn ohne Zugang zu erheblichen Mengen an Material und Reichtum wäre sie nicht in der Lage gewesen, diese Projekte zu verwirklichen. Dies beweist auch, dass das Land während ihrer Herrschaft in Frieden lebte, da sie sonst nicht in der Lage gewesen wäre, so viele Ressourcen abzuzweigen. Es ist anzunehmen, dass sie stattdessen damit beschäftigt gewesen wäre, ihre Befehle zu verteidigen oder in andere Länder einzudringen.

Tempel der Hatschepsut.
© Vyacheslav Argenberg http://www.vascoplanet.com , CC BY 4.0 https://creativecommons.org/licenses/by/4.0 via Wikimedia Commons; https://commons.wikimedia.org/wiki/File:Temple_of_Hatshepsut_2,_Deir_el-Bahari,_Luxor,_Egypt.jpg

Hatschepsut war in der Lage, den Tempel in Karnak zu erweitern und ihren großen Totentempel in Deir el-Bahari zu erbauen. Ihre Tempel werden durch ihre besondere Eleganz ausgezeichnet. Der Totentempel der Hatschepsut verfügte über Innenhöfe mit Bäumen, Teichen und Terrassen. Eine dieser Terrassen war von Säulen gesäumt, die zu einer weiteren beeindruckenden Terrasse führten. Ihre Grabkammer befand sich im hinteren Teil des Gebäudes und war direkt in den Berg gehauen.

Der Tempel war mit Inschriften, Statuen und Reliefs geschmückt. Hatschepsut war eine der Ersten, die im Tal der Könige baute, und ihr Tempel inspirierte künftige Pharaonen dazu, ihre Tempel ebenfalls in diesem Tal zu errichten. Hatschepsut war eine große Mäzenin der Künste. Sie gab so viele Werke in Auftrag, dass fast jedes Museum, das altägyptische Kunst zeigt, ein von ihr in Auftrag gegebenes Werk besitzt.

Thutmose III. diente während eines Großteils der Regierungszeit der Hatschepsut als General in der ägyptischen Armee. Um 1457 v. Chr. unternahm Thutmose III. einen Feldzug zur Niederschlagung einer Rebellion in Kadesch, der als Zug in die Schlacht von Megiddo bekannt wurde. Nach seiner Rückkehr wurde er selbst König, und Hatschepsut verschwand aus den Aufzeichnungen. Hatschepsut war zu diesem Zeitpunkt wahrscheinlich bereits gestorben. Thutmose III. änderte jedoch das Anfangsdatum seiner Regentschaft so, dass sie direkt nach dem Tod seines Vaters zu beginnen schien, und machte sich alle Errungenschaften der Hatschepsut zu eigen.

Kleopatras frühes Leben

Kleopatra wurde im Jahr 69 v. Chr. geboren und erhielt den Namen Kleopatra VII Philopator. Irgendwann in ihrer Jugend wurde sie zur Mitregentin ihres Vaters. Kleopatras Vater war Ptolomäus XII. Auletes, und ihre Mutter könnte Kleopatra V. Tryphaena gewesen sein. Im Jahr 51 v. Chr. starb Ptolomäus XII. (wahrscheinlich an natürlichen Ursachen) und hinterließ der achtzehnjährigen Kleopatra den Thron. Der Tradition zufolge musste sie gemeinsam mit einem männlichen Gegenpart regieren, und so wurde sie mit ihrem Bruder Ptolomäus XIII. verheiratet. Schon bald darauf ließ sie seinen Namen aus den offiziellen Aufzeichnungen verschwinden und regierte selbständig.

Kleopatra erwies sich als kompetente Führungspersönlichkeit und als begabte Polyglotte. Sie konnte sich fließend auf Ägyptisch, Griechisch und in mehreren anderen Sprachen unterhalten. Dies befähigte sie, enge Beziehungen zu Diplomaten aufzubauen. Sie war für ihre charismatische Ausstrahlung bekannt. Plutarch berichtet, dass sie persönlich mit Diplomaten aus „barbarischen Nationen" zusammenarbeitete, ohne einen Übersetzer zu benötigen. Allerdings kam es häufig zu Reibereien mit ihren eigenen Ratsmitgliedern, da sie oft Entscheidungen traf, ohne den Rat zu konsultieren. Im Jahr 48 v. Chr. wurde sie von ihren Beratern verraten, als diese einen Staatsstreich gegen sie anführten und ihren Bruder auf den Thron setzten. Kleopatra und ihre Schwester Arsinoe waren gezwungen zu fliehen und sich in Sicherheit zu bringen.

Julius Cäsar

Zu ungefähr der gleichen Zeit kämpfte Pompejus der Große (ein römischer Politiker) gegen Julius Cäsar. Pompejus hatte viel Zeit in Ägypten verbracht und glaubte, die Ptolemäer stünden auf seiner Seite. Als er die Schlacht von Pharsalus verlor, floh er nach Ägypten, in der Hoffnung, dort Zuflucht zu finden und auf Unterstützung zu treffen. Sobald er in Alexandria ankam, wurde er am Ufer ermordet, wobei Ptolomäus XIII. dem Mord offenbar zusah. Es ist möglich, dass Ptolomäus XIII. oberster Berater, Pothinus, dem jungen König riet, Pompejus zu ermorden, da man glaubte, dass der Sieg von Julius über Pompejus ein Zeichen göttlicher Gunst war. Zum großen Pech für Ptolomäus XIII. war Julius Cäsar über die Ermordung von Pompejus zutiefst beleidigt. Als er selbst in Alexandria eintraf, verhängte er das Kriegsrecht und ernannte sich selbst zum vorläufigen Herrscher Ägyptens, so dass Ptolomäus XIII. zur Flucht nach Pelusium gezwungen wurde.

Kleopatra empfängt Cäsar.
https://commons.wikimedia.org/wiki/File:Cleopatra_welcoming_Cäsar.jpg

Als Kleopatra von dieser Situation erfuhr, wusste sie, dass sie sich bei Julius Cäsar beliebt machen musste. Der Legende nach rollte sich Kleopatra in einen teuren Teppich ein und ließ sich in den Palast tragen. Julius Cäsar war sofort von der jungen Frau angetan, und die beiden wurden ein Liebespaar. Als Ptolomäus XIII. am nächsten Tag in seinen Palast zurückkehrte, musste er feststellen, dass Kleopatra Cäsar bereits für sich gewonnen hatte. Daraufhin brach ein Krieg zwischen den römischen Legionen und der ägyptischen Armee aus. Während dieser Zeit waren Kleopatra und Cäsar gezwungen, sich im Palast zu verstecken, bis die römische Verstärkung eintraf. Der Krieg fand in Alexandria statt, und die Stadt wurde durch die Schlacht stark beschädigt. Sechs Monate später trafen weitere römische Soldaten ein, und der Sieg der Römer schien unausweichlich. Während Kleopatra sich in ihrer Position an der Seite Julius Cäsars sicher fühlte, sollte sie erneut verraten werden, diesmal von ihrer Schwester, die sie mit ins Exil genommen hatte.

Arsinoe

Einige Zeit vor dem römischen Sieg floh Arsinoe aus dem Palast und schloss sich Ptolomäus XIII. an. Daraufhin wurde sie anstelle ihrer älteren Schwester zur Königin von Ägypten proklamiert. Dies muss ein schwerer Schlag für Cäsar und Kleopatra gewesen, denn im Testament von Ptolomäus XII. hieß es, dass sein Sohn und seine Tochter die Nachfolge antreten und Seite an Seite regieren sollten. Es gelang Arsinoe, das Blatt gegen die Römer zu wenden und Cäsar sogar in einem Teil der Stadt gefangen zu halten, indem sie bestimmte Straßen absperren ließ. Danach schütteten ihre Truppen Meerwasser in die römischen Zisternen, was die Süßwasservorräte der Römer verseuchte. Cäsar versuchte, einen Angriff auf den Leuchtturm von Alexandria zu starten, um die Oberhand zurückzugewinnen. Arsinoes Truppen gelang es aber, ihn dort in eine Falle zu locken. Cäsar zog sich seine Rüstung aus und sprang in den Hafen, um dem Mordversuch zu entkommen.

Während des Krieges wurde Arsinoe von ihren Truppen verraten und als Gefangene an Julius Cäsar übergeben, im Austausch gegen Ptolomäus XIII. (der während der Kämpfe gefangen genommen worden war). Bald darauf gewannen die Römer den Krieg, und Ptolomäus XIII. ertrank während einer Schlacht im Nil. Im Jahr 46 v. Chr. nahm Arsinoe an der Siegesparade von Julius Cäsar in Rom teil. Laut der römischen Überlieferung sollte sie nach der Prozession eigentlich hingerichtet werden, aber sie gewann die Sympathien der Römer, und Julius Cäsar war gezwungen, ihr Leben zu verschonen. Anstatt sie nach Ägypten zurückkehren zu lassen, wo sie eine Bedrohung für Kleopatras Herrschaft darstellen könnte, wurde sie in den Artemis-Tempel in Ephesus geschickt, der ein berühmter Zufluchtsort für politische Gefangene war. Arsinoe wurde 41 v. Chr. durch Attentäter ermordet, die von Markus Antonius geschickt worden waren. Sie wurde aus dem Artemistempel geschleppt und auf dessen Stufen erdrosselt, was in Rom einen großen Skandal auslöste. Das Land auf dem der Tempel stand galt als heilig, und der Mord wurde als obszöne Verletzung des römischen Rechts angesehen.

Herrschaft

Nachdem Julius Cäsar den Krieg in Alexandria gewonnen hatte, setzte er Kleopatra wieder auf den Thron. Zu ihr gesellte sich ihr jüngerer Bruder Ptolemäus XIV, der damals dreizehn Jahre alt war. Er entschied sich, zusammen mit Kleopatra in Ägypten zu bleiben, und die beiden unternahmen ausgedehnte Reisen durch Ägypten, während derer Kleopatra ihre politische Macht festigte. Im Jahr 47 v. Chr. brachte Kleopatra Cäsars Sohn Ptolemäus Cäsar (Cäsarion) zur Welt, der Kleopatras Erbe wurde. Ab diesem Zeitpunkt begann sie, sich selbst mit dem Abbild der Muttergöttin Isis in Verbindung zu bringen. Um 45 v. Chr. reiste Kleopatra mit Julius Cäsar nach Rom und blieb dort, bis Cäsar 44 v. Chr. ermordet wurde.

Während Kleopatra in Ägypten immer beliebter wurde, gewann sie in Rom keinen großen Einfluss. Cäsar hatte seine Beziehung zu Kleopatra offen fortgesetzt, obwohl er noch immer mit seiner Frau Calpurnia verheiratet war. Er gab sogar öffentlich zu, dass Cäsarion sein Sohn war. Die Römer hatten strenge Gesetze gegen Bigamie, und Cäsars Handeln war höchst unpopulär. Infolgedessen standen die Römer Kleopatra kritisch gegenüber, und sie gewann nur wenige römische Verbündete. Einige Zeit, nachdem Kleopatra nach Ägypten zurückgekehrt war, starb Ptolemäus XIV. (Gerüchten zufolge wurde er von Kleopatra vergiftet), und Cäsarion wurde Kleopatras Mitregent. Ab diesem Zeitpunkt begann sie, sich als Isis und ihren Sohn als Horus darzustellen.

Markus Antonius

Nach der Ermordung von Julius Cäsar wurde Rom in ein politisches Chaos gestürzt, da die Regierung krampfhaft versuchte, einen Nachfolger zu finden. Schließlich traten Markus Antonius und Octavian die Nachfolge Cäsars an und wurden gemeinsame Herrscher von Rom. Markus Antonius kontrollierte den östlichen Teil des Reiches, während

Octavian den Westen kontrollierte. Im Jahr 41 v. Chr. rief Antonius Kleopatra nach Tarsus und wollte sie anklagen, römische Rebellen unterstützt zu haben. Kleopatra kam absichtlich zu spät, und als sie schließlich nach Tarsus segelte, gab sie sich als die Göttin Aphrodite aus. Berichten zufolge kam sie in einer vergoldeten Barke mit purpurnen Segeln an und saß unter einem Baldachin aus goldenem Stoff. Markus Antonius war sofort in Kleopatra vernarrt, und die beiden gingen eine Beziehung ein, die zehn Jahre lang andauern sollte. In diesen Jahren brachte Kleopatra Zwillinge zur Welt: Alexander Helios und Kleopatra Selene II. Markus Antonius ließ sich sogar von seiner Frau Octavia scheiden und heiratete Kleopatra.

Kleopatra segelt nach Tarsus.
https://commons.wikimedia.org/wiki/File:Alma-tadema-antony-cleopatra.jpeg

Leider verschlechterte sich die Beziehung zwischen Markus Antonius und Octavian, und Rom wurde in einen Krieg verwickelt. Markus Antonius hatte aufgrund seiner eklatanten Missachtung der römischen Tradition die Unterstützung des römischen Volkes verloren. Es war sicherlich nicht hilfreich für Markus Antonius, dass er Octavians Schwester öffentlich demütigte, als er sich zugunsten von Kleopatra von ihr scheiden ließ. Markus Antonius und Kleopatra verloren 31 n. Chr. die Schlacht von Actium. Ein Jahr später waren sie gezwungen, sich mit der römischen Armee auseinanderzusetzen, die in Ägypten einmarschieren wollte. Die Legende besagt, dass Markus Antonius sich selbst erstach, als er hörte, dass Kleopatra getötet worden war. Octavian ließ angeblich zu, dass Markus Antonius zu Kleopatra zurückgebracht wurde, wo er in ihren Armen starb. Kurz darauf beging sie Selbstmord, und Octavian wurde zum alleinigen römischen Kaiser. Leider führte Kleopatras große Hoffnung auf das Erbrecht des Cäsarion zu dessen Hinrichtung, aber ihre Zwillinge wurden verschont und durften weiterleben.

Kapitel 15: Saladin: Der erste Sultan von Ägypten

Saladin war der erste Sultan von Ägypten und Syrien. Er begründete die Dynastie der Ayyubiden und trug maßgeblich zur Einigung der mittelalterlichen muslimischen Staaten bei, obwohl er sich durch seine Feldzüge gegen andere muslimische Führer viele Feinde machte. Während seiner Glanzzeit herrschte er über Syrien, Ägypten, Teile Mesopotamiens, Westarabien, Jemen, Teile Nordafrikas und Nubien.

Frühes Leben

Saladin wurde um 1137 n. Chr. in Tikrit, im heutigen Irak, geboren. Sein ganzer Name war Yusuf Ibn Ayyub und er gehörte einer mächtigen Militärfamilie an. Sein Vater Ayyub und sein Onkel Shirkuh dienten unter dem Gouverneur von Nordsyrien, Imad al-Din Zangi. Saladins Abstammung brachte ihn mit einflussreichen Persönlichkeiten in Kontakt und vermittelte ihm die Fähigkeiten, die er später in seinen Feldzügen einsetzen sollte. Er wuchs in Damaskus auf und bewies dort schnell seinen Wert. Saladin erwarb sich den Ruf eines erfahrenen Reiters und Polospielers. Als junger Mann stieg er schnell in den militärischen Rängen auf und diente unter seinem Onkel, als er auf eine militärische Expedition nach Ägypten geschickt wurde.

Shirkuh diente unter Nur al-Din, dem Sohn von Zangi. Im Jahr 1169 starb Schirkuh, und Saladin wurde auserwählt, den Platz seines Onkels einzunehmen. Zu diesem Zeitpunkt wurde Saladin zum Wesir des Fatimidenkalifats ernannt. Zwei Jahre später starb der letzte

Fatimidenkalif, und Saladin ernannte sich sofort zum Gouverneur von Ägypten. Die Herrscher der Fatimiden-Dynastie waren schiitische Muslime gewesen, doch Saladin war sunnitischer Muslim. Er begann sofort damit, den schiitischen Einfluss im Land zurückzudrängen. Während seiner Zeit als ägyptischer Gouverneur stärkte er Ägypten, welches unter seiner Herrschaft zu einem mächtigen sunnitischen Stützpunkt wurde. Als Wesir begann Saladin, die sozialen und wirtschaftlichen Verhältnisse im Königreich zu reformieren. Er schaffte Steuern ab, die dem islamischen Recht zuwiderliefen, und begann mit dem Aufbau einer mächtigen Flotte. Saladin regierte noch immer offiziell im Namen von Nur al-Din, der zu dieser Zeit Gouverneur von Aleppo und Edessa war. Saladin begann jedoch, Familienmitglieder in Machtpositionen innerhalb seiner Regierung zu erheben und setzte sich zunehmend gegen Nur al-Dins Herrschaft zur Wehr. Saladins sah eine langersehnte Chance auf eine alleinige Herrschaft, als Nur al-Din im Jahr 1174 n. Chr. starb. Seine Nachfolger begannen sofort, um die Vorherrschaft zu kämpfen. Das daraus resultierende Chaos bot Saladin die Gelegenheit, sich zum Sultan von Ägypten zu ernennen.

Sultan von Ägypten

Sobald Saladin die Kontrolle über Ägypten erlangt hatte, verfolgte er ein größeres Ziel. Er organisierte seinen Staat nach dem islamischen Recht und begann, den schiitischen Einfluss in Ägypten zu beseitigen. Dies steigerte sein Ansehen und seinen Einfluss in der muslimischen Welt, insbesondere, nachdem er sich zum Beschützer der sunnitischen Orthodoxie erklärte. Saladin beschloss, eine muslimische Koalition zu bilden, ein Vorhaben, das sich als äußerst schwierige Aufgabe erweisen sollte. Die muslimische Welt bestand aus sehr unabhängigen Staaten mit eigenen Herrschern. Einige dieser Staaten bestanden hauptsächlich aus schiitischen Muslimen, was bedeutete, dass Saladin regionale und religiöse Unterschiede überwinden musste.

Irgendwann im Jahr 1174 n. Chr. deckte Saladin eine Verschwörung auf, die darauf abzielte, die Fatimiden wieder an die Macht zu bringen, und ging rasch und brutal gegen die Verräter vor. Außerdem ließ er mehrere Moscheen und Madrasas errichten, um den sunnitischen Einfluss in Ägypten zu vergrößern. Seine Popularität unter den sunnitischen Muslimen wuchs, und er erhob sunnitische Muslime in Machtpositionen innerhalb der Regierung und der Gerichte. Saladin gestattete den Ägyptern, in seiner Regierung die Macht zu übernehmen, was ihm wichtige Einblicke in die Traditionen der ägyptischen

Bevölkerung verschaffte. Er war bekanntlich tolerant gegenüber anderen Religionen und erlaubte koptischen Christen und Juden, ihren Glauben weiterhin zu praktizieren. Während Saladins Herrschaft blühte die ägyptische Wirtschaft weiter auf, wie sie es auch während des Fatimidenkalifats getan hatte.

Muslimische Koalition

Im Jahr 1174 n. Chr. gelang es Saladin, Damaskus zu erobern, was eine beeindruckende Leistung war. Von dort aus eroberte er anschließend Aleppo, Mosul und den Jemen. Bald kontrollierte er auch die Region am Roten Meer, was ihn seinem eigentlichen Ziel einen Schritt näherbrachte. Saladin verließ sich jedoch nicht nur auf militärische Methoden, um neue Gebiete für sein Reich zu erobern. Er war ein geschickter Diplomat, der enge Beziehungen zu anderen Herrschern knüpfte, was ihm viele Verbündete einbrachte. Um die Legitimität seiner Herrschaft zu sichern, heiratete er die Witwe von Nur al-Din, die die Tochter eines früheren Herrschers von Damaskus war. Saladin erwarb sich auch in der muslimischen Welt großen Respekt, als er im Kampf gegen die eindringenden Christen die Führung bei den Bemühungen um den Schutz des Islams übernahm.

Obwohl sich Saladin als Beschützer des Islam bezeichnete, hatte er kein Problem damit, muslimische Feinde zu bekämpfen. Der Kalif von Bagdad erkannte den größten Teil von Saladins Autorität an, doch Aleppo sollte außerhalb seiner Reichweite bleiben. Es wurde von Nur al-Dins Sohn regiert, der sich als gefährlicher Feind erwies. Saladin überlebte zahlreiche Mordanschläge. Die Assassinen oder „Nizari-Ismailiten" waren eine gefährliche muslimische Sekte, die eine Reihe von Festungen in Persien und Syrien kontrollierte. Sie waren dafür bekannt, dass sie zunächst prominente Anführer auswählten und dann kleine Teams hochqualifizierter Attentäter ausschickten, um sie zu töten. Saladin war von diesen Versuchen nicht begeistert und plünderte prompt eine Burg der Assassinen in Masyaf, Syrien. Schließlich gelang es ihm, Aleppo im Jahr 1183 n. Chr. einzunehmen, nachdem er die ägyptische Flotte erfolgreich im Kampf eingesetzt hatte. Bis 1186 n. Chr. kontrollierte Saladin Syrien, Palästina und das nördliche Mesopotamien, wodurch er den größten Teil der muslimischen Welt unter seiner Herrschaft vereint hatte.

Heiliger Krieg gegen das Christentum

Saladin erwarb sich einen beeindruckenden Ruf und verkündete, dass er der Einzige sei, der den Krieg gegen die Kreuzfahrer gewinnen könne. Während seiner Herrschaft traf er mehrmals auf die Franken (wie die Kreuzfahrer aus Europa damals genannt wurden). Im Jahr 1177 verlor er eine Schlacht gegen die Franken, konnte aber 1179 einen kleinen Sieg bei Marj Ayyun erringen, infolgedessen er eine wichtige Festung am Jordan einnehmen konnte.

Während Saladin sich daran machte, die muslimische Welt zu vereinen, wollte er gleichzeitig auch beweisen, dass er die Franken aus den muslimischen Gebieten vertreiben konnte. Allerdings musste er sich zunächst auf die Stärkung seiner eigenen Gebiete konzentrieren, da er den Krieg nicht erfolgreich gewinnen konnte, solange er mit der Kontrolle seiner Landesgrenzen beschäftigt war. Das bedeutete, dass er sich mit kleinen Schlachten begnügen musste, bis er sicher sein konnte, dass die Grenzen Ägyptens sicher waren. Die muslimische Koalition, von der er träumte, war zum Greifen nahe, aber es war auch klar, dass die Koalition etwas zerbrechlich war und auseinanderfallen würde, wenn er nicht aufpasste.

Im Jahr 1187 n. Chr. konnte Saladin endlich seine ganze Aufmerksamkeit auf den Heiligen Krieg richten. Im Mai 1187 n. Chr. griff eine Truppe unter der Führung von Saladins Sohn al-Afdal die von den Franken gehaltene Burg Kerak an. In der Zwischenzeit versammelte Saladin ein Heer, das sich aus Truppen aus Aleppo, Dschazira, Syrien und Ägypten zusammensetzte. Die Franken waren gezwungen, ihre eigenen Truppen zu mobilisieren, und die beiden Heere trafen bei Hattin aufeinander.

Schlacht von Hattin

Am 3. Juli 1187 n. Chr., begannen Saladins Truppen die Schlacht. Seine berittenen Bogenschützen schossen wiederholt auf die Franken. Die Franken waren gezwungen, unter nahezu ständigem Beschuss vorzurücken. Saladins Heer bestand aus etwa zwanzigtausend Mann. Die Franken wurden von Guy von Lusignan, dem König von Jerusalem, angeführt. (Das Königreich Jerusalem war das fränkische Königreich in Palästina. Es wurde im Jahr 1099 n. Chr. nach dem Ende des Ersten Kreuzzugs gegründet). Die Franken verfügten über 15.000 Soldaten und 1.300 Ritter. Saladin war mit seinem größeren Heer klar im Vorteil, aber dank seiner Kamelzüge verfügte er auch über einen ständigen

Nachschub. Den Franken hingegen ging schnell das Wasser aus.

Saladin und Guy von Lusignan
https://commons.wikimedia.org/wiki/File:Saladin_and_Guy.jpg

Saladin erkannte, dass die Franken mit Durst zu kämpfen hatten, und befahl seinen Männern, das trockene Buschwerk rund um das Schlachtfeld in Brand zu setzen, was die Franken unerträglich durstig gemacht hätte. Die Franken waren verzweifelt. Sie hatten es zwar geschafft, ihr bisher größtes Heer aufzustellen, aber sie wurden von Saladins Truppen trotzdem schnell überwältigt. Die Formation der Franken brach auseinander, so dass die muslimischen Truppen ihre Linien durchbrechen und die Armee besiegen konnten. Nach der Schlacht bot Saladin seinem neuen Gefangenen, Guy von Lusignan, ein Sorbet an. Saladin gab einige Adlige frei, ließ aber die verhasstesten Adligen hinrichten, die muslimische Gemeinden angegriffen oder geplündert hatten. Er ließ auch einige der Johanniter- und Tempelritter hinrichten, da diese für ihn aufgrund ihres Fanatismus äußerst gefährlich waren. Die Gefangenen, für die kein Lösegeld gezahlt werden konnte, wurden als Sklaven verkauft.

Im September des Jahres 1187 n. Chr. gelang es Saladin schließlich, Jerusalem zu erobern. Dieser Sieg war äußerst wichtig, da Jerusalem für beide Religionen einen starken Symbolcharakter hatte. Erneute löste

Saladin die westlichen Christen entweder gegen Lösegeld aus oder verkaufte sie in die Sklaverei. Die östlichen Christen durften bleiben, aber die meisten ihrer Kirchen wurden in Moscheen umgewandelt. Saladins Sieg bei Hattin und Jerusalem machte ihn in der muslimischen Welt zu einem Helden. Es gelang ihm, mehrere andere von den Franken besetzte Städte einzunehmen. Am Ende hielten die Franken nur noch Tyrus.

Dritter Kreuzzug

Während Saladins Herrschaft erlitten die Kreuzfahrer große Verluste, und er machte dem Volk seine Absicht deutlich, dass er den Nahen Osten ganz von den Franken befreien wollte. Als Saladin Jerusalem eroberte, überredete Papst Gregor II. einige der mächtigsten Könige Europas dazu, einen Heiligen Krieg gegen die Muslime zu führen. Saladin war darauf vorbereitet, denn auch er wollte einen Heiligen Krieg führen, um der Bedrohung durch die Kreuzfahrer endgültig ein Ende zu setzen. Drei europäische Könige folgten dem Aufruf des Papstes, und bald waren Richard I. von England, Philipp II. von Frankreich und Friedrich I. Barbarossa vom Heiligen Römischen Reich und Deutschland auf auf dem Weg in den Nahen Osten.

In der Zwischenzeit begann Guy von Lusignan im August 1189 n. Chr. mit der Belagerung von Akkon. Als das Heer von Philipp und Richard zu seiner Unterstützung eintraf, wendete sich die Schlacht zugunsten der Kreuzfahrer. Es gelang ihnen, die Stadt im Jahr 1191 n. Chr. einzunehmen, zusammen mit einem großen Teil von Saladins Flotte. Von dort aus machten sich die Kreuzfahrer auf den Weg nach Jerusalem. Im September 1191 n. Chr. trafen die Kreuzfahrer und die Muslime in Arsuf aufeinander und lieferten sich eine große Schlacht. Die Kreuzfahrer siegten, und Saladins Ruf wurde durch seine wiederholten Verluste stark beschädigt. Andere muslimische Führer kritisierten Saladins Zögern, und hinterfragten, warum es sich nicht zügiger dazu entschieden hatte, Tyrus anzugreifen, als er die Gelegenheit dazu gehabt hatte. Saladin hatte sich immer bemüht, den Feind da anzugreifen, wo er schwach war, und ihn dann langsam zu zermürben. Während die Kreuzfahrer nach Jerusalem marschierten, griff die muslimische Armee in kleinem Maßstab an und zermürbte die christliche Armee langsam. Als die Kreuzfahrer in Jerusalem ankamen, waren sie nicht mehr in der Lage, die Stadt zurückzuerobern. Im Jahr 1192 n. Chr. schloss Saladin einen Waffenstillstand mit Richard Löwenherz und beendete damit den Dritten Kreuzzug.

Ruf

Zu seinen Lebzeiten beschäftigte Saladin eine Reihe talentierter Biographen, die dazu beitrugen, seinen Ruf als großzügiger, gerechter, edler und ritterlicher Führer in der Geschichte zu festigen. Saladin war auch für seine Vorliebe für Gartenarbeit und Poesie bekannt. In der muslimischen Welt wurde er wegen seiner Siege gegen die Kreuzfahrer als Held gefeiert. Saladin legte großen Wert auf seinen Ruf als idealer muslimischer Herrscher, der nach dem islamischen Recht lebte und über die eroberten Staaten gerecht herrschte. Saladin war bekannt dafür, dass er anderen Religionen gegenüber tolerant war und Christen und Juden erlaubte, friedlich in seinem Reich zu leben. Er verzichtete darauf, die christliche Bevölkerung zu massakrieren, nachdem er das Gebiet der Franken zurückerobert hatte. Die meisten sunnitischen Historiker lobten Saladin in den höchsten Tönen, und sein Ruf als kompetenter militärischer Führer und frommer Mann sollte noch lange nach seinem Tod Bestand haben.

Auch die christlichen Schriftsteller beschrieben den muslimischen Eroberer mit positiven Worten. Sie stellten ihn als einen vernünftigen und großzügigen Mann dar, der vielen Christen die Freiheit gewährte. In den europäischen Gesellschaften des Mittelalters wurde der Wert von Ritterlichkeit und Höflichkeit sehr hoch eingeschätzt. Saladin war für diese Eigenschaften bekannt, die ihn zu einem solch würdigen Gegner der Kreuzfahrer machten.

Tod

Das Ende des Dritten Kreuzzugs und der Abzug der Kreuzfahrer bedeutete, dass Saladin den Heiligen Krieg, der eines seiner wichtigsten Ziele gewesen war, erfolgreich gewonnen hatte. Außerdem war es ihm gelungen, die einzelnen muslimischen Staaten zu einem mächtigen Reich zu vereinen. Er starb jedoch am 4. März, 1193 n. Chr., nur wenige Monate nach seinem Waffenstillstand mit Richard Löwenherz. Er war etwa fünfundfünfzig Jahre alt. Wahrscheinlich starb er an Müdigkeit oder Erschöpfung, die durch seine ausgedehnten Feldzüge verursacht worden waren. Leider überlebte seine muslimische Koalition nach seinem Tod nicht lange. Nachdem Saladin verstorben war, übernahmen seine drei Söhne die Kontrolle über je einen Teil seines Reiches, nämlich Ägypten, Aleppo und Damaskus. Der Rest des Reiches wurde unter anderen Familienmitgliedern und hochrangigen Beamten aufgeteilt.

Die Ayyubiden-Dynastie herrschte weiterhin über Ägypten und Syrien, wurde aber zwischen 1250 und 1260 von den Mamelucken gestürzt. Saladins Ruf blieb in der islamischen und christlichen Literatur bestehen, und er wurde in Europa als Beispiel für Ritterlichkeit sehr respektiert. Die Tatsache, dass sein guter Ruf auch nach dem Zerfall seines Reiches erhalten blieb, zeugt von der Macht, die er zu Lebzeiten hatte.

Kapitel 16: Mubarak und Morsi

Die altägyptische Politik zieht in der Regel eine Reihe intensiver Studien und internationaler Faszination auf sich, und das durchaus zu Recht. Das antike Ägypten war ein bemerkenswertes Großreich. Die moderne ägyptische Geschichte ist ebenfalls interessant, da das Land in der Weltwirtschaft eine wichtige Rolle spielt. Hosni Mubarak und Mohamed Morsi sind zwei der wichtigsten Politiker der modernen ägyptischen Geschichte. Beide Männer waren äußerst einflussreiche Politiker, die ihr Land entscheidend geprägt haben. Beide waren während des 21. Jahrhunderts Präsidenten und standen oft im Mittelpunkt politischer Kontroversen. Zufälligerweise waren beide in eine Revolution verwickelt, die mit ihrer Absetzung von der Regierung endete.

Mubarak regierte jahrzehntelang und war ein insgesamt erfahrener Politiker. Als in Ägypten Proteste ausbrachen, wurde er zu seinem Rücktritt gezwungen. Morsi war ein Ingenieur, der die ersten demokratischen Wahlen in Ägypten gewann, aber nach ein paar Monaten seines Amtes enthoben und vor Gericht gestellt wurde. Die Menschen sind nach wie vor geteilter Meinung über das Vermächtnis beider Männer, vor allem, da Morsi in einem Gefängnis starb. Es gibt viele Theorien und interessante Geschichten über diese beiden Politiker, so dass es sich lohnt, sich mit ihrem Leben zu beschäftigen.

Hosni Mubarak: Frühes Leben

Hosni Mubarak wurde im Mai 1928 in Kafr El-Meselha, Gouvernement Monufia, Ägypten, geboren und besuchte in seiner Jugend die ägyptische Militärakademie. Er schloss seine Ausbildung 1949

n. Chr. ab und durchlief eine erweiterte Flug- und Bomberausbildung in der Sowjetunion. Mubarak erwarb schließlich einen Abschluss in Luftfahrtwissenschaften und diente zwei Jahre lang in einem Jagdgeschwader. Während seiner Zeit in der ägyptischen Luftwaffe bekleidete er mehrere Führungspositionen, bevor er Direktor der Luftwaffenakademie wurde. 1972 wurde er von Präsident Anwar Sadat zum Oberkommandierenden der Luftwaffe und zum stellvertretenden Verteidigungsminister ernannt.

Mubarak spielte im Jahr 1973 eine wichtige Rolle im Krieg mit Israel. Zu Beginn des Krieges überraschte die ägyptische Luftwaffe die israelischen Truppen am Ostufer des Suezkanals. Ihr Angriff war äußerst erfolgreich, da die ägyptischen Piloten die überwiegende Mehrheit ihrer Ziele trafen. Aufgrund seiner militärischen Erfolge wurde Mubarak sehr populär und durch eine Beförderung zum Luftmarschall belohnt. Die ägyptische Luftwaffe spielte eine wichtige Rolle im Krieg und erwies sich als moralische Stütze für die ägyptischen Bodentruppen.

General Hosni Mubarak
https://commons.wikimedia.org/wiki/File:General_Hosni_Mubarak.jpg

Im Jahr 1975 wurde Mubarak von Sadat zu seinem Vizepräsidenten ernannt.

Vizepräsidentschaft

Als Vizepräsident Ägyptens spielte Mubarak eine wichtige Rolle bei den Regierungsgesprächen, die die Ergebnisse des Krieges mit Israel betrafen. Er unternahm eine Mission nach Riad und Damaskus, um das Rückzugsabkommen zwischen Ägypten und Israel zu erörtern. Ziel der Mission war es, die syrische und die saudi-arabische Regierung zu überzeugen, das Abkommen zu akzeptieren. Während dieser Zeit pflegte Mubarak eine Freundschaft mit dem saudi-arabischen Kronprinzen Fahd. Er war außerdem in der Lage, mit verschiedenen anderen arabischen Führern weitere enge Freundschaften zu schließen.

Sadat schickte Mubarak häufig zu Beratungen mit ausländischen Staatsoberhäuptern, so dass er regelmäßig an sensiblen Regierungstreffen teilnahm. Beispielsweise spielte er eine wichtige Rolle bei den Verhandlungen über die Nahostpolitik. Mubarak wurde als Vermittler im Streit zwischen Algerien, Marokko und Mauretanien über das Schicksal der Westsahara ausgewählt. Sadat nutzte Mubaraks Fähigkeiten während seiner Vizepräsidentschaft voll aus, und es ist klar, dass Mubarak während dieser Zeit viele wichtige Verbündete gewinnen konnte.

Präsident von Ägypten

Anwar Sadat wurde am 6. Oktober 1981 während der Feierlichkeiten zum Jahrestag des Jom-Kippur-Krieges ermordet. Mubarak wurde bei dem Attentat verletzt, konnte aber dennoch zum nächsten Präsident Ägyptens ernannt werden. Aufgrund von Sadats Entscheidung, einen Friedensvertrag mit Israel auszuhandeln, wurde Ägyptens Mitgliedschaft in der Arabischen Liga ausgesetzt, da dessen Vertreter mit Sadats Plan nicht einverstanden war. Als Mubarak Präsident wurde, nahm er Verhandlungen mit König Fahd von Saudi-Arabien auf. Ägypten und Saudi-Arabien hatten beide Machtpositionen in der arabischen Welt inne; Ägypten war sehr bevölkerungsreich, während Saudi-Arabien extrem reich war. Saudi-Arabien legte 1982 einen ägyptischen Friedensplan vor, der vorsah, dass Israel den israelisch-palästinensischen Konflikt lösen sollte, indem es die Gründung eines palästinensischen Staates sicherstellte. Im Gegenzug sollte Israel mit der arabischen Welt Frieden schließen. Während seiner Präsidentschaft pflegte Mubarak gute Beziehungen zu den anderen arabischen Ländern und den Vereinigten Staaten. Er bekräftigte den Friedensvertrag mit Israel, der den Vereinbarungen von Camp David treu blieb, hatte aber nicht die gleichen engen Beziehungen zu Israel wie sein Vorgänger.

George W. Bush und Hosni Mubarak.
https://commons.wikimedia.org/wiki/File:President_George_W._Bush_and_Hosni_Mubarak.jpg

Mubarak wurde 1987 für eine zweite Amtszeit gewählt. Er unterstützte den saudischen Plan, die US-Militärkoalition zur Rückeroberung Kuwaits während der Krise am Persischen Golf und des anschließenden Krieges einzuladen. Im Jahr 1993 sah sich Mubarak mit politischen Unruhen, die von gegnerischen politischen Parteien initiiert worden waren, konfrontiert. Die Menschen forderten die Einführung neuer demokratischer Wahlreformen in Ägypten. Die Unruhen lösten einen Guerillakrieg aus. Nach einem Anschlag in Luxor im Jahr 1997, bei dem sechzig Touristen getötet wurden, gab Mubarak seine kategorische Ablehnung gegenüber den Aktionen der islamischen Fundamentalisten bekannt. Er hatte den Großteil seiner Präsidentschaft damit verbracht, sich um Frieden im Nahen Osten zu bemühen.

Auf Mubarak wurden 1995 und 1999 Attentate verübt, wobei er beim zweiten Attentat leicht verwundet wurde. Im Jahr 1999 wurde er als Präsident wiedergewählt, da er ohne Gegenkandidaten zur Wahl antrat. Im Jahr 2005 fand die erste ägyptische Präsidentschaftswahl mit mehreren Kandidaten statt, die jedoch von Berichten über Ungenauigkeit und eine niedrige Wahlbeteiligung überschattet wurde. Es ist daher nicht weiter verwunderlich, dass Mubarak für eine weitere Amtszeit gewählt wurde.

Revolution und Umsturz

Im Jahr 2011 kam es in Ägypten zu weitreichenden Protesten gegen Mubaraks Präsidentschaft, die von zunehmender Armut, Korruptionsvorwürfen und repressiven Polizeimethoden geprägt war. Die Demonstranten forderten den Rücktritt Mubaraks, und die Polizei ging gewaltsam gegen die protestierenden Bürger vor. Millionen von Ägyptern protestierten gegen Mubarak und forderten seinen sofortigen Rücktritt. Während der Revolution wurden 846 Menschen getötet und über 6.000 verletzt. Am 28. Januar hielt Mubarak eine Rede, in der er ankündigte, dass er nicht die Absicht habe, zurückzutreten; er beabsichtige jedoch, einen drastischen politischen Wandel herbeizuführen, indem er sein Kabinett auflöste. Er versprach weitere politische und soziale Veränderungen, aber seine Versprechen wurden von den Demonstranten kaum zur Kenntnis genommen. Um das Vertrauen der Demonstranten zu gewinnen, ernannte Mubarak den ersten Vizepräsidenten seiner Präsidentschaft, Omar Suleiman. Dann kündigte er an, dass er an den ägyptischen Präsidentschaftswahlen im September des Jahres 2011 nicht länger teilnehmen werde.

Proteste in Ägypten (25. Januar, 2011).
Adam Makary, CC BY-SA 2.0 https://creativecommons.org/licenses/by-sa/2.0 via Wikimedia Commons; https://commons.wikimedia.org/wiki/File:Egyptian_Revolution_protests_(25_January_2011)_-_03_-_Flickr_-_Al_Jazeera_English.jpg

Am 10. Februar übertrug Mubarak Suleiman einige seiner Aufgaben, doch anstatt sofort zurückzutreten, wie es die Demonstranten gefordert hatten, erklärte er seine Absicht, bis zum Ende seiner Amtszeit Präsident bleiben. Außerdem wolle er das Wahlsystem vor seinem Abtritt reformieren. Am nächsten Tag reiste er in sein Haus auf der Sinai-Halbinsel. Am selben Tag wandte sich Suleiman an die Nation und teilte dem Volk mit, dass Mubarak zurückgetreten sei und dass der Oberste Rat der Streitkräfte die Kontrolle über die Regierung übernommen habe. Diese Ankündigung führte zu Feiern auf dem Tahrir-Platz und in anderen städtischen Zentren.

Tod

Nachdem Mubarak aus dem Amt verdrängt worden war, begann die Regierung, gegen ehemalige Beamte und Wirtschaftsführer vorzugehen, die der Korruption oder des Machtmissbrauchs beschuldigt worden waren. Bald wurden Forderungen laut, die eine Ermittlung gegen den ehemaligen Präsidenten forderten, da die Familie Mubarak beschuldigt wurde, Geld vom Staat gestohlen und auf ausländischen Konten versteckt zu haben. Gegen Mubaraks Söhne, Alaa und Gamal, wurde ebenfalls ermittelt. Mubarak wies die schweren Anschuldigungen gegen ihn und seine Familie zurück. Am 12. April erlitt er Berichten zufolge einen schweren Herzinfarkt, weshalb er in einem Krankenhaus in Sharm el-Sheikh festgehalten wurde. Es wurde festgestellt, dass der ehemalige Präsident zu schwach war, um in ein Gefängnis verlegt zu werden.

Im Mai wurde bekannt gegeben, dass Mubarak wegen Machtmissbrauchs und der Anordnung der Tötung von Demonstranten während der Revolution vor Gericht stehen würde. Mubarak nahm an seinem Prozess von einem Krankenhausbett aus teil und bestritt alle Vorwürfe, die gegen ihn erhoben wurden. Im Januar 2012 wurde bekannt, dass die Staatsanwaltschaft die Todesstrafe für den ehemaligen Präsidenten beantragen wollte. Im Juni desselben Jahres erklärte das Gericht, dass Mubarak am Tod der Demonstranten eine Mitschuld trage. Er wurde zu einer lebenslangen Haftstrafe verurteilt. Von den Korruptionsvorwürfen wurde er freigesprochen, doch im Januar 2013 gab das Gericht bekannt, dass Mubarak wegen Korruption und der Tötung der Demonstranten erneut vor Gericht gestellt werden müsse. Später im selben Jahr wurde er in ein Militärkrankenhaus in Kairo verlegt. Im Jahr 2014 wurde Mubarak wegen Veruntreuung öffentlicher Gelder zu drei Jahren Haft verurteilt, während seine Söhne eine vierjährige Haftstrafe erhielten. Das Gericht sprach Mubarak jedoch später von der Anklage der Verantwortlichkeit für den Tod der Demonstranten frei. Im Januar 2020 wurde Mubarak für eine Operation ins Krankenhaus eingeliefert, starb aber bereits im Februar im Alter von einundneunzig Jahren.

Mohamed Morsi: Frühes Leben

Mohamed Morsi wurde am 8. August 1951 im Gouvernement Al-Sharqiyyah in Ägypten geboren. Er stammte aus bescheidenen Verhältnissen; sein Vater war Landwirt und seine Mutter war Hausfrau. In den 1960er Jahren begann er ein Studium an der Universität von Kairo, das er mit einem Bachelor-Abschluss in Ingenieurwissenschaften mit Auszeichnung abschloss. Im Jahr 1976 leistete er seinen Militärdienst in der ägyptischen Armee ab, wo er in der Einheit für chemische Kriegsführung diente. Nach Beendigung seines Militärdienstes kehrte er an die Universität von Kairo zurück, wo er 1978 einen Master in Metallurgietechnik erwarb. Außerdem erhielt er ein Stipendium, das es ihm ermöglichte, sein Studium in den Vereinigten Staaten abzuschließen, wo er an der University of Southern California in Materialwissenschaften promovierte. Als er nach Ägypten zurückkehrte, wurde er Professor an der Universität von Zagazig.

Mohamed Morsi.
Wilson Dias/ABr, CC BY 3.0 BR https://creativecommons.org/licenses/by/3.0/br/deed.en via Wikimedia Commons; https://commons.wikimedia.org/wiki/File:Mohamed_Morsi-05-2013.jpg

Morsi wurde im Jahr 2000 Mitglied des Parlaments. Er war ein Mitglied des Führungsbüros der Muslimbruderschaft und trat als unabhängiger Kandidat im Parlament an, da die Muslimbruderschaft nicht für die Regierung kandidieren durfte. Im Jahr 2011 gründeten die

Muslimbrüder die Partei für Freiheit und Gerechtigkeit. Morsi wurde zum ersten Vorsitzenden der neuen Partei. Er verurteilte die Zweistaatenlösung im israelisch-palästinensischen Konflikt, verurteilte die Anschläge vom 11. September 2001 und kritisierte die Vereinigten Staaten dafür, dass sie nach den Anschlägen in Afghanistan und in den Irak einmarschiert waren. Seine Ansichten wurden von vielen Ägyptern unterstützt, aber er wurde von seinen Gegnern scharf kritisiert. Morsi wurde während der Proteste im Januar 2011 verhaftet, konnte aber aus dem Gefängnis entkommen.

Präsident von Ägypten

Nach dem Rücktritt Mubaraks durfte die Partei für Freiheit und Gerechtigkeit zu den Wahlen antreten. Im April 2012 wurde Morsi zum offiziellen Kandidaten der Partei. Er war nur die zweite Wahl der Partei, aber sein Vorgänger, Khairat al-Shater, wurde disqualifiziert. Morsi gewann die Wahl, doch die militärische Übergangsregierung gab im Juni eine Verfassungserklärung ab, durch welche dem Präsidenten die meisten seiner Befugnisse entzogen wurden. Das Oberste Verfassungsgericht löste auch die Volksversammlung auf, die von der Muslimbruderschaft angeführt wurde. Trotzdem wurde Morsi am 30. Juni im Amt vereidigt.

Als Präsident hob Morsi die Verfassungserklärung der militärischen Übergangsregierung auf, kurz darauf traten mehrere Mitglieder des Rates gleichzeitig zurück. Im November 2012 half Morsi bei der Aushandlung eines Waffenstillstands zwischen Israel und der Hamas (einer palästinensischen sunnitisch-islamischen fundamentalistischen militanten und nationalistischen Organisation) im Gazastreifen, was ihm internationales Lob einbrachte. Später erließ er jedoch ein Dekret, das vorsah, dass seine Autorität bis zur Ausarbeitung einer ständigen Verfassung keiner gerichtlichen Kontrolle unterliegen durfte. Das Dekret entzog dem Gericht die Möglichkeit, die verfassungsgebende Versammlung zu überwachen, die für die Ausarbeitung einer neuen Verfassung zuständig war. Dieser Schritt führte zu weit verbreiteten Protesten, bei denen die Ägypter behaupteten, Morsi wolle sich selbst zum Diktator ernennen.

Inmitten der Proteste nahm Morsi einige seiner Dekrete zurück, behielt aber das Dekret bei, das die Absetzung der verfassungsgebenden Versammlung verhinderte. Die verfassungsgebende Versammlung hatte einen Verfassungsentwurf erstellt, der von Muslimen ohne die Mitwirkung christlicher oder säkularer Mitglieder erarbeitet worden war. Im Dezember verhängte Morsi das Kriegsrecht, das es dem Militär erlaubte, jeden zu verhaften, den es als Bedrohung ansah, und der Verfassungsentwurf wurde von den Wählern angenommen. Morsi sah sich während seiner Amtszeit einer überwältigenden Opposition gegenübergestellt, und viele seiner Gegner waren nicht verhandlungsbereit, was den Präsidenten zu drastischen Maßnahmen zwang.

Umsturz und Gerichtsprozess

Die Präsidentschaft von Morsi war von einer Verschlechterung der politischen Lage, einem Rückgang der öffentlichen Dienstleistungen und einer schwächelnden Wirtschaft geprägt. Diese Misserfolge zogen scharfe Kritik auf sich, und am 30. Juni 2013 kam es im ganzen Land zu Anti-Morsi-Protesten. Die Proteste gerieten immer mehr außer Kontrolle, und bald wurden Forderungen nach einer Absetzung des Präsidenten laut. Im Juli beschloss der Oberbefehlshaber der ägyptischen Streitkräfte, General Abdel Fattah al-Sisi, entschlossen zu handeln. Er kündigte an, dass das Militär eingreifen müsse, sofern es Morsi nicht gelinge, die Demonstranten zu beschwichtigen, und das Land vor der Anarchie zu bewahren.

Die Lage wurde von Tag zu Tag prekärer für Morsi. Morsi erklärte sich zu Verhandlungen mit den Demonstranten bereit, betonte aber, dass er nicht von seinem Amt zurücktreten wolle. Er lehnte das Ultimatum des Militärs ab und erklärte, er werde seinen eigenen Weg finden, um die Nation zu versöhnen.

Anti-Morsi-Proteste auf dem Tahrir-Platz.
Y. Weeks/VOA, gemeinfrei, über Wikimedia Commons;
https://commons.wikimedia.org/wiki/File:Thousands_of_people_gather_in_Tahrir_Square_to_pr otest_Egyptian_President_Mohamed_Morsi_-_30-Nov-2012.jpg

Zwei Tage später enthob das Militär Morsi seines Amtes und setzte die Verfassung außer Kraft. Morsi und viele seiner Kollegen in der Muslimbruderschaft kamen ins Gefängnis. Morsis Anhänger protestierten gegen seine Absetzung, zumal die Anhänger Morsis systematisch unterdrückt worden waren. Im Juli und August ging das Militär gewaltsam gegen die Demonstranten vor. Mehr als tausend Demonstranten wurden getötet, die meisten von ihnen auf dem Rabaa al-Adawiya-Platz. Im September wurde die Muslimbruderschaft erneut verboten. Al-Sisi verließ das Militär und wurde im Jahr 2014 zum Präsidenten von Ägypten.

Morsi musste sich vor Gericht verantworten, weil er Anhänger der Muslimbruderschaft dazu angestiftet hatte, Demonstranten während einer Anti-Morsi-Demonstration zu töten, und weil er mit ausländischen Gruppen wie der Hamas und den iranischen Revolutionsgarden zusammengearbeitet hatte. Während des Prozesses erklärte Morsi die Anschuldigungen für falsch und betonte, dass er noch immer der rechtmäßige Präsident Ägyptens sei. Das Gerichtsverfahren wurde weithin angeprangert und kritisiert.

Tod

Im April 2015 wurde Morsi der Anstiftung zur Gewalt gegen Mursi-Gegner für schuldig befunden und zu zwanzig Jahren Haft verurteilt. Außerdem wurde er der Verschwörung zur Organisation terroristischer Handlungen in Ägypten angeklagt und zu einer lebenslangen Haftstrafe verurteilt. Darüber hinaus wurde er zum Tode verurteilt, weil er bei einem Massenausbruch aus dem Gefängnis im Januar 2011 Gewalt angewandt hatte. Im Jahr 2016 ordnete ein ägyptisches Gericht eine Neuverhandlung an und hob das Todesurteil auf. Während das neue Verfahren begann, wurde Morsi im Gefängnis festgehalten. Leider waren die Haftbedingungen beklagenswert, und er hatte keinen Zugang zu angemessener medizinischer Versorgung. Die Haftbedingungen verschlechterten Morsis Gesundheitszustand drastisch. Am 17. Juni 2019 brach er in einem Gerichtssaal zusammen und starb.

Daraufhin forderten die Vereinten Nationen eine unabhängige Untersuchung seines Todes. In Moscheen auf der ganzen Welt wurden besondere Gebete für den ehemaligen ägyptischen Staatschef abgehalten. Viele ausländische Regierungen verurteilten den Staatsstreich und machten die ägyptische Regierung für den Tod Morsis verantwortlich. Die Muslimbruderschaft behauptete, dass Morsi im Gefängnis keine regelmäßigen Besuche von Verbündeten oder Familienmitgliedern empfangen durfte und dass er während seiner Inhaftierung nicht mit den notwendigen Medikamenten versorgt worden war. Offenbar waren die Einzelheiten seines Gesundheitszustands geheim gehalten worden.

Die Partei für Freiheit und Gerechtigkeit machte die ägyptische Regierung für Morsis „vorsätzlichen und langsamen Tod" verantwortlich. Sie behaupteten, Morsi sei in Einzelhaft festgehalten worden, habe schlechtes Essen bekommen und habe keinen Zugang zu seinen grundlegenden Menschenrechten gehabt. Seine Verbündeten forderten eine unabhängige internationale Untersuchung zum Tod Morsis. Sie wollten, dass die Ergebnisse einer solchen Untersuchung der Öffentlichkeit zugänglich gemacht wurden. Mohamed Morsi wurde von seiner Familie auf dem Friedhof Al-Wafaa Wa al-Amal in Kairo beigesetzt. Bislang hat noch keine unabhängige Untersuchung stattgefunden, aber dies könnte sich in Zukunft noch ändern.

Fazit

Ägypten ist ein faszinierendes Land, das jedes Jahr Millionen von Touristen anzieht, die seine spektakulären historischen Sehenswürdigkeiten besichtigen wollen. Das Land hat im Laufe der Jahre dramatische Veränderungen erlebt, die seine Sicherheit bedrohten und seine sozialen, religiösen und wirtschaftlichen Strukturen veränderten. Jede dieser Veränderungen leitete eine neue Ära in der ägyptischen Geschichte ein und hatte tiefgreifende Auswirkungen auf das Land und seine Nachbarn. Dieses Buch bietet seinen Lesern einen allgemeinen Überblick über die Geschichte Ägyptens und wirft einen Blick auf antike, mittelalterliche und moderne Ereignisse, die die Identität Ägyptens dauerhaft geprägt haben.

In diesem Buch haben wir das antike Ägypten und das Zeitalter der Pyramiden und Pharaonen erkundet. Wir haben erfahren, dass sich Ägypten unwiderruflich veränderte, als Alexander der Große auf der Bildfläche erschien. Als er starb, wurde sein riesiges Reich unter seinen Erben aufgeteilt, und Ptolemäus I. ergriff seine Chance, die Kontrolle über das Land zu übernehmen. Während dieser Zeit wurde Ägypten stark von der hellenistischen Kultur beeinflusst, und Alexandria entwickelte sich zu einer intellektuellen Hochburg im Mittelmeerraum. Die Ptolemäer waren für den Bau legendärer Monumente wie der Bibliothek und des Leuchtturms von Alexandria verantwortlich.

Später wurde Ägypten zu einer römischen Provinz und bildete einen wichtigen Teil des byzantinischen Reiches. Zu dieser Zeit war das Christentum in Ägypten bereits fest etabliert und wurde bald darauf zur Staatsreligion. Während des Mittelalters wurde Ägypten vom Raschidun-

Kalifat erobert, das den Islam als seine neue Staatsreligion einführte. Ägypten wurde von verschiedenen muslimischen Herrschern regiert, darunter die Abbasiden, die Fatimiden, die Mamelucken und die Osmanen. Jede Herrscherdynastie hinterließ ihre Spuren in der ägyptischen Kunst und Architektur. Auf diese Weise entstand das komplexe und Vielfältige Kulturgut, das die ägyptische Landschaft auch heute noch prägt.

Ägypten ist ein großartiges Land mit einer beeindruckenden Geschichte, die auch in den kommenden Jahren weiter erforscht werden wird. Ein verbessertes Verständnis der ägyptischen Geschichte ermöglicht es den Lesern, ihr Wissen über einige der wichtigsten Ereignisse der Weltgeschichte vertiefen.

Teil 2: Ägyptische Mythologie

Ein fesselnder Überblick über die ägyptischen Mythen, Götter und Göttinnen

Einführung

Die Geheimnisse unserer Existenz zu enthüllen, ist eine der größten Errungenschaften des Menschen. Unser Wissen haben wir uns angeeignet, indem wir die Welt, die Jahrtausende vor uns existierte, gesucht, gefunden und erkundet haben. Die ägyptische Mythologie bringt uns die lebendigen Einzelheiten dieser sehr weit entfernten Vergangenheit näher und wie Sie sehen werden, gibt es viel zu erfahren!

Das alte Ägypten ist ein Synonym für riesige Pyramiden, die Verehrung der Sonne und eine Fülle von Göttern und Göttinnen. Auf jeder Seite dieses Buches finden Sie die vielfältigen und spannenden Perspektiven seiner Geschichten. Aber zuerst: Wie wäre es, sich mit dem Jargon der ägyptischen Mythologie vertraut zu machen?

- **ASPEKT:** Dies sieht wie ein normales Wort aus, aber achten Sie darauf, wie es in der alten Mythologie gebraucht wird, insbesondere, wenn es sich auf Götter bezieht. Ein „Aspekt" eines Gottes oder einer Göttin bezeichnet eine bestimmte Version oder Erscheinungsform dieses Gottes oder dieser Göttin. Wenn es etwas gibt, das man sich von vornherein bezüglich der Götter und Göttinnen in der ägyptischen Mythologie merken sollte, dann ist es ihre Fähigkeit, sich in unterschiedlichen Formen zu manifestieren. Das können Tiere sein, unbelebte Objekte oder gleich ein ganz anderer Gott. Ein Gott konnte sich in jede Form verwandeln oder einen anderen Gott aus sich heraus erschaffen.

- **AMULETT:** Amulette sind von Menschenhand geschaffene Objekte oder Zeichen, von denen man glaubt, dass sie das Böse abwehren. Das können Ornamente, Anhänger, Wappen, Schmuckstücke, ein kleines Stück Papier mit Zaubersprüchen oder Objekte aus der Natur sein, wie Krallen oder Muscheln. Ein Amulett kann in der Regel am Körper oder der Kleidung getragen werden und ist mobil.

- **ANCH:** In beinahe jeder Abbildung eines ägyptischen Gottes oder Göttin sieht man, wie sie einen schlüsselähnlichen Haken in einer Hand halten. Dieser Haken wird *Anch* genannt und er war ein göttliches Symbol, das die Unsterblichkeit der Götter symbolisierte.

- **DYNASTIE:** Dies ist der Sammelbegriff, der Pharaonen aus derselben Familie bezeichnet. Eine Dynastie endete, wenn ein Pharao aus einer anderen königlichen Familie den Thron bestieg. Das alte Ägypten kannte über dreißig Dynastien, einschließlich derer der Griechen und Römer.

- **MITTLERES REICH:** Obwohl das Mittlere Reich in diesem Buch nicht häufig erwähnt wird, war es eine altägyptische Zeitepoche. Es lag zwischen dem Alten Reich und dem Neuen Reich. Die Zeitangaben variieren zwischen den Geschichtsbüchern, aber eine grundlegende Zeitangabe ist etwa 2030 bis 1640 vor unserer Zeitrechnung (v.u.Z.) Einige Geschichtsdarstellungen erkennen das Mittlere Reich nicht als eigene Epoche an, sondern verschmelzen es mit dem Neuen Reich. Ein Ereignis, das benutzt wird, um das Mittlere Reich vom Neuen Reich zu trennen, ist die Invasion der Hyksos in Ägypten um 1638 v.u.Z., da sie große politische Instabilität verursachte.

- **NEUES REICH:** Das Neue Reich wird auch als das goldene Zeitalter des alten Ägyptens betrachtet. Nachdem sie ihr Land von den Eindringlingen zurückerobert hatten, unternahmen die Pharaonen alle Anstrengungen, um die Nation wieder zu ihrem ehemaligen Ruhm zurückzuführen. Beeindruckende Bauten, großartige Statuen und andere antike Meisterwerke stammen aus dieser Epoche. Die Zeitangaben variieren wieder einmal, aber der allgemeine Konsens ist, dass sich das Neue Reich typischerweise zwischen etwa von 1550 bis 1077 v.u.Z.

erstreckte.

- **ALTES REICH:** Es ist immer das Gleiche. Das Alte Reich des alten Ägyptens ist die Zeit vor dem Mittleren und dem Neuen Reich, es datiert etwa zwischen 2700 und 2200 v.u.Z. Zu dieser Zeit bestand Ägypten aus zwei Regionen: Ober- und Unterägypten. Das Alte Reich war auch das Zeitalter der Pyramiden. Die Pharaonen dieser Zeitepoche ließen große Pyramiden bauen, die als königliche Gräber und als Erinnerung an ihre Herrschaft dienten. Die berühmte Sphinx von Giseh wurde ebenfalls während des Alten Reiches erbaut.

- **PAPYRUS:** Dies war das dicke ägyptische Papier, das schon seit der prädynastischen Ära in Gebrauch war. Es wurde nach der Pflanze benannt, aus der es hergestellt wurde. Damals fand man Papyrus in Hülle und Fülle am Nil.

- **URZEITLICH/URSPRÜNGLICH:** Der Begriff bezieht sich auf die mythische Zeitachse Ägyptens. Dies ist die älteste, früheste Ära der ägyptischen Geschichte, die von der Erschaffung der Welt bis zur Herrschaft der Götter datiert. Um diese Epoche zu beschreiben, werden keine Jahreszahlen benutzt.

- **PTOLEMÄISCHE ÄRA:** Dies ist die Zeit nach dem Neuen Reich, als die Makedonier in Ägypten einmarschierten und es besetzten. Die Epoche ist nach Ptolemäus I., einem makedonischen General, benannt, der unter Alexander dem Großen diente. Bis 305 v.u.Z. hatte Ptolemäus jeden besiegt, der Ansprüche auf den Thron hatte und wurde König von Ägypten. Etwa 275 Jahre danach wurde Ägypten dem Römischen Reich einverleibt, was das Ende dieser Epoche markiert. In diesem Buch wird das Ägypten dieser Epoche als das griechisch-römische Ägypten bezeichnet. Jetzt, da Sie bereit sind, ist es an der Zeit, einzutauchen! Wir beginnen mit der frühesten Zeit der ägyptischen Mythologie und der chronologisch ersten Geschichte: der Erschaffung der Welt.

ABSCHNITT EINS: KOSMOLOGIE

Kapitel 1: Die Schöpfungsmythen

Von allen Schöpfungsgeschichten gehören die aus dem alten Ägypten zu den faszinierendsten. Erzählungen darüber, wo die Naturelemente und die Lebewesen herkommen, sind ein Teil fast jeder alten Zivilisation in der Geschichte. Die Erschaffung der Welt wurde von vielen Kulturen erzählt. Was Sie zuerst bemerken werden, ist, dass sie alle auf einen Zustand des Chaos oder der Leere vor der Errichtung der natürlichen Ordnung anspielen.

Davon sind auch die ägyptischen Schöpfungsmythen in all ihrer Dynamik nicht ausgenommen.

Manchmal wird das Wort „Mythos" mit einer Unwahrheit oder Ungewissheit assoziiert, aber die Ägypter glaubten, dass jeder Schöpfungsmythos absolut wahr war. Sie werden in einigen Texten von ägyptischen oder anderen Schöpfungsmythen den Begriff „kosmologische Mythen" lesen. Er ist ein Synonym. Die Kosmologie untersucht die Gesamtheit des Universums, von seiner Entstehung über seine Entwicklung bis zu seinem letztendlichen Schicksal.

Quellen der ägyptischen Schöpfungsmythen

Die variantenreichen ägyptischen Schöpfungsgeschichten sind uns durch alte Zusammenstellungen von Hieroglyphen aus der Zeit des Alten Reiches überliefert, das von etwa 2700 bis 2200 v.u.Z. dauerte.

Die Ägypter sind weltberühmt für ihre erlesenen Begräbnisse und Grabstätten. Die Pharaonen des Alten und des Mittleren Reiches wurden in Pyramiden bestattet, wobei Geschichten aus ihrer Zeit an den Wänden ihrer Gräber aufgezeichnet wurden. Diese heißen Pyramidentexte.

Pyramidentext auf den Wänden des Grabes von Pharao Teti aus der 6. Dynastie.
Leon petrosyan, CC BY-SA 4.0 https://creativecommons.org/licenses/by-sa/4.0 via Wikimedia Commons https://commons.wikimedia.org/wiki/File:In_ther_pyramid_of_Teti_1.jpg

Eine Pyramide war viel geräumiger als ein durchschnittliches Grab und die Ägypter glaubten, dass es keine bessere Möglichkeit gab, ihren Königen ein gesegnetes Leben im Jenseits zu ermöglichen. Pyramiden hatten gewöhnlich Treppen, die den verstorbenen König in den Himmel (oder zur Sonne) führten, geleitet von Schutztexten und Zaubersprüchen an den Wänden. Diese wurden als Begräbnistexte bekannt. Tausende von Jahren später beschenkten zahlreiche Ausgrabungen der antiken Pyramiden die Welt mit dem profunden Wissen, das heute über ägyptische Schöpfungsmythen existiert.

Antike Tempel waren eine weitere herausstechende Quelle. Die alten Ägypter begannen, ihre Geschichten in die Steinwände und Decken ihrer Tempel zu schnitzen. Vielleicht sahen sie die Vernichtung wichtiger religiöser Dokumente im bevorstehenden konfliktreichen Übergang Ägyptens vom polytheistischen Heidentum zum Christentum voraus. In dieser Zeit vernichteten die Christen viele dokumentierte Texte über ägyptische Götter und Göttinnen.

Obwohl diese Bekehrung schließlich stattfand, überlebten Schöpfungsmythen, die auf Papyruspapier aufgezeichnet wurden. Solche Dokumente, darunter religiöse Texte von Priestern, Zauberbücher von Magiern und medizinische Schriften von Ärzten aus der Antike, haben sich als wertvolle Informationsquellen über die Schöpfungsmythen und andere Informationen über Ägypten erwiesen. Sie heben die Namen der Götter hervor, die für Schutz und Heilung verantwortlich sind, sowie ihre

Rolle bei der Erschaffung der Welt.

Faszinierenderweise trugen auch die klassischen griechischen Autoren dazu bei, ägyptische Schöpfungsmythen weltberühmt zu machen. Sie kennen wahrscheinlich Namen wie Herodot, Plutarch und vielleicht sogar Diodor. Keiner dieser Männer konnte Ägyptisch sprechen, aber sie bewiesen, dass ein neugieriger Geist wahrhaft unterscheiden konnte, was jemanden zu einem glühenden Suchenden nach Wissen machte.

Ihr Ziel war es, ein griechisches Publikum mit fremden Geschichten zu erziehen und die griechische Kultur zu bereichern. Doch aufgrund der Sprachbarriere waren diese klassischen Autoren den Übersetzern ausgeliefert. Sie verließen sich auf die Dolmetscher, um die ägyptischen Schriftrollen und Schnitzereien an den Wänden zu lesen oder sprachen mit den ägyptischen Hütern des Wissens, den Priestern. Schließlich zeichneten griechische Autoren die ägyptischen Geschichten auf, die auf dem basierten, was sie von den Übersetzern gelernt hatten. Sie können sich vorstellen, dass diese Berichte von persönlicher und kultureller Voreingenommenheit durchdrungen waren. Die Essenz einiger Geschichten ging im Übersetzungsprozess verloren oder wurde verwässert, was zu einer großen Bandbreite von Abweichungen zu den lokalen ägyptischen Versionen führte. Die klassischen griechischen Autoren kümmerten sich weniger um diese Verzerrungen, zumal ihre Berichte einige der ägyptischen Götter praktisch umbenannten. So wurde der ägyptische Gott Amun zum Zeus-Ammon (möglicherweise anders als Zeus), der ägyptische Gott Horus wurde mit Apollo verbunden und Thot wurde mit dem griechischen Gott Hermes kombiniert.

Es schien, als ob die klassischen Autoren aus Griechenland an der Popularisierung der ägyptischen Schöpfungsmythen nicht so interessiert waren, als vielmehr daran, ihren griechischen Mitbürgern eine Form der Unterhaltung zu bieten. Abgesehen von den inhärenten Widersprüchen haben sich die schriftlichen Erzählungen klassischer griechischer Autoren über ägyptische Schöpfungsmythen, die schließlich in die antike griechische Kultur Eingang fanden, als eine weitere wichtige historische Quelle erwiesen.

Nicht zuletzt steht Mundpropaganda auf der Liste der Quellen. Diese Art von Quelle wurde als sehr unzuverlässig kritisiert, aber die Ägypter waren immer stolz darauf, Geschichten aus alten Zeiten zu erzählen. Antike Pharaonen waren dafür bekannt, exzellente Geschichtenerzähler zu sein, eine Fähigkeit, die sie mit ihren Kindern teilten. Ihre Volkssagen lobten die Heldentaten von Atum (oder Re) und sprachen von der

Klugheit von Osiris und von der Schönheit von Nut, dem Himmel über ihnen. Zweifellos hatten solche glühenden Geschichtenerzähler viele Versionen einer einzigen Geschichte, die vom Ort und der religiösen Perspektive abhingen. Diese Geschichten hatten jedoch einige Gemeinsamkeiten. Anstatt bei den Widersprüchen dieser Versionen zu verweilen, ist es am besten, sich solch ein dynamisches Bewusstsein des Universums und seines Ursprungs als Beispiel einer hochentwickelten Kultur vorzustellen.

Es gibt in der Tat kein einziges Grab, Buch oder Dokument und keinen Tempel, die ein vollständiges Bild der ägyptischen Schöpfungsmythen zeichnen, aber was ist Mythologie ohne ein Mysterium? Schließlich reichen die archäologischen Arbeiten im Laufe der Jahre gerade aus, um den Stift aufs Papier zu setzen.

Berichte über die ägyptischen Schöpfungsmythen

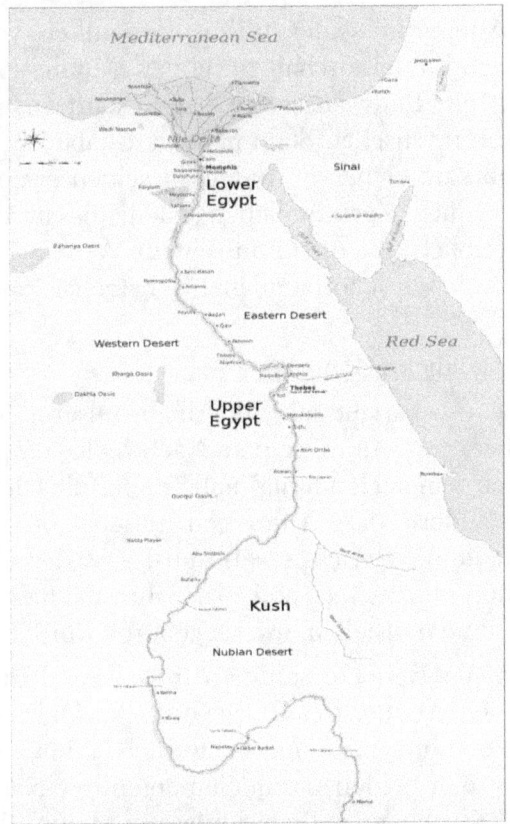

Eine Karte des alten Ägyptens.
(Credit: Jeff Dahl, CC BY-SA 4.0 https://creativecommons.org/licenses/by-sa/4.0 via Wikimedia Commons; https://commons.wikimedia.org/wiki/File:Ancient_Egypt_map-en.svg)

Es gibt vier bedeutende Schöpfungsgeschichten, die aus vier verschiedenen Städte Ägyptens stammen. Die erste und wohl populärste stammt aus der antiken Stadt Heliopolis. Die Geschichte beginnt mit dem beliebten Bild des Universums als nichts anderes als eine chaotische, richtungslose Wasserfläche namens Nun.

Heliopolis

Es ist schwierig, sich vorzustellen, wie das Nichts aussieht, aber es wurden ein paar ordentliche Versuche unternommen, es darzustellen. Der Name für die Form des Universums vor der Schöpfung ist Nun, und es hatte große Ähnlichkeit mit einem riesigen, turbulenten Ozean. Es erstreckte sich überall hin und führte dennoch nirgendwohin. Es gab weder Nacht noch Tag, und das einzige Wesen, das im Wasser existierte, war ein regungsloser Gott.

Sein Name war Atum (oder Re in einigen Texten).

Atum muss Äonen in seiner trägen Einsamkeit verbracht haben, genug, um sich nach Kameradschaft zu sehnen. Mit der Zeit beschloss er, seiner Einsamkeit ein Ende zu setzen. Atum kam aus Nun auf einem pyramidenförmigen mystischen Stein namens Benben hervor. In einigen anderen Berichten kam er hervor, indem er seinen eigenen Namen rief. Als Beigabe zu seiner eigentümlichen Natur besaß der Gott Atum männliche und weibliche Elemente in seinem Wesen. Dies ermöglichte es ihm, sich mit sich selbst fortzupflanzen. Er gebar zwei Kinder: Schu und Tefnut.

Enneade: Eine göttliche Genealogie

Natürlich gibt es Variationen innerhalb unserer Geschichte aus Heliopolis darüber, wie Atum seinen Nachwuchs empfing. Während einige Traditionen eine Handlung nahelegen, die der Masturbation ähnelt, vermuten andere, dass Atum sich mit seinem eigenen Schatten gepaart hat. Ein anderer Bericht erzählt uns, dass der Gott Atum Schu nieste und Tefnut ausspuckte und dass ihre Namen lautmalerische Wortspiele sind, um darzustellen, wie sie geboren wurden.

Diese einzigartigen Berichte stimmen trotz ihrer Unterschiede darin überein, dass der Gott Atum der Vater von Schu und Tefnut war. Schu wurde der Gott der Luft, und seine Schwester Tefnut wurde die Göttin der Feuchtigkeit - den beiden Grundelementen der Natur. Gemeinsam begaben sich die Zwillinge auf eine Reise, um ihre Bestimmung zu entdecken und wie sie sie erfüllen konnten.

Atum war unglücklich darüber, seine Kinder in eine Welt zu schicken, die von abgrundtiefer Finsternis und Ungewissheit durchdrungen war, aber er konnte sie nicht davon abhalten, ihre Neugierde zu befriedigen. So gingen sie weg, aber Schu und Tefnut waren kaum fort, als Atum erkannte, dass seine Absicht, mit der er seine Kinder erschaffen hatte, vereitelt war.

Er war wieder allein.

Besorgt um ihre Sicherheit nahm der Gott Atum einen Teil von sich, sein Auge, und schickte es auf eine wichtige Mission, um seine ausbleibenden Kinder zu finden. Atums Auge, auch bekannt als das Auge des Re, durchquerte die Leere, bis Schu und Tefnut gefunden und wieder mit ihrem Vater vereint wurden.

Atum empfing seine Kinder mit Freudentränen. Jede Träne, die aus seinen Augen hervorquoll, verwandelte sich in ein lebendiges Geschöpf - die erste Generation der Menschheit, die eine neue Welt bewohnte.

Es blieb jedoch noch eine weitere kleine Herausforderung. Das Wasser der Nun war nicht förderlich für Atums neueste Geschöpfe. Sie brauchten einen Ort für sich, an dem ihre Kinder aufwachsen konnten. In diesem Dilemma entdeckten Schu und Tefnut ihre Bestimmung, die sie zuvor überall gesucht hatten.

Die Vereinigung von Schu und Tefnut gebar die zweite Generation der Götter: der Gott der Erde, Geb, und die Göttin des Himmels, Nut. Geb wird in der Kunst als grünhäutiger Mann dargestellt, der typischerweise eine Frau hält, von der man annimmt, dass sie seine Schwester Nut ist. Die schöne Nut wölbt sich über ihren Bruder und ihr Körper ist die Heimat hell leuchtender Punkte (Sternen). Es wurde auch geglaubt, Nut verschlucke jede Nacht die Sonne und lasse sie wieder aufstehen, um den Beginn eines neuen Tages zu markieren.

Porträt der Nut, die sich über ihren Bruder Geb streckt.
https://commons.wikimedia.org/wiki/File:PSM_V10_D564_Egyptian_representation_of_heaven_and_earth.jpg

Da sie so eng zusammenlebten, verliebten sich Geb und Nut schnell ineinander, aber ihr Vater, Schu, lehnte die Verbindung ab. Einige vermuten, dass er vielleicht eifersüchtig auf die Verbindung war. Infolgedessen trennte Schu die beiden und zwang sie, ohne einander zu existieren. Die alten Ägypter glaubten, das die Erde und der Himmel deswegen bis zum heutigen Tage parallele Elemente sind.

Mit gebrochenem Herzen vergoss Geb Tränen des Kummers, da er nicht ohne seine wahre Liebe leben konnte. Die Ägypter glaubten, dass daraus der Regen und der Ozean entstanden.

Vor Nuts Trennung von Geb, hatte sie vier Kinder geboren: Osiris, Isis, Seth und Nephthys. Einige ägyptische Traditionen beinhalten ein fünftes Kind namens Horus, aber die meisten nennen Horus als Sohn von Osiris und Isis, nicht als ihren Bruder. Eine dritte Version spielt auf die Existenz beider an: Horus der Ältere als Bruder und Horus der Jüngere als Sohn.

Die vier (oder fünf) Kinder von Geb und Nut repräsentierten die Kräfte der Natur und formten nach und nach die Reise der Menschen auf der Erde.

Von Atum (Re), dem Sonnengott und Vater aller Schöpfung, kamen also Schu und Tefnut. Von Schu und Tefnut kamen Geb und Nut und von diesen kamen vier Götter und Göttinnen: Osiris, Isis, Seth und Nephthys.

Zusammen werden diese neun Götter als die Große Enneade (griechisch: Neunheit) von Heliopolis verehrt.

Hermopolis

Die Version der Schöpfungsgeschichte aus Hermopolis ist die älteste und sie dreht sich nicht um neun Götter, sondern um acht: die heilige Ogdoade.

Die Ogdoade von Hermopolis – eingemeißelt in eine Wand eines Grabes in Deir el-Medina.
SFEC_2009_POT-0008.JPG: S F-E-Cameronderivative work: JMCC1, CC BY-SA 3.0
https://creativecommons.org/licenses/by-sa/3.0 via Wikimedia Commons;
https://commons.wikimedia.org/wiki/File:Ogdoad_-_The_Place_of_Truth_-_Deir_el_Medina.jpg

Vor der Schöpfung des Lebens existierten die göttlichen Geschöpfe als Elemente, die die Welt charakterisierten: völlige Dunkelheit, chaotische Wasser, Mysterium und Unendlichkeit.

Diese acht Götter existierten als vier Paare, jeweils ein Mann und eine Frau. Sie werden feststellen, dass die männlichen Götter Froschköpfe hatten, während ihre weiblichen Gegenstücke mit Schlangenköpfen dargestellt werden. Ihre Namen waren Nun (oder Nu) und Naunet, Heh und Hehet, Kek und Keket, und Amun und Amaunet.

Gemeinsam segelten sie über die Urgewässer, die eine neue Welt werden sollten. Der Schöpfungsmythos aus Hermopolis erzählt von der Wechselwirkung zwischen diesen acht Göttern und ihren Energien, die zu einer gewaltigen Explosion führte. Heute ist es das, was Wissenschaftler den Urknall nennen. So entstand ein Urhügel (möglicherweise der Benben) aus dem Wasser. Dies markierte den Beginn des Goldenen Zeitalters auf der Erde, mit den Ogdoaden als Herrscher.

Die vierspurige Straße

Der Schöpfungsmythos aus Hermopolis hat genau wie der aus Heliopolis viele Nebenhandlungen, die alle mit den Ogdoaden verbunden sind. Zuerst war ein kosmisches Ei die Quelle des Universums und allem, was darin enthalten war. Einige Traditionen sagen, dass das Ei von den Göttern selbst geschaffen wurde, andere hingegen behaupten, dass es von einer Ur-Gans namens Gengen Wer (der Große Schnatterer) gelegt wurde, eine Erscheinungsform der Götter Amun und Geb. Aus diesem Ei kam der Gott Re (oder Amun), der begann, die Welt zu erschaffen.

Eine weitere Variation dieser Geschichte beinhaltet einen mystischen Lotus, der aus dem Urwasser auftaucht. Dieser Lotus hatte Blütenblätter, die sich langsam öffneten und einen Lichtvogel zur Welt brachten, der Re repräsentierte, der mit der Erschaffung der Welt begann. Der dritte Bericht stimmt insoweit überein, dass der Lotus aus dem Wasser kam, aber anstelle von Re kroch ein Skarabäus aus dem Lotus hervor, als er sich öffnete. Er schien so hell wie die Sonne und markierte den ersten Sonnenaufgang. In einigen mythologischen Versionen verwandelte sich dieser Skarabäus in einen Jungen namens Nefertem. Seine Tränen schufen die ersten Menschen, die jemals auf der Erde wandelten.

Die vierte Version der Schöpfungsgeschichte aus Hermopolis besagt, dass die Welt weder aus einem Lotus noch von einer himmlischen Gans kam, sondern aus dem Ei eines heiligen Vogels namens Ibis entstand. Dieser Ibis war Thot, der Gott des Schreibens, der Wissenschaft und der Magie.

Die Bewohner von Hermopolis behaupten stolz, dass ihre Schöpfungsgeschichten die ältesten seien, da sie den Ursprung von Re, der Quelle des Universums, erklären. Nach ihnen war der Gott Re (oder Atum) nicht einfach entstanden. Er war eine Kreation der acht Götter, die als Ogdoade bekannt sind.

Theben und Memphis

Viele Ruhmeshallen im antiken Theben besaßen Inschriften und Statuen von Amun, einem der Götter der Ogdoade. Dieser Gott wurde in Theben als höchstes Wesen und als wichtigster Gott in Bezug auf die Schöpfung verehrt. Die Thebaner glaubten, dass andere Götter die Schöpfung Amuns waren und dass die Welt ohne ihn nicht existieren würde. Er erschuf die Gans (den Großen Schnatterer), die die Leere der Urwasser durchbrach und den Urhügel (oder Ur-Stein), auf dem Amun wohnte.

Die Verehrer Amuns glaubten auch, dass Theben, die mächtige Hauptstadt Ägyptens im 11. Jahrhundert v.u.Z. zusammen mit dem Rest der Welt von Amun gegründet worden war. Als Theben zur Macht in Ägypten aufstieg, wurde Amun zum herausragenden Gott.

In Memphis, einer anderen antiken ägyptischen Stadt, glaubte man, eine Gottheit namens Ptah, der Gott des Handwerks und der Architektur, habe seine Kenntnisse in göttlicher Sprache benutzt, um die Götter und die Welt zu schaffen. Er wurde auch als Beschützer dessen verehrt, was er erschaffen hatte, und er war der einzige Gott, der nicht von einem anderen erschaffen worden war.

So unterschiedlich diese Schöpfungsgeschichten aus dem alten Ägypten auch scheinen, teilen sie doch einige faszinierende Gemeinsamkeiten. Da ist zunächst der Glaube, dass die Welt von Göttern geschaffen wurde, übernatürlichen Wesen, die entweder selbst geschaffen oder auf außergewöhnliche Weise entstanden waren.

Des Weiteren besteht der Glaube, dass vor der Schöpfung das Universum als eine wässrige Leere existierte. Dies ist symbolisch für einen Zustand des Chaos, der Leere und der Unordnung – das heißt, bis die Götter auftauchen und die Welt retten. Die Schreiber dieser Mythen sind noch zu entdecken, aber sicher ist, dass diese Schöpfungsgeschichten die ägyptische Kultur sowohl damals als auch heute stark geprägt haben.

Kapitel 2: Die Gestalt der Welt und das Prinzip Maat

Die Neugierde ist vielleicht das größte Geschenk der Menschheit; wie sonst würde Wissen jemals zu uns kommen?

Die Welt ist seit Äonen die Heimat der Menschheit, und als Bewohner einer wahrhaft komplexen Umwelt wurde die Aufgabe, die Wahrheit zu finden, von Generation zu Generation weitergegeben. Das alte Ägypten ist berühmt als Zentrum der Kunst, Kultur und Naturwissenschaften, einschließlich der Kosmologie, in der die Menschen nach dem Sinn der Welt suchen, in der sie leben.

Moderne wissenschaftliche Informationen und Technologien waren zu dieser Zeit nicht existent, so dass die Ägypter, die auf der Suche nach Kenntnissen über das Universums waren, sich in starkem Maße auf das Übernatürliche stützten. Götter und Göttinnen mussten beim Aufbau des Universums eine Hand im Spiel gehabt haben. Sie spielten auch eine Rolle in den Abläufen der Natur, wie Morgen- und Abenddämmerung, Regen und Dürre, Wind und Stürmen. Am bedeutendsten war, dass die Götter die Form der Welt entwarfen.

Wenn Sie die meistverehrten Wissenschaftler im alten Ägypten besuchen würden, die in der Regel auch Priester waren, würden Ihnen diese sagen, dass die Erde flach und oval geformt ist. Dies zeigt sich in der Reise von Re in die Unterwelt, eine Reise, die er jeden Tag unternahm. Sie wird oft als Abstieg bezeichnet. Dies zeigt, dass die Ägypter dachten, es gäbe eine Neigung oder Kurve am Rand der Erde von einem Reich zum anderen. Nach seinem nächtlichen Aufenthalt stieg der Sonnengott dann auf der anderen Seite wieder auf, was als Aufstieg bezeichnet wurde.

Wie Sie sich erinnern, waren im Schöpfungsmythos aus Heliopolis die Enkel von Re, Geb und Nut, verbunden. Sie werden sich auch daran erinnern, dass die Göttin Nut als nackte Frau dargestellt wird, die sich über ihren Bruder Geb wölbt. Sie repräsentiert den oder die Himmel, über den Re tagsüber reist.

Der Bogen der Nut entspricht der Vorstellung einer ovalen Form der Welt, von der die alten Ägypter überzeugt waren. Die andere Hälfte des Ovals war die Unterwelt (auch bekannt als Duat), woraus sich ein flaches Oval ergab.

Maat: Die Ordnung der Welt

Die Welt war nicht einfach da. Es bedurfte der Hand des göttlichen Amun, der die trostlosen Wasser von Nun in eine wunderschöne Heimat für alle lebenden Kreaturen verwandelte. Mit all diesen Anstrengungen ging Maat einher, die Ordnung des Universums. Maat ist ein zentraler Aspekt der ägyptischen Mythologie, der das Leben der Götter und ihre Beziehungen zu den Sterblichen berührt.

Der Beginn von Maat war die Schöpfung und von da an hatte jeder neue König von Ägypten die Pflicht, die Ordnung (Maat) aufrechtzuerhalten. Maat beeinflusste auch das Schicksal jeder einzelnen Seele im Leben nach dem Tode. Im Wesentlichen erstreckte sich Maat über alle Bereiche der Existenz von Sterblichen und Unsterblichen als das „Was" und das „Wer".

<u>Maat: Das "Was"</u>

Zunächst einmal präsentiert die ägyptische Mythologie Maat als ein Prinzip, eine Idee oder ein Konzept der Gerechtigkeit, Fairness, Ordnung und Harmonie. Der Begriff selbst bedeutet so viel wie „das, was gerade ist". Als Amun (oder Re) die Welt schuf, beabsichtigte er, Gemeinsamkeit und Harmonie zu schaffen. Die chaotischen Wasser von Nun hatten lange genug existiert und der Schöpfer sehnte sich nach Frieden.

Durch die Macht der göttlichen Magie namens *Heka* wurde die Welt in Ordnung gebracht. Die erste Gruppe von Menschen, die die Erde bewohnten, hielten diese Prinzipien aufrecht. Die alten Ägypter glaubten, dass jeder Mensch eine Pflicht gegenüber sich selbst, seinen Mitmenschen, seinem Schöpfer und der Erde besaß, um mit Maat im

Reinen zu sein. Einige dieser Pflichten wie Demut, Selbstkontrolle und Weisheit waren von einem alten ägyptischen Wesir namens Ptahhotep in seinem Buch mit dem Titel *Maxime des Ptahhotep* skizziert worden.

Diese Aufgaben sollten nach sozialer Klasse, Alter und Geschlecht ausgeübt werden. Auch die Zeiten und Jahreszeiten waren mit Maat verbunden. Jedes Jahr gab es eine Zeit, wenn der Nil über die Ufer trat und eine Zeit, wenn er sich wieder zurückzog. Das war die Ordnung der Dinge, und Störungen in diesen natürlichen Prozessen wurden als Zeichen von Chaos oder Zorn der Götter angesehen. Auch der Aufstieg eines neuen Königs war Teil von Maat.

Nach der Ära, in der die Götter regierten, wurde Ägypten von Männern regiert. Diese Männer waren die Repräsentanten der Götter auf der Erde, und nach dem Tod eines Königs musste ein anderer auf den Thron gesetzt werden, um Maat zu bewahren. Könige, die zu Unrecht auf dem Thron saßen, brachten Unglück über Ägypten und würden nach ihrem Tod im Jenseits zu ewigem Leiden verurteilt werden. Maat repräsentierte auch das Gesetz, aber in einer natürlichen und spirituellen Art und weniger in einem rechtlichen Sinne. Man erwartete, dass die Könige von Ägypten diese Gesetze vorlebten.

In der ägyptischen Mythologie gelten die Prinzipien der Gerechtigkeit und Ordnung (Maat) nicht nur für Ägypten, sondern für jede Nation der Erde. In zukünftigen Zeitaltern sollten ähnliche Prinzipien wie Maat von anderen Nationen in Ägypten eingeführt werden.

Maat: Das „Wer"

Rekonstruiertes Gemälde von Maat.
(Credit: TYalaA, CC BY-SA 4.0 https://creativecommons.org/licenses/by-sa/4.0 via Wikimedia Commons; https://commons.wikimedia.org/wiki/File:Goddess_Ma%27at_or_Maat_of_Ancient_Egypt_-_reconstructed.png)

Auf Abbildungen erscheint Maat als wunderschöne Göttin mit goldenen Flügeln, die ein Anch und ein Szepter hält und einen Kopfputz aus Straußenfedern trägt. Sie wurde aus Amun (Re) geboren durch die Kraft von Heka (Magie), als die Welt erschaffen wurde.

Maat war der Grund, warum die Welt nach ihrer Schöpfung in geordneter Weise weiter existierte, da alle Elemente der Natur an ihrem Platz waren und ihrem verordneten Zweck dienten. Diese Göttin war eine Verkörperung von Harmonie, Gerechtigkeit und Kontinuität. Sie war der Grund, warum der Tag Tag, die Nacht Nacht, der Himmel der Himmel und die Erde die Erde war, wie sie erschaffen worden waren. Astronomen im alten Ägypten glaubten, dass die Sterne am Nachthimmel ihren Kurs nach den Launen von Maat wählten.

Von allen Göttinnen im alten ägyptischen Götterhimmel hatte Maat eine charakteristische Natur. Sie war keine Protagonistin in einem Mythos wie Isis oder Hathor. Stattdessen war sie die Manifestation einer Idee. Das Volk praktizierte sie als Prinzip, anstatt sie als Gottheit anzubeten. Sie stand für Regeln, die befolgt werden mussten, und nicht für eine Figur, vor der man sich beugen musste.

Der Einfluss von Maat war so in der Struktur von Ägypten verwurzelt, dass sie die Grundlage der Bildung war. Außer dem Pharao, den Gelehrten, Schreibern und anderen Mitgliedern der gebildeten Schichten in Ägypten, gab es Hüter des Wissens von Maat. Diese Staatsdiener waren Männer mit hohem gesellschaftlichen Ansehen, die Maat neben ihrem Ehemann Thot, dem Gott der Klugheit, anbeteten.

Die Schreiber hatten die Aufgabe, die Menschen durch mündliche Überlieferungen und Lehrtexte darin zu erziehen, wie sie ihr Leben im Einklang mit der Weltordnung leben sollten. Einer der berühmtesten ägyptischen Schreiber eines Lehrtextes, war Amenemope. Sein Buch, betitelt *Lehre des Amenemope*, war eine fortgeschrittene Version der *Maxime des Ptahhotep*, das viele Jahre vor Amenemopes Geburt geschrieben worden war. Während der 20. Dynastie wurde Amenemopes Buch zu einem Handbuch, wie man es anstellte, der Göttin Maat zu gefallen.

Das Buch begann mit der Ermahnung der Menschen zum Gehorsam und zur rechtschaffenen Auslegung seiner Worte. Es sprach auch von den Vorteilen, die sich aus der Umsetzung seiner Anweisungen ergeben:

„Wenn du ein Leben lang mit diesen Dingen im Herzen verbringst,
Wirst Du Glück darin finden.

Du wirst entdecken, dass meine Worte eine Schatzkammer des Lebens sind,

Und dein Körper wird auf Erden gedeihen."

Als Nächstes warnte das Buch vor der Misshandlung der Armen, der Respektlosigkeit gegenüber den Älteren und der Beteiligung an zwielichtigen Geschäften. Diese bildeten einige der schlimmsten Laster im alten Ägypten und wurden als Bedrohung für die Erhaltung von Maat verurteilt.

Amenemopes Buch drehte sich vor allem um das Thema Selbstbeherrschung und Zurückhaltung angesichts von Provokationen. Indem er das Volk ermahnte, „nicht mit dem streitsüchtigen Mann zu streiten", „sich vor einem Gegner vorsichtig zu verhalten" und solche Menschen sich selbst zu überlassen, stellte es gehorsame Menschen als würdige Vorbilder für ihre Kinder dar.

Öffentliches Benehmen und Verhalten waren weitere Themen, über die die Menschen in Amenemopes Buch klare Anweisungen erhielten. An den Orten des Gottesdienstes sollten sie nüchtern und still sein. Da Landbesitz in der Antike eine häufige Streitquelle war, sprach sich Amenemopes Buch gegen Habgier und die Verschiebung von Besitzgrenzen aus, um unrechtmäßig erworbenen Reichtum anzuhäufen oder für den Anbau zu nutzen:

„Und nimm das Brot von deiner Tenne:

Besser ist der Scheffel, den Gott dir gibt

Als fünftausend hinterlistig erhaltene."

Die folgenden Kapitel verurteilten Völlerei unter Herren und Dienern und Bestechung unter Regierungsbeamten. Es sprach auch von Thots Bestrafung für verdorbene Schreiber.

„Der Affe [Thot] ruht [im] Tempel von Chnum,

Während sein Auge durch die beiden Länder wandert;

Und wenn er einen sieht, der mit seinem Finger sündigt [d.h. ein falscher Schreiber ist],

Nimmt er ihm seinen Lebensunterhalt durch die Flut weg.

Und hinsichtlich eines Schreibers, der mit seinem Finger sündigt,

Dessen Sohn wird nicht eingeschrieben."

Arroganz, Unruhestiftung, falsche Zeugenaussagen und Verunglimpfungen wurden auch vehement getadelt, zumal sie in der

Rechtspraxis verbreitet waren.

Die außergewöhnlichen Schreibfähigkeiten der Schreiber im Altertum machten die Prinzipien von Maat für die Menschen leicht verständlich und anwendbar.

Obwohl die Göttin Maat keine eigenen Tempel hatte wie andere Göttinnen, war sie wichtiger als die meisten. Manche mögen argumentieren, dass sie die wichtigste von allen war. Sie repräsentierte das Leben selbst, und sie war allgegenwärtig. Könige beteten zu ihr, damit sie ihnen half, die Ordnung aufrechtzuerhalten, und die Menschen beteten für dasselbe in ihren Häusern und auf den Straßen. Alle Sterblichen in Ägypten verehrten sie, indem sie ein angemessenes Leben führten, und ihr Einfluss blieb für viele Generationen ungebrochen.

Im Leben nach dem Tode glaubten die Ägypter, dass das Herz jedes Mannes gegen Maat gewogen werden würde, um festzustellen, wie sehr er mit den Grundregeln der Gerechtigkeit übereinstimmte. Diese Prüfung fand in der Duat statt, der berühmten Unterwelt und dem Land der Toten.

Kapitel 3: Die Duat und das Leben im Jenseits

Die Duat, auch bekannt als die Unterwelt oder Tuat, war die Heimat der Toten. Sie können sie sich als einen dunklen, kühlen Ort vorstellen, an dem Scharen von Seelen verzweifelt auf die Ankunft von Re warteten, damit er sie wiederbelebte, aber es steckte noch mehr dahinter. Es mag ironisch klingen: obwohl die Duat das „Land der Toten" war, war sie ein Ort voller Aktivität.

Als überzeugte Gläubige an ein Leben nach dem Tod nannten die Menschen im alten Ägypten die Duat die ewige Heimat einer Seele, was bedeutete, dass man dort viele Seelen finden würde. Es gab auch mythische Kreaturen, Götter, Göttinnen, Dämonen und Geister, die alle ihre Rollen spielten.

In früheren Texten wurde die Duat als Himmel und nicht als „Unterwelt" dargestellt. Das lag daran, dass man sich vorstellte, die gestorbenen Pharaonen, die in die Duat gingen, seien als Sterne zum Himmel aufgestiegen oder Teil der Sonne geworden, die jeden Tag durch den Körper der Himmelsgöttin Nut reiste. Dies macht das Konzept der Duat etwas mehrdeutig, wenn man bedenkt, dass der Himmel über der Erde und nicht darunter liegt. Später, während des Mittleren Reiches, wurde die Duat als eine Unterwelt, in der alle Menschen die Ewigkeit verbringen würden, populär.

Die Duat wird in Hieroglyphentexten als Stern in einem Kreis dargestellt, was möglicherweise auf ihre vielfältigen Unterbereiche anspielt. Es gab das Reich, in dem Seelen gerichtet wurden, ein anderes Reich, in dem Götter und Göttinnen lebten, ein weiteres Reich, in dem Männer, die Maat aufrechterhalten hatten, lebten und ein Reich für die Ungerechten. So waren Himmel und Hölle an einem Ort, nur an verschiedenen Plätzen.

Geographisch hatte die Unterwelt Merkmale, die für die Seelen erkennbar waren, die sie ihr Zuhause nannten. Dazu gehörten Seen und Ozeane mit Booten für die Seelen, sowie Berge und Hügel. Mauern aus Eisen, Seen aus Feuer und türkisfarbene Bäume waren etwas ungewöhnlich, aber die Unterwelt fand das erwartete Gleichgewicht zwischen normal und spektral.

<u>Die Duat: Das Land der Toten</u>

Die Reise einer Seele in die Duat begann mit dem Tod.

Nach dem Tod wurde die Person einbalsamiert und mumifiziert. Bei diesem Prozess wurden alle inneren Organe des Körpers entfernt und nur das Herz an seinem Platz belassen. Das geschah, weil das Herz in der Duat benötigt wurde.

Die Mumifizierung war eine wichtige Praxis im alten Ägypten. Dabei wurde dem Körper die gesamte Feuchtigkeit entzogen, da sie den Verfall des Körpers verursachen konnte. Die Praxis zielte darauf ab, möglichst viel der physischen Form des Verstorbenen zu erhalten. Obwohl es die Seele war, die ins ägyptische Jenseits überging, war der Körper ein ebenso wichtiges Gefäß. Er beförderte die Seele zu den Toren der Duat. Wenn der Körper zerbrochen oder verfallen war, konnte der Geist verloren gehen.

Es ist wichtig hervorzuheben, dass für den größten Teil des Alten Reiches nur Pharaonen darauf hoffen konnten, das Paradies im Jenseits zu finden. Später kamen die Menschen zu der Erkenntnis, dass auch gewöhnliche Menschen einen Platz im Jenseits hatten, wenn sie bereit waren, das dafür Nötige zu tun. Die Mumifizierung war ein kostspieliger Prozess, der für die meisten Bürger nicht erschwinglich war, aber auch die Praxis, eine Leiche über siebzig Tage in der Wüstensonne auszutrocknen, funktionierte.

Während Männer häufiger mumifiziert wurden, wurden auch adlige Frauen, die es sich leisten konnten, mumifiziert. Faszinierend ist, dass 2018 die gut erhaltene Mumie einer schwangeren Frau aus dem 1. Jahrhundert v.u.Z. in den Königsgräbern von Luxor ausgegraben wurde.

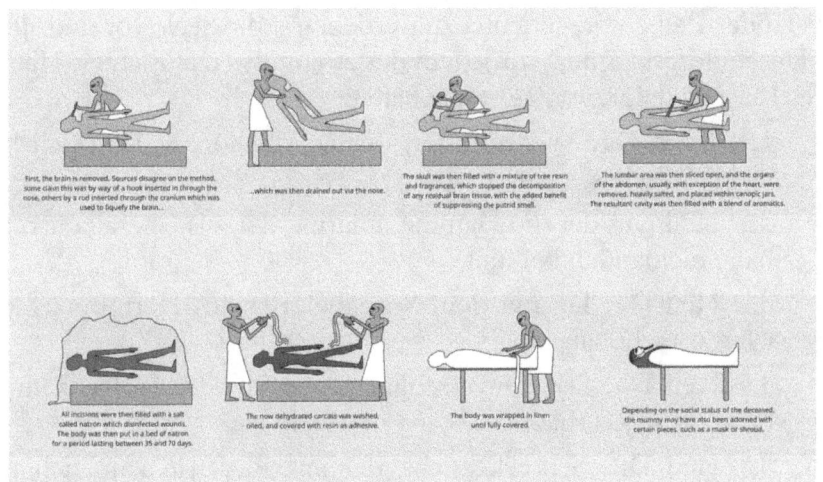

Der Prozess der Mumifizierung:.
SimplisticReps, CC BY-SA 4.0 https://creativecommons.org/licenses/by-sa/4.0 via Wikimedia Commons; https://commons.wikimedia.org/wiki/File:Mummification_simple.png

Die Toten wurden üblicherweise am Westufer des Nils begraben, da man glaubte, dies sei der beste Weg in die Unterwelt. Die Begräbnisriten beinhalteten die Beschwörung von Schutzgöttern und -göttinnen, damit sie der Seele auf dem Weg in die Unterwelt beistanden. Abgesehen von Zaubersprüchen und Beschwörungen beinhalteten diese Anrufungen Dinge wie die Beisetzung von schützenden Amuletten, Figuren und Statuen gemeinsam mit den Verstorbenen.

Dann erwachte der Verstorbene in der Duat. Dort wurden die Menschen für ihre Taten auf der Erde beurteilt, und wie Sie sich vorstellen können, bestanden nicht alle die Prüfung. Wenn eine Seele nicht bestand, wurde sie zur ewigen Verdammnis im Feuersee verdammt, wo Ammit, der seelenfressende Dämon der Unterwelt, residierte. Die Entschlossenheit, nie zur Beute von Ammit zu werden, trieb die Leute im altem Ägypten an, Maat mit ihren Leben aufrechtzuerhalten.

Aber bevor der Test stattfand, wurden die Seelen in saubere Roben gehüllt und erhielten neue Sandalen beim Betreten der Duat. Sie wurden dann in die Halle der Wahrheit gebracht, um gerichtet zu werden. Die Halle der Wahrheit war groß und prächtig, hier standen die Seelen in langen Schlangen zum Schiedsspruch vor Osiris, dem Gott der Unterwelt, an.

Osiris wurde vom Gott Anubis und vom Gott Thot flankiert. Zweiundvierzig Götter (oder Richter) waren in der Halle anwesend, jeder repräsentierte einen Bezirk (oder Nome) im alten Ägypten. Wenn eine

Seele an der Reihe war, gerichtet zu werden, trat die Seele vor und sprach die „Unschuldserklärung" vor jedem der zweiundvierzig Richter. Hier ein kurzes Beispiel dafür, was sie gesagt hätten:

1. "Heil Dir, Weitgereister, der aus Heliopolis kam, ich habe nichts Falsches getan.
2. Heil Dir, der die Flamme umarmt, der aus Cheraha kam, ich habe niemanden beraubt.
3. Heil Dir, Du mit dem Schnabel, der aus Hermopolis kam, ich war nicht habgierig.
4. Heil Dir, Schattenverschlinger, der aus der Höhle kam, ich habe nicht gestohlen.
5. Heil Dir, Schreckgesicht, der aus Ra-setjau kam, ich habe keine Männer getötet."

Diese heiligen Bekenntnisse waren die Bezeugung, dass die Seele im Einklang mit Maat gelebt hatte, und jedes Bekenntnis musste von den Göttern akzeptiert werden oder die Seele geriet in große Gefahr, verdammt zu werden.

Als Nächstes überreichten sie Anubis ihr Herz, damit er es auf seiner goldenen Waage wog. Das Herz repräsentierte den Charakter eines Menschen und die Werte, nach denen er auf der Erde gelebt hatte. Aus diesem Grund wurde im alten Ägypten das Herz gewöhnlich zusammen mit dem Toten begraben.

Auf der anderen Seite der goldenen Waage lag eine weiße Straußenfeder, ein Aspekt von Maat, genannt die Feder der Wahrheit. Diese Prüfung entschied letztlich, ob die Seele des ewigen Lebens würdig war oder das schreckliche Gegenteil erleiden musste. Wenn das Herz der Seele leichter war als die Feder der Wahrheit, dann bedeutete das, dass die Seele tatsächlich ein Leben gelebt hatte, das den Göttern wohlgefällig war. Ihre Belohnung war der Eintritt in das Paradies des Jenseits.

Wenn das Herz einer Seele schwerer war als die Feder der Wahrheit, bedeutete das, dass die Seele ungerecht und untauglich für das Paradies war. Ihr Herz wurde in eine Feuergrube geworfen oder dem seelenfressenden Dämon Ammit zugeworfen. Einmal verschlungen, hörte die Seele auf zu existieren und starb einen zweiten Tod.

Ammit, der Verschlinger von Seelen, Darstellung aus dem Britischen Museum.
https://commons.wikimedia.org/wiki/File:Ammit_BD.jpg

Das war das schlimmste Schicksal, zu dem ein Sterblicher verurteilt werden konnte, und infolgedessen war es für die Ägypter wichtiger, die Halle der Wahrheit zu überleben, als weltliche Reichtümer, Ruhm und Ehre anzuhäufen.

Nach der Halle der Wahrheit kam ein schöner See, bekannt als der Seerosensee oder der See der Blumen. Nur ein Schiff brachte die Seelen über diesen See ins Paradies, und der Geist, der das Schiff leitete, hieß Hraf-haf. Sein Assistent hieß Aken. Hraf-haf war eine mystische Kreatur, die ihren Kopf nach hinten trug, und sie hatte ein böses Temperament. Auch nach der Prüfung in der Halle der Wahrheit war die Fahrt ins Paradies nicht umsonst – zumindest nicht unter Hraf-hafs Wache. Einige Überlieferungen behaupten, dass Hraf-haf die Seelen zum Angeln herausforderte. Wer verlor, verlor seinen Platz im Boot und war gestrandet. Andere Berichte beharren darauf, dass alles, was nötig war, um den mürrisch gelaunten Fährmann zu überzeugen, Geduld und Freundlichkeit war, trotz seiner provokativen Worte und Blicke.

Hraf-haf war nicht das einzige Hindernis auf dem Weg einer Seele ins Paradies. Es gab andere Gefahren, z. B. konnte man von Dämonen angegriffen werden, die die vielen Tore zum Paradies bewachten. Es gab entweder fünfzehn oder einundzwanzig Tore und die Seelen mussten auf der Hut sein, um böse Geister abzuwehren.

Aaru, oder das Schilffeld, war das endgültige Ziel für jede Seele, die die Torturen des Seerosensees überlebte. Es lag im Osten, wo die Sonne aufging, und es wurde meist als eine wunderschöne Insel mit endlosen Feldern dargestellt, die sich atemberaubend bis zum Horizont erstreckten.

Hier konnten die Seelen wie auf der Erde leben. Sie konnten Ackerland besitzen und Ernten einbringen, da das Wetter und die klimatischen Bedingungen in Aaru immer perfekt für den Anbau waren.

Die Seelen konnten essen und trinken, Partys feiern und Sex haben. In Aaru wurde die soziale Ordnung bewahrt. Pharaonen im alten Ägypten wurden häufig mit vielen Dienern begraben, weil diese Diener ihre Aufgaben in Aaru übernehmen mussten. Besitztümer, die eine Seele, König oder nicht, im Jenseits brauchte, begrub man mit ihr. Diese sollten ihr in Aaru zurückgegeben werden, damit ihre Bequemlichkeit gesichert war.

<u>Die Duat: Heimat der Götter</u>

Sie haben vielleicht vom Berg Olymp in der griechischen Mythologie oder Walhalla in der nordischen Mythologie gehört. Dies war die Heimat der Götter und die Duat war dies in der ägyptischen Mythologie. In der früheren Vorstellung der Duat als himmlische Heimat über der Erde und später als Unterwelt unter der Erde, waren sich die alten Ägypter aller Epochen über die Existenz von Göttern in der Duat einig.

Der erste Gott in der Duat war der Gott Osiris, infolge eines schrecklichen Vorfalls mit seinem Bruder auf der Erde. Nach alten Texten regierte Osiris die Unterwelt so glänzend, wie er auf der Erde regiert hatte. Seine brillante Kenntnis der Unterwelt war ein strahlendes Licht für andere Götter, die in der Duat als Richter, Wächter, Beschützer und Freunde sterblicher Seelen wohnten und arbeiteten.

Während die Seelen darauf warteten, in der Halle der Wahrheit gerichtet zu werden, wurden sie von Göttinnen wie Isis, Nephthys, Hathor und Qebehut betreut. Diese Göttinnen versorgten nur Seelen, bei deren Beerdigung sie beschworen worden waren. Abgesehen von Anubis' Rolle als Herzwäger, war er der Gott, der vor den Toren der Duat stand, um die Seelen hineinzugeleiten. Sein Begleiter, der Gott Thot, war ein Ratgeber für die Seelen, die Klugheit im Jenseits suchten. Sie besuchten ihn dafür in seinem Anwesen in Aaru. Die Häuser der Götter und Göttinnen im Jenseits waren prächtiger als ihre irdischen Tempel, und nur die Aufrichtigen und Gerechten sollten sie zu sehen.

Der Sonnengott Re war ein weiterer häufiger Gast in der Duat. Jede Nacht kam er in seiner göttlichen Barke, Atet, nach einem anstrengenden Kampf mit Apophis (oder Apep), der Schlange des Chaos. Er verbrachte zehn Stunden in der Duat, wo er die Seelen mit seiner Sonnenenergie erfrischte und bei Tagesanbruch wieder als Sonne zum Himmel aufstieg.

Dies war ein sich wiederholender Kreislauf, der entscheidend für die Aufrechterhaltung von Maat war. Er durfte niemals unterbrochen werden. Da Apophis (Apep) jede Nacht im Hinterhalt auf den Sonnengott lauerte, konnten sich die Bewohner der Unterwelt auf eine epische Schlacht und Res immer wiederkehrenden Sieg freuen, der Maat aufrecht erhielt.

ABSCHNITT ZWEI:
MYTHEN UND LEGENDEN

Kapitel 4: Re und Apophis

Wenn Sie sich jemals gefragt haben, wie die Nacht zum Tag wird, stellen Sie sich vor, dass ein berühmter Gott ewige Reisen durch eine Welt der Dunkelheit und der Toten unternimmt und gegen ein wildes Monster kämpft, um die Sonne am nächsten Tag zum Vorschein zu bringen. So war die Reise von Re.

Inzwischen kennen Sie Re, den ägyptischen Sonnengott und die Sonne selbst. Sie kennen auch seinen Status als Gottheit und seine herausgehobene Stellung unter den Göttern, die die Grundlagen Ägyptens und der ganzen Welt gelegt haben, wie sie seit vielen Generationen existiert.

Eine der Kernlehren der ägyptischen Mythologie ist die Betonung des Eingreifens der Götter (übernatürliche Wesen) in die Angelegenheiten der Menschen (sterbliche Wesen). Dadurch entstand ein komplexes religiöses System, das nachweislich während des Alten Reiches existierte. Diese Überzeugungen wurden von altägyptischen Schnitzereien und Texten aus der Vorgeschichte abgeleitet. Darunter waren die Geschichten von legendären Schlachten, die die Macht der Götter beschreiben und wie ihre Siege die Erde, ihre Elemente und alle, die auf ihr lebten, bewahrten.

Eine dieser Schlachten fand zwischen dem Sonnengott Re und seinem Erzfeind, einem Schurken in Schlangengestalt namens Apophis (oder Apep), statt. Schlangen sind Kreaturen, die in der ägyptischen Mythologie gefürchtet und verehrt werden. Sie erinnern sich, dass die Göttinnen der Ogdoade mit Schlangenköpfen dargestellt wurden. Selbst Re wird oft mit einer Schlange dargestellt, die auf der Sonnenscheibe auf seinem Kopf ruht. Schlangen symbolisierten also nicht direkt das Böse.

Apophis jedoch war eine Schlange am Fuße der Unterwelt, und er war so böse wie nur eben möglich. Er verkörperte Chaos, Finsternis und völlige Zerstörung, und er war sowohl unter den Göttern als auch unter den Menschen bekannt.

Der Name Apophis wird zum ersten Mal in Quellen des Mittleren Reiches (etwa 2030 bis 1640 v.u.Z.) erwähnt, das sich direkt an das Alte Reich anschloss.

Die Geschichten über den Ursprung der Schlange variieren von einem religiösen Kult und Ort zum nächsten, aber alle Bericht bestätigen, dass Apophis von Re kam. Einige behaupten sogar, dass die Schlange aus Res Nabelschnur hervorkam, aber keine dieser Traditionen nennt Apophis wirklich einen Nachkommen von Re. Das ist möglicherweise auf Apophis' Hass auf Re zurückzuführen und seinen Versuch, den Sonnengott zu zerstören, indem er sich in dessen Verantwortung für die Erde einmischt.

Was waren das für Verantwortlichkeiten, fragen Sie sich vielleicht? Nun, seit seinem Erscheinen als Sonnengott, war Re hauptsächlich dafür verantwortlich, die Nacht vom Tage zu trennen. Sein Tagesablauf war es, in seiner Sonnenbarke (oder einem Streitwagen), die die Sonne war, über den Himmel zu reisen. Stellen Sie sich die Sonne als strahlende, flammende Barke vor, die in den Wolken schwebt und ihre Strahlen überall hin verbreitet, wo sie vorbeikommt. Das ist der Gott Re bei der Arbeit.

Wenn der Abend nahte, machte sich Re an seinen langsamen Abstieg in die Unterwelt am westlichen Horizont, aus diesem Grund geht die Sonne immer im Westen unter. Nachdem er die Nacht in der Unterwelt verbracht hatte, stieg Res kleines Schiff im Osten wieder auf in den Himmel.

Re reiste niemals allein. Mit ihm in seinem schwebenden Gefährt befanden sich Soldaten (oder Verteidiger) wie der Gott Seth (bevor er sich dem Bösen zuwandte) und das Auge des Re. Sie halfen, den Sonnengott zu beschützen.

Auf dem halbem Weg ihres Abstiegs zur Unterwelt wurden Re und sein Gefolge von Apophis belagert. Normalerweise lauerte Apophis bei Sonnenuntergang an einem Berg im Westen, der als Bachu bekannt ist, oder vor Tagesanbruch irgendwo in der Unterwelt. Re konnte nie vorhersagen, wo die Schlange auf ihren Angriff wartete, weshalb einer von Apophis' Namen „Umkreiser der Welt" ist. Apophis war ein Gefangener, der weder auf der Erde noch in der Unterwelt leben konnte. Er versperrte dem Sonnengott den Weg zur Unterwelt und konnte nicht vertrieben werden, bis er besiegt war. Einige Geschichten deuten darauf hin, dass Apophis verbittert war, da der Sonnengott ihn als Gott der Götter gestürzt hatte, aber viele stimmen darin überein, dass die Schlange von Anfang an böse war.

Also folgte jede Nacht ein Kampf zwischen dem Sonnengott und Apophis. Manchmal kämpfte der Sonnengott allein, und manchmal hatte er Hilfe von Mitgliedern seines Gefolges, vor allem dem Gott Seth und Bastet, der grausamen Schutzgöttin. Sie nahm die Gestalt einer himmlischen Katze an und bekämpfte Apophis, da Katzen und Schlangen als natürliche Feinde bekannt waren.

Es sollte betont werden, dass Apophis ein gewaltiger Gegner war. Er war kein Sterblicher, also war er unglaublich schwer zu töten, selbst für einen Gott. Er konnte fortgestoßen, eingesperrt, geschwächt oder bestenfalls zerstückelt werden. Apophis konnte alles fressen und doch nicht töten. Stattdessen war das, was er verschlang, für immer in einem dunklen Abgrund verloren und erlitt weder den Tod noch gelangte es ins Jenseits. Er konnte Lebende oder Tote erbeuten, Götter oder Sterbliche. In einigen Berichten befehligte er eine Armee von Dämonen, die ihm ähnlich waren. Apophis' Augen verfügten über die Macht der Hypnose, eine weitere Waffe, die er im Krieg benutzte. Re wurde manchmal von Apophis hypnotisiert, aber die Götter und Göttinnen in seiner Gesellschaft eilten zu seiner Rettung.

Zu den Beginn jeder Schlacht stieß Apophis ein ohrenbetäubendes Gebrüll aus und schlängelte auf den Sonnengott zu. Sein Angriff verursachte Erdbeben. Jedes Mal, wenn Seth Apophis mit einem Speer am Boden festnagelte, wälzte sich Apophis wütend hin und her und brüllte vor Schmerz und verursachte Gewitter auf der Erde.

Trotz der schrecklichen Bedrohung durch Apophis' hörte man nie, dass Re eine Schlacht gegen die Schlange verlor. Einige Male wurde der Sonnengott von Apophis verschluckt. Man nahm an, dass dies die Ursache für eine Sonnenfinsternis war. Aber am Ende gewann Re die Schlacht. Er kämpfte sich seinen Weg aus dem Bauch der Bestie frei und besiegte Apophis, normalerweise mit Hilfe seiner Armee von Göttern und Göttinnen.

Der Sonnengott konnte nicht gegen Apophis verlieren, weil das das Ende des Sonnengottes bedeuten würde. Wenn es keinen Sonnengott gäbe, gäbe es keine Sonne. Und ohne die Sonne gäbe es keinen Tag. Ohne Tageslicht wären die Erde und die Menschheit zu ewiger Finsternis verdammt.

Da die Sterblichen wussten, wie wichtig Res Sieg für ihre Existenz war, überließen sie den nächtlichen Krieg zwischen Dunkelheit und Licht nicht dem Zufall.

Die Verbannung von Apophis

„Geh zurück, Apophis, Du Feind des Re, Du Dich in Form des Gedärms windende Schlange, ohne Arme [und] ohne Beine. Dein Körper kann nicht aufrecht stehen, damit Du darin Dein Wesen haben magst, lang ist Dein Schwanz vor Deiner Höhle, Du Feind. Ziehe Dich von Re zurück. Dein Kopf möge abgeschlagen werden und Du mögest abgeschlachtet werden."

- Auszug aus einem alten Zauberspruch in Hieroglyphen, übersetzt von Sir Wallis Budge -

Jedes Jahr brachte ein bedeutendes Ereignis in Ägypten alle Verehrer und Priester des Re in Tempeln im ganzen Land zusammen. Die Gelegenheit sicherte den Sieg des Sonnengottes gegen seinen rachsüchtigen Gegner, Apophis, und sollte die Ordnung der Welt (auch bekannt als Maat) bewahren.

Von allen übernatürlichen Wesen in der ägyptischen Mythologie wurde nur gegen Apophis aktiv gebetet. Es gab keinen Grund für seine böse Natur, und er besaß keine gute Seite. Er hasste Sterbliche und suchte nur ihre Vernichtung, so dass Rituale und Riten eingehalten werden mussten, um Apophis und seine Bosheit in Schach zu halten.

Der bekannteste dieser Riten war die *Verbannung des Apophis*, auch bekannt als die *Verbannung des Apep* oder die *Verbannung des Chaos*. Dieses Ritual fand in allen Provinzen des alten Ägypten statt, da sie alle gegen einen gemeinsamen Feind vereint waren. Der Erfolg des Rituals würde den Sieg des Sonnengottes für das nächste Jahr garantieren.

Die *Verbannung des Apophis* begann mit der Herstellung eines Bildnisses oder einer Statue, die die Schlange darstellte. Dieses Bildnis sollte alle Flüche und das Böse des Landes tragen und dann zu Asche verbrannt werden, was die Zerstörung von Apophis symbolisierte. In anderen Tempeln wurden Abbildungen von Apophis auf Papyrus hergestellt. Sie wurden dann verflucht und verbrannt.

Diese Rituale wurden von Priestern durchgeführt, die durch ein besonderes Buch mit dem Titel *Buch von Apophis* angeleitet wurden. Das Buch skizzierte weitere Anweisungen, wie man Apophis trotzen konnte, ohne sein Bild zu verbrennen. Dazu gehörte, dass man auf Apophis spuckte, mit dem linken Fuß auf seinem Bild herumtrampelte, ihm Ketten anlegte und ihn mit Lanzen oder Messern erstach. Diese Riten drückten die Verachtung der Menschen für die böse Schlange aus, und man glaubte, dass sie ihrem Vorkämpfer, dem Sonnengott, Kraft im Kampf gaben.

Apophis war auch ein Totenfresser. Die Ägypter fürchteten, ihre Toten könnten den monströsen Gelüsten der Schlange zum Opfer fallen, und so begruben sie Zaubersprüche und Beschwörungen, um Apophis von ihren Toten abzuwehren. Das würde ihre Seelen im Jenseits vor der Zerstörung bewahren.

Die Legende von Re und Apophis hatte einen enormen Einfluss auf die religiösen Angelegenheiten des alten Ägypten. Sie gab den Menschen ein Gefühl der Pflicht, ihre Existenz zu bewahren, indem sie das Böse unterjochten. Jedes Mal, wenn die Sonne am nächsten Tag aufging, erhielten sie die Versicherung, dass der Sonnengott Re einen weiteren Sieg errungen hatte.

Kapitel 5: Der Osiris-Mythos

Pyramiden waren im Alten und Mittleren Reich der letzte Schrei. Wenn man sich Bilder davon ansieht, fragt man sich, wie viel Zeit, Geld und Mühe es gekostet hat, etwas so Majestätisches zu bauen. Die Antwort ist: viel. Solcher Aufwand wurde nicht von Menschen getrieben, die passiv oder agnostisch gegenüber dem Leben nach dem Tod waren.

Auch Ägypter, die keine Könige waren, wurden auf besondere Weise begraben um einen reibungslosen Übergang ins Jenseits zu ermöglichen. Die Leichen von Adligen wurden typischerweise mumifiziert, d.h. einbalsamiert und in Bandagen aus Leinen gewickelt und dann mit Blick nach Osten (wo die Sonne aufging) begraben. Auf diese Weise würden sich ihre Geister erheben und den Sonnengott auf seiner ewigen Reise in die Unterwelt und wieder zurück begleiten. Menschen, die sich den Prozess der Mumifizierung nicht leisten konnten, ließen die Körper ihrer Verstorbenen zur Einbalsamierung mehr als zwei Monate lang in der Wüstensonne liegen. Obwohl der Pyramidenbau im Neuen Reich als altmodisch angesehen wurde, blieb der ägyptische Glaube an ein Leben nach dem Tod bestehen, ebenso wie die Bestattungsriten, um den Übergang des Verstorbenen sicherzustellen.

Was war die Grundlage dieses unerschütterlichen ägyptischen Glaubens, fragen Sie sich? Es war ein Mythos. Der wohl beliebteste Mythos der ägyptischen Mythologie. Es basierte auf einer sehr faszinierenden Familienfehde. Dieses Kapitel beleuchtet den Mythos von Osiris, dem Gottkönig, der trotz der ziemlich schmutzigen Umstände glorreich ins Jenseits überging.

Die Familienfehde

In der Schöpfungsgeschichte von Heliopolis hatten die Enkelkinder des Sonnengottes Re, Geb und Nut, vier bis fünf Kinder, bevor sie von ihrem Vater Schu, der ihre Vereinigung nicht billigte, zur Trennung gezwungen wurden.

Nun, diese Geschichte beginnt zu einer Zeit, als Ägypten von Osiris, dem ersten Sohn von Geb und Nut, regiert wurde. Die irdische Gestalt unseres Protagonisten war ein gutaussehender bärtiger junger Mann in königlichen Gewändern und einem gefiederten Kopfschmuck (genannt Atef) auf seinem pechschwarzen Haar. Sein Charme und Charisma wurden durch seine seltene Weisheit verstärkt, mit der er Ägypten regierte.

Eine Abbildung von Osiris.
Credit: Unknown author, CC0, via Wikimedia Commons;
https://commons.wikimedia.org/wiki/File:The_Sacred_Books_and_Early_Literature_of_the_East,_vol._2,_pg._64-65,_Osiris.jpg

Zu welcher Zeit genau Osiris über Ägypten herrschte, ist unbekannt, aus diesem Grund ordnen ihn historische Texte in die „prädynastische Ära" ein oder beziehen sich auf ihn als den „Urkönig". Zumindest darf man annehmen, dass Osiris den Thron von seinem Vater Geb erbte, der der Gott der Erde war.

Die Regierungszeit von Osiris war geprägt von bedeutenden Reformen im Leben der Menschen. Zuerst verbot er den Kannibalismus in Ägypten. Anstelle einer solchen Barbarei führte Osiris sein Volk dazu, nach Alternativen zu suchen, wie z. B. dem Anbau eigener Nahrung auf Ackerland. Er segnete alle, die reiche Ernten für ihren Lebensunterhalt einbrachten. Dies brachte Osiris den göttlichen Titel als Gott der Fruchtbarkeit, Landwirtschaft und Vegetation ein.

Ein weiterer Höhepunkt seiner Herrschaft erscheint in Plutarchs berühmtem Werk *Moralia*. Dabei handelt es sich um die Verbesserung der Kultur Ägyptens. Musik und Tanz blühten in Ägypten unter Osiris' wachsamen Augen auf, und eines Tages begab er sich auf eine Weltreise, um seine neue Kultur zu verbreiten. Der Gottkönig besuchte viele Länder in Europa und im Nahen Osten und führte die Welt in eine neue Ära der Kunst und Kultur. Bevor Osiris sein Zuhause verließ, vertraute er seiner Frau, die auch seine Schwester Isis war, die Herrschaft über Ägypten an.

Königin Isis verehrte ihren Ehemann und hielt in seiner Abwesenheit die Stellung, trotz ihrer geheimen Schmerzen, ihm keinen Erben geboren zu haben. Sie hatte gesehen, wie ihr Mann ein Königreich verwaltete und seinen Untertanen die Tugenden der Wahrheit, Fairness und Gerechtigkeit gegenüber den Menschen einflößte. Sie beschloss, die Standards zu wahren, indem sie eine gütige Herrscherin war.

Als sie das Mandat des Königs erhielt, an seiner Stelle zu regieren, bis er zurückkehrte, ahnte sie nicht, dass bereits ein tödlicher Plan in Arbeit war. Die finstere Verschwörung wurde von ihrem anderen Bruder Seth betrieben.

Im ägyptischen Korpus finden Sie unterschiedliche Versionen bezüglich Seths Motiven, einem guten König Schaden zuzufügen. Der griechische Historiker Plutarch deutet an, dass Seth seit langem eifersüchtig und neidisch auf das Vermögen und die friedliche Herrschaft seines Bruders über Ägypten war. Er begehrte den Thron und alles, was sein älterer Bruder hatte. Dies spricht für ein Motiv, das sich größtenteils, wenn auch nicht vollständig, aus Seths schlechtem Charakter erklärt. Schließlich war er der Gott des gewalttätigen Chaos und des Krieges. Er wird als rothaariges Wesen dargestellt, das körperlich Ähnlichkeiten mit verschiedenen Tieren, darunter Hyänen, Schakalen, Schweinen und Füchsen aufweist.

Andere Berichte, insbesondere aus den Pyramidentexten, folgern, dass Seths Hass auf seinen Bruder tiefere Wurzeln gehabt haben könnte. Einige Geschichten besagen, dass Osiris mit Seths Frau (und Schwester) Nephthys geschlafen hat, wobei ihre illegale Affäre zur Geburt von Anubis führte. Zur Verteidigung des Gottkönigs lässt sich sagen, dass Nephthys ihn getäuscht hatte, indem sie die Gestalt von Osiris' Frau Isis angenommen hatte, und er hatte mit ihr geschlafen, weil er dachte, sie sei wirklich seine Frau.

Plutarch berichtet uns, dass Seth nicht besänftigt werden konnte. Wütend auf seinen Bruder schwor Seth, dass er Osiris töten würde. Er versammelte schnell eine kleine Gruppe von Verschwörern. König Osiris wurde von zu vielen Menschen geliebt, als dass Seth so einfach Komplizen finden konnte, also brachte er ein paar unehrenhafte Männer durch Bestechung auf seine Seite oder manipulierte sie mit Worten. Während der Gottkönig auf seiner Reise war, heckten Seth und seine Männer einen finsteren Plan aus.

Schon bald kündigte Seth an, dass er ein großes Bankett in seinem Haus abhalten würde, möglicherweise um die Rückkehr seines Bruders von seiner erfolgreichen Weltreise zu feiern. Der Tag kam und es erschienen zahlreiche Gäste, darunter König Osiris selbst. Es gab Essen, Wein und ein ziemlich eigenartiges Gastgeschenk: einen Sarg (manchmal auch als Truhe bezeichnet), der aus den hochwertigsten Materialien des ganzen Landes hergestellt worden war.

Ein solcher Sarg würde zweifellos eine äußerst bequeme Reise ins Jenseits ermöglichen, und fast jeder Gast im Bankettsaal begehrte ihn. Der Wunsch der Gäste, den Sarg zu besitzen, wuchs, als Seth verkündete, dass der Sarg ein Preis sei, den man gewinnen könne.

Die Herausforderung war einfach. Man musste in den Sarg steigen und sich hineinlegen. Wer perfekt in den Sarg passte, würde ihn bekommen. Seths Gäste sprangen von ihren Sitzen auf, um die Chance auf den Gewinn zu ergreifen. Viele von ihnen versuchten, in den Sarg zu steigen, aber keiner passte hinein. Gast für Gast versuchte es und Gast für Gast scheiterte. Das lag daran, dass die Maße des Sarges für niemanden in Ägypten passen würden, außer für einen: König Osiris selbst.

Voller Aufregung über das Spiel stieg der König in den Sarg und legte sich hinein. Er passte so genau hinein, dass sich die Gäste fragten, ob er speziell für den König angefertigt worden war. In der Zeit, in der sie ihre Neugier befriedigten, trat Set in Aktion, schlug den Sarg zu und überzog ihn mit Blei.

Die Realität von Seths üblem Plan entfaltete sich wie eine Schriftrolle vor den Menschen. Der Sarg war tatsächlich für den König angefertigt worden. Es war alles eine tödliche Falle.

Seth befahl, den Sarg in die Tiefen des Nils zu werfen, und verurteilte seinen Bruder zu einem äußerst qualvollen Tod. Der Sarg tauchte in den Nil und verschwand aus dem Blickfeld. Ganz Ägypten musste einem neuen König folgen.

<u>Erlösung und Rache</u>

Die arme Isis erfuhr von der Tragödie, die ihrem Ehemann durch Seth widerfahren war. Voller Trauer floh sie aus dem Palast und suchte jeden Zentimeter des Nils nach der Leiche des Gottkönigs ab. Wenn sie ihn finden konnte, konnte sie ihn mit ihren magischen Kräften heilen, oder ihm ein königliches Begräbnis geben, falls es schon zu spät wäre. Der Nil war eine riesige Wasserfläche, die es zu durchsuchen galt, also muss die Königin lange damit beschäftigt gewesen sein. Einige Überlieferungen besagen, dass sie auf ihrer Reise Anubis begegnete. Er war von seiner Mutter Nephthys verstoßen worden und wurde von seinem Vater Seth gehasst, weil er der Sohn von Osiris war. Königin Isis nahm Anubis bei sich auf und zog ihn wie ihren eigenen Sohn auf.

In der Zwischenzeit war unter Seths Herrschaft die Anarchie in Ägypten ausgebrochen. Beinahe das ganze gute Werk von König Osiris war zunichtegemacht worden, und die Menschen litten darunter. Sie lebten kein friedliches und wohlhabendes Leben mehr.

Die Beharrlichkeit der Königin zahlte sich an einem glücksverheißenden Tag aus. Isis hörte die Nachricht, dass der Sarg über den Nil in eine kleine Stadt in Phönizien namens Byblos getrieben worden war. Wie sich herausstellte, war der Sarg von Osiris in Byblos an Land gespült worden. Um ihn herum wuchs eine Tamariske, die den Sarg in ihrem Stamm gefangen hielt. Die verbleibenden Kräfte von König Osiris ließen diesen Laubbaum Saison für Saison gedeihen, der einen unverwechselbaren Duft verströmte. Einige Berichte besagen, dass der Baum sogar leuchtete.

König Malkander von Byblos und seiner Frau, Königin Astarte (oder Ishtar), kam der Gedanke, dass es kein gewöhnlicher Tamariskenbaum war. Der König befahl, den Baum zu fällen, und ließ daraus eine Schmucksäule machen. Diese Säule stand in seinem Palast zum Neid aller, die sie erblickten.

Der Palast von Byblos hatte viele Hofdamen, die sich mit ihren Fähigkeiten in der Kinderpflege, in der Pflege und Herstellung von Stoffen und Parfüms um die königliche Familie kümmerten. Eines Tages kam eine gebrechliche alte Frau an die Palasttore und bat um eine Audienz bei der Königin.

Die Menschen von Byblos wussten nicht, dass sie gerade die Göttin Isis empfangen hatten, die sich auf einer wichtigen Rettungsmission befand. Als Teil des Plans, Osiris zu retten, ersuchte die verkleidete Isis Königin Astarte um eine Tätigkeit im Palast. Wenn sie vorhatte, in Byblos zu bleiben, benötigte sie eine Aufgabe, um in der Nähe ihres gefangenen Mannes zu bleiben.

Die Königin von Byblos nahm Isis gnädig in ihren Dienst auf und vertraute ihr die Fürsorge für ihren Sohn an. Aus Dankbarkeit beschloss Isis, den jungen Prinzen unsterblich zu machen. Es war ein magischer Ritualprozess, bei dem das Baby in Feuer gebadet wurde, um seine Sterblichkeit wegzubrennen. Eine verkleidete Isis begann in dieser Nacht mit dem Ritual, wurde aber von der Mutter des Jungen unterbrochen.

Astarte muss entsetzt gewesen sein, als sie feststellte, dass die Amme ihres Sohnes ihn im Feuer badete. Sie verlangte eine Erklärung. In diesem Moment enthüllte Isis ihre wahre Identität. Die Königin von Byblos war verzückt, als sie entdeckte, dass sie eine Göttin unter ihrem Dach beherbergte. Sie verehrte Isis, die dann ihre wahre Absicht offenbarte. Ohne zu zögern, erfüllten der König und die Königin von Byblos Isis' Bitte, und der Sarg wurde aus dem Inneren der Säule entfernt.

Zu diesem Zeitpunkt war Osiris so gut wie tot, aber seine Frau gab nicht auf. Sie kehrte nach Ägypten zurück und heilte ihn. Viele Berichte stimmen darin überein, dass Horus der Jüngere, der Sohn von Isis und Osiris, um diese Zeit geboren wurde.

Seth, der Ägypten regierte, hörte die Nachricht vom Überleben seines Bruders und war nicht erfreut. Seine Frau Nephthys hatte begonnen, ihre Rolle im Krieg zwischen ihren Brüdern zu bereuen, ebenso wie ihre Aufgabe von Anubis.

Seth befahl die Verhaftung und Inhaftierung von Isis, und für seinen Bruder Osiris befahl er einen zweiten Tod. Plutarch behauptet, dass dies geschah, sobald Isis mit ihrem genesenden Ehemann einen Fuß auf ägyptischen Boden setzte.

Isis entkam mit Anubis' Hilfe der Inhaftierung, aber Osiris hatte nicht so viel Glück. Seth nutzte seine Schwäche aus und ermordete ihn. Danach zerstückelte er die Leiche von Osiris in vierzehn Teile und verteilte sie, wobei er darauf achtete, dass die Teile weit voneinander entfernt waren. Diese Aggression war Seths üble Methode, um sicherzustellen, dass Osiris nicht wieder lebend zurückkehren würde.

Isis trauerte um Osiris' unmenschlichen Tod und machte sich mit ihrer Schwester Nephthys und Horus auf den Weg, um die verstümmelten Körperteile von Osiris zu finden und wieder zusammenzusetzen. Ihre Suche war erfolgreich, zumindest größtenteils. Die Schwestern konnten alle Körperteile von Osiris mit Ausnahme seines Penis bergen. Seth hatte ihn in die Tiefen des Nils geworfen und die Fische hatten ihn gefressen. Einige Geschichten sagen, dass Isis ihm einen neuen aus Holz gemacht hat, während andere berichten, dass sie Magie benutzt habe.

Mit Hilfe von Isis' Kräften erwachte Osiris wieder zum Leben, aber er war nicht mehr vollständig. Dies machte ihn unfähig, seinen Thron zurückzuerobern. Stattdessen ging er in die Unterwelt, wo er ihr Gott und der Richter der Toten wurde.

Das war noch lange nicht das Ende von Isis' Problemen. Seth lief immer noch Amok und suchte überall nach ihrem Sohn Horus. Seth versuchte, ihn zu töten, so wie er seinem Vater das Leben genommen hatte.

Isis floh mit ihrem Sohn ins Marschland Ägyptens und zog ihn dort auf. Horus wuchs vom Jungen zum Mann heran und schärfte sein Racheschwert. Er lernte alles über Zaubersprüche und die Kunst der Kriegsführung. Sein Erzfeind war der Kriegsgott selbst, und seine Mutter erzog ihn dazu, kein Schwächling zu sein.

Horus wuchs zu einem mächtigen Krieger und Seths Erzfeind heran. Unter Seths grausamer Herrschaft stand Ägypten am Rande der Verwüstung, und das verarmte Volk sah in Horus einen Hoffnungsschimmer. Die Menschen boten ihm ihre Unterstützung an und folgten ihm in großer Zahl, als er den Angriff gegen den Tyrannen anführte.

Seth wurde vom Thron Ägyptens gestoßen. Einige sagen, er sei getötet worden, während andere glauben, er sei ins Rote Meer verbannt worden. Es ist nicht bekannt, ob er ein neues Ufer erreicht hat oder ob er weiterhin auf den Wellen treibt. Am wichtigsten ist, dass diese Geschichte mit einem überwältigenden Sieg für den Sohn von Osiris endet, dessen Herrschaft Balsam für die Wunden des geschundenen Ägyptens war.

Kapitel 6: Zeit und das Ende der Zeit

Die Entdeckung der Zeitmessung und des Verlaufs der Zeit war eine große Leistung für viele antike Zivilisationen, einschließlich der der alten Ägypter.

Wie Sie sich vorstellen können, gab es im Alten und Mittleren Reich keine Wanduhren, Armbanduhren oder Standuhren. Dennoch mussten die Menschen die Zeit im Auge behalten, um herauszufinden, wie man sie am besten auf das tägliche Leben anwendet. Nur die Zeit konnte einen Tag von einem anderen Tag, eine Woche von einer anderen Woche und ein Jahr von einem anderen Jahr trennen.

Der Sonnengott Re und seine Gefolgschaft unternahmen jeden Tag auf seinem Wagen oder seiner Barke Ausflüge in die Unterwelt und wieder zurück an den Himmel, und die alten Ägypter arbeiteten an der Suche nach den Antworten für Zeit und Raum. In der Chronologie der Entdeckungen ist es angenehm, dass die alten Ägypter zuerst das „Ende der Zeiten" herausgefunden hatten.

Das Ende der Zeiten

Der Begriff „Ende der Zeiten" wird benutzt, um die letzte Stufe der Kosmologie zu beschreiben: das Ende der Welt, wie wir sie kennen. Er bezieht sich auf ein Ereignis, zu dem die Welt, die Menschen und möglicherweise die Götter nicht mehr existieren. Im alten Ägypten war es eine Zeit, in der die Erde wieder in einen Zustand der Leere zurückkehrte und das Leben durch das ersetzt wurde, was zuerst existiert hatte: Nun.

Es gibt zwei Sichtweisen hinsichtlich des altägyptischen Glaubens an das „Ende der Zeiten". Die erste herrschte vor, als die Götter die Erde als Könige regierten. Die zweite Sichtweise veränderte das ägyptische Glaubenssystem, das vom Alten Reich bis nach dem Neuen Reich geherrscht hatte, als das Christentum in Ägypten Einzug hielt.

Die erste Sichtweise: Götter und Menschen

Im Vergleich zu anderen antiken Kulturen wie Mesopotamien und Griechenland sah das altägyptische Glaubenssystem das Ende der Welt zunächst als einen Fehler, den es zu vermeiden galt, denn als eine Unausweichlichkeit.

Wie das, fragen Sie sich?

Nehmen wir zum Beispiel Griechenland und Mesopotamien. Beide Kulturen glaubten, dass es eine Sintflut geben würde, ähnlich der biblischen Geschichte über Noah, wo eine Sintflut die Erde zerstörte. In der mesopotamischen Mythologie mussten die Menschen, als die Sintflut kam, Archen bauen – genau wie Noah in der Bibel – um sich selbst zu retten. Im griechischen Flutmythos überlebten nur ein Mann namens Deukalion und seine Frau die Flut, indem sie sich in einer Truhe versteckten.

Diese Flutmythen wurden in Griechenland und Mesopotamien als unvermeidliche Ereignisse und eine Art unausweichliche Strafe für die Menschheit erzählt. Die Natur der altägyptischen Perspektive auf das Ende der Welt (oder die Apokalypse) war nicht unvermeidlich.

Sie kennen den Tagesablauf des Sonnengottes und wie wichtig er für die Erhaltung von Maat war. Erinnern Sie sich daran, dass die alten Ägypter durch Gebet und Verehrung eine große Rolle dabei spielten, ihren Göttern die Kraft zu geben, ihre göttlichen Aufgaben zu erfüllen. Ihre größte Angst war, dass, wenn sie wankten, die Götter schwach werden und ebenfalls wanken könnten. Dies wäre eine Störung der natürlichen Ordnung, aber es wäre nur die Spitze eines katastrophalen Eisbergs. Wenn Götter wie Re jemals ihre Kraft verlören und keine Anbeter mehr hätten, die sie belebten, könnten sie sterben.

Der Tod der Götter würde das Ende der Welt bedeuten, und die Ermordung des Gottkönigs Osiris durch seinen Bruder Seth war ein Beispiel dafür, dass es so kommen könnte. Das Chaos hielt in Ägypten nach dem Tod von Osiris Einzug, und wäre nicht die Beharrlichkeit von Königin Isis und der Sieg von Horus dem Jüngeren gewesen, wäre die

Zerstörung von Maat komplett gewesen. Maat wäre auch bis ins Innerste erschüttert gewesen, wenn Schu, der Sohn von Re, seinen Thron auf der Erde verlassen hätte und zum Himmel aufgestiegen wäre. Ein heftiger Sturm verwüstete neun Tage lang die Welt und kein Gott oder Mensch konnte Klarheit gewinnen, bis Geb auf den Thron kam.

So war die Erhaltung von Maat im altägyptischen Glaubenssystem eine gemeinsame Anstrengung der Götter und der Menschen, die sie anbeteten. Solange jeder seinen Teil dazu beitrug, blieb das „Ende der Zeiten" eine vermeidbare Folge.

Von einem anderen Standpunkt aus nahmen die Ägypter das vorherbestimmte „Ende der Zeiten" als streng individualistisch wahr statt als groß angelegte Zerstörung und Seelenernte. Kein Mensch konnte dem Tod entkommen, und nachdem jemand gestorben war, gab es ein Jenseits, wo er die Ewigkeit verbringen würde.

In den Pyramidentexten und anderen antiken Dokumenten wurde das Ende der Welt auf eine eigenartige Weise beschworen. Es galt als Bedrohung für die Götter. Das ist ziemlich ironisch, wenn man bedenkt, dass die alten Ägypter ihre Götter verehrten. Die Ägypter waren jedoch dafür bekannt, die Götter mit Chaos zu bedrohen, wenn ihre Gebete nicht erhört wurden.

„O Herr des Horizonts, bereite mir eine Stätte. Denn wenn du mir nicht eine Stätte bereitest, werde ich meinen Vater Geb verfluchen, und die Erde wird nicht mehr sprechen, Geb kann sich nicht mehr schützen, und wen ich auf meinem Weg finde, den werde ich stückweise verschlingen."

Viele Varianten dieser Drohung finden sich in den Sargtexten (weitere Informationen dazu in Kapitel 19), Zauberbüchern und medizinischen Fachzeitschriften aus dem Alten Reich.

Haben diese Drohungen die Götter jemals zum Handeln veranlasst? Schockierenderweise schon. Die Götter wünschten gerade so viel wie die Sterblichen, dass Maat erhalten blieb. Sie betrachteten solche „Gebetsdrohungen" als Ausdruck inbrünstiger Gebete, und sie reagierten schnell auf alle, die sie heraufbeschworen. Dies bleibt ein faszinierender Aspekt der Götterverehrung der alten Ägypter.

<u>Die zweite Sichtweise: Die Menschen?</u>

Diese Legende spielt im frühdynastischen Ägypten.

Die Götter herrschten nicht mehr über die Menschen, wenigstens nicht unmittelbar. Sie hatten immer noch mit den Angelegenheiten der

Natur und der Ordnung zu tun. Die Menschen beteten immer noch zu den Göttern und sahen zum Pharao als leuchtendem Vorbild und Bote der Götter auf.

Der erste Pharao eines vereinten Ägypten war Menes (oder auch Narmer). Er begründete die 1. Dynastie im alten Ägypten in den 3000ern v.u.Z. Er ist am bekanntesten dafür, dass er Ober- und Unterägypten unter einer Herrschaft vereint hat. Das machte Menes und die Pharaonen, die nach ihm kamen, sehr mächtig.

Langfristig wurde dies jedoch zu einem Problem. Mit der Herrschaft der Pharaonen über ein vereintes Ägypten ging ein Zustrom apokalyptischer Prophezeiungen einher, von denen jede ein dramatisches „Ende der Zeiten" beschrieb. Diese Prophezeiungen wurden als Propaganda kritisiert, da sie typischerweise die Herrschaft eines bestimmten Pharaos als einzige Möglichkeit priesen, um die kommende Gefahr abzuwenden. Diese Geschichten einer drohenden Apokalypse verlagerten jedoch das Glaubenssystem des alten Ägyptens aus der gottzentrierten Perspektive, die es einst innehatte.

Zuerst gab es die Prophezeiung des Neferti.

Irgendwann in der Mitte der 2000er Jahre v.u.Z. wurde die 4. Dynastie des alten Ägypten vom regierenden Pharao Snofru begründet. König Snofrus Reich war riesig und wohlhabend und erstreckte sich auf die Länder Libyen und Nubien (Sudan). Er verfügte zudem über eine gewaltige Arbeitskraft und war reich an Land und Vieh.

Eines Tages war Pharao Snofru übermütig und wollte von einem hervorragenden Lyriker oder Weisen unterhalten werden. Die Männer am Hof des Königs empfahlen einen Mann namens Neferti als den geeignetsten für diese Aufgabe.

Der König vertraute seinen Höflingen und ließ Neferti sofort vor sich bringen. Nach der Ehrerbietung an den Pharao offerierte Neferti dem König zwei Arten von Geschichten: Geschichten aus der Vergangenheit und Geschichten aus der Zukunft.

Es schien, als würde Neferti seinem Ruf gerecht. Da Snofru der Pharao von Ägypten war, gab es nichts über die Vergangenheit, das er nicht wusste. Er war ein verehrter Hüter des Wissens über die Götter und die lange Geschichte Ägyptens. Aber er wusste nichts von der Zukunft.

Ohne zu zögern, entschied sich König Snofru, Geschichten aus der Zukunft zu hören. Nefertis Geschichte war, wie der König bald herauszufinden sollte, eine Prophezeiung des Untergangs.

„Ich zeige euch das Land im Aufruhr. Es ist eingetreten, was nicht sein sollte. Die Menschen werden zu den Waffen greifen und das Land wird in Aufruhr leben. Die Menschen werden Pfeile aus Kupfer herstellen, für Brot nach Blut verlangen, vor Leiden laut lachen. Keiner weint über den Tod, keiner wacht auf, um sich zu Tode zu fasten...

Re wird sich von den Menschen zurückziehen. Wenn er auch aufsteht zu seiner Stunde, wird man nicht wissen, wann der Mittag gekommen ist. Niemand wird seinen Schatten erkennen, kein Angesicht wird geblendet, wenn es [ihn] sieht, und keine Augen werden feucht werden. Er wird am Himmel sein wie der Mond, sein nächtlicher Lauf unverändert, seine Strahlen auf dem Gesicht wie zuvor."

Der erste Teil von Nefertis Prophezeiung beschreibt politische Unruhen, Bürgerkrieg und soziale Anarchie. Das reicht noch nicht aus, um apokalyptisch zu sein. Sie beschränkt die Katastrophe auch auf Ägypten als Nation. Der zweite Teil der Prophezeiung, in dem Re erwähnt wird, verwandelt die Rede von Neferti von einer bloßen Vorhersage in eine Prophezeiung des kosmologischen Chaos.

König Snofru und seine Höflinge müssen entsetzt gewesen sein, von Dingen wie dem Austrocknen des Nils oder Res Abwendung von der Menschheit zu hören. Diese Ereignisse symbolisierten ein Zeitalter des überwältigenden Bösen und das Ende von Maat, aber es gab eine Lösung: „Dann kommt ein König aus dem Süden, Ameny mit Namen ... Dann kehrt die Ordnung an ihren Platz zurück, während das Chaos vertrieben wird."

Wie es sich herausstellen sollte, war dieser König aus dem Süden Amenemhet I., der Ägypten acht Dynastien später regieren sollte. Die Verherrlichung eines Pharaos als Friedensstifter für ein zerrüttetes Land – und unbeabsichtigt für die ganze Welt – festigte die Vorherrschaft der ägyptischen Monarchie weiter.

Die Götter waren nicht mehr das alleinige Herzstück des Volksglaubens an das „Ende der Zeiten". Ihre Rettung lag nun in den Händen eines sterblichen Menschen. Nefertis apokalyptische Botschaft tauchte zu einer Zeit auf, als die Könige von Ägypten sich als die Erlöser des Volkes positioniert hatten. Als wichtige Vermittler zwischen den Göttern und den Menschen wurden die Pharaonen verehrt und man brachte ihnen die gleichen Opfer dar wie den Göttern.

Obwohl sie sich hunderte von Jahren zuvor ereignet haben soll, wurde das wiedergefundene Dokument mit der Prophezeiung des Neferti um die Zeit der 12. Dynastie geschrieben, während der Herrschaft des Königs, auf den sich die Prophezeiung bezog. Praktisch, meinen Sie nicht?

Dies hat Historiker bezüglich der Echtheit der Prophezeiung skeptisch werden lassen. Es war möglicherweise ein Trick, um Amenemhets angebliche Usurpation des ägyptischen Thrones von König Mentuhotep IV., dem er als Wesir gedient hatte, zu rechtfertigen.

Das Buch des Asklepius: Zurück zur Göttlichkeit

Im ersten bis dritten Jahrhundert unserer Zeitrechnung erlitt Ägypten das, was einige für eine römische Invasion halten. In dieser Zeit wurde das alte Ägypten zu einer römischen Provinz, deren politische und religiöse Überzeugungen mit der griechisch-römischen Mythologie verschmolzen. Diese Verschmelzung wird Synkretismus genannt.

So wurde z.B. der griechische Gott Zeus mit dem ägyptischen Gott Amun verschmolzen und wurde zu Zeus-Ammon. Re war das Äquivalent zu Apollo, Aphrodite zu Isis und der griechische Gott Hermes war das Äquivalent des ägyptischen Gottes Thot.

Der Synkretismus von Hermes und Thot schuf einen mythischen Autor namens Hermes Trismegistus und im vierten Jahrhundert u.Z. wurde ein heiliger, apokalyptischer Text dieser legendären Gestalt in Ägypten gefunden. Er war Teil eines umfangreichen Dokuments namens *Corpus Hermeticum* und die enthaltene Prophezeiung hieß „Das Buch des Asklepius".

Diese Prophezeiung hatte einen beängstigenden, melancholischen Ton:

„Es wird eine Zeit kommen, wo man sehen wird, dass die Ägypter vergeblich der Gottheit mit Frömmigkeit und eifrigem Dienst gedient haben, und ihre heilige Anbetung wird sich als fruchtlos und ohne Gewinn erweisen. Denn die Gottheit wird sich von der Erde in den Himmel zurückziehen, und Ägypten wird verlassen sein, und das Land, in dem die Religion wohnte, wird wüst bleiben, ohne das Angesicht seiner Götter. Fremde werden in dieses Land kommen, und nicht nur die Bräuche werden vernachlässigt, sondern noch schrecklicher, es wird durch so genannte Gesetze vorgeschrieben, unter Androhung von vorgeschriebenen Strafen, sich von allen religiösen Praktiken, von jedem Akt der Frömmigkeit gegenüber den Göttern zu enthalten. Dieses allerheiligste Land, das Land der Heiligtümer und Tempel, wird mit Gräbern und Leichen bedeckt sein."

Diese Apokalypse, so schrecklich sie auch ist, endet mit einer Botschaft der Hoffnung und der Wiedergeburt, orchestriert von den Göttern. Diese Prophezeiung wurde von dem Gott Thot Asklepios, einem Halbgott der griechisch-römischen Mythologie, ausgesprochen und von Hermes Trismegistus niedergeschrieben. Es war eine dreiteilige Botschaft der Prädestination, und im Gegensatz zur Prophezeiung des Neferti, stimmte sie mit der Realität der Zeit überein. Ägypten stand nach einer vom Krieg zerrissenen Ära unter römischer Herrschaft, und laut der Prophezeiung standen weitere Turbulenzen bevor, um die Welt zu reinigen. Am bedeutsamsten war, dass die Rettung der Welt nicht in den Händen eines Menschen lag, sondern in den Händen eines göttlichen Wesens, das weder bestochen noch kontrolliert werden konnte.

Es bleibt umstritten, ob Hermes Trismegistus, der gefeierte Autor dieser apokalyptischen Prophezeiung, tatsächlich existierte. Dennoch war er als Förderer des Schreibens eine einflussreiche Figur in der griechisch-römischen und ägyptischen Mythologie.

Die Bestimmung der Zeit

Vor langer Zeit gab es weder Wecker noch modische Armbanduhren, um die Zeit anzuzeigen. Solche Technologien sollten erst Jahrtausende später entwickelt werden. Trotzdem mussten die Leute herausfinden, welche Tageszeit es war oder in welcher Jahreszeit es am besten war, dies oder jenes zu tun.

Das alte Ägypten war eine der reichsten Kulturen seiner Zeit, daran besteht kein Zweifel. Und den Ägyptern gebühren einige der frühesten Innovationen der Zeitbestimmung. Dies war möglich, weil sie an die Reise des Sonnengottes glaubten, die Tag und Nacht trenne. Bereits seit 3500 v.u.Z. hatten die Ägypter einen einzigartigen Mondkalender entwickelt, der aus zwölf Monaten zu je 30 Tagen bestand: insgesamt 360 Tage.

Anstatt Sommer, Frühling, Winter oder Herbst wurden die Jahreszeiten des alten Ägypten *Achet*, *Peret* und *Schemu* genannt.

Achet: Die Nilschwemme

Achet war auch bekannt als die „Jahreszeit der Überschwemmung" oder die „Jahreszeit der Flut". *Achet* bestand aus vier Monaten: *Techi*, benannt nach dem altägyptischen Gott der Weisheit und der Wissenschaft; *Menchet*, benannt nach einem berühmten Fest, das in diesem Monat zu Ehren von Re gefeiert wurde; *Hathor*, benannt nach der altägyptischen Himmelsgöttin; und *Koiak*, benannt nach einem heiligen Stier im alten Ägypten.

Die Jahreszeit *Achet* kennzeichnete die wichtige Überschwemmung des Nils. Da der Nil die Hauptquelle der Wasserversorgung Ägyptens war, erlangte das Land mit jeder Nilschwemme seine Fruchtbarkeit zurück. Wie Sie sicherlich bemerken, war der Nil das Herzstück des alten ägyptischen Kalenders in seiner Gesamtheit. Die Einteilung der Zeit in Tage, Monate und Jahre war eine Neuerung, die von einer genauen Beobachtung des Verhalten des Nils herrührte. *Achet* brachte dem Nil reichlich Wasser, mehr als in jeder anderen Zeit des Jahres, und markierte den Anfang einer neuen landwirtschaftlichen Saison.

In *Achet* fielen auch bunte, fromme Festlichkeiten zu Ehren des Sonnengottes Re und der Göttin Hathor. Während des neuen Reiches wurden Rituale und Feste zu Ehren von Osiris, Isis und Nephthys im Monat *Koiak* populär.

Das heutige Äquivalent zu *Achet* bilden die Monate September bis Januar.

Peret: Die Jahreszeit der Aussaat

Nach vier Monaten der Anreicherung der Böden Ägyptens zog sich der Nil zurück und ließ das Land fruchtbar zur Bepflanzung zurück. Die alten Ägypter nannten diese Saison *Peret* oder die „Jahreszeit des Auftauchens". Das Wort „Auftauchen" bezieht sich auf die Länder entlang des Nils, die wieder „auftauchten", nachdem sie während der Jahreszeit *Achet* mit Wasser überflutet worden waren.

Peret hatte auch vier Monate (etwa zwischen Januar und Mai), was den Bauern genügend Zeit gab, ihr Land zu pflügen und ihr Saatgut zu pflanzen. Der erste Monat in *Peret* (oder der fünfte Monat im Jahr) war *Tobi*, benannt nach einer der vielen Formen des Gottes Re. Der nächste war *Mechir*, benannt nach dem altägyptischen Gott des Windes. *Paremhet* kam als nächstes, und er wurde nach einem Pharao benannt, der um 1500 v.u.Z. regierte. Und der letzte Monat der Saison, *Pharmouthi* oder *Paremoude*, wurde in Ehrerbietung der altägyptischen Göttin der Nahrung und der Ernte, Renenutet, genannt.

Da die alten Ägypter damit beschäftigt waren, ihr Ackerland zu kultivieren, ist es nicht verwunderlich, dass während der Jahreszeit *Peret* keine aufwendigen Feste oder Rituale gefeiert wurden. Stattdessen beteten sie zu Min und Renenutet, dem Gott und der Göttin der Ernte, damit sie ihren Boden segneten und ihnen eine reiche Ernte in der kommenden Saison brachten.

Schemu: Eine reiche Ernte

Die Erntezeit war die meisterwartete Zeit des Jahres im alten Ägypten. Der Nil war zu dieser Zeit auf seinem Tiefstand, und die neuen Früchte, die aus dem Boden sprossen, waren bereit zur Ernte in der Jahreszeit *Schemu*, die auch als „Erntezeit" bekannt ist. Es gab frische Nahrung in Ägypten, eine Belohnung für viele Monate Arbeit.

Die Jahreszeit *Schemu* war auch die trockenste. Sie war das Äquivalent des Sommers (Mai bis September), ihre vier Monate kennzeichneten das Ende des Jahres. Der erste Monat der Jahreszeit (und der neunte Monat des Jahres) war *Paschons*, eine Ableitung des Mondgottes und Sohnes von Re, *Chonsu*. Danach kam *Paoni*, der nach dem Fest der Toten (dem Talfest) benannt wurde, das im Laufe des Monats gefeiert wurde. Der nächste Monat war *Epipus*, und danach war es *Mesori*, in dem das Ende der Erntezeit und das neue Jahr gefeiert wurde.

Festlichkeiten zum Ende des Jahres wurden zu Ehren von Re abgehalten, und der dreißigste Tag von *Mesori* war ein besonderer Feiertag im alten Ägypten. Es war der letzte Tag des Jahres, und eine Reihe von interessanten Veranstaltungen war geplant. Zunächst konnte sich die königliche Handwerker (Bildhauer, Zimmermann, Maler, Schmiede, Baumeister und Schreiber, die im Palast wohnten) den Tag frei nehmen. Sie schlossen sich den Bewohnern der Stadt an, um heilige Riten zu vollziehen. Jeder Tempel in Ägypten wurde mit Zaubersprüchen und Fackeln geschmückt, um das Böse abzuwehren, während das Volk feierte. Wenn es irgendwelche neuen Pharaonen gab, die gekrönt werden sollten, war dies typischerweise die Zeit, dies zu tun, und jeder inthronisierte Pharao empfing Geschenke von seinen Gefolgsleuten.

Als die Straßen Ägyptens in Erwartung des neuen Jahres beleuchtet wurden, tauschten die Menschen in gutem Glauben Geschenke aus. Nachdem sie in der Jahreszeit *Schemu* genügend Nahrung geerntet und eingelagert hatten, brauchten sich die Menschen im alten Ägypten keine Sorgen um ihr Überleben während der kommenden *Achet*-Saison zu machen, wenn der Nil wieder über seine Ufer treten würde.

Sonnenuhren, Schattenuhren und Merchets

Das Wichtigste an allen altägyptischen Jahreszeiten war die Vorrangstellung des Sonnengottes. Jede Jahreszeit hatte einen Monat, der nach ihm oder einer seiner Erscheinungsformen benannt wurde. Die Sonne, wie der Nil, war ein Zeichen von Zeiten und Jahreszeiten. Die alten Ägypter waren ihrer Zeit voraus. Sie schufen den ersten bekannten

Sonnenkalender. Sie entdeckten die Bedeutung der Sonne und ihrer zyklischen Muster und wandten sie bei der Erfindung des Sonnenkalenders an.

Noch bemerkenswerter ist, dass die alten Ägypter in der Lage waren, die Sonne zu nutzen, um mit einer ihrer Erfindungen die Stunden des Tages festzulegen. Das früheste Zeitmessgerät war der Obelisk, ein aus Stein gemeißeltes Denkmal mit einer Spitze und vier Ecken. Obelisken wurden strategisch errichtet, und ihre Höhen war spezifisch genug, um die Bewegung der Sonne zu anzuzeigen. Der Schatten, der von der Sonne gegen eine Seite des Obelisken geworfen wurde, stellte den Morgen oder die Mittagszeit dar.

Während Obelisken von großem Nutzen für die Menschen waren, die vor über fünftausend Jahren in Ägypten lebten, gab es ein kleines Problem – Obelisken waren nicht mobil. Sie waren unbeweglich, was bedeutete, dass die Menschen Meilen zum nächsten Obelisken gehen mussten, um die Zeit bestimmen zu können.

Das reichte einfach nicht aus.

Also wurden die Ägypter wieder kreativ. Die ideale Erfindung musste tragbar sein, damit die Menschen in der Lage waren, die Uhrzeit zu ermitteln, wo immer sie auch hingingen. Eines Tages, um 1500 v.u.Z. erhielt die Zeiterfassung mittels Schattenwurfes eine gewaltige Verbesserung. Jemand erfand die Sonnenuhr.

Die ägyptische Sonnenuhr.
Rudolphous, CC BY-SA 4.0 https://creativecommons.org/licenses/by-sa/4.0 via Wikimedia Commons; https://commons.wikimedia.org/wiki/File:Leiden_-_Rijksmuseum_van_Oudheden_-_Egyptian_antiquities_-_Ancient_Egyptian_sundial.jpg

Die Sonnenuhr war ein faszinierendes Artefakt, bestehend aus einer flachen Platte namens Zifferblatt und etwas namens Gnomon. Der Gnomon war dreieckig und ragte senkrecht aus dem Zifferblatt heraus. Er diente einem ähnlichen Zweck wie Zeiger einer Uhr, indem er jede Bewegung der Sonne am Himmel nachverfolgte. Jede Bewegung warf einen Schatten auf das Zifferblatt, der sich langsam auf der Platte fortbewegte. Dies erlaubte den Menschen, die Stunden des Tages abzulesen, aber was geschah, wenn die Sonne unterging?

Dafür wurden *Merchets* benutzt. Mit dem *Merchet* ließ sich Bewegung der Sterne in der Nacht ablesen, und es bestand in der Regel aus Holz oder Knochen. Die alten Ägypter benutzten es, um die Bewegung von zehn Sternen über den Meridian zu verfolgen. Jeder Stern repräsentierte eine Stunde der Nacht, insgesamt zehn Stunden für die Nacht und eine Stunde für den Sonnenaufgang. Die Tageszeit hatte zwölf Stunden und eine Stunde für den Sonnenuntergang, was die Gesamtzahl auf vierundzwanzig Stunden brachte.

Kapitel 7: Der goldene Lotus

Ein weiterer fesselnder Mythos, der uns aus dem alten Ägypten überliefert ist, ist der Mythos des Goldenen Lotus.

Beinahe alle Gräber und Tempel, die im alten Ägypten entdeckt worden sind, verfügen über Inschriften und Darstellungen mit der Lotuspflanze, und der Lotus wird heute in der Tat als nationale Blume Ägyptens betrachtet.

Der Lotus symbolisierte Heilung, Schöpfung und spirituelle Wiedergeburt. Das geht auf die Art und Weise zurück, wie die Pflanze im Sonnenlicht blüht und ihre Blütenblätter schließt und sich bei Nacht ins Wasser zurückzieht. Am nächsten Morgen taucht die Blüte wieder aus dem Wasser auf, öffnet ihre Blütenblätter, um die Sonne zu begrüßen (oder um „wiedergeboren" zu werden). Die Lotusblume wächst nur in Teichen und Seen und sieht genauso so schön aus, wie sie riecht.

In Ägypten fand man blaue Lotusblumen überall am Nil und sie waren im ganzen Land für ihre Schönheit und Kraft der Verjüngung berühmt.

Nach dem Schöpfungsmythos aus Memphis entstand der Gott Nefertem als Lotusblume, als sein Vater Ptah die Welt erschuf. Nefertem wird als schöner junger Mann mit einer Lotusblume auf dem Kopf dargestellt, und er wurde als Beschützer der beiden Länder (Ober- und Unterägypten) verehrt.

Bei altägyptischen Begräbnissen wurde Öl aus den Lotusblüten als Zutat verwendet, um die Verstorbenen zu mumifizieren und den Gestank der Verwesung zu neutralisieren. In der ägyptischen Kunst gibt es viele

Darstellungen von Göttern und Göttinnen, die Lotusblumen vor die Nase der Pharaonen und Königinnen von Ägypten halten und deren Wiedergeburt ins Jenseits symbolisieren.

Wenn man die Bedeutung dieser schönen Blumen kennt, kann man den Mythos des Goldenen Lotus besser verstehen. Diese Geschichte spielt während der Herrschaft von Snofru (auch Sneferu geschrieben, derselbe König, der die Prophezeiung des Neferti empfing). Snofru ist auch berühmt für seine Fortschritte in der altägyptischen Architektur. Dies war ein Vermächtnis, das von seinem Sohn Chufu (Cheops) fortgesetzt wurde, der die Große Pyramide von Giseh, eines der Sieben Weltwunder der Antike, errichtete.

Der ägyptische Mythos vom Goldenen Lotus stammt ebenfalls aus der antiken Stadt Memphis und beginnt damit, dass sich der König eines Tages langweilte. Alles war gut während seiner Herrschaft. Es gab weder Bürgerkriege noch Bedrohungen von außen. Der König schlenderte durch seinen majestätischen Palast und sehnte sich nach Unterhaltung. Es gab keine Filme oder Kinos im alten Ägypten, aber es gab Musik, Tanz und Magie.

König Snofru dachte an seinen Hauptmagier, einen gewaltigen Mann namens Djadjaemanch. Wenn er Djadjaemanch in seinen Palast einlud, konnte der Mann Zauberkunststücke vollbringen, die seine Stimmung heben würden. Und sogleich befahl er, den obersten Zauberer vor ihn zu bringen.

Djadjaemanch wurde aus seiner Residenz, dem Haus der Weisheit, gerufen. Als er vor dem König erschien, betete der Magier Snofru an und fragte, wie er ihm dienen könne. Der König drückte seinen Wunsch aus, durch eine private Zaubershow unterhalten zu werden, da alle anderen Formen der Unterhaltung langweilig geworden seien.

Djadjaemanch hatte jedoch etwas anderes im Sinn. Statt einer Zaubershow im Palast, bat er den König, eine Bootsfahrt auf dem Nil zu unternehmen und verhieß ihm etwas Wunderbares.

Der Pharao sah nichts Unterhaltsames an einer Bootsfahrt - da er über viel Zeit verfügte, hatte er schon Dutzende von Bootsfahrten gemacht. Djadjaemanch aber führte eine Neuerung ein. Statt der üblichen Bootsruderer sollte der König zwanzig schöne Jungfrauen als Ruderinnen mitnehmen. Diese Frauen mussten langes, fließendes Haar haben.

Diese Aussicht faszinierte König Snofru und er übergab Djadjaemanch die Verantwortung für die Vorbereitung der Bootsfahrt. Der Zauberer sorgte dafür, dass nur die schönsten Frauen ausgewählt wurden. Ihre Ruder waren aus feinstem Ebenholz gefertigt und mit Gold überzogen.

König Snofrus bestes königliches Boot wurde auf den Nil gerudert, und die Frauen, die in golddurchwirkte Gewändern gekleidet waren, nahmen ihre Positionen ein, um die Fahrt anzutreten. Von seinem königlichen Pavillon auf dem Boot aus fand der König den Anblick des glitzernden Nils und der schönen Frauen, von denen er umgeben war, entzückend. Alle Frauen trugen Schmuck, Geschmeide und Haarnadeln aus reinem Gold – Geschenke des Königs selbst.

Als das prächtige königliche Boot den scheinbar endlosen Fluss entlangfuhr, schlug die erste Ruderin auf einer Seite des Bootes versehentlich den goldenen Lotus ab, der ihr Haar festhielt. Der goldene Lotus fiel in den Fluss und versank in kürzester Zeit.

Verzweifelt hörte die Ruderin auf zu rudern und unterbrach die Vergnügungsfahrt des Pharaos. König Snofru erkundigte sich nach dem Aufruhr und die Frau erzählte ihm von ihrer Notlage. Sie hatte ein wertvolles Geschenk verloren und wollte es zurückholen.

In seiner Großmut bat der Pharao die Frau, sich zu beruhigen und die Reise fortzusetzen. Er versprach ihr, den verlorenen goldenen Lotus zu ersetzen, aber die Frau lehnte ab. Sie wollte ihren alten Lotus zurück und nicht ohne ihn weiterfahren.

Nur ein Mann konnte einen versunkenen Lotus zurückbringen und das war der Mann, der die Reise überhaupt erst vorgeschlagen hatte. Der Pharao befahl, den obersten Zauberer auf das Boot zu bringen, und übermittelte ihm sein Dilemma:

„Zazamanch [Djadjaemanch], mein Freund und Bruder, ich habe getan, wie du geraten hast. Mein königliches Herz ist erfrischt und meine Augen sind entzückt beim Anblick dieser reizenden Ruderinnen, die sich ihrer Aufgabe beugen. Während wir auf dem Wasser des Sees [gemeint ist der Nil] hinauf- und hinunterfahren und sie für mich singen, während ich am Ufer die Bäume und die Blumen und die Vögel sehe, scheine ich in die goldenen Tage zu fahren, entweder die vergangenen, als Re auf der Erde herrschte oder jene, die noch kommen werden, wenn der gute Gott Osiris aus der Duat zurückkommt.

Aber nun ist ein goldener Lotus aus den Haaren einer dieser Jungfrauen auf den Grund des Sees gefallen. Und sie hat aufgehört zu singen, und die Ruderer auf ihrer Seite können den Schlag nicht halten. Und sie lässt sich nicht mit Versprechungen anderer Gaben trösten, sondern weint um ihren goldenen Lotus. Zazamanch, ich möchte der Kleinen hier den goldenen Lotus zurückgeben und die Freude in ihre Augen zurückkehren sehen."

Dies war Djadjaemanchs Stichwort, um eine höchst glorreiche Tat zu vollbringen. Er versicherte dem König und allen anderen auf dem Boot, dass der Lotus geborgen werden würde. Der Zauberer ging zum Heck des Bootes, hielt seinen Zauberstab vor sich und blickte auf die weiten Gewässer. Nach einer Rezitation von Zaubersprüchen und Beschwörungen streckte Djadjaemanch seinen Zauberstab über das Wasser aus, und ein rauschender Klang erschütterte die Ströme.

Langsam gab das Wasser nach, „als ob ein Stück mit einem großen Schwert herausgeschnitten worden wäre." Der Fluss hatte sich in zwei Hälften geteilt, und der ausgeschnittene Teil wurde auf jeder Seite befestigt, um hohe Klippen aus Wasser zu machen.

Niemand auf dem Schiff traute seinen Augen.

Unter Führung von Djadjaemanch tauchte das königliche Boot in die offenen Tiefen des Flusses und trieb auf den Grund, wo es so trocken wie auf dem Land war. Es dauerte nicht lange, um den goldenen Lotus zu entdecken, und die Frau, die ihn verloren hatte, holte ihn rasch und überglücklich wieder zurück.

Djadjaemanch ließ das Boot des Königs an die Oberfläche schweben und brachte das ausgeschnittene Stück des Flusses wieder an seinen Platz zurück, wodurch die Wasserfläche wieder geschlossen wurde. Der Pharao war über die Maßen beeindruckt von einer solchen Vorführung des Übernatürlichen. Er applaudierte Djadjaemanch mit den edelsten Worten, die er je zu einem Gefolgsmann gesprochen hatte: „Zazamanch [Djadjaemanch], mein Bruder, du bist der größte und weiseste aller Magier! Du hast mir heute Wunder und Wonne gezeigt, und dein Lohn wird alles sein, was du begehrst, und ein Platz neben meinem in Ägypten."

Der König hatte genug Unterhaltung gehabt für einen Tag – und möglicherweise für sein ganzes Leben –, und so segelte das königliche Boot zum Palast mit Liedern von den wunderbaren Taten Djadjaemanchs. Alle, die die Geschichte vom goldenen Lotus gesehen hatten, trugen sie auf den Lippen.

Ein herausragendes Thema dieses berühmten ägyptischen Mythos ist Wiederherstellung und Heilung. Der goldene Lotus in dieser Geschichte symbolisiert alles Wertvolle: Gesundheit, Wohlstand und das Leben selbst. Der Mythos dreht sich auch um Hoffnung und zweite Chancen, möglicherweise eine Anspielung auf das Jenseits. Die Güte des Pharao und die von Djadjaemanch veranschaulichen die Güte der Götter zu jedem Gläubigen, der ernsthaft um ihre Hilfe bittet.

Der Mythos des Goldenen Lotus hat auch eine Ähnlichkeit mit der biblischen Geschichte von Moses, der während des Auszugs der Hebräer aus Ägypten das Rote Meer teilte. Beide Geschichten sind Parallelen, aber sie teilen das gemeinsame Thema des Glaubens an das Übernatürliche und die Belohnung des göttlichen Eingreifens.

Kapitel 8: Die griechische Prinzessin

Die Ereignisse des Mythos der griechischen Prinzessin führen uns weit über die Küsten des alten Ägypten hinaus in ein fremdes Land in Griechenland namens Sparta. Sparta war eine der mächtigsten griechischen Nationen in der Antike und der spartanische König Tyndareus und seine Frau Leda hatten eine schöne Tochter namens Helena.

In der griechischen Mythologie war Helena die Tochter des Zeus (was dem ägyptischen Sonnengott Re entspricht), und ihre Schönheit war unübertroffen. Helenas Schönheit hatte eine beträchtliche Anzahl von geeigneten Junggesellen in den Palast von König Tyndareus gelockt, was ihn vor das Dilemma stellte, wen er wählen sollte. Schließlich wurde Helenas Bräutigam unter den Bewerbern ausgewählt, und Helena von Sparta war verheiratet.

Unsere Geschichte konzentriert sich auf das alte Ägypten während der chaotischen Herrschaft von Pharao Sethos II., dem Sohn von Merenptah und Enkel des mächtigsten Pharaos des Neuen Königreichs, Ramses II.

Pharao Sethos II. war in das Komplott verwickelt, seinen Halbbruder Amenmesse als König über die großen Städte in Oberägypten einzusetzen. Ägypten war fast zweitausend Jahre zuvor von König Menes vereint worden, also gab es keinen Grund für zwei Könige, das Land zu regieren – es sei denn, es handelte sich um eine Meuterei.

Eine Gruppe von Fremden

Als der König die Mächte, die drohten, das Königreich zu spalten, zurückgedrängt hatte, legte ein seltsames Boot in Kanopus am östlichen Nilufer an. Das Boot hatte gerade einen tosenden Sturm aus dem Norden überstanden und war vom Kurs abgekommen.

Die Besatzung des Bootes hatte schließlich nach vielen Tagen auf See Zuflucht auf ägyptischem Boden gefunden und am Horizont stand der große Tempel des Herischef, des Gottes der Ufer. Herischef war auch der Gott, der Fremde beschützte und Sklaven aus der Gefangenschaft befreite, wenn sie sich vor ihm verneigten.

Der ägyptische Beamte, der für die Küste in Kanopus verantwortlich war, war ein Mann namens Thonis und als er erfuhr, dass Fremde innerhalb seines Zuständigkeitsbereich angelegt hatten, erkundigte er sich, wer sie waren und woher sie kamen.

Sie waren tatsächlich Seeleute aus Griechenland, einer Nation, die die Ägäis beherrschte. Aus diesem Grund nannten die Ägypter die Griechen „das Volk des Meeres". Sie waren nicht einfach Fremde, sondern das Schiff gehörte einem Mitglied der königlichen Familie Trojas, der mit seiner griechischen Ehefrau reiste.

Fasziniert von seiner Entdeckung begab sich Thonis in den Tempel von Herischef, wo die Seeleute Zuflucht gesucht hatten und sich in den Dienst von Herischef stellen wollten, um dadurch ihre Freiheit von dem trojanischen Prinzen zu gewinnen. Ihre Entscheidung schien Thonis seltsam, der dachte, dass sie mehr als alles andere nach Hause zurückkehren wollten.

Der Argwohn ersetzte bald die Neugier und Thonis versuchte, die Angelegenheit näher zu ergründen. Die Matrosen gestanden, dass sie Angst vor der Bestrafung durch ihre eigenen Götter hatten und Schutz vor den Folgen suchten, dass sie mit einem verfluchten Mann an Bord eines Schiffes gegangen waren.

Das Geheimnis wurde allmählich gelüftet und Thonis erfuhr, dass der trojanische Prinz die Frau eines der griechischen Könige gestohlen hatte – eine äußerst unwürdige Tat, die mit dem Zorn der Götter bestraft wurde. Der Prinz war als diplomatischer Gast im Palast des griechischen Königs willkommen geheißen worden, und doch revanchierte er sich mit Bösem, indem er die Frau seines Gastgebers entführte.

Entsetzt über die Taten des griechischen Prinzen beschlagnahmte Thonis das Schiff und reiste zum Palast des Pharaos, um die Weisheit des Königs zu ersuchen. Vor seiner Abreise ließ Thonis die griechische Prinzessin von dem trojanischen Prinzen trennen und zu ihrer Sicherheit zum Tempel der Himmelsgöttin Hathor eskortieren.

Pharao Sethos II. gewährte Thonis eine Audienz und befahl umgehend, den trojanischen Prinzen mit seinen bekehrten Männern zu ihm bringen zu lassen.

Zwei Lügen und eine Wahrheit

Der trojanische Prinz war ein gutaussehender Mann, der wie ein König sprach und handelte. Er stellte sich als Prinz Paris vor, Sohn des Königs Priamos von Troja. Er enthüllte auch die Identität der griechischen Prinzessin als Helena, die Tochter von Zeus und seine neue Frau. Laut Prinz Paris war er wegen Helenas Hand, die er ehrlich gewonnen hatte, nach Sparta gereist und befand sich auf dem Rückweg nach Troja, als der Sturm sein Schiff zu einem Umweg zwang.

Die bekehrten Matrosen in der Halle flüsterten miteinander und erregten die Aufmerksamkeit des Pharaos. Sethos II. gab ihnen Gelegenheit, ihre Darstellung dieser Angelegenheit darzulegen, und erinnerte sie an die von Gott Herischef gewährte Freiheit, frei zu sprechen.

Die Matrosen zögerten jedoch. Der Prinz von Troja war mit ihnen in der Halle und ungeachtet ihres neuen Status als Freie wollten sie seinem Wort nicht widersprechen.

Pharao Sethos II. bemerkte ihre Anspannung und versicherte ihnen seinen Schutz, wenn sie ihre Meinung sagten. Damit meldeten sich die Matrosen zu Wort und würdigten die hinreißende Schönheit der Prinzessin.

Zufällig sei der Prinz von Troja zwar Gast in Sparta gewesen, aber er sei nicht wegen Helena nach Sparta gekommen. Tatsächlich gehöre der Prinz nicht zu den Junggesellen, die bei König Tyndareus um ihre Hand angehalten hatten. Außerdem habe der König Prinz Menelaos von Mykene, nicht dem trojanischen Prinzen Paris, Helenas Hand gegeben, und ihre Hochzeit mit Menelaos sei viele Jahre zuvor erfolgt. Der Seemann bezeugte, dass der trojanische Prinz als Botschafter in diplomatischer Mission vor den Toren Spartas eingetroffen sei.

Berichten zufolge blieb der trojanische Prinz die nächsten Tage in Sparta. Menelaos war schließlich gezwungen, die Stadt wegen einiger Staatsangelegenheiten für eine Weile zu verlassen. Als er weg war, entführte Paris Helena mit Gewalt, zusammen mit vielen Schätzen, und segelte davon, geriet aber in einen Sturm, der von den wütenden Göttern geschickt wurde. Sein Boot wurde von einem heftigen Sturm an die Küsten Ägyptens gespült.

Prinz Paris bestritt nachdrücklich, Helena gezwungen zu haben, ihren Mann und ihr Zuhause zu verlassen, aber die Matrosen bestanden darauf, dass sie die Wahrheit sagten. Es gab keinen Grund für einen König zu lügen, aber die Matrosen klangen ebenso überzeugend.

Der Pharao bemerkte jedoch Abweichungen in der Geschichte des trojanischen Prinzen. Zuerst hatte er behauptet, Helenas Hand gewonnen zu haben, aber nach der Aussage der Matrosen behauptete er, sie sei aus eigenem Antrieb wegen ihrer lieblosen Ehe mit König Menelaos mit ihm fortgegangen.

Welche Geschichte traf zu?

<u>Aus erster Hand</u>

Der Prinz hatte sich im Netz seiner eigenen Widersprüche gefangen und konnte nichts mehr sagen. Wie es aussah, konnte nur eine Person die Wahrheit sagen: die griechische Prinzessin, Helena selbst. Sie hielt sich in Sicherheit im Tempel der Hathor auf.

Pharao Sethos II. bot Prinz Paris Unterkunft im königlichen Gästehaus an und beauftragte seinen Wesir, Paraemhab, sich um das Wohl des Prinzen zu kümmern. Unterdessen wollte er die griechische Prinzessin im Tempel besuchen und die Wahrheit herausfinden.

Mit seinem Oberpriester und einem vertrauensvollen Schreiber beehrte der ägyptische König den Tempel mit seiner Anwesenheit und sah Helena zum ersten Mal. Sie war die schönste Frau der Welt. Es fiel ihm leicht zu erkennen, dass sie die Tochter des Zeus war.

Helena von Troja von Evelyn De Morgan.
https://commons.wikimedia.org/wiki/File:Helen_of_Troy.jpg

Während ihres privaten Gesprächs erzählte Prinzessin Helena ihre Geschichte. Entgegen der Darstellung des trojanischen Prinzen war sie glücklich mit Menelaos, dem Prinzen von Mykene in Griechenland, verheiratet gewesen. Sie hatte sogar zwei Kinder, Hermione und Nicostraus. Prinz Paris hatte sie tatsächlich gezwungen, mit ihm wegzugehen, nachdem er sie verführt hatte, indem er die Gestalt ihres Mannes Menelaos angenommen hatte.

Helenas Geschichte bestätigte die Version der Seeleute, und die griechische Prinzessin bat den Pharao, sie vor ihrem Entführer zu retten, da sie keine Zuneigung für ihn empfand. Er war derjenige, der von ihr besessen war und sie aus ihrem Haus entführt hatte.

Menelaos war der Freier gewesen, der von Helenas Vater, König Tyndareus, ausgewählt worden war. Der Prinz von Troja war nicht einmal unter den Männern, die die Hand der griechischen Prinzessin gesucht hatten, er gewann ihre Hand auch nicht fair und ehrlich, wie er behauptet hatte.

Es betrübte den Pharao, von Helenas Tortur zu hören, und er versprach, den trojanischen Prinzen wegzuschicken, damit er sie nicht länger belästigte. Es war der Wille der Götter gewesen, Helenas Entführer abzufangen und das Schiff an die Küste Ägyptens zu werfen. Der Pharao schickte eine dringende Nachricht an Prinz Paris und drängte ihn, im Morgengrauen von Ägypten abzusegeln. Die Worte von Paris hatten sich als Lügen erwiesen, aber weil er ein König war, bot der Pharao Prinz Paris freies Geleit aus Ägypten.

Der trojanische Prinz war unglücklich, als er von der Entscheidung des Pharaos erfuhr. Er schwor, dass er wegen Helena zurückkommen würde, da sie seine rechtmäßige Frau war. In der Nacht vor seiner Abreise erhielt der Tempel von Hathor (wo Helena untergebracht war) einen göttlichen Besuch: einen Boten des Sonnengottes Re.

Sein Name war Thot.

<u>Die Enthüllung</u>

Thot erschien Tausert, der Prinzessin von Ägypten und Hohepriesterin der Göttin Hathor, die im Tempel lebte. Tausert war so überwältigt von der Anwesenheit von Res Boten, dass sie auf die Knie fiel. Sie hörte ihn sagen:

„Ich komme hierher, um den Willen des höchsten Gottes Amun-Re, unser aller Vater, auszuführen – und Dir zu befehlen, die eines Tages Königen von Ägypten sein wird, dass Du alles erfahren musst, was heute Nacht geschieht, so dass du es einst in der Zukunft bezeugen kannst, wenn der König von Aquaiusha [Griechenland], der der wahre Ehemann von Helena ist, hierherkommen wird, um sie nach Hause zu führen ...

Aber heute Nacht muss ich, den die Aquaiusha [Griechen] Hermes, den dreifach Großen nennen, den *Ka* hervorholen, die Doppelgängerin von Helena, ihr gespenstisches Ebenbild, das alle Augen täuschen wird und der Paris und ganz Troja scheinen wird wie die echte Frau. Denn um Helenas *Ka* und nicht um Helena selbst sollt der große Krieg um Troja ausgefochten werden und der Wille des Vaters der Götter und Menschen soll erfüllt werden."

Der Krieg kam nach Griechenland – einer, der im Laufe der Jahrhunderte erzählt und wiedererzählt werden sollte. Ein historischer Krieg, der mit einem Sieg für die Griechen und einer vernichtenden Niederlage für die Stadt Troja, die Heimat von Prinz Paris, enden würde. Am wichtigsten war, dass der Krieg um Helena oder vielmehr um ihren Klon geführt wurde.

Dieses Geheimnis, das Tausert, der Hohepriesterin von Hathor, offenbart wurde, sollte nicht jedermann zu Ohren kommen. Tausert schwor, das Geheimnis mit ins Grab zu nehmen, und Thot machte sich daran, den perfekten Doppelgänger der griechischen Prinzessin zu entwerfen.

Der trojanische Prinz machte sich gerade bereit, auf dem Nil in See zu stechen, als Helenas Klon auftauchte. Was er nicht wusste, war, dass die echte Helena immer noch im Tempel der Hathor weilte. Prinz Paris war begeistert, seine Frau zurückzubekommen, und er beeilte sich, Ägypten zu verlassen, bevor der Pharao seine Meinung änderte.

Aus Tagen wurden Monate, und getreu dem Wort von Res Boten marschierten die Griechen aufgrund der Tat von Prinz Paris in den Krieg gegen Troja. Es war eine große Beleidigung für Menelaos, dass seine Frau von einem Gast entführt worden war, und nachdem diplomatische Versuche zur Lösung des Konflikts gescheitert waren, wurden die Tore von Troja belagert.

Menelaos bat seinen älteren Bruder, König Agamemnon von Mykene, um Hilfe für seine Offensive gegen Troja. Zu ihnen gesellten sich der berühmte Kriegsheld Achilles, der weise Odysseus und andere große Soldaten wie Ajax und Nestor. Über tausend Kriegsschiffe aus ganz Griechenland segelten über die weite Ägäis, um gegen Troja zu kämpfen und Helena zurückzubringen.

Es war genauso, wie Thot es Tausert an jenem Abend im Tempel gesagt hatte.

Die Trojaner waren ein gewaltiger Feind und das Volk war hinter den hohen Stadtmauern sicher. Ein Jahrzehnt lang sollte der Krieg weitergehen, scheinbar ohne Ende in Sicht – alles für den bloßen Klon der griechischen Prinzessin.

<u>Von Zeitalter zu Zeitalter</u>

In Ägypten wussten die Leute nicht, wie es kam, dass Helena im Tempel von Hathor wohnte. Aber wegen ihrer Schönheit und des Geheimnisses hinter ihrem Aufenthalt in Ägypten hielten die Leute sie für eine menschliche Manifestation der Göttin Hathor.

Die Nachricht verbreitete sich in Memphis und ganz Ägypten, dass Hathor die Gestalt einer schönen Frau angenommen hatte und in den Tempel hinabgestiegen war, um unter den Sterblichen zu leben. Die Menschen in Ägypten strömten herbei, um Helena zu sehen, die sie Hathor nannten.

Pharao Sethos II., der die griechische Prinzessin gnädigerweise in seinem Königreich aufgenommen hatte, verstarb bald, und die beiden Pharaonen, die nach ihm kamen, regierten für kurze Zeit.

Pharao Sethnacht, der als dritter nach Sethos II. König wurde, war der erste Pharao der 20. Dynastie. Wie Sethos II. war er freundlich zu der griechischen Prinzessin, die im Laufe der Jahre keinen Tag gealtert war. Leider regierte Sethnacht kaum drei Jahre, danach wurde sein treuer Sohn Ramses III. auf den Thron gesetzt.

Ramses III. war anders als die anderen Pharaonen, die seit Helenas Ankunft in Ägypten regiert hatten. Es war fast zwanzig Jahre her, und doch war ihre Schönheit unverändert. Ramses III. warf einen Blick auf Helena und wollte sie für sich haben.

Von Königin Tauserts Bitten, er möge aufhören, die Frau eines anderen Mannes zu begehren, war Ramses III. in seiner Begierde nach ihr ungerührt. Tausert, die seit Helenas Ankunft Hohepriesterin von Hathor geworden war, befürchtete, dass der Wunsch des Pharaos in die Katastrophe führen könnte.

Tausert betete inständig zu Hathor um eine Lösung, und eines Tages legte die Antwort auf ihre Gebete an der Küste von Kanopus in der Nähe des Tempels an.

<u>Die Wiedervereinigung</u>

Helena eilte aus ihrer Wohnung, als sie die Nachricht hörte.

Sie betete zu Hathor, dass es wahr sein möge, sie hatte so lange gewartet. Am Tempeleingang stand ein Mann mit einem müden, aber glücklichen Lächeln: Menelaos.

Die Freude der griechischen Prinzessin über die Wiedervereinigung mit ihrem Ehemann war nicht zu bremsen. Menelaos nahm sie in seine Arme, verzückt und voller Geschichten, die er seiner Frau erzählen konnte.

Nach all den Jahren des Krieges gegen Troja erkannten die Griechen, dass es keine Möglichkeit gab, die Trojaner von außen zu vernichten.

Ihre besten Soldaten, sogar der mächtige Achilles, waren im Krieg gestorben, und die Griechen waren verzweifelt. Also ersannen sie einen cleveren Plan, um in die Stadtmauern von Troja einzudringen.

Auf Geheiß von Odysseus, einem der weisesten Männer an der Seite von Menelaos, bauten sie ein großes hölzernes Pferd, stellten es an die Küste von Troja und verschwanden spurlos. Die Trojaner kamen aus ihrer Festung und fragten sich, was es mit dem Pferd auf sich habe. Die Griechen hatten ihnen die Nachricht hinterlassen, dass sie aufgegeben hatten und in ihre Heimat zurückgekehrt seien, da die Stadt Troja uneinnehmbar sei. Sie waren des Krieges müde. Das riesige hölzerne Pferd war ihr Symbol der Kapitulation.

Die Trojaner waren anfangs misstrauisch, aber da meilenweit kein griechischer Soldat oder ein griechisches Schiff in Sichtweite war, verschwanden ihre Zweifel. Sie schoben das große Holzpferd in die Stadt, und König Priamos von Troja veranstaltete eine aufwendige Feier, um den Sieg über die Griechen zu feiern.

Unentdeckt von den Trojanern versteckten sich Hunderte von griechischen Soldaten in dem Pferd, das sie gerade in die Stadt gebracht hatten. Nach einer langen Nacht des Trinkens und Feierns fielen die Trojaner in tiefen Schlaf. Während sie schnarchten und schlummerten, kamen die Griechen aus ihrem Versteck und öffneten die Stadttore für den Rest ihrer Truppen. Troja wurde gnadenlos geplündert und Menelaos holte seine Frau (Helenas Klon) zurück.

Das Trojanische Pferd.
Adam Jones from Kelowna, BC, Canada, CC BY-SA 2.0 https://creativecommons.org/licenses/by-sa/2.0 via Wikimedia Commons; https://commons.wikimedia.org/wiki/File:Replica_of_Trojan_Horse_-_Canakkale_Waterfront_-_Dardanelles_-_Turkey_(5747677790).jpg

Menelaos fuhr mit seiner Geschichte fort und erzählte Helena, dass er mit Helena (dem Klon) auf dem Heimweg von Troja gewesen war, als ein unversöhnlicher Sturm sein Schiff zerstörte. Der Klon Helena war dabei verschwunden, und Menelaos hatte geglaubt, seine Frau sei sicher gestorben.

Er brach vor Trauer zusammen und war kurz davor, Selbstmord zu begehen, als die Götter ihm offenbarten, dass die echte Helena sicher in Ägypten im Tempel von Hathor war. Prinz Paris hatte eine von den Göttern geschaffene Doppelgängerin gefunden. Der Trojanische Krieg war um eine Fälschung geführt worden.

Menelaos drückte seine Verblüffung über die ägyptische Magie aus und dankte Hohepriesterin Tausert für die Sicherheit seiner Frau. Er erfuhr auch von den ziemlich beunruhigenden Plänen von Pharao Ramses III., Helena zu heiraten. Der Pharao hatte um ihre Hand angehalten und war auf dem Weg, ihre Antwort zu hören. Er hatte gedroht, sie mit Gewalt zu nehmen, wenn sie es wagte, ihn abzulehnen. Helenas Mann war also rechtzeitig zurückgekehrt.

Königin Tausert war nicht nur die Priesterin von Hathor, sondern auch die Mutter von Ramses. Dennoch versprach sie, Menelaos und seiner Frau bei ihrer Flucht aus Ägypten zu helfen. Weglaufen würde den Zorn des Herrschers erregen, also hatte Tausert einen besseren Plan.

<u>Die Flucht</u>

Es war ein schöner Abend in Ägypten. Der Pharao war in Hochstimmung und erwartete eine positive Antwort von der schönen Frau, die in Hathors Tempel lebte. Seine Ankunft im Tempel war prächtig und aufwendig, aber die Begrüßung war nicht angemessen.

Anstelle einer aufgeregten zukünftigen Braut fand Ramses Helena in Trauerkleidung vor und bei ihr einen ungepflegten, müde aussehenden Reisenden, der ihr tröstende Worte schenkte. Auch die Mutter des Königs, Tausert, war da, und die Stimmung im Saal war traurig.

Der König von Ägypten verlangte, über die Situation informiert zu werden, und Tausert übernahm das Reden. Der Mann, der Helena tröstete, war ein Matrose von Menelaos' Boot, das während eines turbulenten Sturms auf See zerstört worden war. Ramses befragte den Matrosen, welcher der ihm unbekannte Menelaos war. Als der Matrose bestätigte, dass er Menelaos' Leiche auf See mit eigenen Augen gesehen hatte, verbarg der Pharao seine Freude nicht. Nun gab es für Helena keinen Grund mehr, ihn nicht zu heiraten.

An Ort und Stelle bat Ramses Helena, ihn zu heiraten. Sie stimmte zu, stellte aber eine kleine Bedingung: Der Pharao möge ihr etwas Zeit geben, um ihren verstorbenen Ehemann gemäß den griechischen Bräuchen zu betrauern. Sie bat um ein Schiff, das gut mit Essen und Wein ausgestattet sein sollte, die man für einen guten Leichenschmaus brauchte. Helena bat auch darum, alle Schätze zu bekommen, die der trojanische Prinz gestohlen hatte, sowie einen Stier, den sie dem Geist ihres Mannes opfern wollte.

Außerdem bat sie den Pharao um Erlaubnis, die Seeleute mitzunehmen, die ihm die Wahrheit offenbart hatten. Sie würde sie brauchen, um die Bestattungsriten und Opfer für ihren verstorbenen Ehemann durchzuführen.

Sie sagte dem Pharao: „Ich muss sie begleiten, um die Worte zu sprechen und dem Geist meines Mannes das letzte Opfer darzubringen – und all dies muss auf dem Meer geschehen, in dem sein Körper liegt, denn nur dann kann sein Geist im Reich des Hades Ruhe finden – und nur dann kann ich deine Braut sein."

Ramses sah keinen Grund, sich zu weigern, da er nicht merkte, dass er ausgetrickst wurde. Mit Zustimmung des Pharaos segelten Helena und Menelaos von Ägypten fort und kehrten nie wieder zurück. Das Paar war bereits außer Reichweite, als Ramses die Wahrheit erfuhr. In einem Wutanfall versuchte er, seine Mutter Tausert zu töten, weil sie die Flucht der griechischen Prinzessin erdacht hatte.

In dieser Nacht erschien Thot dem Pharao Ramses und sagte ihm, dass Tausert im Einklang mit dem Willen der Götter gehandelt habe. Der König konnte seiner Mutter damals und danach keinen Schaden zufügen.

Einige bezeichnen den Mythos der griechischen Prinzessin als die ägyptische Version des Trojanischen Krieges. Die allgemein bekanntere griechische Version weicht davon ziemlich ab. Der ägyptische Mythos ist eine Geschichte über die vorherbestimmte Reise einer göttlichen Sterblichen und wie Ägypten ihr eine Zuflucht bot, während einer der epischsten Kriege der Geschichte in der Ägäis tobte.

Kapitel 9: Der Schatzräuber

Diese Geschichte beginnt, nachdem die griechische Prinzessin Helena einer ungewollten Heirat mit dem Pharao Ramses III. entgangen war und mit ihrem Ehemann, Menelaos, geflohen ist.

Nachdem er von den Göttern ermahnt worden war, seiner Mutter Tausert keinen Schaden zuzufügen, konzentrierte sich der König von Ägypten wieder auf die Politik und Wirtschaft seines Königreichs. In den folgenden Jahren blühte Ägypten unter Ramses III. beträchtlich auf. In seinen frühen Regierungsjahren hatte er nicht nur die Invasoren aus Libyen, Palästina und anderen Nationen entlang des Mittelmeers besiegt, der König von Ägypten hatte auch ein Handelsnetzwerk mit den Nachbarländern aufgebaut, um harmonische Beziehungen zu pflegen.

Dies trug dazu bei, die Kassen Ägyptens wieder aufzufüllen, die zuvor während der ständigen Kriege gegen fremde Aggressoren erschöpft waren. Pharao Ramses strebte nicht nur nach dem Wohlstand Ägyptens, sondern auch nach enormem eigenen Reichtum. Zu diesem Zweck begann er, Reichtümer aus Gold, Silber und Edelsteinen zu sammeln.

Die Schatzkammer

Eines Tages erwachte der König mit einer brillanten Idee, um sein Vermögen zu retten. Er rief sofort seinen besten Baumeister, einen Mann namens Haremhab, zu sich, um ihm seine Gedanken mitzuteilen. Der König stellte sich ein geheimes Versteck für all seinen Reichtum vor, das er gegen Diebe und Einbrecher befestigen lassen wollte. Haremhab war erfreut, von dem Plan des Königs zu erfahren, und bot sich an, die Anweisungen des Königs entgegenzunehmen.

Pharao Ramses befahl seinem Baumeister, eine steinerne Festung mit dicken, undurchdringlichen Mauern und einem pyramidenhohen Dach zu errichten. Dies sollte die Schatzhöhle des Königs sein, und sie sollte schwer von Soldaten bewacht werden. Bis dahin hatte der König andere Bauprojekte in Arbeit, darunter seinen prächtigen Tempel in den Hügeln von Theben am Westufer des Nils.

Haremhab nahm den Befehl des Königs entgegen und führte ihn aus. Er stellte die besten Steinmetze in ganz Ägypten ein und sie brachen die besten Steine in den Steinbrüchen von Swenett (später Syene genannt). Mit diesen Steinen wurde die Schatzkammer des Königs errichtet, und wie Haremhab versprochen hatte, gab es kein vergleichbares Gebäude zuvor. Seine Türen waren aus feinstem Stein gebaut, und die Türen der inneren Kammer waren aus Bronze und Eisen.

Zufrieden mit Haremhabs guter Arbeit belohnte Pharao Ramses ihn und ließ all seine Schätze in ihr neues Zuhause bringen. Die Türen zur Schatzkammer wurden vom König selbst versiegelt, und er kehrte in den Palast zurück, in der Gewissheit, dass sein Reichtum in Sicherheit war.

Was der König nicht wusste, war, dass seine Schätze alles andere als sicher waren.

<u>Mission Impossible</u>

Es war Nacht und im ganzen Land herrschte Ruhe und Frieden. Ganz Ägypten schlief, außer den Männern, die den Schatz des Pharaos bewachten – und zwei weiteren Männer.

Sie befanden sich auf einer geheimen und gefährlichen Mission, eine, die im Fall ihrer Entdeckung zu ihrem Tod führen würde. Sie hatten sich an den Wachen des Königs vorbei geschlichen und betraten das Gebäude durch einen geheimen Eingang. Jetzt füllten sie ihre Säcke mit Beute.

Die beiden Männer agierten still und nahmen nur einen kleinen Teil des Reichtums im Raum, genau wie das letzte Mal und das Mal davor – und die vielen Male vor diesen. Der Schatz des Königs war bereits sichtbar zusammengeschmolzen, aber die Diebe hörten nicht auf, bevor sie nicht genug oder gar alles weggeschafft hatten.

Der Morgen kam und sie verschwanden ohne eine Spur, außer den fehlenden Schätzen des Königs. Pharao Ramses eilte zu seiner Schatzkammer und entdeckte, dass er erneut beraubt worden war. Er war wütend. Er konnte schon nicht mehr zählen, wie oft die Diebe sich mit seinen Reichtümern aus dem Staub gemacht hatten.

Der einzige Mann, der die Feinheiten seiner Schatzkammer kannte, war derjenige, der sie gebaut hatte: Haremhab. Aber Haremhab war lange tot, seit der Bau abgeschlossen war. Er war gestorben, nachdem ihn eine schreckliche Krankheit heimgesucht hatte.

Wer waren diese Diebe, und wie waren sie so oft hineingekommen, ohne das Siegel zu erbrechen oder von den Wachen des Königs erwischt zu werden?

Der Pharao hatte genug von diesen mysteriösen Schuften. Er benötigte einen Plan, um sie auf frischer Tat zu ertappen und sie streng zu bestrafen. Tagelang grübelte er über eine Lösung, dann fiel es ihm ein: Fallen.

Die Räuber waren hinterhältig wie Ratten, und wie könnte man Ratten besser fangen als mit strategisch positionierten Fallen?

*

Es war eine weitere perfekte Nacht, um wieder einen Teil des Vermögens des Königs zu stehlen.

Die beiden Söhne Haremhabs schlichen sich in die Schatzkammer des Königs und nahmen den geheimen Weg, den ihr Vater Haremhab ihnen kurz vor seinem Tod auf seinem Sterbebett offenbart hatte. Ohne Kenntnis des Königs hatte der Mann, dem er beim Bau seiner Schatzkammer vertraut hatte, einen winzigen Tunnel durch die Mauern angelegt, um Zugang zu seinem Vermögen zu erhalten. Haremhab hatte vor seinem Tod seine beiden Söhne zu sich gerufen und ihnen den Auftrag erteilt, das Vermögen des Königs zu plündern.

Es war eine weitere Nacht, um sich auf diese tödliche Mission zu begeben. Von dem Schatz des Königs konnte man nicht genug bekommen, und so waren sie gekommen, um noch mehr zu stehlen. Haremhabs Söhne wussten nicht, dass der König ihren Zug vorausgesehen und eine tödliche Falle in der Schatzkammer in der Nähe der Gold- und Silberkisten aufgestellt hatte.

Die Brüder schlichen sich hinein und wateten durch die Dunkelheit, um zu ihrer Beute zu gelangen. Aber einer der Brüder tappte in die Falle des Königs. Er mühte sich ab, um sich zu befreien, aber es half nichts. Er würde verbluten. Seine Identität würde enthüllt werden. Oder noch schlimmer, er würde halbtot gefangen genommen und grausam gefoltert werden, um seinen Komplizen zu nennen.

Um sich selbst, seinen Bruder und seine Familie zu schützen, bat der gefangene Bruder seinen Bruder, ihn zu töten und ihm den Kopf abzuschlagen. Auf diese Weise würde er schmerzlos sterben, und ohne seinen Kopf würde niemand seine Leiche erkennen.

Der Bruder weigerte sich vehement. Es musste einen anderen Weg geben. Er fiel auf die Knie und versuchte mehrmals und auf verschiedene Weise, seinen gefangenen Bruder zu befreien, aber seine Bemühungen waren vergeblich. Der gefangene Bruder wiederholte seine Bitte inbrünstig und fügte hinzu, dass ihnen die Zeit davonlaufe. Wenn sie beide erwischt würden, müssten sie beide auf die erniedrigendste Weise mit ihrem Leben bezahlen.

Zögernd gewährte der andere Bruder dem gefangenen Bruder seinen Wunsch nach einem ehrenhaften Tod und enthauptete ihn. Danach schlüpfte er aus der Schatzkammer des Königs und nahm den abgetrennten Kopf und die Kleidung seines Bruders mit, um sie zu begraben.

<u>Das letzte Schnippchen</u>

Pharao Ramses III. war aufgeregt, als er von der kopflosen, unbekleideten Leiche hörte, die in seiner Falle gefangen war. Seine Wachen bestritten, für seinen Tod verantwortlich zu sein, und wer auch immer es getan hatte, hatte keine Spuren hinterlassen. Die Siegel an den Türen blieben unversehrt, und es gab keine anderen Anzeichen eines Einbruchs.

Der König von Ägypten sah dies als persönliche Herausforderung an und nahm all seine Entschlossenheit zusammen, um den schlauen Dieb zu überlisten. Ramses konnte einen Ehrenmord erkennen, wenn er einen sah, und die einzige Möglichkeit, irgendwelche Komplizen auszurotten, war die Verwendung der kopflosen Leiche.

Als der Morgen kam, murrten die Leute untereinander. Diejenigen, die an diesem Morgen an den Palasttoren vorbeigingen, berichteten von einem äußerst schmutzigen Anblick. Eine nackte, kopflose Leiche baumelte an einem Seil vor dem Palast. Es klang nicht so, als würde die Leiche bald heruntergenommen, da dies auf Befehl des Königs geschah.

Der zweite Bruder hörte die Gerüchte und musste herausfinden, ob sie wahr waren. Sie waren es. Die Leiche seines Bruders wurde als Teil des Plans des Königs, ihn zu fangen, vor dem Palast aufgehängt. Der König hatte dort auch seine Soldaten platziert, um die Reaktionen aller zu beobachten, die die Leiche sahen. Es war sehr wahrscheinlich, dass ein Familienmitglied vorbeikam, seinen Verwandten hängen sah und seinen Kummer nicht zurückhalten konnte. Wenn eine solche Person vor den

Palasttoren auftauchte, um zu trauern oder die Leiche zu fordern, hatte der König seinen Soldaten befohlen, ihn sofort zu verhaften.

Der zweite Bruder durchschaute jedoch den Plan des Königs und entschied, dass er nicht darauf hereinfallen würde. Die Dinge wurden jedoch schnell kompliziert, als seine Mutter von der grausamen Zurschaustellung der Leiche ihres Sohnes hörte. Sie war verrückt vor Trauer und schrie ihren anderen Sohn an und befahl ihm, die Leiche seines Bruders nach Hause zu bringen. Andernfalls würde er niemals die Duat betreten.

Der zweite Bruder hatte nicht damit gerechnet, dass seine Mutter einen solchen Aufruhr verursachen würde, und er versuchte, sie zu trösten. Er versicherte ihr, dass er den Kopf seines Bruders ordnungsgemäß bei ihrem verstorbenen Vater begraben habe und dass es für den toten Bruder ausreiche, durch die Tore der Duat zu gelangen. Aber seine Mutter war nicht überzeugt. Sie schrie lauter und drohte, dem Pharao sein Geheimnis preiszugeben. Sie war bereit, alle damit verbundenen Konsequenzen zu akzeptieren, auch wenn dies den Tod ihres Sohnes bedeutete.

Der andere Bruder merkte, dass seine Mutter von ihren Forderungen überzeugt war, und er versprach, den Leichnam seines Bruders nach Hause zu bringen. Er dachte sich einen anderen brillanten Plan aus.

*

Der Pharao war noch nie so wütend gewesen.

Wie konnten seine eigenen Männer so rücksichtslos und inkompetent sein, sich im Dienst zu betrinken? Die Männer wurden nüchtern und erklärten ausführlich, was sich am Vorabend ereignet hatte. Ein älterer Kaufmann war mit zwei mit Weinschläuchen beladenen Eseln am Palast vorbeigekommen. Seine Esel waren zusammengestoßen, und ihre Geschirre rissen zwei Weinschläuche auf. Der Wein in den Schläuchen lief aus und der Kaufmann war so aufgebracht, dass er laut aufschrie und die Aufmerksamkeit der Soldaten auf sich zog.

Anstatt den Wein zu verschwenden, bedienten sich die Soldaten an den vollen Weinladungen, die aus den Weinschläuchen liefen. Der Kaufmann saß bei ihnen und gab ihnen einen weiteren Weinschlauch, den sie gierig leerten. Schließlich wurden sie betrunken und fielen in einen tiefen Schlaf.

Am Morgen war der Kaufmann verschwunden, ebenso wie die Leiche, die die Wachen bewachen sollten. Der Kaufmann war der zweite Bruder gewesen, und sein Plan hatte besser funktioniert, als er sich hätte vorstellen können.

Die Details machten den Pharao noch wütender. Er verurteilte die schuldigen Soldaten zu einer strengen Auspeitschung und ließ sie fortschaffen. Ramses ballte auf seinem Thron die Fäuste, wütend über die Kühnheit dieses gewöhnlichen Diebes. Er wurde noch entschlossener, diesen Gesetzesbrecher zu fangen.

Es war an der Zeit, einen anderen Plan auszuarbeiten.

*

Eine weitere Morgendämmerung brach in Ägypten an, und auf den Straßen wurden neue Nachrichten geflüstert. Es gab eine wichtige Besucherin im Land, und sie war die schönste Frau, die nach Helena an den Küsten Ägyptens ankam. Diese Frau war eine begehrte Junggesellin, und sie würde ihre Hand jedem Mann geben, der ihr das beste Geheimnis verriet.

Die Männer Ägyptens strömten in das Lager, in dem die Schöne untergebracht war, und wechselten sich ab, um ihre Hand zu gewinnen. Der lebende Bruder war einer von ihnen, und als er an der Reihe war, sah er, dass sie wirklich sehr schön war. Obwohl es dunkel war, war ihre Ausstrahlung nicht zu leugnen. Sie bot ihm einen Platz an und fuhr fort, ihn nach dem Geheimnis zu fragen, das sie ihm verraten wollte. „Erzähl mir die bösesten und klügsten Dinge, die du je getan hast."

Wenn die Dame von seiner Antwort fasziniert war, würde sie zustimmen, ihn zu heiraten. Für den zweiten Bruder war die Antwort darauf offensichtlich, also erzählte er ihr das Geheimnis. Er hatte seinen eigenen Bruder enthauptet, der in die Falle des Königs geraten war, als sie den Schatz des Königs stahlen.

Die Frau schrie plötzlich laut auf und warnte ihre Wachen, dass sie den Schatzdieb gefasst hatte. Sie ergriff die Hand des zweiten Bruders und hielt sie fest, bis die Wachen des Königs eintrafen. Aber als sie das Licht anmachten, war er verschwunden. Was die Frau festhielt, war die abgetrennte Hand seines toten Bruders.

Entsetzt schrie sie auf und ließ die Hand los. Wie sich herausstellte, war sie im Land Ägypten keine Fremde. Sie war die Königstochter, die Prinzessin von Ägypten, und wie ihr Vater war sie von einem Mann hereingelegt worden, der alles über ihren Plan wusste.

Sie kehrte in den Palast zurück und erzählte ihrem Vater, was passiert war. Diesmal reagierte der König anders. Er war so lange und so besessen davon gewesen, den Schatzdieb zu fangen, dass er das Gesamtbild aus den Augen verloren hatte.

Der Dieb war ein Mann von seltenem Genie, und sein Weitblick war unübertroffen. Es wäre eine kolossale Verschwendung seiner Talente, ihn zu bestrafen. Pharao Ramses erließ ein Dekret, das eine Begnadigung für die Verbrechen des Schatzdiebes und das Versprechen reicher Belohnungen ankündigte, wenn er als Gefolgsmann in den Dienst des Königs treten würde.

In einem höchst unwahrscheinlichen Ende offenbarte sich der zweite Bruder schließlich dem König und er erhielt einen Titel am Hof des Königs. Er heiratete die Prinzessin von Ägypten und musste sich nie wieder in die Schatzkammer des Königs schleichen.

Kapitel 10: Die Geschichte der Hatschepsut

„Ein Volk unedler Herkunft aus dem Osten, dessen Land unbekannt war, hatte die Kühnheit, in das Land einzudringen, was ihnen ohne Schwierigkeiten mit Gewalt gelungen war. Nachdem sie die Häuptlinge überwältigt hatten, brannten sie die Städte brutal nieder, machten die Tempel der Götter dem Erdboden gleich und behandelten die gesamte einheimische Bevölkerung mit äußerster Grausamkeit, indem sie einige massakrierten und die Frauen und Kinder anderer in die Sklaverei verschleppten."

Dies ist der viel diskutierte Bericht eines ägyptischen Historikers namens Manetho. In dieser Passage beschreibt er die Hyksos-Invasion in Ägypten im 17. Jahrhundert v.u.Z. Während heutige Historiker argumentieren, dass diese Fremden Teile Ägyptens so friedlich wie möglich übernommen haben, bleibt die Überlieferung Manethos Bericht treu.

Berichten zufolge wurde Ägypten von diesen semitischen Fremden geplündert, und die Handelswege wurden unterbrochen, was dazu führte, dass die nachfolgenden Pharaonen darum kämpften, die Macht Ägyptens zurückzugewinnen. Diese Geschichte handelt von einem ungewöhnlichen Pharao, dessen Herrschaft in der Geschichte als eine Zeit der Wiederherstellung und Weiterentwicklung gefeiert wird.

Dieser Pharao bestieg unter ungünstigen Umständen den ägyptischen Thron und hinterließ einen unauslöschlichen Eindruck in der ägyptischen Geschichte. Dieser Pharao war eine Frau, und ihr Name war Hatschepsut.

Die königlich Göttliche

Die Geschichte der Hatschepsut spielt in der 18. Dynastie Ägyptens und beginnt mythisch mit der Entscheidung des Sonnengottes Re, eine große Frau als Pharaonin von Ägypten einzusetzen und ihr die ganze Welt zu geben. Der große Plan des Sonnengottes sollte durch den Körper einer schönen Frau namens Ahmose, der Frau von Pharao Thutmosis und Königin von Ägypten, verwirklicht werden.

Der Sonnengott beauftragte Thot, die Empfängnis eines kleinen Mädchens zu arrangieren, das zur Pharaonin von Ägypten heranwachsen würde. Thot gehorchte und stieg während der Nacht zur Erde hinab. Er ging in den Palast. Seine göttliche Aufgabe sollte nicht entdeckt werden, also verzauberte er alle Sterblichen im Palast, damit sie in einen tiefen Schlaf fielen, und nahm den Körper von Pharao Thutmosis in Besitz.

Der von Toth besessene Pharao trottete zum Schlafgemach seiner Königin und fand sie fest schlafend auf ihrer löwenförmigen Couch. Der König ging zu ihr und hielt sie hoch, atmete den göttlichen Atem von Re in ihre Nasenlöcher. Er segnete sie auch und erklärte, dass das Kind, das geboren werden würde, die beiden Länder Ägyptens regieren würde.

Königin Ahmose dachte, es sei alles nur ein Traum, aber sie brachte bald ein wunderschönes kleines Mädchen zur Welt. Sie wurde Hatschepsut genannt und der Haushalt des Königs feierte ihre Ankunft in großem Stil. In dieser Nacht wurde dem Palast ein weiterer göttlicher Besuch abgestattet. Diesmal kam der Sonnengott Re selbst herunter, begleitet von der Göttin Hathor und ihren sieben Töchtern (bekannt als die Sieben Hathoren). Der Sonnengott nahm die kleine Prinzessin und gab ihr den Kuss der Macht und seinen Segen, Ägypten zu regieren.

Die Übernahme

Hatschepsut genoss die typische Erziehung einer ägyptischen Prinzessin. Ihr wurde beigebracht, ihre familiären und heiligen Pflichten über alles andere zu stellen. Sie würde wahrscheinlich die Frau eines Pharaos werden und nicht mehr.

Es war unerhört, dass eine Frau zum Pharao von Ägypten wurde. Der Thron war immer von Männern besetzt gewesen, mit Ausnahme von Sobekneferu, die kaum vier Jahre ohne größere Errungenschaften regiert hatte.

Als Pharao Thutmosis um 1493 v.u.Z. starb, wurde sein Sohn Thutmosis II. König von Ägypten. Hatschepsut wurde im Alter von zwölf Jahren mit ihrem Bruder Thutmosis II. verheiratet und damit Königin von Ägypten. Dies war eine gängige Praxis im alten Ägypten und der neue König und die neue Königin würden für die nächsten Jahre regieren.

Hatschepsut gebar dem König eine Tochter, Prinzessin Neferure, aber es schien, dass sie keine Söhne gebären konnte. Es war jedoch wichtig für den Fortbestand der Dynastie, einen Erben zu haben, und es durfte kein Risiko eingegangen werden. Schließlich brachte eine Frau aus dem Harem des Pharaos, die den Namen Iset trug, einen Erben für den König zur Welt.

Der Prinz hieß Thutmosis III. und Königin Hatschepsut adoptierte ihn als ihren Stiefsohn. Thutmosis III. war fast drei Jahre alt, als sein Vater, der König, plötzlich starb und ihn als nächsten Erben in der Thronfolge zurückließ.

Offenkundig war der Prinz zu jung, um mit Regierungsangelegenheiten betraut zu werden, und brauchte einen Vormund, der *Regent* genannt wurde. Königin Hatschepsut trat vor und wurde um 1479 v.u.Z. Regentin für Thutmosis III.

Mit der Zeit verstand Hatschepsut, was ihr göttlicher Auftrag war. Sie sollte mehr sein als das. Abgesehen vom Spirituellen war sie eine ehrgeizige Frau, die alles über den Zustand Ägyptens wusste und Anstrengungen kannte, sich von der Hyksos-Invasion zu erholen, die lange vor ihrer Geburt stattgefunden hatte. Eines Tages erfuhr Hatschepsut von einer Verschwörung der anderen königlichen Familien, ihrem Stiefsohn den Thron zu entreißen. Dies würde die Herrschaft der 18. Dynastie zu einem abrupten Ende bringen.

Hatschepsut wollte nicht zulassen, dass der ägyptische Thron ihrer Familienlinie entrissen wurde, also bestieg sie vom fünften bis zum siebten Regierungsjahr des jungen Thutmosis III. den ägyptischen Thron als Pharaonin.

Die Menschen in Ägypten wachten mit diesen beispiellosesten Nachrichten auf. Sie hatten einen neuen König, es war eine Frau. Sie war sich ihres unheimlichen Aufstiegs auf den ägyptischen Thron bewusst, und so legitimierte Pharaonin Hatschepsut ihre Herrschaft, indem sie sich selbst zur beabsichtigten Erbin ihres Vaters, des verstorbenen Pharaos Thutmosis I., erklärte. Sie wählte vertrauenswürdige Gefolgsleute aus, um die wichtigen Positionen der Regierung zu besetzen, insbesondere Senenmut, einen Architekten und angeblichen Liebhaber von Pharaonin Hatschepsut.

Als Nächstes versuchte Pharaonin Hatschepsut, das Volk davon zu überzeugen, dass sie von den Göttern dazu bestimmt war, die beiden Länder Ägyptens zu vereinen und dem Land seinen früheren Glanz zurückzugeben. Als Beweis dafür nahm sie den Namen Maatkare an, was „Wahrheit ist die Seele des Sonnengottes" bedeutete. Sie unterzog sich während ihrer Krönung Reinigungsriten und trug Kronen, die Ober- und Unterägypten repräsentierten.

Vor ihrer Thronbesteigung war Hatschepsut nur als Prinzessin und dann als Königin von Ägypten bekannt. Ihr neuer erhöhter Status erforderte, dass sie sich in den Augen ihres Volkes ein neues Image schuf. Also ging Hatschepsut noch einen Schritt weiter, indem sie befahl, persönlich und in bildlichen Darstellungen als Mann gekleidet und angesprochen zu werden. Sie fing an, die männlichen königlichen Insignien zu tragen und wurde mit einem falschen Bart und einem muskulösen Körperbau dargestellt. Sie wurde respektvoll als „Seine Majestät" bezeichnet.

Die Sphinx von Hatschepsut mit ihrem falschen Bart.
Postdlf, CC BY-SA 3.0 http://creativecommons.org/licenses/by-sa/3.0/ via Wikimedia Commons; https://commons.wikimedia.org/wiki/File:Sphinx_of_Hatshepsut.jpg

Hatschepsut: Die Erbauerin und Händlerin

Hatschepsut wusste, dass es nicht genügte, ihre Garderobe zu wechseln, um ein großer Pharao zu sein. Eines Tages rief sie ihren Minister Senenmut zu sich und beauftragte ihn mit der Überwachung ihrer größten Bauprojekte. Umgekehrt unternahm sie die historische Expedition nach Punt, um den Handel in Ägypten wiederzubeleben.

Viele Pharaonen vor Hatschepsut hatten wenig Engagement für Bauprojekte außer Gräbern oder Pyramiden gezeigt. Nachdem die Hyksos „wie wild" in Ägypten eingedrungen waren, wurden viele Tempel und Denkmäler zerstört und das kulturelle Erbe des Landes lag in Trümmern.

Die Gebäude, die Pharaonin Hatschepsut vorschwebten, waren keine einfachen Relikte. Sie stellte sich großartige und prächtige Bauwerke vor, die sie überleben und ein Vermächtnis für viele Generationen werden würden. Nachdem sie sich mit Senenmut beraten hatte, wurde vereinbart, dass Ineni, ein aristokratischer Architekt, der den letzten beiden Pharaonen gedient hatte, am besten für die Aufgabe geeignet wäre.

Der Bau begann an mehreren Orten in Ober- und Unterägypten. Der Tempel von Karnak, der mehrere Schreine hatte, die der Verehrung der ägyptischen Erdgöttin Mut gewidmet waren, wurde erneuert (Bezirk von Mut). Der Bezirk von Mut war in der 11. Dynastie an die Hyksos gefallen, und seine Bedeutung war im Laufe der Zeit geschwunden. Mit dem von Pharaonin Hatschepsut finanzierten Wiederaufbau gewann der Bezirk von Mut wieder an Ansehen.

Außerdem baute Hatschepsut in Karnak die Rote Kapelle. Dieser Schrein wurde zu Ehren von Re erbaut und beherbergte die heilige goldene Barke, von der man glaubte, dass sie den Sonnengott auf seinen Reisen trug. An Festtagen wurde die Statue von Re auf der Barke montiert und von einer Prozession von Priestern aus dem Schrein von Karnak durch die Straßen von Theben getragen. Nach den Feierlichkeiten wurde sie zurückgebracht. Das Innere des Schreins war mit Reliefs und Inschriften über die blühende Herrschaft des Pharaos geschmückt.

Der Tempel von Pachet, der die Göttinnen Bastet und Sachmet ehrte, wurde ebenfalls von Pharaonin Hatschepsut als Geste zur Wiederbelebung der ägyptischen Kultur errichtet. Dieser Tempel wurde in Beni Hasan in Auftrag gegeben und von den Griechen in *Höhle der Artemis* umbenannt (weil Artemis das griechische Äquivalent von Bastet und Sachmet war).

Hatschepsut war auch berühmt für ihre Obelisken. Auf ihren Befehl hin sorgte der Wesir Amenhotep für die Errichtung von Zwillingsobelisken am Eingang des Tempels von Karnak. Damals waren sie die höchsten der Welt. Die Pharaonin ließ zwei weitere Obelisken bauen, um die Feierlichkeiten zu ihrem sechzehnten Regierungsjahr zu feiern, und einen dritten, um einen ihrer Obelisken in Assuan zu ersetzen, der nach seiner ursprünglichen Errichtung zerfallen war.

Einer der Obelisken Hatschepsut in Karnak.
PirouzZ, CC BY-SA 4.0 https://creativecommons.org/licenses/by-sa/4.0 via Wikimedia Commons: https://commons.wikimedia.org/wiki/File:Obelisk_of_Hatshepsut_at_Karnak.jpg

Bedeutsam war auch der Bau des großen königlichen Grabes von Pharaonin Hatschepsut am Westufer des Nils in der Nähe von Luxor. Dieser Ort wurde Deir el-Bahari genannt und sollte der Zugangspunkt zum berühmten Tal der Könige werden. Das Königsgrab der Hatschepsut war ein Totentempel, ein Komplex mit dem Titel „Allerheiligstes" oder Djeser Djeseru. Der Tempel war ein majestätisches Bauwerk, das sich von den anderen durch seine schönen Gärten und geschichteten Terrassen abhob, die mit Statuen von Osiris und Hatschepsut geschmückt waren, sowie eine Allee von Sphinxen vor dem Eingang. Totentempel wurden im alten Ägypten zu Ehren des Sonnengottes und zur posthumen Verehrung des Pharaos, der sie errichtete, entworfen.

Pharaonin Hatschepsut war nicht nur eine Baumeisterin, sondern ihrer Herrschaft wird auch die größte altägyptische Handelsexpedition der Geschichte zugeschrieben. Nach der aggressiven Besetzung durch die Hyksos hatte Ägypten viele Tempel und Statuen verloren. Die Kassen des Landes wurden in Mitleidenschaft gezogen, und die Pharaonin versuchte, den Reichtum Ägyptens wieder zu vermehren.

Im neunten Jahr ihrer Herrschaft verließen fünf Schiffe im Namen von Pharaonin Hatschepsut Ägypten. Ihr Ziel war ein afrikanisches Land jenseits des Roten Meeres namens Punt. Vor der Invasion der Hyksos hatte das Land Punt eine lange Handelsgeschichte mit Ägypten, die bis in die 5. Dynastie zurückreichte. Eines Tages hörte der Pharao von Punt und all seinen Reichtümern. Es war ein so „schönes Land", dass die Menschen es das Land der Götter nannten.

Pharaonin Hatschepsut beauftragte einen nubischen Kanzler namens Nehsi, ihre Schiffe auf eine Handelsmission nach Punt zu führen. Die Delegation der Pharaonin wurde von den Königen von Punt gut aufgenommen, und ihre Mission war erfolgreich. Sie kehrten mit Waren aus Ebenholz, wohlriechendem Harz, Elfenbein, Weihrauch, Gold und Myrrhe nach Ägypten zurück. Lebende Myrrhebäume wurden in Punt geladen und nach Ägypten zurückgebracht, um im Totentempel des Pharaos gepflanzt zu werden. Die Pharaonin selbst entdeckte, dass gebrannter Weihrauch eine nützliche Zutat bei der Herstellung von Kajal oder Augen-Make-up war.

Während friedlicher Handel das Thema der Außenpolitik von Pharaonin Hatschepsut war, gibt es Hinweise darauf, dass sie militärische Feldzüge nach Byblos, Kanaan, Nubien und auf die Sinai-Halbinsel führte.

Trotz der Bemühungen von Hatschepsuts Nachfolger Thutmosis III., ihr Vermächtnis auszulöschen, hat sich die Geschichte von Pharaonin Hatschepsut und ihrer Größe über Generationen erhalten. Sie wurde von den Göttern geweiht und ihre Amtszeit stellte den Reichtum und die Bedeutung Ägyptens wieder her.

Kapitel 11: Der verfluchte Prinz

Diese Geschichte beginnt mit der Qual eines Königs, der keine Erben hat.

Er war König von ganz Ägypten, verehrt als der Sohn des Re und Vater seines Volkes. Aber er hatte keinen Sohn, um die königliche Linie fortzusetzen. Jeden Abend betete der König mit großem Ernst zu den Göttern, seine Frau fruchtbar zu machen und ihm einen Sohn zu gebären. Er brachte viele Opfergaben dar, um die Götter der Fruchtbarkeit zu beschwichtigen. Eines Tages erhielt er ein Versprechen, dass seine Frau einen Sohn gebären würde. Und so geschah es.

Der König veranstaltete ein großes Fest zu Ehren der Götter für die Beantwortung seiner Gebete. Wie üblich beriet sich die königliche Familie mit den Sieben Hathoren, Gottheiten, die als wissende Sterbliche verehrt wurden. Sie mussten wissen, was das Schicksal des Prinzen sein würde.

Unglücklicherweise sagten die Sieben Hathoren voraus, dass dem Prinzen ein schrecklicher, vorzeitiger Tod widerfahren würde. Er würde von einem Krokodil, Hund oder einer Schlange getötet werden.

Als der König das hörte, fürchtete er sich sehr. Zusammen mit seiner Königin betrauerte er das Schicksal seines Sohnes. Er war so gut wie ohne Erben und ihr Schicksal hatte sich kaum geändert. Doch der König von Ägypten war bereit, ein Risiko einzugehen.

Er befahl sofort, eine Festung in der Bergen zu bauen, in der der Prinz leben sollte. Sie bestand aus den erlesensten Materialien und war nach königlichem Geschmack ausgestattet. Alles, was der junge Prinz für ein

Leben voller Komfort und Luxus benötigte, wurde in der Festung bereitgestellt und der Prinz wurde dorthin gebracht, um dort seine Kindheit zu verleben.

Die Jahre vergingen und als der Prinz älter wurde, nahm seine Neugier über die Welt jenseits der Mauern zu. Er schaute vom Dach zum Horizont, ohne sagen zu können, wie sich die Welt anfühlte. Eines Tages sah er ein seltsames Geschöpf, das vor den Mauern herumlief. Er hatte es noch nie zuvor gesehen, aber es war weder Mann noch Frau.

Der junge Prinz fragte einen seiner Diener, was es war, und erfuhr, dass es sich um einen Hund handelte. Der Prinz war davon fasziniert und er bat seinen Vater, einen Hund besitzen zu dürfen. Der König lehnte ab, da er sich der Prophezeiung der Sieben Hathoren erinnerte, aber der Prinz gab nicht nach, bis sein Wunsch erfüllt war.

Das war noch nicht das Ende. Der Prinz verlangte den Grund für seine Gefangenschaft zu erfahren und weshalb er nicht bei seiner Familie leben konnte.

Dem König und der Königin wurde klar, dass die Zeit gekommen war, um dem Prinzen sein Schicksal mitzuteilen. Der Prinz nahm die Kenntnis seines Schicksals mutig auf. Er bat darum, die Welt in der Zeit, die ihm noch auf Erden blieb, erkunden zu dürfen. Dem König und der Königin widerstrebte es, ihren einzigen Sohn in eine Welt voller Ungewissheit und Gefahr ziehen zu lassen, aber einmal mehr gewährten sie ihm seinen Wunsch.

So zogen der Prinz und sein Hund los auf ein Abenteuer weit jenseits der Küsten Ägyptens. Der Prinz hatte kein Ziel vor Augen, sondern wandte sich nach Osten, nur geleitet von seiner eigenen Laune. Er kam nach Nahairana, einer kleinen, geschäftigen Stadt. Dort schien ein Fest im Gange zu sein, denn es waren viele ungeduldige junge Männer auf den Straßen. Der Prinz fragte einen von ihnen, um was für eine Festivität es sich handelte. Er erfuhr, dass es einen Wettstreit gab. Die Männer des Landes kämpften um die Hand der wunderschönen Prinzessin.

Die Prinzessin lebte in einem Turm, der über hundert Fuß hoch war und siebzig Fenster hatte. Derjenige, der zum höchsten Raum im Turm klettern und die Prinzessin erreichen konnte, wäre der Gewinner des Wettstreits und durfte sie heiraten.

Manch mutiger junger Mann versuchte, das hohe Zimmer der Prinzessin zu erreichen, aber keinem gelang es. Tag für Tag sah der Prinz von Ägypten, wie es die anderen jungen Männer versuchten, aber die

Aufgabe war einschüchternd und schien undurchführbar.

Eines schönen Tages entschied sich der Prinz, sein Glück zu versuchen. Wie die Prinzessin von Nahairana hatte auch er seine Kindheit in Abgeschiedenheit verbracht. Infolgedessen hatte er beträchtliche Fertigkeiten im Klettern entwickelt.

Der Prinz von Ägypten war mit seinem Versuch erfolgreich, aber der König wollte seine Tochter nicht mit einem Flüchtling aus Ägypten verheiraten. Er widersetzte sich der Hochzeit, bis die Prinzessin schwor, sie würde sich das Leben nehmen, wenn der König seine Meinung nicht änderte. Die Prinzessin hatte sich auf den ersten Blick in den Prinzen verliebt und schließlich gab ihr Vater ihnen seinen Segen. Er beschenkte den Prinzen mit Dienern, Land, Vieh, Eigentum und wertvollen Juwelen. Mit seiner neuen Frau sehnte sich der Prinz schon bald, nach Ägypten zurückzukehren.

Doch zuvor eröffnete der Prinz seiner Frau die Prophezeiung der Sieben Hathoren. Er war dem Tod durch ein Krokodil, einen Hund oder eine Schlange geweiht. Die Prinzessin sorgte sich um die Sicherheit ihres Gatten und schlug vor, dass man seinen Hund töten sollte. Der Prinz lehnte ab, da der Hund seit seiner Kindheit sein Gefährte war und ihn noch nie verletzt hatte.

Gemeinsam machten sich der Prinz und seine Frau auf den Weg zurück nach Ägypten. Unterwegs kamen sie an einen großen See, an den eine malerische Stadt grenzte. Dieser See wimmelte von Krokodilen und das Leben des Prinzen war in Gefahr. Mit Hilfe eines Riesen, der in der Stadt in der Nähe des Sees wohnte, wurde das Leben des Prinzen gerettet.

Der Prinz und seine Frau ließen sich in einem neuen Heim nieder, und er wurde mehrmals fast von einer Schlange angegriffen. Seine Frau und seine Diener vereitelten jeden Anschlag auf das Leben des Prinzen. Der Prinz brachte den Göttern endlose Gebete und Opfer dar, um sein Schicksal und das seiner Frau zu ändern, denn sie wäre dazu bestimmt, ohne ihren Geliebten zu leben.

Eines Abends ging der Prinz mit seinem Hund auf die Jagd. Der Hund erschnupperte die Fährte von Wild im Wald und jagte ihm nach. Der Prinz folgte, bereit, das Wild zu erlegen, bis sein Hund in einen nahegelegenen Fluss stürzte. Der Prinz blieb stehen, entsetzt über das, was geschehen war. Ein großes Krokodil kam aus dem Fluss und sagte: „Ich bin dein Untergang, der dir nachfolgt."

Und hier endet die Geschichte abrupt. Das antike Dokument, in dem dieser Mythos geschrieben ist, wurde so stark beschädigt, dass das Ende der Geschichte unbekannt ist.

Ist der Prinz gestorben, wie es ihm bestimmt war, oder ist er der düsteren Prophezeiung der Sieben Hathoren entkommen?

Kapitel 12: Die beiden Brüder

Bata rannte, so schnell ihn seine Beine trugen.

Als er einen engen, staubigen Pfad hinunterstolperte, konnte er hören, wie Anpu ihn mit einem Speer in der Hand verfolgte. Nur Re selbst konnte Bata davor retten, für ein Verbrechen getötet zu werden, dass er nicht begangen hatte.

Wie hatte alles begonnen?

Dies ist die Geschichte der „Zwei Brüder" aus der klassischen ägyptischen Mythologie. Sie beginnt mit dem friedlichen Zusammenleben zweier Brüder. Der ältere hieß Anpu und der jüngere Bata.

Anpu und Bata waren Kinder derselben Eltern und als Ältester besaß Anpu ein Haus, Vieh und Land. Er hatte auch eine Frau und Bata wohnte bei ihnen. Bata war ein ausgezeichneter Bauer. Er bebaute das Land und pflanzte und erntete Getreide auf dem Land seines Bruders. Er war derjenige, der das Vieh fütterte und umsorgte. Bata hatte eine übernatürliche Fähigkeit, mit Tieren zu sprechen.

Jeden Morgen wachte er zuerst auf, um das Feld mit den Ochsen zu bearbeiten, das Vieh zu füttern und Milch und Käse für Anpu und seine Frau nach Hause zu bringen. Anpus Hof war in Ägypten in den besten Händen, da Bata ein Mann war, der die Jahreszeiten kannte.

Eines Tages in der Jahreszeit der Aussaat bat Bata Anpu, beim Pflügen des Landes zu helfen. Anpu stimmte zu, und als die nächste Morgendämmerung anbrach, gingen die beiden Brüder zum Hof. Sie bereiteten den Acker vor und pflanzten viele Samen. Als ihnen die Samen ausgegangen waren, schickte Anpu Bata nach Hause, um mehr zu holen, und Bata eilte zurück.

Zu Hause traf er Anpus Frau, die ihr Haar frisierte. Bata bat sie, ihm die Samen zu holen, aber sie lehnte ab.

„Geh' selbst und öffne den Vorratsraum", sagte sie. „Nimm, was immer du begehrst. Wenn ich für dich aufstehen würde, würde mein Haar wieder unordentlich werden."

Bata gehorchte und ging in den Vorratsraum. Auf seinem Weg hinaus, ereignete sich etwas Unerwartetes. Anpus Frau versuchte, ihn zu verführen und gestand ihm ihr Verlangen, Sex mit ihm zu haben. Bata war abgestoßen von ihrem Vorstoß. Er sagte: „Ich betrachte dich als Mutter und mein Bruder ist wie ein Vater zu mir. Du hast üble Worte gesprochen und ich möchte sie nicht wieder hören und werde niemanden mitteilen, was du gesagt hast."

Damit eilte Bata zurück auf den Hof und arbeitete mit Anpu bis zum Abend. Anpu kehrte nach Hause zurück und fand eine überraschende Wendung der Ereignisse vor. Seine Frau befand sich in einem schlechten Zustand. Sie sah aus, als wäre sie von einer Bestie geschlagen und misshandelt worden. Sie lag vor Schmerzen auf dem Boden und konnte nicht die Lampe anzünden oder ihrem Mann Wasser zum Händewaschen geben, wie es die alten ägyptischen Sitten verlangten.

Anpu hielt sie in den Armen und fragte, was ihr geschehen sei. Anpus Frau antwortete, dass es Bata gewesen sei, der sie angegriffen habe, als er gekommen war, um mehr Samen zu holen. Sie beschuldigte ihn, dass er gedroht habe, sie zu töten, wenn sie Anpu etwas darüber erzähle.

Die Worte seiner Frau brachten Anpu zur Weißglut. Mit Schwert und Speer bewaffnet stürzte Anpu zu Batas Behausung, um ihn zu töten. Mittlerweile stand Bata in der Scheune bei den Ochsen, als einer von ihnen ihm erzählte, dass sein Bruder auf dem Weg zu ihm sei, um ihn zu töten.

Bata lugte durch das Scheunentor und wirklich: Anpu war bewaffnet und auf dem Weg zu ihm. Bata floh vom Hof mit Anpu im Nacken. Während er um sein Leben rannte, sprach Bata ein lautes Gebet zu Re und bat um Hilfe und Rechtfertigung.

Der Gott erhörte Batas Gebet und ließ einen Fluss aus dem trockenen Land hervorbrechen, der die beiden Brüder trennte. Der Fluss wimmelte von Krokodilen und Anpu konnte Bata nicht erreichen. Von der anderen Seite des Flusses aus erklärte Bata Anpu seine Unschuld und erzählte seine Version der Geschichte: die Wahrheit. Um seine Unschuld zu beweisen, schnitt Bata einen Teil von sich ab (seinen Penis, nach einigen Versionen der Geschichte) und warf ihn in den Fluss, wo ihn ein Fisch fraß.

Als Bata blutete, war Anpu überzeugt und voller Reue. Er versuchte, seinen Bruder zu erreichen, aber er konnte den Fluss nicht überqueren. Bata kündigte an, dass er auf dem Weg ins Tal der Zedern sei, wo er sein Herz herausschneiden und an eine Zeder hängen werde. Wenn der Baum gefällt würde, würde er sterben. Bata beauftragte Anpu mit einer siebenjährigen Suche nach seinem Herzen, dann sollte er es in ein Gefäß mit Wasser stecken, damit Bata wieder ins Leben zurückkehren konnte.

Danach verabschiedete er sich von Anpu und ging weiter. Voller Reue und Angst kehrte Anpu nach Hause zurück und tötete seine Frau.

Batas Frau

Bata fand eine Heimat im Tal der Zedern, wo er der Enneade (Achtheit) von Heliopolis begegnete. Re hatte Mitleid mit Bata für seine Notlage und wies den Gott Chnum an, eine Frau für den Mann zu schaffen, damit er nicht mehr einsam war.

Batas neue Frau war betörend schön und es gab keine andere Frau wie sie in ganz Ägypten. Die Sieben Hathoren erschienen vor Ort und schauten sie an. Als Kenner des Schicksals sagten sie voraus, dass Batas Frau ein kurzes Leben führen würde. Sie prophezeiten ihren Tod, genau wie im Mythos vom verurteilten Prinzen.

Aus bitterer Angst, seine Frau zu verlieren, entschloss sich Bata, seine Frau mit seinem letzten Atemzug zu beschützen. Sie sollte nicht aus dem Haus treten oder in die Nähe des Meeres oder in den Wald gehen. Dies blieb viele Monate lang so, bis eines Tages der König von Ägypten von ihr hörte und ihre Hand begehrte.

Er schickte unzählige Boten, um Batas Frau seine Absichten zu überbringen, bis sie zustimmte, ihn zu treffen. Der König verliebte sich in Batas Frau und heiratete sie, obwohl er wusste, dass sie einem anderen Mann gehörte. Als Batas Frau das Geheimnis ihres Mannes verriet, nämlich dass sein Herz an einer Zeder hänge, schickte der König seine Soldaten, um den Baum zu fällen. Bata starb.

Die Wiedervereinigung der Brüder

Anpu erhielt das Zeichen, seine Suche zu beginnen und seinen Bruder zu retten. Er eilte fort ins Tal der Zedern und fand Bata leblos in seinem Haus. Anpu machte sich auf, um das Herz seines Bruders oder einen anderen Weg zu finden, um seinen Bruder wieder zum Leben zu erwecken. Nach vier Jahren fand er einen Samen, der Batas Seele in sich trug.

Er nahm den Samen, warf ihn in ein Glas Wasser und Bata kam zurück. Er war am Leben. Anpu stellte Batas Seele wieder her, indem er ihn das Wasser mit dem Samen trinken ließ. Bata wurde wiederbelebt, und die beiden Brüder umarmten sich freudig.

Bata verwandelte sich in einen Stier und Anpu ritt auf ihm zum Palast. Der König war so entzückt über die Darstellung der magischen Kräfte des Geschöpfes, dass er es zu einem heiligen Stier im Tempel macht und Anpu in Gold und Silber dafür belohnte. Als Stier offenbarte sich Bata seiner Frau. Sie war verängstigt, bereute aber nicht, dass sie dem König sein Geheimnis offenbart hatte.

Stattdessen bat die Königin den König, den heiligen Stier zu schlachten und ihr zu erlauben, seine Leber zu essen. Gebunden durch einen Eid, alles zu gewähren, was sie wünschte, stimmte der König widerwillig zu. Der heilige Stier - Bata - wurde geopfert.

Während er getötet wurde, fielen zwei Tropfen Blut des heiligen Stiers zu Boden, und zwei prächtige Perseabäume sprossen aus ihnen. Die Diener des Königs staunten über dieses Geheimnis und erzählten es dem König. Der König erklärte, dass die Bäume heilig seien.

Wieder offenbarte sich Bata der Königin in Form der heiligen Bäume. Sie wurde blass vor Angst und überredete den König noch einmal, sich an seinen Eid zu erinnern und ihren Wunsch zu erfüllen. Dann bat sie darum, die heiligen Perseabäume zu fällen. Der König konnte nicht ablehnen. Er beauftragte die geschicktesten Holzfäller Ägyptens, die Bäume zu fällen, und sie begannen, während die Königin zusah. Ohne dass sie es wusste, gelangte ein winziger Splitter der Bäume in ihren Mund, und sie verschluckte ihn.

Dieser Splitter bewirkte, dass die Königin schwanger wurde, und sie gebar bald einen Sohn, den sie für den Sohn des Pharao hielt. Der König und die Königin wussten nicht, dass der Junge eine Inkarnation von Bata war, und er erbte das Königreich Ägypten nach ihrem Tod.

Als Bata der König von Ägypten wurde, rief er seinen Bruder Anpu und machte ihn zum nächsten Thronanwärter Ägyptens. Die beiden Brüder waren wieder vereint und wurden nie wieder getrennt.

Kapitel 13: Isis und die sieben Skorpione

Es war ein kalter Abend und die trüben Sümpfe des Nils waren kein Ort für eine Mutter und ihren Säugling. Ihre Kleidung bestand aus Lumpen und die Erinnerungen an ihre Gefangenschaft in der Spinnerei plagten ihren Geist.

Diese mysteriöse Frau hatte eine ungewöhnliche Gruppe von Leibwächtern. Sie waren keine kräftigen Männer oder gar Götter, sondern gigantische giftige Skorpione. Sie waren zu siebt und bildeten einen schützenden Kreis um die Frau, als sie sich auf den Weg zu einem herrschaftlichen Anwesen am Horizont machte.

Die sieben Skorpione hießen Tefen, Masetetef, Petet, Tjetet, Matet, Mesetet und Befen. Sie wurden von Selket auf Geheiß des Gottes Thot beauftragt, die Frau und ihr Kind vor Schaden zu schützen. Bald kamen sie im Herrenhaus an, und als die Frau verzweifelt klopfte, öffneten sich die Türen des Hauses.

Dort stand Usert, eine wohlhabende Frau, der das Haus gehörte und die dort wohnte.

Usert fühlte sich von der ausgezehrten Erscheinung der Frau abgestoßen und zeigte kein Mitgefühl für sie und ihr Baby. Stattdessen schlug sie die Tür vor den ungebetenen Gästen zu und ging ohne Reue fort.

Sie ahnte nicht, dass an der Tür keine Sterbliche stand. Es war die große und mächtige Göttin Isis, und ihr Baby war Horus, der Sohn von

Osiris. Unser Mythos von Isis und den Sieben Skorpionen spielt nach dem grausamen Mord an Osiris und der Usurpation des ägyptischen Throns durch den bösen Gott Seth.

Seth befand sich auf einem Vernichtungszug, um die Blutlinie von Osiris für immer auszulöschen, aber Thot, in seiner Klugheit, hatte geholfen, Isis und ihren Sohn zu schützen, der bestimmt war, seinen Vater zu rächen. Nach ihrer Flucht verbarg Isis ihre Göttlichkeit, indem sie die Form einer gewöhnlichen Frau annahm, um nicht von Seths Jagdhunden entdeckt zu werden.

Nachdem sie von Usert verunglimpft worden war, begab sich Isis in ein Dorf hinter dem Anwesen, um Hilfe zu suchen, aber ihre Gefährten, die sieben Skorpione, verziehen die Beleidigung nicht.

Isis fand Zuflucht im bescheidenen Haus eines armen Fischermädchens, das nur ein Strohbett und einfache Nahrung zu bieten hatte. Es war mehr als genug für Isis und ihr Baby, und zufrieden verbrachten sie dort die Nacht.

In der Zwischenzeit hielten Isis' Gefährten an diesem Abend ein Treffen ab und heckten einen Plan aus, um sich an Usert für ihre Beleidigungen zu rächen. Einer nach dem anderen übertrugen die Skorpione ihr ganzes Gift auf ihren Anführer Tefen und schickten ihn ins Haus.

Während die Dorfbewohner schliefen, kroch Tefen mitten in der Nacht in Userts Haus. Der Skorpion fand Userts Sohn schlafend in seiner Kammer und stach ihn fest. Am nächsten Morgen fand Usert ihren Sohn am Rande des Todes. Sie packte ihn und eilte weinend und um Hilfe suchend in die Stadt.

Isis kümmerte sich gerade um ihr Baby, als sie den Lärm hörte. Sie war voller Mitleid mit dem sterbenden Kind und als niemand es von seinen Leiden retten konnte, bot sie Hilfe an.

Der Junge litt unter starken Schmerzen, da ihn das Gift in seinem Körper quälte. Er schrie vor Qualen. Isis wusste, dass es das Werk ihrer Skorpione war und nahm den Jungen in ihre Arme. Sie rief jeden Skorpion beim Namen und neutralisierte sein Gift im Körper des Jungen mit ihren Zaubersprüchen.

Dann offenbarte sich die Göttin Usert, die sie zurückgewiesen hatte. Sie offenbarte sich auch dem Fischermädchen, das ihre Großzügigkeit gezeigt hatte. Usert wurde von Schuldgefühlen und Reue überwältigt, weil sie Isis nicht erkannt hatte und so unfreundlich gewesen war. Sie dankte

Isis für die Rettung ihres Sohnes und gab ihr ganzes Vermögen dem armen Fischermädchen als Geste der Anbetung. Der Mythos von Isis und den sieben Skorpionen ist in Ägypten populär, da er auf Freundlichkeit, Geduld, Mitgefühl und Vergebung beruht.

Kapitel 14: Der Prinz und die Sphinx

Die Geschichte vom Prinzen und der Sphinx führt uns zurück in die 18. Dynastie während der Herrschaft von Pharao Amenhotep, dem Urenkel von Thutmosis III., der die Nachfolge des weiblichen Pharao Hatschepsut antrat.

Amenhotep hatte viele Söhne und Töchter, aber unser Protagonist ist der Liebling des Königs, Prinz Thutmosis (ein anderer Thutmosis als die ersten drei vor Hatschepsut). Der Prinz war ein athletischer junger Mann, der viele Fähigkeiten besaß. Er war ein großer Jäger und Kämpfer, ein charismatischer Redner, ein erfahrener Reiter, ein Erforscher wilder Tiere und ausgezeichnet in der Kunst des Bogenschießens.

Obwohl er ein Fürst und der Lieblingssohn des Pharaos war, hatte Thutmosis ein Problem. Alle seine Geschwister hassten ihn. Jeden Tag verschworen sie sich gegen den Prinzen, um den Pharao davon abzuhalten, ihn zum Thronfolger Ägyptens zu ernennen. Diese Tricks ließen Thutmosis unwürdig und grausam aussehen, und sie eskalierten bald zu radikalen Anschlägen auf sein Leben. Doch niemand schien es zu bemerken. Nicht sein Vater, der König, oder seine Mutter, Königin Tiaa.

Der besorgte Prinz begann, sich abzusondern und dem Pharao fernzubleiben. Stattdessen fügte er seiner langen Liste von Fähigkeiten eine weitere Fertigkeit hinzu – die Kunst, sich verkleidet aus dem Palast zu schleichen. Um dies so oft durchzuführen, wie er wollte, versicherte sich Prinz Thutmosis der Hilfe einiger vertrauenswürdiger Diener. Er schlich oft vom königlichen Hof weg, um Gazellen und wilde Tiere in der Wüste zu jagen. Er sehnte sich auch nach der malerischen Ansicht der Pyramiden von Sakkara und Giseh.

Während der Feierlichkeiten oder Sitzungen an den königlichen Höfen, wo der Pharao Thutmosis Teilnahme benötige, erschien er eine Minute und war in der nächsten schon wieder verschwunden.

Eines verheißungsvollen Tages war Ägypten in festlicher Stimmung für das große Fest des Sonnengottes Re. Die Feier sollte in Heliopolis stattfinden und jeder Diener im Palast wurde beauftragt, sich für die Zeremonie vorzubereiten.

Während alle anderen abgelenkt waren, sah Prinz Thutmosis die perfekte Gelegenheit, sich aus dem Palast zu schleichen, um einen seiner Jagdausflüge zu unternehmen. Da er es sich nicht leisten konnte, gesehen zu werden, wählte er zwei seiner vertrauenswürdigsten Diener aus, die mit ihm auf die Reise gehen sollten. Im Morgengrauen nahmen der Prinz und seine Diener den geheimen Ausgang und machten sich auf seinem Wagen auf den Weg in die Wüste.

Sie bemühten sich den ganzen Morgen, fingen aber nichts. Am Nachmittag quälte die berüchtigte glühende ägyptische Sonne ihre Körper mit ihren Strahlen. Prinz Thutmosis und seine Männer ritten schnell Richtung Norden und näherten sich langsam den Pyramiden von Giseh.

Diese Pyramiden waren von den großen Pharaonen der 4. Dynastie (Chufu - auch bekannt als Cheops-, Chafre und Menkaure) über tausend Jahre, bevor der Prinz geboren wurde, erbaut worden. Thutmosis war fasziniert von ihrem Anblick und sehnte sich danach, näher heranzukommen, um ein Gebet für Harmachis zu sprechen, dessen Geist eine Sphinx in Giseh bewohnte. Im alten Ägypten wurde die Sphinx als eine Manifestation von Horus und als Beschützer der königlichen Gräber verehrt.

Die Große Sphinx von Giseh.
https://commons.wikimedia.org/wiki/File:DSC_0088_Sphinx01.JPG

Prinz Thutmosis befahl seinen Dienern, im Schatten der Palmen zu warten, während er in seinem Wagen zu den Pyramiden fuhr. Als die Sonne heller schien, funkelten die gigantischen Sphingen und Chafres Pyramide sah anders aus als die anderen. Der Kopf der Sphinx war nach dem Antlitz von Harmachis gemeißelt und ragte aus dem Meer des Sandes um ihn herum heraus, während der Rest der Sphinx unter dem Sand begraben war.

Die Hitze verachtend fiel Prinz Thutmosis auf die Knie und betete zum Sphingenkopf, der wie Harmachis geformt war. Er legte all seine Sorgen darüber dar, wie seine eigenen Brüder und Schwestern nach seinem Leben trachteten, und bat um göttliche Hilfe.

Augenblicke später bemerkte der Prinz etwas ziemlich Gruseliges. Die Augen der Sphinx, zu der er betete, bewegten sich. Er konnte es nicht glauben und betete weiter. Die Augen der Sphinx waren leblos und aus Stein. Es musste alles in seinem Kopf sein – bis es zu offensichtlich war, um es zu ignorieren.

Plötzlich begann die Erde um Thutmosis herum zu beben, und der Sand wirbelte heftig, als die Sphinx wieder lebendig wurde und vergeblich versuchte, sich aus dem Sand zu winden. Prinz Thutmosis war vom Anblick überwältigt und fiel rücklings, als die mystische Sphinx ihren Mund öffnete und mit großer Stimme sprach:

„Sieh mich an, Thutmosis, Prinz von Ägypten, und wisse, dass ich Harmachis, dein Vater, bin – der Vater aller Pharaonen des Ober- und des Unterlandes. Es liegt in der Tat an dir, Pharao zu werden und auf deinem Kopf die Doppelkrone des Südens und des Nordens zu tragen ..."

„Thutmosis, mein Gesicht ist dir zugewandt, mein Herz ist geneigt, dir Gutes zu bringen, dein Geist soll in meinen eingehüllt sein. Aber sieh, wie der Sand mich von allen Seiten umfangen hat. Er erstickt mich, er hält mich unten, er verbirgt mich vor deinen Augen. Versprich mir, dass du alles tun wirst, was ein guter Sohn für seinen Vater tut. Beweise, dass du wirklich mein Sohn bist und mir helfen wirst. Komm näher und ich werde immer bei dir sein, ich werde dich leiten und groß machen."

Danach erschien ein blendendes Licht, dass Prinz Thutmosis bewusstlos machte. Als sich seine Augen wieder öffneten, war die Sphinx in ihren vorherigen leblosen Zustand zurückgekehrt, immer noch vom Sand gefangen.

Die Sonne ging unter und warf ihre sepiafarbenen Strahlen vom geröteten Himmels auf den Sand, was bedeutete, dass der Prinz viele Stunden draußen gewesen war. Dennoch war es das außergewöhnlichste Ereignis, das Prinz Thutmosis je erlebt hatte, und er gelobte, die Wünsche von Harmachis zu erfüllen, sollte er jemals Pharao von Ägypten werden.

„Harmachis, mein Vater! Ich rufe dich an und alle Götter Ägyptens, um Zeuge meines Schwurs zu sein. Falls ich Pharao werde, wird die erste Handlung meiner Herrschaft sein, dein Antlitz aus dem Sand zu befreien und dir einen Schrein zu erbauen und darin einen Stein zu setzen, der in der heiligen Schrift von Chem von deinem Gebot erzählt und wie ich es erfüllte."

Damit bestieg Thutmosis seinen Wagen und raste zurück, um seine Diener zu finden, die sich wegen seiner langen Abwesenheit bereits Sorgen machten. Gemeinsam fuhren sie zum Palast in Memphis zurück, der Prinz war belebt von seinem Zusammentreffen mit dem Göttlichen.

Wie von Harmachis verkündet wurde Thutmosis von seinem Vater, Amenhotep, zu dessen Nachfolger ernannt. Die Anstrengungen der königlichen Geschwister, ihn vor dem Pharao, dem königlichen Hof und dem ägyptischen Volk zu besudeln, schlugen fehl.

Von 1401 bis etwa 1397 v.u.Z. regierte der Prinz als König Thutmosis IV. Ägypten, als achter Pharao der 18. Dynastie des alten Ägyptens.

Als Pharao hielt Thutmosis IV. sein Versprechen an Harmachis. Er ließ die Sphinx von Chafres Pyramide aus dem Sand graben und baute einen Schrein zu ihren Füßen. Der Mythos vom Prinz und der Sphinx wurde in Hieroglyphen dokumentiert, eingemeißelt in eine Tafel aus rotem Granit und an der Sphinx befestigt.

Diese alte Tafel wurde erst vor zweihundert Jahren gefunden und ihr Autor war niemand anders als Pharao Thutmosis selbst.

Kapitel 15: Die Abenteuer des Sinuhe

Sie werden sich an die Prophezeiung des Neferti erinnern, die von einer Apokalypse kündete und wie die Besteigung des ägyptischen Throns durch einen Wesir namens Amenemhet der einzige Weg war, sie zu vermeiden.

Amenemhet wurde tatsächlich der Pharao, der die 12. Dynastie von Ägypten gründete, aber seine Herrschaft war nicht ganz friedlich. Viele Jahrzehnte lang drohte er, vom Thron gestürzt zu werden, genau wie er den Pharao Mentuhotep IV. gestürzt hatte. Die Regierungszeit des Königs wurde von Bürgerkrieg und Unruhen geplagt, die auch anhielten, nachdem er seinen Sohn, Prinz Sesostris, zum nächsten Thronfolger gemacht hatte.

Die Zeiten waren heikel in Ägypten und am Hof des Königs roch es nach Verschwörungen und Rebellionen gegen den Pharao.

Unsere Geschichte beginnt mit Prinz Sesostris, der im Osten gegen Eindringlinge, den Temehu-Stamm von Libyen, kämpfte. Der Prinz und seine Armee gingen als Sieger hervor und nach einem Feiergelage ritten sie mit der Kriegsbeute nach Ägypten. Unter seinen geschätzten Beamten war ein Krieger namens Sinuhe, ein überzeugter Anhänger des Pharao Amenemhet. Auf halbem Weg nach Ägypten wurden der Prinz und seine Männer von Boten aus dem Palast des Königs empfangen.

Niemand wusste, welche Nachricht sie gebracht hatten, aber Sinuhe hatte eine Vorahnung, dass es um den König ging. Um die Wahrheit zu erfahren, belauschte er das Gespräch des Fürsten mit den Boten. Tatsächlich war Pharao Amenemhet im Schlaf von einem der vielen Männer ermordet worden, die ihm nach dem Leben trachteten, und der Fürst sollte an seiner Stelle zum neuen König gemacht werden.

Der Prinz war betrübt, als er von der Ermordung seines Vaters hörte, aber Sinuhe war mehr ängstlich als traurig. Wenn der König von Ägypten von Rebellen getötet worden war, dann würden sie alle ins Visier nehmen, die ihn unterstützt hatten. Sinuhe befürchtete auch, dass der Prinz in Gefahr war, ermordet zu werden. Zweifellos wäre seine Herrschaft die gleiche wie die seines Vaters, wenn nicht schlimmer.

<u>Eine Frage des Überlebens</u>

Sinuhe stahl sich aus dem Lager des Fürsten und ergriff die Flucht. Im Schutz der Nacht schlich er aus dem Militärlager und floh den Nil entlang in Richtung der Stadt Heliopolis. Er kam an die Ostgrenze Ägyptens und reiste weiter in den schmalen Landstreifen zwischen dem Mittelmeer und dem Roten Meer, der „Isthmus von Suez" genannt wird. Von dort zog er schnell in die Wüste Sinai, wo ihn sein Durst überwältigte.

Sinuhe war noch nie in seinem Leben so durstig gewesen. Sein Hals war ausgetrocknet, und er konnte mitten in seinem selbstgewählten Exil buchstäblich „den Tod schmecken". Seine Hände und Knie waren bald taub, doch er kroch verzweifelt weiter, um am Leben zu bleiben.

Dann hatte er zum ersten Mal Glück: er traf auf ein Lager asiatischer Nomaden.

Sinuhe wurde vor Erschöpfung ohnmächtig und tröstete sich in der der Hoffnung, von den Nomaden gerettet zu werden. Nach einem langen tiefen Schlaf wachte er auf und fand, dass er gesäubert und behandelt und mit Milch und Wasser gefüttert worden war. Wie sich herausstellte, waren die Nomaden im ägyptischen Nildelta geschäftlich tätig und weideten Vieh, so dass Sinuhe nicht mehr mit ihnen weiterziehen konnte.

Er wandte sich nach Syrien und kam nach Byblos, dem Königreich, das die Göttin Isis empfangen hatte, als sie gekommen war, um ihren Ehemann Osiris zu retten. Sinuhe verbrachte einige Nächte in Byblos, aber es war ein Land, das den Ägyptern freundlich gesonnen war. Es war nicht sein Ziel.

Schließlich kam er in ein Königreich namens Retjenu (auch Kanaan genannt) im Libanon.

Eine neue Heimat

Der König von Retjenu war Ammenshi und trotz des Tributs, den Sinuhes Reise hinsichtlich seiner Erscheinung gefordert hatte, konnte der König erkennen, dass er ein wichtiger Mann aus Ägypten war.

Er hieß Sinuhe in Retjenu willkommen und bot ihm ein Zuhause unter den anderen Ägyptern an, die im Königreich lebten. Während des Gesprächs erkundigte sich König Ammienshi, warum Sinuhe den weiten Weg aus seiner Heimat gekommen sei. Dies war möglicherweise die Art und Weise des Königs, festzustellen, was für ein Mann Sinuhe war. Sinuhe reagierte, indem er dem König berichtete, dass der Pharao Amenemhet tot sei und dass er aus Ägypten geflohen sei, weil er einen Bürgerkrieg befürchtete.

König Ammienshi wusste bereits vom Tod des alten Pharaos und dem Aufstieg des Prinzen Sesostris I. zum neuen König von Ägypten. Er versicherte Sinuhe, dass es keine Revolten gegen die Herrschaft des neuen Pharaos gegeben habe und bat Sinuhe um Rat, ob er den neuen Pharao unterstützen solle.

Sinuhe antwortete mit edlen Worten über den neuen Pharao und bat König Ammienshi um Loyalität. Daraus entnahm König Ammienshi, dass Sinuhe ein Mann des Friedens war und keine Bedrohung für sein Königreich darstellen würde. Sinuhe war aber auch ein Mann des Krieges, was bedeutete, dass er militärisch nützlich sein konnte.

Also machte König Ammienshi Sinuhe zum Befehlshaber seiner Armeen und stimmte der Heirat mit seiner erstgeborenen Tochter zu. Das erhöhte Sinuhes Stand in Retjenu und er erhielt ein Anwesen namens Iaa, das reichen und fruchtbaren Boden für Getreide und Vieh bot.

In seiner Eigenschaft als Armeekommandeur und Stammeshäuptling unternahm Sinuhe zahlreiche Feldzüge, um Retjenu vor fremden Invasoren zu schützen. Seine Dienste gefielen König Ammienshi so sehr, dass er entschied, Sinuhe zum nächsten König von Retjenu zu machen.

Das Duell der Champions

König Ammienshis Planungen für die Thronfolge stießen bei einigen Adligen und Bürgern von Retjenu auf Missfallen. Sie waren der Ansicht, dass der König zu viele Jahre damit verbracht hatte, einen Fremden zu sehr für seine Dienste zu entschädigen, und beim Thron von Retjenu würden sie eine Grenze ziehen.

Ein Wind der Rebellion – so sagt man – soll bald durch den Palast gezogen sein, der von einem ungenannten Kriegshelden angeführt wurde. Da er seine Besorgnis nicht ablegen konnte, rief König Ammienshi Sinuhe für eine private Unterredung herbei. Er fragte, ob Sinuhe wisse, wer der Mann sei, der eine Rebellion plane. Sinuhe verneinte, aber das sollte sich bald ändern.

Es sollte ein Duell geben zwischen ihm und dem Mann, der ihn tot sehen wollte. Dieses Duell sollte in der Öffentlichkeit und in Gegenwart des Königs stattfinden. Der Kriegsheld sollte sich zu erkennen geben und gegen Sinuhe kämpfen, um festzustellen, wer der Größere war.

Am Tag des Duells strömten die Menschen von Retjenu zum Ort des Kampfes und viele schrien für Sinuhe. Sie hatten keine Zweifel bezüglich seiner Fertigkeiten im Bogenschießen und als Kämpfer und er verfügte über alle Eigenschaften, um seinen Gegner zu besiegen – bis man herausfand, dass Sinuhes Gegner ein Riese war.

Die Arena verstummte und keuchte vor Ehrfurcht vor dem bedrohlichen Körperbau des Riesen. Er war mit Pfeilen, einer gigantischen Axt und Speeren bewaffnet.

Zweifel schlichen sich in die Herzen einiger Anhänger von Sinuhe, und sie fürchteten, dieser Kampf würde sein letzter sein. Der Kampf begann jetzt ernsthaft, und wie sie befürchtet hatten, war es kein Spaziergang gegen den Riesen. Er griff Sinuhe mit jeder seiner Waffen an, und Sinuhe entkam jedem Angriff um Haaresbreite.

In der Hitze des Gefechts wählte Sinuhe einen günstigen Moment, um einen Speer nach seinem Gegner zu werfen. Der Speer durchbohrte den Nacken des Riesen, und er sank auf die Knie, bevor er mit einem dumpfen Schlag tot umfiel.

In der Arena brach Jubel aus, nachdem Sinuhe seinem Gegner den Kopf abgeschlagen hatte, und der König war überglücklich, dass sein Nachfolger die Schlacht gewonnen hatte. Die Nachricht über das Duell verbreitete sich im ganzen Königreich, und Sinuhes Größe wurde noch gesteigert. Alles war anders als zuvor. Er diente König Ammienshi noch viele Jahre und wurde nach ihm König.

Die Heimkehr

„Kehre heim nach Ägypten, um wieder das Land zu sehen, in dem Du geboren wurdest und den Palast, in dem Du mir so treu gedient hast."

Sinuhe konnte sein Glück nicht für sich behalten, als er einen Brief des Königs von Ägypten las. Er hatte einen Brief geschickt, in dem er um

Vergebung bat und dass es ihm gestattet werde, Ägypten mindestens noch einmal besuchen zu dürfen, bevor er starb. Es war viele Jahre her, seit Sinuhe Ägypten verlassen hatte, und er war nicht mehr so jung, wie er einst gewesen war. In seinem hohen Alter sehnte er sich danach, nach Ägypten zu gehen und zu sehen, wie seine Heimat nun aussah.

Er hatte keine ausdrückliche Einladung erwartet, den Rest seiner Tage in Ägypten zu verbringen, aber Pharao Sesostris I. hatte sie ihm freundlicherweise angeboten. Sinuhes selbstgewähltes Exil war vorbei, und die Gefahren der Vergangenheit lagen längst hinter ihm.

Schnell übertrug Sinuhe die Herrschaft Retjenus an seinen ältesten Sohn und begab sich auf eine lange Reise zurück nach Ägypten. Er wurde vom König und der königlichen Familie empfangen. Viele der Höflinge des Königs erkannten ihn nicht wieder.

Pharao Sesostris war begeistert, wieder mit einem alten Freund vereint zu sein. Er hegte keinen Groll und erwähnte nichts von der Vergangenheit. Stattdessen ordnete er an, dass Sinuhe seine Wüstenkleidung ausziehen und feine Bettwäsche bekommen sollte. Er sollte gepflegt und gut bewirtet werden.

Diese Geschichte endet damit, dass Sinuhe den Rest seiner Tage als geliebter Freund des Königs verbringt. Dieser lange verschollene Flüchtling hatte den Weg nach Hause gefunden.

ABSCHNITT DREI:
GÖTTER UND GÖTTINNEN

Kapitel 16: Amun-Re

Sie werden sich erinnern, dass im altägyptischen Schöpfungsmythos aus Heliopolis Atum der Schöpfer war. Hermopolis, Memphis und Theben nannten schließlich Amun als den wichtigsten Schöpfergott. Atum und Amun sind gleich, beide sind Aspekte von Re.

Typischerweise wurde Amun als die Morgensonne verehrt und Atum als das Licht der Nacht, aber in der Frühgeschichte Ägyptens lagen die Dinge etwas anders.

In der Zeit des Alten Reiches wurde Amun-Re als zwei unterschiedliche Götter verehrt. Amun war die Schöpfergottheit, die die Welt aus dem Nichts von Nun geformt und die Menschen erschaffen hatte, damit sie auf der Welt lebten. Re war der Sonnengott, der am Tag in seiner Sonnenbarke über den Himmel fuhr und am Abend in die Unterwelt hinabstieg, um den monströsen Apophis (Apep) zu besiegen.

In der thebanischen Tradition war Amun nur der Gefährte der weiblichen Amaunet und ein Mitglied der verehrten Ogdoade (Achtheit). Im Unterschied zu Re, war Amun eine Geistgestalt und konnte nur gefühlt, nicht aber gesehen oder berührt werden. Re war die sichtbare Sonne und der Verteidiger der Erde gegen die Dunkelheit (Apophis oder Apep).

Amun war mit dem Sonnengott Re erst seit dem Neuen Reich verbunden. Das kann eine Folge der Vereinigung Ober- und Unterägyptens und der Verlagerung der ägyptischen Hauptstadt von Memphis, wo Re der höchste Gott war, nach Theben gewesen sein, wo Amun den Vorrang hatte.

Der Sonnengott Re wurde mit dem Schöpfergott Amun zum mächtigen Amun-Re verschmolzen. Damit wurden die Attribute des geisterhaften Schöpfergottes und die des Sonnengottes zu einer einzigen universellen Gottheit verschmolzen.

Amun-Re: Der Schöpfer

In der ägyptischen Mythologie wurde Amun nicht geboren. Er erschien aus dem Urwasser von Nun als ein göttliches, selbstgeschaffenes Wesen. Er war der Erste, der auf der Erde existierte und mit der Schöpfung der Welt begann. Seine erste Schöpfung war *Heka*, die Magie, mit der er den Rest der Welt machte. In einigen Traditionen war *Heka* ein Gott, aber in den meisten war er reine Magie, genau wie Amun-Re die Sonne war.

Als Nächstes schuf Amun seine ersten Kinder, Schu und Tefnut, die die Erde mit ihren Nachkommen bevölkerten. Nach ihnen schuf Amun Maat, die Ordnung der Welt. Maat, als Göttin, soll die Tochter Res gewesen sein, ebenso wie die Göttinnen Hathor, Sachmet und Bastet, welche Schwestern waren.

Das Auge des Re ist ein weiterer wichtiger Aspekt des Schöpfergottes Amun-Re. Es ist der weibliche Aspekt von Amun. Im Schöpfungsmythos von Heliopolis wurde das Auge des Re auf eine Mission geschickt, um Schu und Tefnut zu finden, als sie ihr Zuhause verlassen hatten. Mit der Zeit wurde das Auge des Re mehr als nur ein Teil von Amuns Körper. Die Göttin Sachmet (oder Hathor) wurde oft das Auge des Re genannt, die furchterregende Botin des Amun-Re, die einst die Welt zerstörte als Strafe für die Sünden der Menschheit gegen ihren Schöpfer.

Die Schöpfung ist die erste Rolle, die Amun-Re zugeschrieben wird, und in den Jahren nach der Urzeit sollte der Einfluss von Amun-Re nur noch größer werden. Amun-Re, der Schöpfergott, wird in alten ägyptischen Texten als falkenköpfiger Gott mit einer schlangenumrandeten Sonnenscheibe auf dem Kopf dargestellt. Er wird auch in Schöpfungsmythen als ein Skarabäus namens Khepri oder ein kleiner Junge dargestellt, der vermutlich Horus ist.

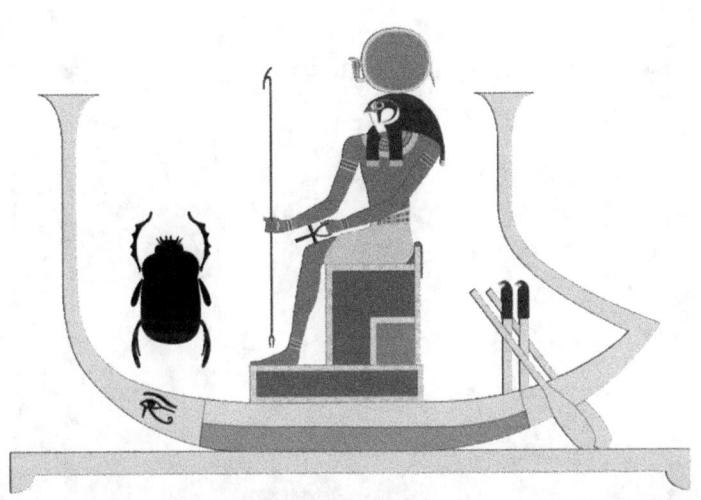

Die Erscheinungsformen von Re: Khepri, das Auge des Re und der falkenköpfige Gott.
HatJIT. Derived from files from Jeff Dahl, Rawpixel, Finn Bjørklid, Jasmina El Bouamraoui and Karabo Poppy Moletsane., CC BY-SA 4.0 https://creativecommons.org/licenses/by-sa/4.0 via Wikimedia Commons; https://commons.wikimedia.org/wiki/File:Khepri_Re_Hypocephalus_Scene.svg

Amun-Re: Der Sonnengott

Die bekannteste Darstellung Amun-Res in der ägyptischen Mythologie war die des reisenden Sonnengottes. Als die Fundamente der Erde gelegt worden waren und Maat ihren Kurs aufnahm, wurde der Tag von der Nacht getrennt. Aber das geschah nicht plötzlich.

Es bedurfte der ewigen Reisen von Amun-Re, um die Wunder des Sonnenauf- und untergangs zu erschaffen. Der Sonnengott hatte ein glänzendes Boot (eine Barke) namens Atet und darin überquerte er am Tag den Himmel als Sonne. Wenn der Abend kam, stieg er am westlichen Horizont für zwölf Stunden in die Unterwelt hinab (die Duat), wo er Dämonen bekämpfte, böse Seelen richtete und die Bedürftigen wiederbelebte. In der zwölften Stunde stieg die Barke des Sonnengottes im Osten wieder auf und die Sonne erschien erneut.

In seiner Darstellung als Sonnengott wurde Amun-Re typischerweise als Gott mit einem Widderkopf und der Sonnenscheibe dargestellt. Er hatte auch Begleiter in seiner Barke, vor allem *Heka* (in seiner Form als Gott), *Sia* und *Hu* (Götter, die die göttliche Enneade darstellten). Auch beliebtere Götter wie Seth und Hathor finden sich als Teil von Amun-Res Gefolge.

Amun-Re auf seiner göttlichen Barke (Atet) in der Unterwelt.
https://commons.wikimedia.org/wiki/File:Book_of_Gates_Barque_of_Ra.jpg

Trotz Amun-Res Vormachtstellung im ägyptischen Pantheon verliefen seine Reisen nicht reibungslos. Jeden Tag, wenn er in die Unterwelt abstieg, wurde er von einem höllischen Feind, Apophis (oder Apep) herausgefordert. Einige Versionen des Mythos sagen, dass Apophis den Sonnengott angriff, während er in der Unterwelt war, nicht, als er in die Unterwelt hinabstieg. Jedenfalls wehrte Amun-Re dieses Ungeheuer jeden Tag ab und besiegte es.

An den Toren der Unterwelt wurde Amun-Re von seinem guten Freund, Osiris, dem Gott der Unterwelt, empfangen. Einige ägyptische Traditionen verschmelzen Amun-Re direkt mit Osiris, aber im Allgemeinen handelte es sich um unterschiedliche Gottheiten. Gemeinsam verdammten sie die bösen Seelen der Toten zu der ägyptischen Version der Hölle und gewährten den guten Seelen den Weg ins Paradies.

Amun-Re: Der Vater und König

Lange vor der Ära der Pharaonen regierten die Götter die Erde. Entsprechend dem *Heiligen Buch der himmlischen Kuh*, war der erste König der Erde Re. Er hatte gerade sein schönes Schöpfungswerk vollendet und war der König der Menschheit – das heißt, bis sie anfing, sich gegen ihn aufzulehnen.

In den folgenden Ereignissen zog sich Re in den Himmel zurück und schuf das *Feld des Schilfrohrs*, die ägyptische Version des Himmels, als seinen Aufenthaltsort. Er schuf auch *Maat* und befahl der Menschheit, dieses Prinzip mit ihrem Leben aufrechtzuerhalten.

Als Schöpfer allen Lebens und als Erster der Götter waren alle anderen Götter und Göttinnen Nachkommen von Re. Abgesehen von der Verbindung von Amun und Re, die zur Entstehung von Amun-Re führte, oder Atum und Re, die Atum-Re wurde, gab es noch weitere Verschmelzungen. So existierte eine von Re mit Horus, dem falkenköpfigen Gott. Einige Darstellungen von Amun-Re stellen ihn als falkenköpfigen Gott dar. Die Beziehung zwischen den beiden Göttern begann in der Schöpfung, als Horus in einigen mythologischen Berichten als ein Aspekt von Amun dargestellt wurde. Der Synkretismus zwischen Amun-Re und Horus wurde Re-Harachte genannt.

Diese Verschmelzungen und seine Rolle bei der Schaffung anderer Gottheiten inthronisierten Amun-Re als Vater und König aller Götter. Das galt natürlich auch für Sterbliche. Pharaos der 4. Dynastie des Alten Reiches nannten sich die „Söhne von Re". Von da an wurden die Könige von Ägypten mit Re als seinen Söhnen und göttlichen Repräsentanten auf der Erde verbunden, wofür sie von den Menschen verehrt wurden. Es wurde auch gemunkelt, sie hätten ihre Pyramiden als Akt der Verehrung auf die Sonne ausgerichtet.

Die kultische Anbetung von Amun-Re im dynastischen Ägypten fing in Heliopolis an. Bis zur 2. Dynastie hatte sie sich über das gesamte Land ausgebreitet, und der Titel des Sonnengottes wurde weithin Amun-Re zugeschrieben. Er war der Schöpfer, die Sonne und der Sonnengott. In der 5. Dynastie fingen die Pharaonen an, Tempel für Re zu errichten, die als Sonnentempel bekannt waren.

Userkaf, der Begründer der 5. Dynastie des alten Ägypten, war der Erste, der einen Sonnentempel in der Ebene bei Abu Ghurab in Auftrag gab. Der Sonnentempel wurde Nechen-Re genannt, was „Festung" oder „Burg von Re" bedeutet, und seine Überreste wurden in den frühen 1840er Jahren ausgegraben.

Sechs weitere Sonnentempel sollten von den Pharaonen Sahure, Nefer-ir-ka-Re, Nefer-ef-Re, Schepses-ka-Re, Ni-user-Re und Men-kau-Hor während der 5. Dynastie gebaut werden.

Das Opet-Fest war das größte Fest des Amun im alten Ägypten. Es erreichte seinen Höhepunkt in der Ära des Neuen Reiches um 1539 v.u.Z. in Theben. Es begann am fünfzehnten Tag in der ersten Jahreszeit, Achet (Jahreszeit der Überschwemmung), und es dauerte während der

Regierungszeit von Pharao Thutmosis III. elf Tage, danach vierundzwanzig Tage, als Ramses III. auf dem Thron saß, und bald danach wurde es siebenundzwanzig Tage lang gefeiert.

Der Pharao war die wichtigste Figur bei diesem Fest, da er der höchste Prophet des Amun im ganzen Land war. Das Opet-Fest war eine Zeit, um seine Herrschaft und seinen Status als König von Ägypten vor seinem Volk zu legitimieren. Der Pharao wurde mit Amuns Macht versehen, und als Zeichen des Segens des Gottes, würden die Länder von Ägypten fruchtbar sein.

Im Rahmen der Festriten trug eine farbenfrohe Prozession von Priestern die heilige Statue des Amun in einer vergoldeten Holzbarke vom Tempel in Karnak zum Tempel in Luxor. Die Menschen strömten auf die Straßen, um die Prozession zu sehen, und freuten sich erwartungsvoll auf die Fülle von Brot und Wein, die bald folgte. Ebenso freuten sie sich auf Amuns Ratschläge, die er ihnen für ihre täglichen Probleme durch seine Priester übermitteln würde.

Während er in Luxor weilte, betrat der Pharao den innersten Raum im Tempel für die rituelle Übertragung von Macht und Verjüngung. Danach brachte die Prozession die Statue nach Karnak zurück.

Amun-Re verbrachte als nationale Gottheit eine wunderbare Zeit in Ägypten. Er erschien in allen ägyptischen Mythen und heiligen Büchern, und seine Söhne und Töchter, sterbliche und unsterbliche, lebten ihr Leben in seinem Dienst.

Die herausragende Stellung von Amun-Re blieb in der Ära des Alten und Neuen Reiches im alten Ägypten und sogar darüber hinaus unangefochten. Man konnte einen Gott, der jeden neuen Tag hervorbrachte und alles in der Welt erschuf, schlichtweg nicht absetzen.

Kapitel 17: Isis, Osiris und Horus

Sie werden sich an diese drei aus dem berühmten Osiris-Mythos erinnern und wie sich ihr Einfluss vom Alten Reich bis in die folgenden Epochen erstreckte. Isis und Osiris waren die ersten Geschwister. Sie waren die Kinder des Gottes Geb und der Göttin Nut (die ebenfalls Geschwister waren). Darüber hinaus waren sie die Urenkel des Schöpfergottes Atum, zumindest wenn man dem Schöpfungsmythos aus Heliopolis folgt, und wurden König und Königin von Ägypten.

<u>Isis: Die Göttin der Heilung und der Magie</u>

Isis wurde als eine Hauptgöttin des ägyptischen Götterhimmels gepriesen und wird zuerst in Texten aus dem Alten Reich als ein wesentlicher Charakter im berühmten Osiris-Mythos erwähnt. Sie verliebte sich schon im Schoß in ihren Bruder Osiris und heiratete ihn. Gemeinsam herrschten sie als König und Königin über Ägypten.

Isis war das Kind von Geb und Nut gemeinsam mit ihren vier (manchmal drei) anderen Geschwistern, die alle mit göttlichen Kräften ausgestattet waren. In den Mythen von Osiris und Isis und den sieben Skorpionen nutzt Isis ihre magischen Kräfte, um ihren Ehemann bzw. ein sterbendes Kind zu heilen.

Ihr in Hieroglyphen geschriebener Name wird oft mit „Thron" oder „Königin des Throns" übersetzt, weshalb sie als Mutter aller Pharaonen galt. Isis wird als schöne Frau mit schwarzen Haaren und Kuhhörnern auf dem Kopf dargestellt. Sie trägt ein rotes Mantelkleid und hält ein Anch und einen Stab. Ihre Symbole sind das Tit-Amulett (auch als Isisknoten oder Isisgürtel bekannt), die Mond- und Sonnenscheiben und Platanen.

Sie wird auch als majestätische Figur mit ausgebreiteten Flügeln oder als Skorpion dargestellt.

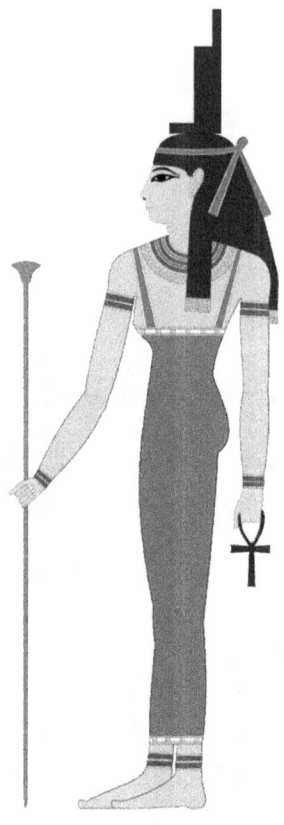

Isis, die Göttin der Heilung.
Jeff Dahl, CC BY-SA 4.0 https://creativecommons.org/licenses/by-sa/4.0 via Wikimedia Commons; https://commons.wikimedia.org/wiki/File:Isis.svg

Das Tit-Amulett ist das herausstechende Symbol von Isis und steht für Leben und Wohlbefinden. Die Göttin Isis gehörte nicht zu den ägyptischen Göttern und Göttinnen der Schöpfung, aber ihr Status wuchs im Laufe der Zeit. In der Römerzeit hatte die Anbetung der Isis ihren Höhepunkt erreicht. Sie wurde als Königin, Heilerin, Trauernde, Mutter, Ehefrau und Beschützerin verehrt.

Isis unterstütze ihren Ehemann Osiris, bevor er der Gott der Unterwelt wurde. Als Seth zu Osiris kam und ihn mehr als einmal tötete, gab Isis ihn nie auf. Sie rettete ihn und heilte ihn mit ihren magischen Kräften, selbst als sein Körper verstümmelt war. Isis wurde bald zum Vorbild für die tugendhafte Ägypterin. Sie war ihrem Mann ergeben und treu, egal unter welchen Umständen.

Isis' Sohn Horus wurde mit den ägyptischen Pharaonen in Verbindung gebracht, was Isis zur Königinmutter aller Könige von Ägypten machte. Sie wurde zu einer bedeutenden Gottheit des Schutzes, der Nahrung und der Kameradschaft für die Pharaonen seit der 5. Dynastie.

Neben ihrer königlichen Bedeutung wurde die Göttin Isis als Beschützerin von Frauen und Kindern verehrt. Während ihrer Herrschaft mit Osiris war Isis dafür bekannt, den Frauen Ägyptens beizubringen, wie man backt, webt und die Weinherstellung beherrscht. Dies machte Isis bei den Frauen beliebt und sie beteten zu ihr für die Erhaltung ihrer Ehen und Kinder. Wie der Mythos von Isis und den sieben Skorpionen zeigt, hatte Isis eine Schwäche für Kinder. Sie schützte auch ihren eigenen Sohn Horus vor dem Zorn von Seth, bis er alt genug war, um seinen Vater zu rächen.

Ein weiterer wichtiger Aspekt von Isis war ihre Heilkraft. Sie hatte Osiris zweimal von den Toten zurückgebracht und nach der ägyptischen Mythologie Userts kleinen Sohn geheilt, was ihr einen herausragenden Platz in den mystischen Angelegenheiten des alten Ägypten einbrachte. Ein altägyptisches Zauberbuch erzählt die Geschichte von Isis, die den Sonnengott von einem Schlangenbiss heilte, im Austausch für die Kenntnis seines „wahren geheimen Namens". Es wurde angenommen, dass dieser geheime Name „Re" unermessliche Macht in sich trug, und Isis Kenntnis davon sie zur mächtigsten magischen Heilerin der Welt machte.

Im Mythos von Osiris setzte Isis traurig den gebrochenen Körper des Königs wieder zusammen und half ihm, als Gott der Unterwelt ins Jenseits überzugehen. Diese Tat machte Isis zu einer verehrten Trauernden und Führerin ins Jenseits. Während der Bestattungsriten wurde Isis angerufen, um die Verstorbenen zu heilen und ihre Seele im Jenseits zu bewahren.

Trotz ihres Ruhmes in ganz Ägypten wurde der erste Tempel der Isis erst Anfang bis Mitte 300 v.u.Z. gebaut. Dies geschah während der Regierungszeit von Pharao Nektanebos II., dem letzten einheimischen Herrscher Ägyptens. Die mazedonischen Pharaonen, die später Ägypten regierten, führten das Erbe fort und errichteten im ganzen Land weitere Gebäude für die Anbetung der Isis.

Dadurch breitete sich der Isis-Kult, der bereits in der 5. Dynastie existierte, im gesamten Mittelmeerraum aus. Ausländische Seeleute begannen, Isis als ihre Beschützerin auf See zu verehren, und ihr Ruhm erreichte bald die Küsten Roms, Griechenlands und anderer Teile Kleinasiens. Reisende und Kaufleute, die sich dem Isis-Kult anschlossen, verbreiteten ihre Verehrung in den Städten und Königreichen des Nahen Ostens, einschließlich des Iran.

Es hatte lange gedauert, bis Isis innerhalb und außerhalb Ägyptens und Nubiens unabhängig verehrt wurde, aber ihre Fürsorge, Empathie und ihr Mitgefühl zogen bald Männer, Frauen und Kinder zu Tausenden an, um zu ihren Füßen zu knien.

Osiris: Der Gott der Unterwelt

Als Osiris als Sohn seiner Eltern Geb und Nut geboren wurde, war vorherbestimmt, dass er ein großartig werden würde. Er war nicht nur der Erstgeborene und Thronfolger des prädynastischen Ägyptens, ein epischer Zusammenstoß mit seinem Bruder sollte den Verlauf seines Lebens für alle Ewigkeit verändern.

Der Name Osiris hat eine vieldiskutierte Etymologie. Während allgemein anerkannt wird, dass der Name „Osiris" die lateinische Übersetzung des ägyptischen Namens „Asar" ist, gibt es viele Bedeutungen des Namens selbst, einschließlich „Sitz des Auges (von Re)", „der Mächtige", „der Schöne" und „der Geschaffene".

Sie finden Darstellungen von Osiris als grünhäutigen Mann (wie sein Vater Geb) mit Bart. Er trägt eine lange Krone mit Straußenfedern namens *Atef* und hält den königlichen Krummstab und die Geißel. Anstelle eines königlichen Gewandes ist sein Unterleib wie eine Mumie gewickelt. In einigen Darstellungen wird er mit schwarzer statt grüner Haut dargestellt, was die fruchtbaren Sümpfe des Nils darstellt.

Osiris war der Gott des Lebens und der Gott des Todes. Er war auch der Gott des Jenseits, da er der Richter der Toten war, und er war der Gott der Auferstehung. Diese ziemlich gegensätzlichen Aspekte spielen auf seine Reise als irdischer König an und wie sie zu einer Herrschaft der Unterwelt umfunktioniert wurde.

Das ist alles im legendären Mythos von Osiris enthalten.

Während seiner Herrschaft in Ägypten wurde Osiris von seinem Volk geliebt, weil er dem Königreich Frieden und Wohlstand brachte. Als Gott der Fruchtbarkeit und Landwirtschaft lehrte er sein Volk, das Land zu kultivieren und Nahrung für das Überleben zu ernten. Mit seiner Frau und Schwester Isis regierte Osiris Ägypten mit unübertroffener Weisheit, sehr zum Neid seines Bruders Seth, der ihn schließlich zweimal ermordete.

Nachdem er von seiner Frau von den Toten auferweckt wurde, bestieg Osiris seinen Thron in der Unterwelt als Richter über die Toten. Sein Tod und seine Auferstehung waren der Beginn einer neuen Ära der Verehrung, die über das prädynastische Ägypten hinausgehen sollte.

In Übereinstimmung mit seinen gegensätzlichen Rollen als irdischer König und König der Unterwelt wird Osiris sowohl als freundlicher, großzügiger Gott als auch als schreckliche Gottheit dargestellt, die die Dämonen der Unterwelt kommandierte. Er hatte auch die Macht zu entscheiden, ob eine Seele im Jenseits weiterleben oder zerstört werden würde.

Als wichtige Figur im Jenseits erstreckte sich seine Verehrung von etwa 6000 v.u.Z. bis zur ptolemäischen Dynastie (323–30 v.u.Z.). Jährliche Feste zum Gedenken an seinen Tod und seine Auferstehung wurden abgehalten, und eine Stadt in Oberägypten namens Abydos wurde zum Zentrum des Osiris-Kultes.

Während der Feierlichkeiten führten die Menschen Theaterstücke auf und erzählten die Geschichte von Osiris' Ermordung und Zerstückelung, wie Isis ihn wiederbelebte und ihm half, ins Jenseits überzugehen, und die Rache von Horus. Sie legten Ackerbeete auf ihren Höfen an, die „Osirisbetten" genannt wurden, und pflanzten Getreidesamen. Das Keimen dieser Samen stellte symbolisch die Auferstehung von Osiris dar und wurde mit Freude begrüßt. Reliefs dieses Festes wurden in die Grabwände des Pharaos Tutanchamun gemeißelt.

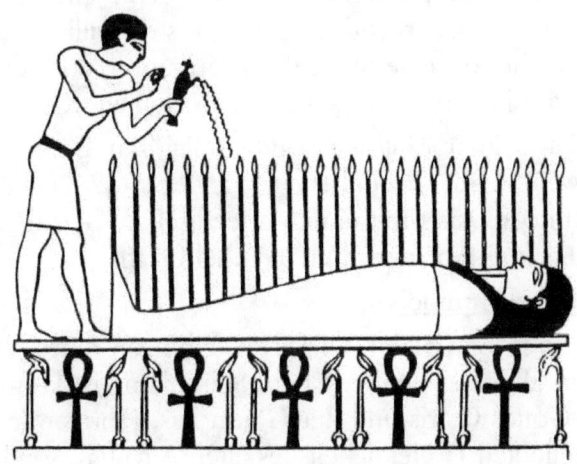

Das "Osirisbett."
https://commons.wikimedia.org/wiki/File:Osiris_Philae.jpg

In der 12. Dynastie wurde jedes Jahr in Abydos, dem Kultzentrum von Osiris, ein fünftägiges Bestattungsritual abgehalten. Die Ereignisse für jeden Tag wurden auf der Iychernofret-Stele, einer Steinplatte im Tempel von Osiris, skizziert. Am ersten Tag fand eine Prozession statt, angeführt vom Gott Upuaut, dem Öffner der Wege. Zu dieser Zeit führten die Menschen ein Kampfspiel auf, bei dem Osiris über seine Feinde triumphierte. Am zweiten Tag gab es die große Osiris-Prozession. Eine Statue von Osiris (die seinen Körper darstellte) wurde in einem Boot vom Tempel zu seinem Grab gebracht. Am dritten Tag betrauerten die Menschen den Tod von Osiris, und am vierten Tag beteten die Menschen, während Bestattungsriten durchgeführt wurden. Am fünften Tag feierten die Ägypter die Wiedergeburt von Osiris im Morgengrauen und brachten die Statue in feierlichem Stil zurück in den Tempel. Dies stellte Osiris dar, der Herrscher der Unterwelt wurde und Maat wiederherstellte.

Der griechische Autor Plutarch macht eine andere Beobachtung bezüglich der Feste des Osiris. Er beschreibt sie als düsterer und feierlicher, oft auf das Tempelgelände beschränkt. Er erzählt auch von Tonritualen, die von den Priestern des Osiris durchgeführt wurden. Es ging darum, fruchtbaren Boden mit Wasser in kleinen goldenen Kisten zu mischen und halbmondförmige Figuren zu formen, die Osiris und Isis darstellen. Andere Berichte beschreiben das Backen von göttlichem Weizenbrot und Kuchen aus Weizenkorn, das in den Tempeln von Osiris angebaut wurde.

Die alten Ägypter glaubten, dass nach dem Tod jede Person, die zum Leben nach dem Tod berechtigt ist, von Osiris willkommen geheißen wurde. Wenn nicht, war eine Seele dazu verdammt, vom Dämon Ammit verschlungen oder in einen feurigen See geworfen zu werden.

Osiris behielt seinen Einfluss in den religiösen Bereichen des alten Ägypten bis weit in die hellenistische Zeit (ca. 323 v.u.Z.). In dieser Epoche verschmolz Osiris mit einem griechischen Gott namens Serapis, und in Memphis und Philae wurden Tempel für ihre Kulte errichtet.

Horus: Gott des Himmels

Vielleicht haben Sie Bilder oder Darstellungen eines falkenköpfigen Gottes aus dem alten Ägypten gesehen. Sein Name ist Horus und er war der Sohn des Gottes Osiris und der Göttin Isis. Horus war nicht nur ein Mitglied der geliebten Dreieinigkeit des alten Ägypten, sondern er wurde auch als „Pharao aller Pharaonen" verehrt.

Horus hatte eine ungewöhnliche Kindheit. Er war von einer Mutter geboren worden, die auf der Flucht vor einem Mann war, der seinen Vater getötet und ihm sein Erstgeburtsrecht entrissen hatte. Dies prägte die Erziehung von Horus. Er verbrachte seine Jugendjahre in den Sümpfen des Nildeltas und versteckte sich vor seinem Onkel. Aus diesem Grund zeigen viele ptolemäische Figuren Horus als Kind als einen kleinen Junge mit einem Finger an den Lippen, was auf Stille hinweist. Unter dem Schutz seiner Mutter wurde Horus in der Kunst der Magie ausgebildet und sein Vater, der in die Unterwelt übergegangen war, brachte ihm die Kunst der Kriegsführung bei.

Der Mann, der seine Familie zerstört hatte, war kein anderer als sein Onkel Seth, und es war Horus' Schicksal, Seth zu vernichten und Ägypten vor einer tumultartigen Herrschaft zu retten. Nach jahrelangem Kampf gegen Seth war Horus siegreich und eroberte den ägyptischen Thron zurück. Danach verbreitete sich der Ruhm von Horus und viele Männer und Frauen im ganzen Land und in den kommenden Generationen wurden zu seinen Anbetern.

Das Symbol des Horus ist ein Falke, und das Auge des Horus soll Gesundheit, Heilung und Schutz bedeuten. Das Auge des Horus stammt aus einer Fassung seines Konflikts mit Seth, in der Horus' Auge in der Hitze des Gefechts ausgestochen wurde. Horus' Auge heilte nach der Begegnung und er bot es seinem Vater Osiris als Andenken für das Leben nach dem Tod an. Einige altägyptische Traditionen verwendeten das Auge des Horus und das Auge des Re synonym, da Horus der Nachkomme des Sonnengottes war.

Horus kommt als Sohn des Re au seiner Lotusblume.
Unknown author, CC0, via Wikimedia Commons;
https://commons.wikimedia.org/wiki/File:The_Sacred_Books_and_Early_Literature_of_the_East,_vol._2,_pg._272-273,_Horus.jpg

Horus wurde als Himmelsgott verehrt, dessen rechtes Auge die Sonne und das linke den Mond darstellte. Er war auch der Falke, der in den Himmel schwebte und seinen Status als „der, der oben ist" oder seine Königswürde darstellte. Dies erklärt, warum Horus mit dem Königtum in Verbindung gebracht wurde und alle Pharaonen des dynastischen Ägypten sich stolz als Nachkommen von Horus bezeichneten. Sie verbanden sich mit ihm, während sie lebten, und im Tod waren sie mit Osiris verbunden.

Horuskulte entstanden in Edfu und Nechen, der Hauptstadt Oberägyptens im vordynastischen Ägypten. Seine Tempel waren wunderschöne Gebäude mit Innenhöfen, Seen und Gärten. Während nur die Priester die innersten Räume mit den Statuen des Horus betreten durften, strömten Menschen aus ganz Ägypten zu den Tempeln, um zu beten, Almosen zu geben und zu empfangen und Traumdeutungen und Zeichen zu erhalten.

Das Fest des Sieges war die wichtigste Feier, die Horus gewidmet war. Es war ein farbenfrohes Ereignis, das im Monat Mecher stattfand, dem zweiten Monat in der Jahreszeit der Aussaat (dem sechsten Monat im altägyptischen Kalender). Die Menschen versammelten sich im Horus-Tempel in Edfu und begannen die Feierlichkeiten mit einem Drama, das Horus' Triumph über seinen bösen Onkel Seth darstellte. Der Pharao spielte die Rolle des Horus und kämpfte gegen ein Nilpferd, das Seth darstellte.

Wenn der Pharao das Nilpferd tötete, würde er von den Menschen als legitimer Besitzer des Throns respektiert werden. Wenn der König nicht persönlich am Fest teilnehmen konnte, konnte er einen Priester ernennen, um die Rolle zu übernehmen. Es war wichtig, eine beeindruckende Show zu veranstalten und die Macht von Horus und seine Überlegenheit über Seth zu demonstrieren.

Der Name „Horus" ist wohl der Name des fünften Sohnes von Geb und Nut. Diese Variation von Horus ist in den Traditionen, die an seine Existenz glauben, als Horus der Ältere bekannt. Horus der Ältere war der Bruder von Osiris, Isis, Seth und Nephthys. Andere altägyptische Traditionen nennen Hathor als Mutter von Horus dem Älteren und behaupten weiter, dass er der Falkengott und der „Ferne" war. Er war ein Bote von Re, um die Menschen zu führen und zu trösten, bis er sich als Horus der Jüngere in das Kind von Osiris und Isis verwandelte.

Im griechisch-römischen Ägypten wurde Horus zum Äquivalent des griechischen Gottes Apollo, und Edfu, die Stadt des Horus, wurde in Apollinopolis (die Stadt des Apollo) umbenannt.

Kapitel 18: Seth und Nephthys

Genau wie Osiris und Isis waren der Seth, der Gott des Chaos, und Nephthys, die Göttin des Todes, Geschwister, die heirateten. Dieses Paar spielte eine wichtige Rolle im Osiris-Mythos, und am Ende stellten sie sich als höchst unpassendes Paar heraus. Waren sie jemals verliebt? Was geschah mit ihrer Ehe im Laufe der Ereignisse, die ihre anderen Geschwister betrafen? Was war ihr Platz im ägyptischen Götterhimmel?

Sie sind dabei, es herauszufinden.

<u>Seth: Der Gott des Chaos</u>

Alles, was man über diesen Gott aus dem alten Ägypten wissen muss, steckt im Namen. Jedes Mal, wenn es einen Sturm oder ein heftiges Erdbeben gab, flüsterten die Menschen im alten Ägypten einander zu, dass Seth am Werk war. Er repräsentierte alles, was der Ordnung fremd war oder sie störte, und er war der Bösewicht in fast jeder Geschichte, an der er beteiligt war.

Seth, der Gott des Chaos.
Jeff Dahl (talk · contribs), CC BY-SA 4.0 https://creativecommons.org/licenses/by-sa/4.0 *via Wikimedia Commons;* https://commons.wikimedia.org/wiki/File:Set.svg

Seth wurde zusammen mit drei (oder vier) anderen Geschwistern als Sohn von Geb und Nut geboren, und die Mythen stimmen darin überein, dass er von Geburt an ein Unruhestifter war. Er soll sogar aus dem Bauch seiner Mutter gerissen worden sein! Geb und Nut müssen geahnt haben, dass ihr Sohn große, aber auch schreckliche Dinge vollbringen würde.

Seine Kindheit verbrachte er im vordynastischen Ägypten, und eines Tages verkündeten seine Eltern Osiris als Kronprinzen von Ägypten. Da Osiris der Erstgeborene war, war er der Erste in der Reihe und Seth kam hinter ihm. Das machte Seth neidisch, aber zu der Zeit konnte er wenig dagegen tun. Es war die natürliche Ordnung, und ihr Vater Geb würde noch eine Weile da sein.

Es dauerte nicht lange, bis Geb abdankte und den Thron Osiris übergab. Der junge König hatte viele glänzende Ideen, um das Land unter seiner Herrschaft gedeihen zu lassen, aber Seth war nicht in der Lage, seine wachsende Bitterkeit und Eifersucht zu unterdrücken. Während Osiris Isis zu seiner Frau nahm, bat Seth um die Hand von Nephthys.

Damit waren Seth und Nephthys verheiratet, aber über ihre Liebesgeschichte, wenn sie denn überhaupt existierte, ist wenig bekannt. Im Gegenteil, die Vereinigung von Seth und Nephthys wurde als lieblos und unglücklich beschrieben, während die von Osiris und Isis blühte. Dies half Seth nicht, mehr Liebe für seinen Bruder zu empfinden, der jetzt der König war. Aus dem Schatten beobachtete Seth, wie sein älterer Bruder Ägypten umgestaltete und den Menschen Wissen über Landwirtschaft, Kunst und Höflichkeit brachte. Auch die Königin wurde von den Menschen geliebt, weil sie den Frauen die Kunst des Webens, Backens und Weinmachens beibrachte.

Seth begehrte den Thron, und es wurde immer schwieriger, die Herzen der Menschen gegen seinen Bruder zu wenden. Schließlich gelang es ihm, eine kleine Gruppe von Verrätern zu bilden, aber ihr kollektiver Einfluss reichte kaum aus, um Osiris zu verdrängen.

Im Laufe der Jahre suhlte sich Seth in seiner Absicht, die Reihenfolge der Thronfolge Ägyptens zu stören.

Es musste wohl wieder einmal ein langer Tag der geplanten Verschwörung gegen Osiris gewesen sein, die wieder einmal kläglich scheiterte. Seth kehrte nach Hause zurück und erfuhr weitere erschütternde Neuigkeiten. Osiris hatte mit seiner Frau Nephthys geschlafen, und der junge Anubis, den Seth für seinen eigenen Sohn gehalten hatte, war eigentlich der Sohn von Osiris.

Die Nachricht, dass er vom König ausgetrickst worden war, brachte den Zorn und den Hass in Seth weiter zum Brodeln. Seth stürmte zum Palast und konfrontierte den König mit dem Skandal wegen seiner Frau. Osiris war schockiert, als er von Anubis hörte, aber er hatte eine Erklärung für die Nacht mit Nephthys. Nephthys hatte den König tatsächlich dazu gebracht, mit ihr zu schlafen, indem sie sich in dieser Nacht als Königin Isis verkleidet hatte. Osiris bedauerte den Vorfall und entschuldigte sich bei Seth.

Seth nahm die Worte des Königs mit Vorsicht auf. Jetzt hatte er umso mehr Grund, Osiris zu hassen, und so wie es aussah, war die Ermordung des Königs der einzige Weg, wie er auf den Thron gelangen konnte. Schließlich hatte Königin Isis noch keinen Erben zur Welt gebracht.

Als er nach Hause zurückkehrte, fand Seth Anubis vor, der darauf wartete, ihn willkommen zu heißen. Alles an dem Jungen erinnerte ihn an Osiris und Nephthys. Es erinnerte ihn an Verrat. In dieser Nacht wies Seth Anubis ab und ließ ihn aus seinen Augen verbannen. Er würde Anubis nicht mehr länger als seinen Sohn behandeln. Es war Seths erste wirkliche Tat als Gott des Chaos und der Gewalt.

Als Nächstes beschwor er einen weiteren bösen Plan herauf, um den König loszuwerden, und zum ersten Mal erreichte Seth sein Ziel. Er hatte Osiris in einem Sarg gefangen und den Sarg in den Nil geworfen. Er nahm seine Anhänger mit und stürmte den Königspalast, wodurch Königin Isis gezwungen war, zu fliehen um ihr Leben zu retten.

Seth nahm die Krone Ägyptens und setzte sie sich auf. Seine Herrschaft war geprägt von Unbarmherzigkeit und Terror, und das einst friedliche und wohlhabende Ägypten wurde zu einem Kriegsgebiet. Seth genoss jeden Moment. Er war nicht wie sein Bruder, und er kümmerte sich wenig um die Liebe oder Bewunderung der Menschen und genoss es, wenn sie sich stattdessen vor ihm fürchteten und zitterten.

Seit Königin Nephthys ihn verraten hatte, nahm sich König Seth so viele Konkubinen, wie er konnte, und genoss seine dunkle Herrschaft eine Zeit lang. Eines Tages klopften jedoch schlechte Nachrichten an seine Tür.

Isis hatte irgendwie ihren Ehemann wiedergefunden. Sie hatte ihn zum Leben erweckt, und sie war mit einem Erben schwanger! Seth war außer sich über diese doppelte Katastrophe, und er verschwendete keinen Moment mit Untätigkeit. Er machte sich sofort auf den Weg, um seinen

Bruder zu suchen, und fand ihn, als dieser sich in den Sümpfen des Nils erholte. Set ermordete Osiris erneut und dieses Mal sollte er es Osiris unmöglich machen, sich zu erholen.

Er zerstückelte Osiris' Leichnam in vierzehn Teile und begrub jeden Teil weit voneinander entfernt. Er fand auch Isis und ließ sie einsperren, damit sie das gleiche Schicksal erwartete, das ihrem Ehemann widerfahren war.

Seth wusste nicht, dass er vom Glück verlassen worden war.

Bevor er Isis Schaden zufügen konnte, entkam sie aus der Gefangenschaft und setzte die Suche nach den Körperteilen ihres Mannes fort. Schlimmer noch, Isis erhielt Hilfe von Seths Frau Nephthys und Anubis, die Seth verleugnet hatte.

Mit der Geburt von Horus, dem Sohn von Osiris, spürte Seth das Ende seiner Herrschaft nahen, aber er würde alles tun, um es zu verhindern, selbst wenn es bedeutete, seinen Neffen zu töten.

Die Geschichte von Seth ist nicht vollständig ohne seinen epischen Kampf mit seinem Neffen Horus. Es war die bedeutendste Schlacht im prädynastischen Ägypten, und es war in der Tat eine für die Ewigkeit. Sie kennen den Hintergrund, aber der Verlauf des Krieges, wie er in einem alten Mythos mit dem Titel „Die Auseinandersetzungen von Horus und Seth" beschrieben wird, liefert mehr blutige Details.

Alles begann damit, dass Horus und Seth sich auf extreme Aufgaben für den Wettstreit einließen. Der Preis war der Thron von Ägypten, also waren sowohl Horus als auch Seth rücksichtslos in ihren Bemühungen. Am Ende jeder Mission war keiner bereit, dem anderen nachzugeben. Seth war der Gott des Chaos und der Einsatz von roher Kraft gehörte zu seinen Fähigkeiten. Horus war ihm ebenbürtig, da er von seinem Vater Osiris erzogen worden war, der nach seiner zweiten Ermordung König der Unterwelt geworden war. Horus war auch ein Meisterzauberer. Er hatte diese Fähigkeiten von seiner Mutter Isis gelernt.

Ihre Konkurrenz eskalierte bald zu offenen Angriffen und zerstörerischen Schlachten, die die Besorgnis der anderen Götter und Göttinnen des alten Ägypten hervorriefen. Dies führte zur Einberufung eines Kongresses unter dem Vorsitz der Enneaden (neun Götter) von Heliopolis, auf dem der rechtmäßige Besitzer des ägyptischen Throns bestimmt werden sollte. Nach einigen Berichten war die Versammlung nicht in der Lage, einen Konsens zu erzielen, und die Kluft zwischen Horus und Seth zog sich schmerzlich über weitere achtzig Jahre hin.

Horus und Seth rissen sich gegenseitig los und Seth benutzte jeden Trick seiner Trickkiste, einschließlich der Verstümmelung von Horus' Augen und dem Versuch, ihn zu schänden. Horus ließ seine Augen wiederherstellen, und in einigen Berichten fing Horus Seths Samen in seinen Händen auf und riss aus Rache Seths Hoden ab.

Am Ende ging Horus als Sieger hervor, während Seth einen beschämenden Abgang vom Thron Ägyptens hinlegte. Aber war dies das Ende des Weges für Seth?

Angesichts von Seths Rolle als Bösewicht in der ägyptischen Mythologie, insbesondere in den Geschichten von Osiris und Horus, würde man erwarten, dass Seth ähnlich behandelt werden würde wie Apophis (oder Apep), die verhasste böse Schlange, die den Sonnengott Re herausgefordert hatte.

Aber trotz seiner dunklen Natur hatte Seth auch eine überraschend positive Seite an sich. Er war Teil des Gefolges, das jeden Tag mit Re in die Unterwelt und wieder zurück zum Himmel reiste. Diese epische Wendung verschaffte ihm einen Platz in den Herzen der Menschen und sie verehrten Seth. Einige Historiker argumentieren sogar, dass Seth ein gründlich falsch dargestellter Gott war und dass er vielleicht letztlich gar nicht so böse war.

Als Einblick in die gute Seite des Gottes des Chaos haben wir die Barke von Re: das göttliche Boot, das tagsüber über den Himmel fährt und nachts in die Unterwelt hinabsteigt. Es dient auch als Kriegsschiff für die Begegnung des Sonnengottes mit dem schrecklichen Apophis.

Seth war fast immer auf dieser Barke, weil kein anderer Gott in der Lage war, die Rolle des „Beschützers von Re" zu erfüllen. Er war auch dafür bekannt, Apophis bei vielen Gelegenheiten getötet und den Sonnengott gerettet zu haben, wenn dieser von der Schlange hypnotisiert wurde. Apophis fand in Seth einen erbitterten Gegner, da sie beide Meister des Betrugs waren und einen schrecklichen Durst teilten, Schlachten zu gewinnen.

Seth kämpft gegen Apophis, um den Sonnengott Re zu beschützen.
https://commons.wikimedia.org/wiki/File:Set_speared_Apep.jpg

Als Krieger und Verteidiger sollte Seth auch Pilger auf ihrer Reise ins Jenseits stärken. Wie sich herausstellte, arbeitete Seth mit Horus zusammen, um die Seelen der Verstorbenen ins Jenseits zu führen, was ein weiterer durch und durch ironischer Aspekt seines Wesens ist. Sie sollten wissen, dass der positive Aspekt von Seth chronologisch an erster Stelle stand. Er wurde zuerst als „Beschützer von Re" und in einigen Traditionen als Gott der Liebe verehrt. Er war ein Heldengott.

Der Kult von Seth wurde von den Menschen in Oberägypten in seinen Tempeln in Avaris und Ombus sehr gepflegt. Er wurde vom Pharao Sethos I. und seinem Nachfolger Ramses II. in der 19. Dynastie hoch verehrt und populär gemacht. Sie verbanden sich offen mit Seth als ihrem Vater und Beschützer. In seinen Tempeln konnten sich nur die Priester von Seth in der Nähe seiner Statuen aufhalten oder die Innenräume betreten. Andere konnten nur in den äußeren Teilen des Tempels beten, und Priester wurden dazu bestimmt, den Menschen bei Opfergaben, Gebeten, Hochzeiten, Beerdigungen oder Beratungen zu helfen.

Nicht lange nach der Regierungszeit von Ramses II., insbesondere mit dem Einfall von Fremden in Ägypten, veränderte sich Seths Ruf radikal. Seine Rolle beim Tod von Osiris und seine schlimme Amtszeit als König von Ägypten erhielten mehr Beachtung, was zur allmählichen Dämonisierung eines einst geliebten Gottes führte.

Seth wurde am Ende des Neuen Reichs zum Gott der Fremden, zum Gott der Wüste und zum Gott des Chaos. Er wurde mit aggressiven Fremden aus Kleinasien in Verbindung gebracht, die in Ägypten einmarschierten und ihre Herrschaft mittels Stellvertretern durchsetzten. Das griechische Äquivalent von Seth war Typhon, eine abscheuliche, böse Bestie, die gegen Zeus um die Kontrolle über das Universum kämpfte, aber besiegt und für immer im Tartarus eingesperrt wurde.

Faszinierenderweise endete Seths Dämonisierung nicht mit seiner Verehrung. Anstatt ihn zu hassen, beteten die Menschen im alten Ägypten zu Seth, um das Böse abzuwehren, besonders im Jenseits. Da er ein Beschützer von Re gewesen war, beteten sie ernsthaft um seinen Schutz.

Eine andere Perspektive auf diese Reaktion war der Glaube der Ägypter an Maat. Damit Ordnung existiert und gewürdigt wird, muss es Unordnung geben. Damit Frieden wertgeschätzt werden konnte, musste es Chaos geben. Seth existierte, um die Waage der Harmonie in der Welt auszugleichen; sonst hätte das Leben keinen Sinn.

Symbolisch hatte Seth viele Formen, möglicherweise wegen seiner gegensätzlichen Natur. In einigen Dokumenten wird er als muskulöser Mann mit brauner Haut und dem Kopf eines zusammengesetzten Tieres und in anderen als gabelschwänziges Tier mit roten Haaren dargestellt.

Der Gott des Chaos behielt seinen Einfluss weit über die Ära hinaus, in der er dämonisiert wurde, und das unterscheidet ihn von der Liga der Schurken in der ägyptischen Mythologie.

<u>Nephthys: Die Göttin des Todes und der Dunkelheit</u>

Jenseits des Osiris-Mythos tritt die Göttin Nephthys kaum in Erscheinung. Nichtsdestotrotz war sie eine der Enneaden, und ihre Handlungen, obwohl sie heute von außen scheinbar unbedeutend sind, beeinflussten weithin den Lauf der Ereignisse in ihrer Familie und in der ägyptischen Mythologie und sogar der Geschichte.

Nephthys war die Tochter von Geb und Nut. Wie Seth muss sie sich immer im Schatten ihrer berühmten Schwester Isis wiedergefunden haben. Sie konnte nachvollziehen, was Seth für Osiris empfand, und das war vielleicht der Reiz. Ihre Ehe mit Seth soll nicht glücklich gewesen sein, zumal sie insgeheim Osiris wollte.

Es ist nicht bekannt, ob ihr Verlangen nach Osiris etwas damit zu tun hatte, dass sie das wollte, was Isis hatte, oder ob alles nur Lust war. Wir wissen jedoch, dass Nephthys darauf aus war, Osiris dazu zu bringen, in ihre Richtung zu schauen. Nephthys wusste, dass Osiris nur Augen für seine Königin hatte, was bedeutete, dass es nur einen Weg gab, ihn zu verführen.

In jener Nacht legte Nephthys eine idiotensichere Verkleidung an und erschien vor Osiris in der exakten Gestalt seiner geliebten Königin. Osiris hatte keinen Grund zu der Annahme, dass es sich um die verkleidete Nephthys handelte, also schlief er mit ihr. Nephthys' finsterer Plan war erfolgreich. Sie kehrte nach Hause zu Seth zurück, der zu sehr mit seinen eigenen Plänen beschäftigt gewesen war, um ihre Abwesenheit zu bemerken.

Mit der Zeit erkannte Nephthys, dass ihre Taten Seth die Rechtfertigung geliefert hatten, die er dringend brauchte, um König Osiris Schaden zuzufügen. Seth entdeckte auch, dass ihr Sohn Anubis geboren wurde, nachdem sie mit Osiris geschlafen hatte, und er vertrieb den Jungen grausam aus seinem Haushalt. Dies markierte einen Wendepunkt in der Geschichte von Nephthys, da ihre Handlungen fortan Reue für den von ihr verursachten Schaden widerspiegelten.

Nachdem Seth Osiris so brutal getötet hatte, half Nephthys ihrer Schwester Isis, die Körperteile des Königs zu finden. Sie suchten lange und wurden von Anubis unterstützt. Nachdem die Schwestern die Teile gefunden hatten, blieb Nephthys, um Osiris wiederzubeleben. Sie blieb auch, um den jungen Horus nach seiner Geburt zu pflegen. Er sollte wachsen, um ihrem Ehemann das Verderben zu bringen.

Über Nephthys als Königin von Ägypten ist sehr wenig bekannt, vielleicht weil sie kaum jemals im Palast war. Seth hatte auch genug Konkubinen, um Nephthys' Platz einzunehmen, während sie versuchte, für ihre Taten gegen Osiris und Isis zu büßen. Nephthys verbrachte so viel Zeit mit Isis, dass sie zu Zwillingsgöttinnen wurden, die in ihrer Göttlichkeit eng miteinander verbunden waren.

Der Name „Nephthys" wird oft mit „Herrin der Tempelanlage" oder „Herrin des Hauses" übersetzt. Die Göttin wird in Gemälden und Skulpturen als junge Frau dargestellt, die einen Kopfschmuck in Form eines Hauses mit einem Korb darauf trägt, aber sie war keine vorbildliche Hausfrau. Das Haus steht für Tempel und Priestertum. Aufgrund ihres Dienstes für Osiris, Isis und Horus wurde Nephthys im alten Ägypten als göttliche Helferin der Schwachen und Toten geehrt.

Eine Abbildung von Nephthys.
https://commons.wikimedia.org/wiki/File:Nephthys2.png

Als stillende Mutter von Horus wurde Nephthys auch als stillende Mutter aller Pharaonen verehrt. Sie war ihre Beschützerin und die Feuerspuckerin gegen ihrer Feinde. Als Seths Frau erreichte Nephthys' Anbetung zur gleichen Zeit wie Seths ihren Höhepunkt. Bis zur 19. Dynastie, als Ramses II. und sein Vater Seth zu einem berühmteren Gott machten, gab es keine bedeutenden Nephthys-Tempel. Ein Nephthys-Tempel wurde im oberägyptischen Sepermeru in der Nähe des Tempels von Seth errichtet. Als Schwester und Trösterin der Isis wurde Nephthys in Abydos als Helferin der Toten verehrt. Sie half den Toten beim Übergang ins Jenseits, sie trauerte um die Trauernden und sie stand Frauen bei der Geburt bei.

Wie Isis besaß Nephthys magische Heilkräfte, und man fand alte Ägypter, die Amulette von Nephthys in dem gutem Glauben trugen, dass sie sie von ihren Krankheiten heilen würde. Sie wurde auch während der Einbalsamierung und anderen vorbereitenden Bestattungsriten mit Isis angerufen.

Eine Besonderheit von Nephthys' Persönlichkeit war schließlich, dass sie eine Göttin war, die bei Feierlichkeiten Bier als Opfergabe genoss. Für jemanden, der mit Tod, Trauer und Dunkelheit in Verbindung gebracht wird, war Nephthys' Verbindung mit festlichem Wein ironisch. Es könnte ein weiterer Bestandteil ihrer Kompatibilität mit Seth gewesen sein, dessen Ruf ebenso wechselhaft war.

Kapitel 19: Anubis und Thot

Der altägyptische Götterhimmel hatte weit über tausend Götter und Göttinnen, die im ganzen Land verehrt wurden. Ihre Schreine, Tempel und Feste in Ägypten waren weltberühmt, und um diese göttlichen Wesen ranken sich die größten Legenden der Geschichte. Von der Urzeit bis zur Schöpfung und danach sind die Beziehungen, die ägyptische Götter und Göttinnen zu Menschen und untereinander hatten, einzigartige Geschichten, die die Geschichte des alten Ägypten geprägt haben. Zwei von ihnen waren die Götter Anubis, der Schutzheilige der verlorenen Seelen, und Thot, der Gott der Weisheit und Magie.

Dies ist ihre Geschichte.

Anubis: Der Schutzheilige der verlorenen Seelen

Man kann nicht über die Götter des alten Ägypten sprechen, ohne einen bestimmten Gott zu erwähnen, der die Gestalt eines Mannes mit dem Kopf eines Schakals (oder eines Hundes) hat. Er war einer der berühmtesten Götter, die im alten Ägypten verehrt wurden, und stand an den Toren des Jenseits, um die Seelen der Verstorbenen hineinzuführen. In den Pyramidentexten wird er als einer dargestellt, der neben Osiris steht. Er wiegt das Herz jeder Seele in der Halle der Wahrheit, um festzustellen, ob sie des Jenseits würdig ist.

Sein Name ist Anubis.

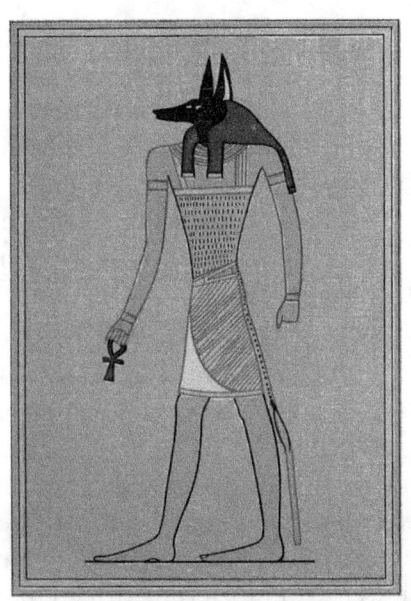

Eine Abbildung von Anubis.
Unknown author, CC0, via Wikimedia Commons;
https://commons.wikimedia.org/wiki/File:The_Sacred_Books_and_Early_Literature_of_the_East,_vol._2,_pg._208-209,_Anubis.jpg

Bevor der Mythos von Osiris Popularität erlangte, glaubte man, Anubis sei der Sohn von Re, dem Sonnengott. Danach fanden Anubis Ursprünge ihre Wurzeln in interessanteren Umständen. Er war ein Kind der Liebe zwischen Osiris und Nephthys und wurde als Sohn Seths aufgezogen, bis letzterer seine wahre Abstammung entdeckte.

Der Name „Anubis" ist griechisch und er wurde „Anpu" genannt, bevor die Griechen nach Ägypten kamen. „Anpu" lässt sich im Altägyptischen mit „königliches Kind" übersetzen, was wahrscheinlich aus Respekt vor Anubis Status als Königssohn geschah.

Der Mythos von Osiris gewährt einen Einblick in Anubis mögliche Kindheit. Als Sohn eines Vaters, der permanent Pläne zum Sturz des ägyptischen Königs schmiedete, und einer Mutter, die entweder immer noch davon besessen war, den König Ägyptens zu verführen oder ihre Handlungen zu bedauern, war Anubis Kindheit vermutlich einsam.

Schließlich wurde er ohne Zögern von Seth verstoßen und Anubis verließ den Ort, den er sein Zuhause genannt hatte. Der griechische Autor Plutarch erzählt, dass Anubis von seiner Mutter Nephthys als hilfloses Baby verlassen wurde und ohne Eltern blieb, bis eine bestimmte Göttin ihn adoptierte.

Ob Anubis nun als hilfloser Säugling oder als viel älteres Kind adoptiert wurde, er wurde jedenfalls zum Sohn von Isis, die auf der Flucht vor Seth war. Viele Versionen des Mythos von Osiris zitieren Anubis als denjenigen, der Isis aus dem Gefängnis gerettet hat, nachdem Seth sie gefangen genommen hatte. Zusammen mit seiner Mutter Nephthys half er Isis, die zerstückelten Körperteile von Osiris zusammenzusetzen. Diese Tat erwärmte die Herzen der alten Ägypter und sie sahen Anubis als Beschützer, Führer und Helfer. Und davon waren seine Rollen im Jenseits nicht weit entfernt.

Anubis war der „Oberste Einbalsamierer" des alten Ägypten. Tatsächlich wurde ihm zugeschrieben, dass er der Erste war, der jemals eine Leiche in der Geschichte Ägyptens einbalsamierte. Die Leiche war die von Osiris, nachdem er von Seth getötet worden war. Als Erfinder dieser heiligen Praxis, um die Toten auf ihr neues Leben in der Unterwelt vorzubereiten, war Anubis in der Bestattungskunst weit verbreitet. Während der Mumifizierung trug einer der Priester eine hölzerne Wolfsmaske, um Anubis physisch darzustellen, während er Gebete für einen erfolgreichen Vorbereitungsprozess sprach.

Anubis war auch der „Wächter der Waage". Nach dem Abstieg von Osiris ins Jenseits und der Thronbesteigung als König der Unterwelt (Duat) hatte er viel zu tun. Nicht jeder Sterbliche war rechtschaffen genug, um ins Jenseits überzugehen. Einige sollten als Beute von Ammit zur Hölle verdammt werden. Um das Schicksal jedes einzelnen Menschen zu bestimmen, mussten Prüfungen durchgeführt werden, mit denen Anubis beauftragt wurde.

Das Herz jedes Sterblichen wurde auf einer Waage in der Halle der Wahrheit gewogen. Auf einer Seite der Waage befand sich eine Straußenfeder, die Maat, Ordnung und Wahrheit darstellte. Wenn das Herz leichter war als die Feder, konnte die Seele ins himmlische Jenseits geführt werden, aber wenn das Herz schwerer war als die Feder, war die Seele zu Ammits Bauch oder dem ewigen Feuersee verdammt.

Mann und Frau, jung und alt, edel und gemein, niemand war von dieser Prüfung ausgenommen. Die Tore des Jenseits wurden von Anubis scharf bewacht und nur Unbeschwerte konnten eintreten.

Anubis wurde auch der „Beschützer der Gräber" genannt. Im alten Ägypten war es Tradition, die Toten am Westufer des Nils zu begraben, da es als Tor zur Unterwelt galt. Anubis, der „Erste der Westler", war dafür verantwortlich, die am Westufer begrabenen Seelen sicher zu verwahren, so wie er einst den Körper von Osiris vor Seth beschützt hatte. In dieser Legende verwandelte sich Seth in einen bösartigen Leoparden, um den Leichnam von Osiris anzugreifen, aber er wurde von Anubis mit einer heißen Eisenstange weggestoßen und gehäutet.

Als Hommage an die Heldentat von Anubis trugen die Priester im alten Ägypten Leopardenfelle, wenn sie einen Leichnam präparierten. Sie schickten auch die Verstorbenen mit Gebeten zu Anubis, damit er sie ins Jenseits führte, was uns zu einer weiteren heiligen Pflicht von Anubis bringt: Er war der Patron der verlorenen Seelen.

Wenn eine Person im alten Ägypten starb, glaubte man, dass sie für immer verloren sein würde, wenn sie nicht ins Jenseits geführt würde. Als ein weiterer seiner vielen Titel wurde Anubis als „Meister der Geheimnisse" verehrt, denn nur er kannte den Weg ins Jenseits und was vor seinen Toren und dahinter lag. In alten Königsgräbern waren Darstellungen von Anubis beliebt, der den Verstorbenen an der Hand in die Halle der Wahrheit führte.

Die heiligen Pflichten von Anubis waren Teil jedes entscheidenden Schritts ins Jenseits. Anubis beschützte die Toten, führte sie zum Gericht, teilte ihnen ihr Urteil mit und hieß sie im Jenseits willkommen. Er war eine unglaublich wichtige Gottheit. Einige alte Überlieferungen gehen davon aus, dass er der erste Herrscher der Unterwelt war, aber er wurde Osiris' rechte Hand, als dieser den Thron bestieg. In Anbetracht der Zeit, zu der Anubis geboren wurde, und seiner Reise mit Isis, bleibt die Plausibilität dieses Berichts weithin umstritten.

Symbolisch war Anubis der schwarze Schakalgott. Die Farbe Schwarz stellte die Verfärbung einer Leiche dar, nachdem sie während der Mumifizierung mit der Chemikalie Natron gereinigt worden war. Schwarz symbolisierte auch die Farbe der Ufer des Nils sowie Aspekte des Lebens, des Todes und der Wiedergeburt im Jenseits – Dinge, die alle mit dem Gott Anubis in Verbindung gebracht wurden.

Anubis war dafür bekannt, Ungerechtigkeit und Unruhestifter zu hassen, was möglicherweise einer der Gründe dafür war, dass er bald zum Feind des Chaosgottes Seth wurde. Während er in keinem der populären altägyptischen Mythen im Mittelpunkt stand, reichte Anubis' Ruhm vom prädynastischen Ägypten doch bis weit in die Ära des griechisch-römischen Ägyptens. Die Griechen verglichen ihn mit ihrem Gott Hermes, und da sie auch an das Konzept des Jenseits glaubten, teilten die Griechen die Verehrung für Anubis. Er wurde im ganzen Land verehrt und viele Schreine wurden in seinem Namen errichtet.

Kynopolis, eine antike Stadt in Oberägypten, war die Heimat des angesehenen Kultes von Anubis, der eine große Anhängerschaft hatte. Jeder Mann und jede Frau war an der Bewahrung ihrer Seele und einem reibungslosen Übergang ins Jenseits interessiert. Gab es einen besseren Weg, sich einen Platz in der Ewigkeit zu sichern, als denjenigen anzubeten, der an den Toren der Unterwelt stand und all ihre Geheimnisse kannte?

Thot: Der Gott der Weisheit, Magie und des Mondes

Viele Götter und Göttinnen in der altägyptischen Mythologie waren für Dinge zuständig, die hauptsächlich spirituell und heilig waren, aber dieser ibisköpfige Gott, der aus der Stadt Hermopolis kam, hatte eher intellektuelle Verbindungen.

Er war der Gott und Erfinder der Schrift, derjenige, der die vielen Sprachen der Welt geschaffen hatte. Er war die rechte Hand von Re, dem Schiedsrichter der Götter, und das Oberhaupt der berühmten kosmologischen Ogdoade (Achtheit) von Hermopolis. Das war Thot.

Man findet Abbildungen von Thot als Mann mit dem Kopf eines Ibis oder gelegentlich eines Pavians. Wie viele andere Götter, einschließlich Anubis, wird Thot mit einem Anch dargestellt, das auch als „Schlüssel des Lebens" bekannt ist, da es die Unsterblichkeit der Götter symbolisiert. Thot wird auch häufig mit einer königlichen Krone oder einem Kopfschmuck gezeigt, was seine Verbindung mit dem Gott Schu, dem Sohn von Re, demonstriert.

Thot, der Gott der Weisheit.
FDRMRZUSA, CC BY-SA 4.0 https://creativecommons.org/licenses/by-sa/4.0 via Wikimedia Commons; https://commons.wikimedia.org/wiki/File:Thoth_mirror.svg

Im Schöpfungsmythos von Hermopolis ist Thot der selbstgezeugte Schöpfer der Weltordnung oder Maat. In anderen Berichten ist er der Ehemann der Göttin Maat, die zusammen mit Anubis die Herzen der Seelen gegen Maat abwog und die Ergebnisse aufzeichnete. Thots Verbindung mit Maat ist die Grundlage seiner Existenz als Gott der Weisheit.

In der frühen ägyptischen Mythologie wurde Thot vom Anführer der Ogdoade von Hermopolis zu einem Teil der Barkenbesatzung des Sonnengottes Re. Er beriet den Sonnengott und führte Tagebücher über ihre Reise. Man glaubte, dass Thot die Quelle der Hieroglyphen war, und er wurde der „Herr der Schreiber" und der Partner von Seschat, der ägyptischen Göttin des Schreibens, der Weisheit und des Wissens.

Thots Intellekt schuf andere vielfältige Formen des menschlichen Wissens, wie das Gesetz, die Wissenschaft und die Kunst der Anbetung. Er war ein Gott der Perfektion und Diplomatie, der in seinem Urteil niemals Fehler machen konnte. Dies machte ihn zu einem Vertrauten von Re, wie der Mythos „Thot und die ferne Göttin" aus Hermopolis illustriert.

Dieser Mythos begann mit einem Streit zwischen Re und seiner Tochter. Der Streit dauerte lange und schließlich stürmte Res Tochter aus seinem Blickfeld und ging weit weg von ihm in die Wüste. Mit der Zeit machte sich Re Sorgen, dass seine Tochter so lange abwesend war und schickte viele Boten aus, um sie zurückzubringen. Der berühmteste Teil der Geschichte war der, dass der Sonnengott sein Auge, das Auge von Re, schickte, um seine Tochter zu finden und sie nach Hause zurückzubringen, was auch erfolgreich war.

Nach einem anderen Bericht war es jedoch nicht so einfach. Res Tochter war zu mächtig, um nach Hause gebracht zu werden. Re brauchte einen Vermittler und dabei dachte er an Thot. Kein anderer Gott war weise genug, um die ferne Göttin nach Hause zu bringen. Er rief Thot herbei und beauftragte ihn mit der Aufgabe. Am Ende kehrte Thot mit Res Tochter zurück und als Belohnung erhielt er eine Frau namens Nehemtawy.

Eine weitere von Thots goldenen Errungenschaften führte dazu, dass er zum Gott des Mondes wurde. Im vordynastischen Ägypten hatte das durchschnittliche Jahr nur 360 Tage. Die Himmelsgöttin Nut war von ihrem Bruder und Liebhaber Geb schwanger, und ihr Vater Schu war nicht der Einzige, der darüber unglücklich war. Ihr Großvater Re war genauso wütend und verfluchte Nut mit seiner göttlichen Kraft, so dass sie an keinem Tag des Jahres ein Kind gebären konnte.

Es war eine harte Strafe und Nut war verzweifelt, bis Thot von ihrer Notlage erfuhr und ihr zu Hilfe kam. Er besuchte Iah, den Gott des Mondes (oder den Mond selbst), und bat ihn, ihm etwas Mondscheinzeit zu geben. Der Mondgott war fasziniert von Thots Bitte, aber ein solcher Gefallen konnte nicht so einfach gewährt werden. Also veranstalteten die beiden Götter ein Glücksspiel und Thot gewann, was ihm als Preis die Mondscheinzeit einbrachte. Iah überließ Thot die Mondscheinzeit, die er brauchte, was ungefähr fünf Tage waren.

Damit fügte Thot dem Jahr fünf Tage hinzu, was es Nut ermöglichte, Res Bestrafung zu umgehen und ihre Kinder zu gebären, eines an jedem Tag: Osiris, Isis, Set, Nephthys (und in einigen Berichten Horus). Re hörte von Thots Weisheit und war eher beeindruckt als wütend. Es wird angenommen, dass dies der Beginn von Thots Beziehung zum Sonnengott darstellt. Re gab Thot einen erhöhten Platz auf seiner heiligen Barke und suchte seinen Rat, um den bösen Apophis (Apep) zu besiegen.

Im Mythos von Osiris spielte Thot die Rolle eines Ratgebers und Vermittlers. Er war derjenige, der Isis vorschlug, die Körperteile ihres Mannes zu finden und ihr die magischen Worte sagte, um ihn wieder zum Leben zu erwecken. Er leitete auch Anubis, als dieser Isis half, aus Seths Gefangenschaft zu entkommen.

Als der Krieg zwischen Horus und Seth ausbrach, übernahm Thot die Rolle des Schiedsrichters und fügte seinen vielen Titeln den Namen „Gott des Gleichgewichts" hinzu.

Thot war derjenige, der dafür sorgte, dass jeder Kampf fair war, und er sagte Horus, wie er sein Auge heilen konnte, als es Seth in der Hitze des Gefechts herausgerissen hatte. „Die Auseinandersetzungen von Horus und Seth" negiert die Existenz von Thot vor diesem Krieg. Stattdessen wurde Thot aus Seths Stirn geboren, nachdem Set versehentlich mit Horus' Samen in Kontakt gekommen war. Von da an wurde er Vermittler.

Der Einfluss von Thot im alten Ägypten wurde von den damaligen Autoren, Bibliothekaren und Gelehrten propagiert, die gleichzeitig seine Priester waren. Sie verehrten ihn als Vater der Schrift und Erfinder der Worte. Sie benutzten auch den Ibis, das Symbol von Thot, als ihr Emblem und waren versiert in Zaubersprüchen im Namen von Thot.

Der Thot-Kult entstand in der Stadt Hermopolis und seine Verehrung hatte sich bis zum Ende des Neuen Reiches im ganzen Land verbreitet. Während der Feste von Thot wurden Tausende von Ibissen und Pavianen mumifiziert und an Gläubige verkauft, um sie Thot zu opfern. Eine Ausgrabung der antiken Stätten rund um diese Kultstätten, insbesondere in Hermopolis, brachte eine große Anzahl dieser mumifizierten Tiere zum Vorschein.

„Thutmosis", was „aus Thot geboren" oder „Thot ist geboren" bedeutet, war der Name von fünf Pharaonen, drei bekannten Wesiren und einem berühmten Bildhauer im alten Ägypten. Die breite Verbindung des Adels mit Thot zeigt seinen Einfluss, der seine Dynamik vom prädynastischen Ägypten bis zum Aufkommen des frühen Christentums im römischen Ägypten behielt.

Es war kein Wunder, dass die Griechen als Liebhaber der Kunst und Kultur Thot sehr verehrten. Wie Anubis wurde er mit Hermes gleichgesetzt und in hellenistischer Zeit zu Hermes Trismegistus synkretisiert. Hermes Trismegistus repräsentierte eine heilige Mischung aus spiritueller und materieller Weisheit, wie sie von Thot und Hermes verkörpert wurde, und es wurde angenommen, dass er viele Bücher verfasst hatte, die zusammen *Corpus Hermetica* genannt wurden.

Schließlich war der Gott der Weisheit im alten Ägypten ein Sekretär im Jenseits, der neben Osiris und Anubis in der Halle der Wahrheit stand und über jedes Herz Rechenschaft ablegte, das gegen die Feder von Maat gewogen wurde. Thot war unter den Seelen im Jenseits auch als freundlicher Gastgeber für diejenigen berühmt, die in seiner Residenz, dem Herrenhaus von Thot, Ruhe suchten. Er gewährte auch Schutzzauber gegen die Dämonen, die in der Ewigkeit lauerten.

Kapitel 20: Hathor und Bastet

Zwei andere Göttinnen, die Verehrung und Bedeutung im alten Ägypten genossen, waren Hathor und Bastet. Im Metropolitan Museum in New York City ist eine Gedenktafel von Hathor und Bastet ausgestellt.

Dieses Artefakt wird auf die 18. oder 19. Dynastie, irgendwann zwischen der Regierungszeit von Pharao Ahmose I. und Pharao Ramses I. datiert. Das Artefakt stellt Hathor als Sistrum dar, ein Musikinstrument aus dem alten Ägypten, das für eine Katze, dem Symbol für Bastet, spielt. Diese beiden Göttinnen waren mit den Künsten und der Freude im alten Ägypten verbunden, aber sie hatten noch mehr zu bieten.

Hathor: Die Mutter des Himmels

Hathors Ursprünge sind so vielfältig und dynamisch wie ihre Attribute, aber jede Geschichte stellt ihre Verbindung zum Sonnengott Re her. Bevor Isis als „Königinmutter aller Pharaonen" populär wurde, hatte Hathor diesen Titel inne. Schließlich war sie die Mutter des Sonnengottes selbst oder, in anderen Berichten, seine Tochter oder Gemahlin und Begleiterin auf der göttlichen Barke. Alternativ wurde sie als Mutter von Horus angesehen, der Wiedergeburt, Verjüngung und Schönheit symbolisierte.

Ihr populärster Titel war „Mutter des Himmels", der ihr aufgrund ihrer Verbindung mit Re verliehen worden war. Die alten Ägypter glaubten, dass der Himmel der Ort war, den die Sonne jeden Tag durchwanderte, und an dem die Sonne bei Anbruch jeder Morgendämmerung wiedergeboren wurde. Dies führte dazu, dass man glaubte, Hathor sie die Mutter von Re, die jeden Tag die Sonne gebar -

eine kosmische Mutter. „Die Goldene" war eine Hommage an Hathors Status als wichtiges Mitglied von Res Gesellschaft auf seiner göttlichen Barke. Sie war der Grund dafür, dass die Sonne so hell schien und der Welt Glanz verlieh.

Hathors Tier ist die Kuh und Abbildungen von ihr zeigen eine Frau mit dem Kopf einer Kuh oder mit einem Kopfschmuck, aus dem Dornenhörner hervorragen und einer Sonnenscheibe in der Mitte.

Eine Abbildung von Hathor.
Jeff Dahl, CC BY-SA 4.0 https://creativecommons.org/licenses/by-sa/4.0 via Wikimedia Commons; https://commons.wikimedia.org/wiki/File:Hathor.svg

In anderen Darstellungen ist Hathor eine Kuh oder ein Sistrum, ein Schlaginstrument, mit dem sie das Land Ägypten von Unglück und Traurigkeit befreit. Sie wurde auch als Platane dargestellt, deren milchiger Saft auf Leben und Fruchtbarkeit anspielt.

Als der griechischen Göttin Aphrodite und der römischen Göttin Venus ebenbürtig, wurde Hathor im alten Ägypten als Göttin der Schönheit und Liebe verehrt. Sie war bei den Frauen als Repräsentantin spiritueller und physischer Weiblichkeit und als göttliche Hebamme beliebt. Ihre Bedeutung für die Weiblichkeit führte oft dazu, dass Hathor mit Isis, der Frau von Osiris, und Mut, der Partnerin des Gottes Amun verglichen wurde. Diese drei hatten ähnliche Aspekte, aber Isis repräsentierte eine konservativere Seite der Weiblichkeit: die vorbildliche Mutter und Ehefrau. Mut repräsentierte einen durchsetzungsfähigeren weiblichen Aspekt, da sie typischerweise unabhängig war. Hathor war ein Freigeist, offen sexuell und lebenslustig, und wie Sie gleich feststellen werden, hatte Hathor nicht immer den Ruf einer glücklichen und wohlwollenden Gottheit.

In alten Texten vom Mittleren Reich bis zum Neuen Reich war Hathor der weibliche Aspekt des Auges von Re, das als Bote und Vorbote des Untergangs von Re angesehen wurde. Einer alten Legende zufolge war der Sonnengott unzufrieden mit dem Zustand der moralischen Dekadenz in der von ihm geschaffenen Welt. Die Menschheit betete ihn nicht mehr an und rebellierte unverhohlen gegen ihn. Zur Strafe schickte Re seine Tochter Hathor, um die Menschheit zu zerstören. Dafür verwandelte sie sich in Sachmet, die löwenköpfige Kriegsgöttin, und zerstörte wie befohlen die Welt.

Als sie die Erde mit ihrem heißen Feueratem verwüstete, machten sich die anderen Götter Sorgen um Sachmets wachsenden Blutdurst. Sie baten den Sonnengott, Gnade walten zu lassen und Sachmet von ihrer finsteren Mission zurückzurufen. Wenn sie nicht aufgehalten würde, würde sie jeden lebenden Menschen auslöschen, und die Welt wäre wieder leer und bedeutungslos.

Ra nahm Vernunft an und entschied, Sachmet aufzuhalten, aber sie war in ihrer zerstörerischen Raserei schon zu weit fortgeschritten. Es gab nur noch *eine* andere Möglichkeit, sie aufzuhalten. Re befahl, eine besondere Biersorte für Sachmet zu brauen. Das Bier wurde mit zusätzlichem Alkohol hergestellt und mit rotem Farbstoff gemischt, um ihm das Aussehen von Blut zu verleihen. Sachmet nahm das Bier entgegen und trank, da sie es für Blut hielt, mehrere Schlucke auf einmal.

Augenblicke später wurde sie von Schwindel überwältigt und fiel in einen tiefen Schlaf. Drei Tage später erwachte Sachmet als Hathor, die gütige und gnädige Göttin. Sie wurde populär, da sie das Gegenteil von dem symbolisierte, was sie als Sachmet war. Die Geschichte endet hier in vielen Versionen. Eine Variation dieses Mythos endet jedoch nicht damit, dass Sachmet sich noch zum Besseren wendet.

Stattdessen liefert sie ein faszinierendes Vorspiel zu „Thot und die ferne Göttin", in dem Thot ausgesandt wird, um eine Tochter von Re nach Hause zu bringen. Die Legende besagt, dass die Tochter von Re eigentlich Hathor (oder Sachmet) war. Sie war aus ihrem tiefen Schlaf aufgewacht und hatte gemerkt, dass sie von Re ausgetrickst worden war. Ihr Zorn kannte keine Grenzen.

Zwischen Vater und Tochter kam es zu einem hitzigen Streit, und Hathor verließ ihr Zuhause als Zeichen der Rebellion gegen den Sonnengott und seine List, um in ein fernes Land zu reisen. Da er sie nicht nach Hause bringen konnte, suchte Re die Dienste von Thot, dem Gott der Weisheit. Nur er konnte die Aufgabe erledigen, aber er musste Hathor 1.077-mal überzeugen, bevor das geschah. Vielleicht hatte die Tochter von Re begonnen, sich zum Guten zu wenden, nachdem sie nach Hause gekommen war.

„Göttin der Liebe" war ein weiterer Titel von Hathor und betont den sexuellen Aspekt dieser Göttin. Sogar die Götter waren nicht immun gegen erotische Freuden, und als Gemahlin von Re soll Hathor den Sonnengott bei vielen Gelegenheiten sexuell stimuliert haben, um seine Stimmung zu heben. In anderen Darstellungen ist sie eine schöne Frau mit wunderschönem Haar, wobei jede Locke einen unwiderstehlichen Charme darstellt. Hathor mag sterblichen Männern auch als nackte, attraktive Frau erschienen sein.

Das alte Ägypten war ein Zentrum für Kunst, Musik und Tanz - ein wesentlicher Bestandteil seiner religiösen Festlichkeiten. Hathor genoss den Anblick des Feierns, sei es Essen, Trinken, Singen, Tanzen oder die Frauen, die sich herausgeputzt hatten und exquisit dufteten. Hathor konnte dem Duft von Weihrauch genauso wenig widerstehen wie einem guten Schluck Wein. Wie Nephthys betrank Hathor sich, wenn sie das Sistrum spielen hörte.

Musikinstrumente waren der Grundton in der Verehrung von Hathor. Abgesehen von ihrem Lieblingsinstrument, dem Sistrum, verehrten die Menschen die Göttin der Freude, indem sie Hymnen sangen und Laute, Harfe und Tamburin spielten. Jedes Jahr feierten die Ägypter Hathor, indem sie Blumen brachten und den ganzen Weg zu ihrem Tempel in Dendera tanzten.

Hathor war lebenslustig und gefährlich abenteuerlustig, aber sie war auch die Göttin des Tourismus und des Handels. Es wurde angenommen, dass sie die Grenzschützerin des alten Ägypten war, die dafür sorgte, dass jedes Schiff auf dem Nil und alle ägyptischen Schiffe auf anderen Flüssen und Meeren sicher waren. Wenn Sie sich an den Mythos der griechischen Prinzessin erinnern, war der Tempel von Hathor der Ort, an dem Helena Zuflucht suchte, und er befand sich in der Nähe der Küste Ägyptens. Im Mythos „Thot und die ferne Göttin" verließ Hathor ihre Heimat und zog an einen weit entfernten Ort, möglicherweise nach Libyen oder Nubien, und wurde in diesen Ländern berühmt.

Durch die Handelsbeziehungen des alten Ägypten verbreitete sich Hathors Ruhm nach Kanaan, Punt, Syrien und Teilen des Sinai. Zu dieser Zeit war die Sinai-Halbinsel ein Bergbauzentrum dank ihrer riesigen Türkis- und Malachitvorkommen. Mit der Verbreitung von Hathors Verehrung im Sinai wurde sie zur „Dame des Türkises" und „Dame des Malachits". Ägyptische Händler, die in diese fremden Länder reisten, kehrten mit exotischen Gegenständen nach Hause zurück, die sie Hathors Geschenke an Ägypten (oder an den Pharao) nannten, da viele Bergbaustätten Anbetungsstätten zu Ehren von Hathor waren.

Wie man erwarten konnte, war die Göttin Hathor auch im Jenseits nicht ohne Rolle. Grabkunst und Literatur aus den frühesten Zeiten der ägyptischen Geschichte beschreiben Hathors ersten Besuch im Jenseits als Zwischenstation zwischen Ägypten und fremden Ländern.

Die Duat war überfüllt, und viele Seelen brauchten Führung im Jenseits. Hathor bot Hilfe an und manifestierte sich als Imentet, die Göttin des Westens. Sie trat zu den Göttern und Göttinnen hinzu, die am Übergang der Seelen teilnahmen. Als Imentet kümmerte sich Hathor um die Seelen der Toten, indem sie sie mit Essen und Trinken versorgte. Dies zeigt Hathors mütterliche Natur sowie ihre Eigenschaften als Beschützerin und Führerin.

Pharao Haremhab mit den Göttern Hathor, Osiris, Horus und Anubis.
Jean-Pierre Dalbéra, CC BY 2.0 https://creativecommons.org/licenses/by/2.0 via Wikimedia Commons https://commons.wikimedia.org/wiki/File:La_tombe_de_Horemheb_(KV.57)_(Vall%C3%A9e_des_Rois_Th%C3%A8bes_ouest)_-4.jpg

Die Mythen des dem Untergang geweihten Prinzen und der zwei Brüder stellen die Sieben Hathoren dar, einen weiteren Aspekt von Hathor. Sie waren die Kenner des Schicksals.

Bastet: Die Göttin des Schutzes

Wie Anubis so kann man die katzenköpfige Göttin des alten Ägypten und ihren schlanken Körper kaum verkennen. Sie hält oft ein Anch und ein Sistrum. Ihr Name ist Bastet (oder einfach nur Bast), und sie war lange Zeit der Schwarm von Unterägypten.

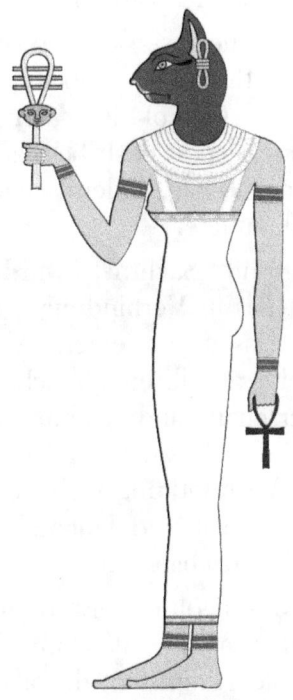

Eine Abbildung von Bastet.
Gunawan Kartapranata, CC BY-SA 3.0 https://creativecommons.org/licenses/by-sa/3.0 via Wikimedia Commons: https://commons.wikimedia.org/wiki/File:Bastet.svg

Es ist wichtig zu betonen, wie sehr die alten Ägypter Katzen verehrten, sie beteten sie geradezu an. Der königliche Haushalt von Ägypten schmückte seine Katzen mit goldenen Ohrringen, Nasenringen und Halsbändern. Diese Katzen aßen auch mit am Tisch. Unter den Bürgerlichen wurden Katzen nicht viel anders behandelt. Auch wenn sie sich keinen teuren Schmuck leisten konnten, nahmen sie die Geschöpfe nicht als selbstverständlich hin. Schließlich schützten Katzen den Haushalt, indem sie zerstörerische Schädlinge wie Mäuse und Schlangen fernhielten. Bei Ausgrabungen im Bastet-Tempel wurden hunderte mumifizierte Katzen entdeckt, und Historiker vermuten, dass es im alten Ägypten Brauch gewesen sein könnte, Katzen das gleiche Begräbnis wie Menschen zu geben.

Die frühesten Ursprünge von Bastet zeigen sie als Göttin mit Löwenkopf. Es wurde angenommen, sie sei die Tochter von Re und geschickt in der Kunst der Kriegsführung. Im Neuen Reich, in der 20. Dynastie, wurde sie mit Katzen verbunden. Ihre Verbindung mit Re bedeutete eine Verbindung mit Hathor als Sachmet, weshalb Bastet und Sachmet als Schwestern bezeichnet wurden.

Wie Sachmet manifestierte sich Bastet als das anfangs furchteinflößende Auge von Re, milderte aber später ihren Ruf, indem sie zur Geißel von Apophis (Apep) auf der göttlichen Barke des Sonnengottes wurde. Der Legende nach besiegte Bastet auf Geheiß von Re Apophis in Form einer Katze, indem sie die Schlange mit einem Schwert in ihrer Pfote enthauptete.

Abgesehen von Re und Sachmet wurde Bastet wegen ihrer beschützenden Natur mit Isis in Verbindung gebracht. Sie werden viele Alabasterskulpturen von Bastet mit einem Wurf Kätzchen zu ihren Füßen finden. Dies spielte auf ihren göttlichen Status als Göttin der Fruchtbarkeit, Schwangerschaft und Geburt an. Katzen sind dafür bekannt, ihre Nachkommen sehr zu beschützen, und diese Eigenschaft wurde Bastet nach ihrer Verwandlung verliehen. Sie wurde als Mutter und Beschützerin vor Krankheit und Unglück verehrt. Sie galt als der griechischen Göttin Artemis gleichgestellt.

Die Verehrung der Katzengöttin begann in Bubastis, wo ihr Kult begründet wurde. Bubastis war eine Stadt im Nildelta in Unterägypten, die die achtzehnte regionale Hauptstadt des alten Ägypten wurde. Dies rückte die Verehrung von Bastet stärker ins Rampenlicht und sie breitete sich von Bubastis und Memphis nach Oberägypten aus. Der griechische Schriftsteller Herodot beschreibt in seinem Werk *Historien* die Massenwanderung von Menschen aus ganz Ägypten nach Bubastis für die großen Feste zu Ehren von Bastet:

„Wenn die Leute auf dem Weg nach Bubastis sind, fahren sie auf dem Fluss, eine große Zahl in jedem Boot, Männer und Frauen zusammen. Einige der Frauen machen Lärm mit Rasseln [Sistrums], andere spielen die ganze Zeit Flöten, während der Rest der Frauen und die Männer singen und in die Hände klatschen ... Wenn sie Bubastis erreichen, veranstalten sie ein Fest mit großen Opfergaben, und bei diesem Fest wird mehr Wein getrunken als sonst im ganzen Jahr. Es ist üblich, dass sich dort Männer und Frauen [aber keine Kinder] in einer Zahl von siebenhunderttausend versammeln, wie die Leute des Ortes sagen."

Die Pracht von Bastets Tempel in Bubastis spornte Herodot in seinen Beschreibungen weiter an. Er lag auf einer Insel, die über zwei Wege vom Nil aus erreichbar war. Der Tempel wurde an einem zentralen Ort der Stadt errichtet, sodass man seine prächtige Ansicht gar nicht übersehen konnte. Er besaß majestätische Steinmetzarbeiten und war von hohen Hainen umgeben, die „bis zum Himmel reichten".

Die Menschen trugen Schutzamulette, die Katzen darstellten und Bastets Schutz symbolisierten. Am Neujahrstag tauschten sie Kätzchen als Geschenke aus. Man glaubte, dass diese Taten das Jahr vom Bösen beschützen und Wohlstand ankündigen würden.

Bastet hatte nicht so viele Attribute wie Sachmet und war auch kein Teil der ursprünglichen Enneade wie Isis. Dennoch blieb sie eine einflussreiche Gottheit bis weit in die Zeit der persischen Invasion Ägyptens Ende des 5. Jahrhunderts v.u.Z. und darüber hinaus. Auch im römischen Ägypten hatte sie jahrzehntelang ihre Bedeutung, und in den meisten Jahren stellte die Katzengöttin eine große Freude für die Menschen dar.

ABSCHNITT VIER:
DIE HEILIGEN BÜCHER

Kapitel 21: Die Sargtexte und das Totenbuch

Mittlerweile wissen Sie alles über die Bedeutung des Lebens nach dem Tode im alten Ägypten und wie dieser Glaube das Leben der Menschen viele Jahre lang prägte. Sie wissen auch, dass Begräbnisse in Ägypten keine einfache Angelegenheit waren und nicht in Eile erledigt wurden. Wohlüberlegte spirituelle Prozesse wurden durchgeführt, um den Übergang der Toten in die Duat zu besiegeln, in der Hoffnung, dass sie Maat ihr ganzes Leben lang befolgt hatten, oder zumindest so weit, um in das Paradies einziehen zu dürfen.

In Kapitel 1 haben Sie von den antiken Quellen gelesen, die uns das gesamte Wissen über die ägyptische Antike geliefert haben. Ein paar Namen wie die Pyramidentexte kommen einem in den Sinn, aber in diesem Kapitel liegt der Schwerpunkt auf zwei anderen wichtigen Quellen, die nach den Pyramidentexten entstanden sind.

Die Sargtexte

Lange Zeit wurden im Alten Reich nur Pharaonen mit Kunstwerken in ihren Gräbern bestattet. Die Wände von Königen wie Unas, Pepi I. und Pepi II., Menkaure I. und sogar Königinnen wie Neithhotep, Behenu und Anchesenpepi II. enthielten eingeritzte Textkorpora, um die Reise des königlichen Verstorbenen in die Duat zu beschleunigen, die man zu dieser Zeit im Himmel vermutete.

Es gab kein Buch mit dem Titel „Sargtexte" im alten Ägypten. Unter dem Namen Sargtexte verstehen wir Zusammenstellungen von Texten, die bei Ausgrabungen im 19. Jahrhundert in verschiedenen Särgen sichergestellt wurden. Diese Texte wurden aus ihrer ursprünglichen geschriebenen Form von dem niederländischen Ägyptologen Adriaan de Buck in Hieroglyphen übertragen und stellen wertvolle Quellen für die Ägyptologie dar.

Zu einem großen Teil bestanden die Sargtexte aus Zaubersprüchen, die sorgfältig in den inneren Teil des Sarges geätzt wurden, bevor der Leichnam hineingelegt wurde. Von diesen Zaubersprüchen sind momentan 1185 bekannt und die meisten beziehen sich auf mythische Geschichten aus dem prädynastischen Ägypten, wie z.B. dem Osiris-Mythos. Dieser Mythos kommt am häufigsten in den Sargtexten vor.

Bevor es an Popularität gewann, wurde das Jenseits nur als ewige Heimstatt für Könige und für ein paar privilegierte Königinnen erachtet. Adlige, Schreiber und gewöhnliche Menschen glaubten nicht, dass sie eine solch glorreiche Ewigkeit mit ihrem Herrscher teilen konnten.

Mit der phänomenalen Entdeckung von Osiris' Abstieg, nicht Aufstieg, ins Jenseits (oder die Duat) erkannten die Menschen jedoch, dass sie sich geirrt hatten. Die Duat war weder im Himmel noch außerhalb ihrer Reichweite. Jede Person, König oder nicht, die an Osiris glaubte und ihr Leben in Übereinstimmung mit Maat lebte, konnte das Paradies betreten. Der Osiris-Kult verbreitete diesen Glauben im späten Alten Reich.

Infolgedessen ersetzten die Sargtexte ab 2100 v.u.Z. allmählich die Pyramidentexte, und das Konzept des Jenseits wurde weitaus weniger exklusiv. Damit konnten sich auch manche nicht-königliche Menschen ziemlich aufwendige Beerdigungen und alle dafür erforderlichen Materialien leisten. Bildnisse, Figuren, Keramik für Grabgefäße, Edelmetalle, Granit und Materialien zur Mumifizierung waren nicht mehr nur den Pharaonen vorbehalten. Die Produktion war darauf ausgerichtet, etwas minderwertige Versionen dieser Materialien für die Verwendung durch Bürger herzustellen.

Dieser Einfluss auf die spirituelle und kulturelle Perspektive des alten Ägypten machte den Osiris-Mythos und seinen Protagonisten zu einem der berühmtesten Glanzpunkte vieler Zaubersprüche in den Sargtexten.

"Oh, Hilfloser!

Oh, schlafender Hilfloser!

Oh, Hilfloser an diesem Ort,

den Du nicht kennst, aber ich!

Sieh, ich habe Dich auf der Seite [liegend] gefunden
Der große Regungslose.
‚Oh, Schwester!', sagt Isis zu Nephthys,
Dies ist unser Bruder,
Komm, lass' uns seinen Kopf anheben,
Komm, lass' uns seine Knochen wieder [zusammensetzen],
Komm, lass' uns seine Glieder wieder zusammensetzen,
Komm, lass' uns seinem Leid ein Ende bereiten,
dass er, soweit wir vermögen, nie mehr müde werde.
Möge die Feuchtigkeit für seinen Geist aufsteigen!
Mögen die Kanäle durch dich gefüllt werden!
Mögen die Namen der Flüsse durch dich erschaffen werden!
Lebe, Osiris!
Osiris, lass' den großen Regungslosen aufstehen!"

Dieser Auszug war ein beliebter Schutzzauber in vielen Sargtexten.

Während er einerseits davon erzählt, wie Isis und Nephthys Osiris nach seiner Ermordung durch Seth wiederbeleben, ruft er andererseits die beiden Göttin an, die Verstorbenen auf ihrer Reise ins Jenseits zu begleiten.

Beschreibungen und Anrufungen von Schutzgöttern und -göttinnen wurden auch in den Sargtexten gefunden. Es wurde angenommen, dass diese der verstorbenen Seele helfen, Wächter im Jenseits zu erkennen und sich ihrem Schutz zu unterwerfen. Mit Dämonen, Schlingen und Fallen, die an jedem Halt lauerten, brauchte eine Seele göttliche Hilfe, um durch die Duat zu steuern, bis sie das Paradies erreichte. Eine unbewachte Seele lief Gefahr, einen zweiten Tod zu sterben oder für immer verloren zu gehen. Sie können sich also vorstellen, dass die alten Ägypter beim Inhalt ihrer Särge pingelig waren.

Mit dem wachsenden Ruhm von Osiris als Richter der Unterwelt lieferten die Sargtexte die frühesten bekannten Quellen von Ereignissen in der Duat, wie zum Beispiel das Urteil der Toten in der Halle der Wahrheit. Die berühmteste Quelle aus dieser Zeit war das *Buch der zwei Wege*, das eine komplizierte Karte der Duat enthält und bisher das älteste illustrierte Buch der Geschichte ist.

Der Autor des *Buch der zwei Wege* wird vielleicht nie bekannt werden, aber Kopien des Dokuments wurden in einige alte Särge aus einem Dorf namens Deir el-Bersha geschnitzt. Zweifellos hatten die Leute diese Karte von einem Original kopiert, in dem Glauben, dass die Karte die verstorbene Seele durch die Reiche der Duat führen würde. Die älteste Kopie dieses Buches wurde im Grab einer Frau namens Anch gefunden, die vermutlich während der 11. oder 12. Dynastie gelebt hat.

In diesem Buch gab es zwei Wege ins Paradies, weshalb es das *Buch der zwei Wege* genannt wurde. Die beiden Routen führten über das Meer und das Land, die durch einen feurigen See und abscheuliche Monster getrennt waren. Beide Wege waren mit gefährlichen Hindernissen gespickt, die die Seele überwinden musste, bevor sie vor Osiris erscheinen konnte.

Als fortschrittlichste Version der Sargtexte wurde das *Buch der zwei Wege* im Mittleren und Neuen Reich durch das *Totenbuch* ersetzt.

Das *Totenbuch*

Die Entwicklung des ägyptischen Glaubens an das Jenseits und seine Feinheiten begann mit den Pyramidentexten, die den größten Teil des Alten Reiches beherrschten. In der Folge gewannen die Sargtexte an Bedeutung, die sich an die Pyramidentexte anlehnten, aber allgemein zugänglicher waren. Der Höhepunkt der Sargtexte war das *Totenbuch*, mit Hilfe dessen viele Ägypter des Mittleren Reiches ihre Bestattungspraktiken anpassten.

Die Entstehung des Neuen Reiches markierte eine neue Stufe in dieser Entwicklung und das *Totenbuch* wurde der letzte Schrei. Im Gegensatz zu den Sargtexten, die nur auf Särge gezeichnet oder geschnitzt wurden, konnten Kopien des *Totenbuchs* aus der 12. Dynastie auf Papyrus geschrieben und mit den Toten begraben werden.

Wie im Fall der Sargtexte gibt es kein *Totenbuch* als solches. Stattdessen gibt es Zusammenstellungen vieler Kopien, die in alten Grabstätten und Särgen gefunden wurden. Insgesamt wurden zweihundert Zaubersprüche, Hymnen und Rezitationen aus ihren ursprünglichen Hieroglyphenversionen übersetzt.

Wie der Name schon sagt, wurde das *Totenbuch* für die Toten geschrieben. Es war ein Handbuch zur Überwindung von Gefahren im Jenseits. Der erste Zauber war ein Gebet zu Re (oder Atum), damit die Toten erfolgreich in die Duat übergehen konnten. Ebenfalls im *Totenbuch* zusammengestellt waren Zaubersprüche, die von den Verstorbenen zur Erhaltung ihres Körpers und zum Schutz vor dem Bösen in Form von Schlangen wie Apep rezitiert werden sollten:

„O du Wächserner [Apep], der du raubst und von den Trägen lebst, ich werde nicht träge sein für dich, ich werde nicht schwach für dich sein, dein Gift soll nicht in meine Glieder eindringen, denn meine Glieder sind die Glieder von Atum. Wenn ich nicht schwach für dich bin, wird das Leiden von dir nicht in diese meine Glieder eindringen. Ich bin Atum an der Spitze des Abgrunds, mein Schutz kommt von den Göttern, den Herren der Ewigkeit, ich bin Er, dessen Name geheim ist, ein heiligerer Thron als die Chaosgötter. Ich bin unter ihnen, ich bin mit Atum ausgezogen, ich bin einer, der nicht untersucht wurde, ich bin gesund, ich bin gesund!"

Einige Zauber erlaubten es dem Verstorbenen, sich in die Gestalt von Göttern zu verwandeln, um gegen Angreifer zu kämpfen. Mit einem Zauberspruch könnte sich der Verstorbene zum Beispiel in den Sonnengott Re verwandeln, um wilde Krokodile abzuwehren:

„Zurück! Weiche zurück! Zurück, du Gefährlicher! Komme nicht gegen mich, lebe nicht von meiner Magie ... O du mit einem Rückgrat, der deinen Mund gegen meine Magie erhebst, kein Krokodil, das von Magie lebt, soll sie wegnehmen."

Es gab auch Zaubersprüche im *Totenbuch*, die die Toten befähigen sollten, die sichersten Fähren der Unterwelt zu besteigen:

„O ihr, die ihr die Fähre über diese gefährliche Sandbank bringt,

Bringt mir die Fähre, bindet für mich die Leine, in Frieden, in Frieden,

Kommt, kommt, eilt, eilt, ich bin gekommen, um meinen Vater Osiris zu sehen."

Der längste und beliebteste Zauberspruch, Zauberspruch 125, beschreibt das Gericht der Seelen in der Halle der Wahrheit klar und deutlich. Es zeigt den schakalköpfigen Gott Anubis als denjenigen, der die Herzen aller Menschen wiegt, mit Thot an seiner Seite und Osiris als oberstem Richter.

Von links nach rechts: Das Herz einer verstorbenen Seele wird von Anubis gewogen, verzeichnet und steht dann vor Osiris, der auf dem Thron sitzt.
https://commons.wikimedia.org/wiki/File:The_judgement_of_the_dead_in_the_presence_of_Osiris.jpg

Das *Totenbuch* war auch eine Schrift mit den Worten, die die Verstorbenen in jeder Phase ihrer Reise rezitieren sollten. Ein Beispiel war die „Unschuldserklärung" vor den zweiundvierzig Richtern. Andere Aspekte des Totenbuchs zeigten an, was jede Seele im Jenseits tragen sollte, wie zum Beispiel ein „himmlisches weißes Gewand und Sandalen".

Das *Totenbuch* wurde üblicherweise von Schreibern geschrieben, die sich mit Zaubersprüchen auskannten. Im Gegensatz zu den Sargtexten, die den Verstorbenen mit Osiris personifizierten, konnte das Buch der Toten für eine Einzelperson oder Familie individuell geschrieben werden. Dies erforderte, dass der Schreiber mit der Identität, der Lebensgeschichte, den körperlichen Merkmalen, der Persönlichkeit und dem Stammbaum der Person vertraut war. Wenn also eine Person schwer krank und dem Tode nahe war, bat sie einen Schreiber, ein *Totenbuch* für sie zu schreiben.

Die Herstellung eines Totenbuchs kostete wegen seiner Bedeutung im Jenseits ein Vermögen. Es wird geschätzt, dass es bis zur Hälfte des Jahreslohns eines Arbeiters im alten Ägypten oder etwas mehr als drei Unzen Silber gekostet hat. Dies machte das Totenbuch vor allem für ägyptische Adelige erschwinglich und es wurde eher von Männern als von Frauen verwendet. Niedrigere Adlige, die sich gebrauchte Papyri und vorgefertigte Versionen leisten konnten, besaßen einige Exemplare. Schriftgelehrte und Priester konnten für sich selbst schreiben und mussten nur für die verwendeten Materialien bezahlen, nicht für die Schreibkunst.

Später begannen Schreiber, billigere Versionen für das einfache Volk zu schreiben. Diese Versionen enthielten weniger Zaubersprüche und Anweisungen und wurden auf Papyrus von weit geringerer Qualität geschrieben. Die Bürgerlichen in dieser Zeit nutzten dies, da auch sie damit bessere Chancen sahen, ins Paradies zu gelangen. Die Schreiber machten Jahrtausende lang ein Vermögen mit dieser Bevölkerungsgruppe, und folglich gab es viele Variationen des Totenbuchs. Die Standardversionen wurden in Königsgräbern und Grabkammern von Staatsdienern gefunden, während die gekürzten Versionen in den Särgen von Bürgern gefunden wurden.

Die Höhepunkte des *Totenbuches* sind die Totenreise in die Duat, das Gericht über die Seele und Zaubersprüche zum Schutz der Seelen vor einem zweiten Tod.

Kapitel 22: Die Bücher der Höhlen, Tore und die himmlische Kuh

Die Bedeutung der Begräbniskunst des alten Ägypten als Quelle für die Geschichte kann man kaum hoch genug einschätzen. Vieles, was über das ägyptische Jenseits bekannt ist, wurde auf den Wänden, Decken und Dächern der alten Nekropolen, Särgen und königlichen Gräbern aufgezeichnet.

Sie wissen jetzt alles über die Pyramidentexte aus dem Alten Reich und über das *Totenbuch* aus dem Neuen Reich.

Eines Tages im Jahr 1903 entdeckten zwei Archäologen namens Margaret Murray und Flinders Petrie eine weitere Form eines Begräbnistextes auf der Wand eines Korridors eines alten Tempels des Osiris in Osireion. Dieser Text unterschied sich von den Sargtexten und dem Totenbuch insofern, als er blutigere Details darüber mitteilte, was den Seelen bevorstand, die zur ägyptischen Hölle in der Duat verdammt waren.

Unvollständige Versionen dieses Textes wurden in den Königsgräbern der Pharaonen Ramses IV., Ramses VI., Ramses VII. und Ramses IX. gefunden – sie alle stammten aus der Ramessiden-Ära der 20. Dynastie. Es gab auch Fragmente dieser Texte in anderen nicht-königlichen Gräbern, insgesamt dreizehn Versionen. Diese Texte wurden Anfang bis Mitte des 20. Jahrhunderts übersetzt und zu einem Dokument mit dem

Titel *Buch der Höhlen* zusammengestellt.

Das *Buch der Höhlen*

Die kompletten Fassungen des Buch der Höhlen wurden im Tempel von Osiris und dem prachtvollen Grab eines reichen königlichen Schreibers der 26. Dynastie namens Pediamenopt gefunden. Die vollständige Fassung besteht aus zwei Teilen. Jeder Teil verfügt über drei Unterabschnitte, insgesamt also sechs Abschnitte.

Das *Buch der Höhlen* erzählt die Geschichte der Reise des Sonnengottes in die Unterwelt, den Lohn der heiligen Seelen, die die Prüfung überstehen und die schreckliche Not der Seelen, die die Prüfung nicht bestehen. Die Reise des Sonnengottes durch die ägyptische „Hölle" ereignete sich jede Nacht und das *Buch der Höhlen* illustriert jeden Schritt mit Abbildungen und Texten.

Im ersten Abschnitt des Buches der Höhlen steht der Sonnengott am Tor und ist im Begriff, die Duat zu betreten.

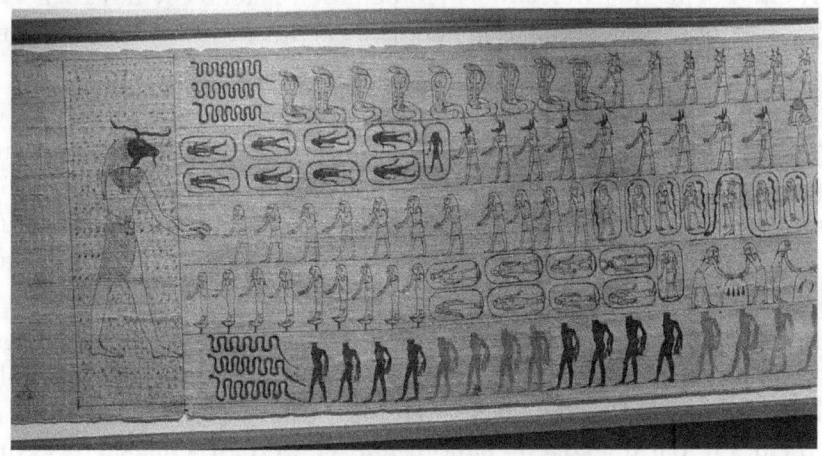

Der erste Abschnitt des *Buch der Höhlen*.
Tim Sneddon from Perth, AUSTRALIA, CC BY-SA 2.0
https://creativecommons.org/licenses/by-sa/2.0 via Wikimedia Commons;
https://commons.wikimedia.org/wiki/File:Extracts_from_the_Book_of_Caverns_(9174917894).jpg

Osiris, der Gott der Unterwelt und Richter über die Toten, wartet darauf, ihn zu empfangen. Der erste Abschnitt hat fünf Unterkapitel namens „Höhlen". Die erste Höhle über dem Sonnengott wird von drei Schlangen bewacht. Diese Schlangen beschützen die Körper der heiligen Seelen in der ersten und zweiten Höhle, wo sie ewig ruhen. Der Sonnengott betritt direkt die dritte Höhle. Osiris sitzt dort in zwei Formen. Die erste streckt die Hand nach dem Sonnengott aus und die zweite liegt in einem Sarkophag und blickt, bewacht von Schlangen, in die aufgehende Sonne. Die Höhle beschäftigt sich mit Osiris' Gefolgsleuten, die ebenfalls in Sarkophagen liegen und von Schlangen bewacht werden und bereit sind, den Sonnengott zu treffen. Die fünfte Höhle porträtiert die kopflosen Seelen, die für die Hölle bestimmt sind. Sie werden „Feinde Osiris" genannt, und ihre Höhle ist ein Gefängnis, das von drei Schlangen bewacht wird. Der Sonnengott wird sie zu einem zweiten Tod verurteilen.

Im zweiten Abschnitt des *Buches der Höhlen* hat der Sonnengott die Duat betreten. Er bittet Osiris, ihn zu empfangen und seiner Bitte wird entsprochen. Auch andere Götter und Göttinnen in der Unterwelt empfangen ihn in ihren verschiedenen Erscheinungsformen. Die letzte Höhle zeigt die verdammten Seelen auf ihrem Weg zum Ort der Vernichtung, die ägyptische Vorstellung der Hölle. Osiris ist begierig, den Sonnengott weiter in die Höhle zu führen, insbesondere dorthin, wo sich Aker, ein Torwächter der Unterwelt, befindet. Akers Tor führt zur Erde zurück, wo der Sonnengott bei Tagesanbruch sein muss, um als Sonne aufzugehen.

Die Reise des Sonnengottes führt weiter zum dritten Abschnitt des *Buches der Höhlen*. Hier trifft er die Götter der heiligen Enneade und andere Götter der Duat. Die verdammten Seelen in der letzten Höhle haben ihre Bestimmung erreicht, den schrecklichen Ort der Vernichtung. Die Seelen hängen kopfüber herunter und erleiden eine schreckliche Strafe für ihre Sünden.

Im vierten Abschnitt des Buches der Höhlen pflegen der Sonnengott, Isis, Nephthys, Horus und Anubis Osiris und beschützen ihn. Die verdammten Seelen in der letzten Höhle leiden immer noch unter der Hand eines unbarmherzigen Dämons und sie werden schließlich geköpft.

Der fünfte Abschnitt beschreibt die Himmelsgöttin Nut, die den Sonnengott empfängt und ihn in die Arme nimmt. Ein anderer Teil des gleichen Abschnittes zeigt Osiris und andere Götter, die den Sonnengott auf die letzte Etappe seiner Reise verabschieden. Dies wird durch Abbildungen der Wiedergeburt und Verjüngung von Re verdeutlicht. Die ermatteten Seelen in den untersten Höhlen werden mit der nächsten Stufe ihrer Bestrafung bekannt gemacht. Ihr Köpfe und Herzen werden angezündet und zwei Göttinnen sind am Ort der Vernichtung bei ihnen, um die Flammen anzufachen, die sie langsam und qualvoll zerstören.

Am Ende des sechsten Abschnitts sieht man die göttliche Barke, Atet, des Sonnengottes. Sie wird von seiner Entourage voller Freude aus der Unterwelt herausgerudert und zusammen bereiten sie sich auf den prächtigen Aufstieg des Sonnengottes in den Himmel vor.

Das *Buch der Höhlen* erwähnt auch zehn Gottheiten der Unterwelt außer dem bekannten Ammit. Diese Wesen, die man „geringere Gottheiten" oder „Dämonen" nennt, habe den Auftrag, die Bestrafung der verdammten Seelen sicher zu stellen. Diese bösartigen Dämonen werden in verschiedenen Abschnitten als feuerspeiende Schlangen, seewolfköpfige Götter und schakalköpfige Götter dargestellt. Sie sind allesamt Seelenfresser. Ein paar wenige Abschnitte enthalten Abbildungen von Osiris, Nut und Anubis in den unteren Höhlen, die die Bestrafung der Bösen überwachen.

Wenn es einem auch eiskalt den Rücken herunterläuft beim Anblick des *Buches der Höhlen*, stellt es doch die Gründe dar, aus denen die Menschen des Neuen Reiches ihr Leben mit Maat in Einklang gebracht haben.

Das *Buch der Tore*

Direkt gegenüber der Wand im königlichen Grab von Pharao Ramses IV., wo das *Buch der Höhlen* entdeckt wurde, befand sich das Fragment eines anderen alten Textes aus dem Mittleren und Neuen Reich. Dieser Text wurde von einem französischen Ägyptologen namens Gaston Maspero das *Buch der Tore* genannt.

Das *Buch der Tore* zeigt eine Reise durch die Unterwelt, diesmal jedoch durch die Augen sterblicher Seelen. Einige Versionen des *Buches der Tore*, die in Gräbern von Königen, Adligen und anderen Staatsdienern entdeckt wurden, wurden in der falschen Reihenfolge zusammengestellt oder es wurden einige Inhalte aus dem *Totenbuch* aufgenommen.

Das Grab von Pharao Sethos I. enthält eine farbenfrohe und detaillierte Fassung dieses Textes, die vier Männer mit jeweils unterschiedlicher Hautfarbe zeigt, die die Duat betreten. Diese Darstellung aller Rassen auf der Erde verstärkt die Wahrnehmung der Duat durch die Ägypter als universelles Konzept. Jeder Mensch lebt nach dem Tod weiter, und der einzige Weg, ins Paradies zu gelangen, besteht darin, Maat zu gehorchen.

Der Inhalt des vollständigen *Buches der Tore* veranschaulicht die Reise der Seele durch mehrere Tore der Duat und die Wächter jedes

Tores. Die Seele musste den Namen und die Attribute jedes Wächters kennen, um an ihm vorbeizukommen und ihre Reise fortzusetzen. Das Buch der Tore hat zwölf Kapitel, die jeweils eine Stunde der Nacht beschreiben und was mit den Seelen in jeder Stunde passiert.

Die erste Stunde trägt den Titel „Ushemet-Hatu-Khefti-Ra". Sie beginnt mit der Ankunft des Sonnengottes in der Duat durch Amentet, die Halle des Horizonts. Auf seiner göttlichen Barke erscheint Re in Form eines Skarabäus, der aus der Schöpfungsgeschichte von Hermopolis stammt, und er wird von einer Schlange und zwei Gefährten namens Sia und Hu beschützt. Die Tore der Duat öffnen sich und alle Seelen der Toten schließen sich der Begrüßung von Re an.

In der zweiten Stunde mit dem Titel „Shesat-Makeb-Neb-S" werden die Seelen, die Maat in ihrem Leben gehorcht haben, von den bösen Seelen getrennt. Die guten Seelen befinden sich in den oberen Reihen des *Buches der Tore*, und Re segnet sie, indem er sagt: „Deine Opfergaben gehören dir, du hast Macht über deine kühlen Wasser, deine Seelen werden niemals in Stücke gehackt, dein Fleisch wird niemals versagen, [du, der du] [mich] gelobt und Apep für mich besiegt hast."

Die bösen Seelen besetzen die unteren Reihen, die zur Bestrafung auf dem Rücken liegen. Atum, ein Aspekt von Re, handelt als Sohn des Sonnengottes und verflucht die Bösen, indem er sagt:

„Das Wort meines Vaters Re ist gegen dich [Maat], und mein Wort ist gegen dich ... Deine Arme sind mit Fesseln gebunden und werden nie mehr geöffnet werden ... Deine bösen Taten [haben sich] gegen dich [gerichtet], deine Verschwörung [ist] auf dich [gekommen], deine abscheulichen Taten [sind zurückgekehrt] zu dir, dein Schicksal ist für das Böse bestimmt, und dein Schicksal wurde zuvor verfügt vor Re. Deine ungerechten und verkehrten Urteile sind auf dich selbst, und die Bosheit deiner Flüche ist auf dich gerichtet."

Die getrennten Seelen und der Sonnengott gehen einen schmalen Pfad hinunter, bis sie am nächsten Eingang zwölf mumifizierte Schutzgötter erreichen.

In der dritten Stunde mit dem Titel „Thentent-Bau" geht es darum, einen übelriechenden, feurigen See zu überqueren. Die Barke des Sonnengottes segelt unversehrt darüber, ebenso wie die gesegneten Seelen. Die bösen Seelen werden als Beginn ihrer Bestrafung vom Feuer verbrannt und versengt. Die Schlange Apophis (Apep) erscheint am Ende des Sees, um Res Barke anzugreifen, aber Atum und zwei andere Götter besiegen ihn.

Die vierte Stunde im *Buch der Tore* trägt den Titel „Urt-Em-Sekhemu-Set". Zu dieser Zeit treffen die reisenden Seelen und der Sonnengott auf die zwölf schakalköpfigen Götter, die die nächsten Tore bewachen. Diese Tore öffnen sich zum See des Lebens und zum See von Uraei. In diesem Reich lässt der Sonnengott weitere tote Seelen wieder auferstehen, darunter auch die von Osiris, der von seinem Sohn Horus beschützt wird. Am Ende dieser Szene werden die Seelen der Bösen in einem weiteren Feuerstoß bestraft, und die Fremden erreichen ein Reich namens Arit, dessen Tore von zwölf Göttern bewacht werden.

„Sem-her-Ab-Uaa-As" lautet der Name der fünften Stunde im heiligen *Buch der Tore*, und in dieser Stunde werden der Sonnengott und die reisenden Seelen in einer komplexen Reihe von Ereignissen dargestellt. Insbesondere gibt es eine Darstellung der Halle des Gerichts, wo die Bösen zum Ort der Vernichtung geschickt werden. In einigen Versionen wird dieser Richterspruch von Osiris ausgesprochen, der auf seinem Thron sitzt. Das Gericht der Seelen ist mit der sechsten Stunde verbunden, die den Titel „Mesperit-Ar-Maat" trägt. Eine Reihe mumifizierter Leichen wartet auf die Auferstehung von Re, während bewaffnete Götter Apophis in diesem Reich zurückhalten.

Die siebte Stunde, „Khesef-Hai-Heseq-Neha-Hra", markiert die Zeit, in der jedes Hindernis für die Verjüngung des Sonnengottes in der nächsten Morgendämmerung zerstört wird. Auf halbem Weg durch das Reich stimmt der Sonnengott der Bestrafung zwei seiner gefangenen Feinde zu. Die gesegneten Seelen setzen ihre Reise fort, wobei eine Gruppe mit Getreidehalmen gefüllte Körbe auf dem Kopf trägt. Dies ist eine Belohnung für ihren Einsatz für Maat. Die andere Gruppe trägt jeweils die Feder der Wahrheit, einen Aspekt von Maat, als Symbol des Segens.

Stunde acht trägt den Titel „Nesbt-Usha", wo die Zeit als unendliches Element mit einem endlosen Seil von Aken, dem Fährmann der Unterwelt, dargestellt wird. Den guten Seelen in diesem Bereich wird mehr Segen zuteil, während die Bösen mehr Strafen erhalten. Die Mumien, die auf ihre Wiederbelebung gewartet haben, erwachen allmählich wieder zum Leben, und der Sonnengott fährt auf seiner Barke weiter zum nächsten Tor namens Aat Shefsheft.

In der neunten Stunde, „Mak-Neb-S", kommen die Gäste zu einem chaotischen Fluss, der Nun darstellt, in dem die Seelen vieler Sterblicher schwimmen. Dies spielt nicht auf Hoffnungslosigkeit oder Tod an. Stattdessen werden sie vom Wasser genährt und unter die gesegneten Seelen gesetzt, um mit Gemüse und Brot gefüttert zu werden. Die Verurteilten bleiben in der untersten Reihe. Sie schmachten auf Geheiß von Horus immer noch im Feuer der Zerstörung.

Die zehnte Stunde ist „Tentenit-Hesq-Khakabu" und zeigt einen erbitterten Kampf gegen Apophis, den Feind von Re. Der Sonnengott bekämpft Apophis in verschiedenen Gestalten und wird von vierzehn Göttern unterstützt, die magische Netze über ihren Köpfen halten. Diese Netze sind voller Zauber, um Apophis zu schwächen und zu besiegen. Am Ende dieser Szene steht ein Text, der von einer Aufwärtsprozession des Himmelsgottes erzählt. Inzwischen ist es fast Morgen.

„Sebit-Neb-Uaa-Khesef-Sebiu-Em-Pert-F" ist der Titel der elften Stunde. Apophis wurde besiegt, gefangen genommen und zerstückelt. Sein verstümmelter Körper wird mit einem Seil festgehalten, und dieses Mal ist die unterste Reihe von Göttern und Göttinnen besetzt, die die Barke des Sonnengottes für seinen Aufstieg nach Osten rudern. Die Seelen der Toten sind anwesend, um den prächtigen Anblick mitzuerleben.

In der zwölften und letzten Stunde des *Buches der Tore* rückt der Sonnengott zu den Toren des letzten Reiches vor, wo er als strahlende Morgensonne wiedergeboren wird. In seiner Gesellschaft sind vier Götter, die Sonnenscheiben in der rechten Hand halten, vier Götter, die Sterne in der rechten Hand halten, vier falkenköpfige Götter, die Zepter in der linken Hand halten, vier widderköpfige Götter, die Zepter in der linken Hand halten, ein Gott mit Krokodilkopf, der eine Schlange in seiner rechten Hand und ein Zepter in seiner linken Hand hält, und acht weibliche schlangenähnliche Kreaturen, die Sterne in ihren linken Händen halten. Weitere Details dieser Szene sind die Kronen von Re, der angekettete Apophis und vier Paviane, die die Wiedergeburt des Sonnengottes feiern.

Während Osiris in der Unterwelt bleibt, erhebt sich der Sonnengott am östlichen Horizont. Das *Buch der Tore* bietet eine ansprechende Darstellung der Duat, und während der zwölf Stunden werden die Seelen, die mit dem Sonnengott reisen, konsequent aufgefordert, mit der göttlichen Barke Schritt zu halten. Jedes Tor schließt sich, nachdem die Barke des Sonnengottes es passiert hat, und jede zurückgelassene Seele ist für die Ewigkeit gestrandet.

Das *Buch der himmlischen Kuh*

Eine beliebte Trope in der Mythologie ist die Entweihung der Welt durch die Menschheit, die dazu führt, dass ihr Schöpfer unzufrieden ist und sie bestraft. Die Geschichte von Noahs Arche und ihrer Zerstörung kommt mir aus der Bibel in den Sinn, aber in der ägyptischen Mythologie ist sie als die Geschichte von der himmlischen Kuh bekannt.

Die erste Version dieses Buches wurde im Grab des berühmten Pharaos Tutanchamun gefunden, aber sie war unvollständig. Anschließend fand man in den Gräbern der Pharaonen Sethos I, Ramses II. und Ramses III. vollständige Fassungen. Historiker datieren dieses Dokument auf das Mittlere oder Neue Reich, und im Gegensatz zu anderen Bestattungsbüchern, die spirituelle Anleitung bieten oder die Reiche der Duat darstellen, erzählt das *Buch der himmlischen Kuh* eine faszinierende Geschichte.

Der erste Teil, „Die Zerstörung der Menschheit", beginnt mit einem unzufriedenen Re. Er wird als „alt, seine Knochen aus Silber und sein Fleisch aus Gold" beschrieben. Die Menschheit nutzt dies aus und hat damit begonnen, eine Rebellion gegen ihren Schöpfer zu planen. Der allwissende Re beruft einen Rat der Götter ein, um über das weitere Vorgehen zu beraten. Wie von Nun, den Urgewässern, die einst die Erde bedeckten, vorgeschlagen wird, schickt Re Hathor, das Auge von Re, um die Sterblichen für ihre Unverschämtheit zu bestrafen.

Von hier aus ist die die Handlung mit der Geschichte von Hathor verwoben, wo sie zur blutrünstigen Sachmet wird und die Erde mit Feuer verschlingt, bis sie mit einer starken Ladung Alkohol von Re gestoppt wird. Dieser Teil heißt „Der Rückzug von Re". Es ist der zweite Teil der Geschichte von der himmlischen Kuh, und er ist mit dem Kern der Geschichte verbunden, der den Titel „Die himmlische Kuh" trägt.

Re ist entschlossen, weit weg von seinen verbleibenden Schöpfungen zum Himmel zurückzukehren. Er sucht die Hilfe von Nut, der Göttin des Himmels, und bittet darum, auf ihren Rücken gelegt zu werden. Nut ist verwirrt von der Bitte des Sonnengottes und sucht Klarheit. Dann bietet sie sich an, in die magischen Gewässer von Nun eingetaucht zu werden, und verwandelt sich in eine himmlische Kuh. Der Sonnengott steigt auf die Kuh und bewegt sich nach oben, gerade noch rechtzeitig, bevor die Menschheit ihre bösen Pläne in die Tat umsetzt. Am Morgen kommen die Menschen in Scharen und schießen mit Pfeilen auf den entfliehenden Sonnengott, der sie verspottet und sagt: „O Schlachter, möge euer Schlachten fern von mir sein!"

Der Sonnengott fordert Nut auf, sich schneller zu bewegen. Sie steigt höher und der Sonnengott beschwört weitere Götter, sich ihnen anzuschließen.

Nut, die Himmlische Kuh mit Re auf dem Rücken, erhält Hilfe von den anderen Göttern.
https://commons.wikimedia.org/wiki/File:Nut1.JPG

Danach richtet Re „Die neue Weltordnung" ein, so lautet der Name des vierten Teils der Geschichte. Nut wird zum Himmel und trägt die Sonne (Re), und Re erschafft das Paradies (das Schilffeld). Durch die Magie von Nut und Re wird Maat im letzten Teil etabliert, und es liegt in der Verantwortung der Menschheit, Maat aufrechtzuerhalten.

Der letzte Teil des *Buches der himmlischen Kuh* ist sehr bedeutsam. Darin hört der Sonnengott auf, seine Schöpfung (die Menschen) zu verhätscheln. Stattdessen erhalten sie die Aufgabe, die Ordnung der Welt aufrechtzuerhalten, im Austausch für einen Platz im ewigen Paradies.

Schlussbemerkung

In der ägyptischen Mythologie gibt es fast immer einen Hauch des Übernatürlichen. Dessen Wirkung auf die altägyptische Geschichte ist immens. Die Menschen beteten viele Götter und Göttinnen des ägyptischen Götterhimmels an. Sie feierten heilige Rituale und Riten und große Feste und führten aufwendige Begräbnisprozesse durch. All dies bildet einen großen Teil der ägyptischen Geschichte.

Sie haben eine spannende Abenteuerreise zu den Reichen der Götter unternommen und gesehen, wie ihr Handeln die Menschen auf der Erde und die in der Unterwelt beeinflusst hat. Obwohl wir Mythen heute als Geschichten sehen, sahen die Menschen sie damals als viel mehr. Relikte aus dem alten Ägypten bestätigen dies. Obelisken, Pyramiden, Mumien, heilige Texte, Sphingen und Tempel zeugen vom großartigen Leben der altägyptischen Bevölkerung und ihrem hingebungsvollen Glauben an etwas Größeres als sich selbst.

Während die meisten von ihnen ein normales Leben als gewöhnliche Menschen führten, teilten sie den gleichen Glauben an das Jenseits und das Schicksal aller Seelen, ob sie nun gut oder böse waren. So versuchten die Menschen, ihr Leben in Übereinstimmung mit dem Prinzip von Maat zu gestalten, um sich ein glückliches Leben zu sichern.

Sie haben von den Bemühungen der alten Ägypter gelesen, wie beharrlich sie ein Leben der Verehrung ihrer Götter führten. Einmal abgesehen von der offenkundigen Intention, war es ein rühmlicher Aspekt der alten Ägypter, wie sie diese Gräber, Tempel und andere Monumente für die Ewigkeit errichteten. Obwohl sie auf das Jenseits fokussiert waren, dachten sie auch an die Zukunft und sorgten dafür, unzerstörbare Zeugnisse ihrer reichen Kultur zu hinterlassen.

Aus diesem Grund hat die ägyptische Mythologie einen erheblichen Beitrag zur Kunst, Geschichte und zur populären Kultur geleistet. In der griechisch-römischen Zeit war das alte Ägypten zu einem Schmelztiegel der Kulturen geworden, in dem die Götter miteinander verschmolzen waren und neue Tempel errichtet wurden. Tausende Jahre später wurde Ägypten von Großbritannien besetzt und die überlebenden alten Monumente und Artefakte wurden ausgegraben.

Jedes Fundstück erzählt Geschichten der alten Ägypter, als hätten sie sie aufgeschrieben. Sie haben über das meiste davon gelesen: das Leben der ägyptischen Götter und Göttinnen, die Schöpfungsgeschichten, ihre Mythen und Volkserzählungen und die Einzelheiten der heiligen Bücher. Museen, alte Stätten und Filme haben diese Geschichten seit ihrer Entdeckung für hunderte Jahre am Leben erhalten. Es ist nicht zu gewagt zu sagen, dass man sich ihrer für immer erinnern wird.

Schauen Sie sich ein weiteres Buch aus der Reihe Enthralling History an.

Bibliographie

Titel: Who were the mysterious Neolithic people that enabled the rise of ancient Egypt? Here's what we've learned on our digs
Link: https://theconversation.com/who-were-the-mysterious-neolithic-people-that-enabled-the-rise-of-ancient-egypt-heres-what-weve-learned-on-our-digs-121070
Zugriffsdatum: 12/4/22
Titel: Upper Egypt
Link: https://www.britannica.com/place/Upper-Egypt
Zugriffsdatum: 12/4/22
Titel: Lower Egypt
Link: https://www.britannica.com/place/Lower-Egypt
Zugriffsdatum: 12/4/22
Titel: Narmer
Link: https://www.worldhistory.org/Narmer/
Zugriffsdatum: 12/4/22
Titel: Old Kingdom of Egypt
Link: https://www.worldhistory.org/Old_Kingdom_of_Egypt/
Zugriffsdatum: 12/4/22
Titel: Djoser
Link: https://www.worldhistory.org/Djoser/
Zugriffsdatum: 12/4/22
Titel: First Intermediate Period of Egypt
Link: https://www.worldhistory.org/First_Intermediate_Period_of_Egypt/

Zugriffsdatum: 12/4/22
Titel: The Great Pyramids of Giza
Link: https://www.khanacademy.org/humanities/ap-art-history/ancient-mediterranean-ap/ancient-egypt-ap/a/old-kingdom-the-great-pyramids-of-giza
Zugriffsdatum: 12/4/22
Titel: Snefru
Link: https://www.britannica.com/biography/Snefru
Zugriffsdatum: 12/4/22
Titel: Imhotep
Link: https://www.worldhistory.org/imhotep/
Zugriffsdatum: 12/4/22
Titel: Horus
Link: https://www.britannica.com/topic/Horus
Zugriffsdatum: 12/4/22
Titel: Seth
Link: https://www.britannica.com/topic/Seth-Egyptian-god
Zugriffsdatum: 15/4/22
Titel: Isis
Link: https://www.britannica.com/topic/Isis-Egyptian-goddess
Zugriffsdatum: 15/4/22
Titel: Middle Kingdom of Egypt
Link: https://www.worldhistory.org/Middle_Kingdom_of_Egypt/
Zugriffsdatum: 15/4/22
Titel: Mentuhotep II
Link: https://www.britannica.com/biography/Mentuhotep-II
Zugriffsdatum: 15/4/22
Titel: Ancient Egypt's Middle Kingdom Period
Link: https://www.thoughtco.com/ancient-egypt-middle-kingdom-period-118155
Zugriffsdatum: 15/4/22
Titel: Amenemhet I
Link: https://www.britannica.com/biography/Amenemhet-I
Zugriffsdatum: 15/4/22
Titel: Senusret III
Link: https://www.worldhistory.org/Senusret_III/
Zugriffsdatum: 15/4/22

Titel: Amenemhet III
Link: https://www.britannica.com/biography/Amenemhet-III
Zugriffsdatum: 15/4/22

Titel: Sebeknefru
Link: https://www.britannica.com/biography/Sebeknefru
Zugriffsdatum: 15/4/22

Titel: Turin Papyrus
Link: https://www.britannica.com/topic/Turin-Papyrus
Zugriffsdatum: 18/4/22

Titel: New Kingdom of Egypt
Link: https://www.worldhistory.org/New_Kingdom_of_Egypt/
Zugriffsdatum: 19/4/22

Titel: Hyksos
Link: https://www.worldhistory.org/Hyksos/
Zugriffsdatum: 19/4/22

Titel: No one expected this pharaoh to found Egypt's most powerful dynasty
Link: https://www.nationalgeographic.com/culture/article/ahmose-i
Zugriffsdatum: 19/4/22

Titel: Hatshepsut
Link: https://www.worldhistory.org/hatshepsut/
Zugriffsdatum: 19/4/22

Titel: Thutmose III: The Napoleon of Ancient Egypt
Link: https://discoveringegypt.com/ancient-egyptian-kings-queens/thutmose-iii-the-napoleon-of-ancient-egypt/
Zugriffsdatum: 19/4/22

Titel: Amenhotep III
Link: https://www.worldhistory.org/Amenhotep_III/
Zugriffsdatum: 19/4/22

Titel: Akhenaten
Link: https://www.livescience.com/39349-akhenaten.html
Zugriffsdatum: 19/4/22

Titel: Tutankhamun
Link: https://www.britannica.com/biography/Tutankhamun
Zugriffsdatum: 19/4/22

Titel: Ramses I

Link: https://www.britannica.com/biography/Ramses-I
Zugriffsdatum: 19/4/22
Titel: Ramesses II
Link: https://www.worldhistory.org/Ramesses_II/
Zugriffsdatum: 19/4/22
Titel: Ramses III
Link: https://www.britannica.com/biography/Ramses-III
Zugriffsdatum: 19/4/22
Titel: The Rise of the Ramessides: How a Military Family from the Nile Delta Founded One of Egypt's Most Celebrated Dynasties
Link: https://www.arce.org/resource/rise-ramessides-how-military-family-nile-delta-founded-one-egypts-most-celebrated
Zugriffsdatum: 19/4/22
Titel: The Cult of Amun
Link: https://www.archaeology.org/issues/174-1505/features/3146-sudan-nubia-dangeil-cult-of-amun-ra
Zugriffsdatum: 21/4/22
Titel: Third Intermediate Period of Egypt
Link: https://www.worldhistory.org/Third_Intermediate_Period_of_Egypt/
Zugriffsdatum: 21/4/22
Titel: Egypt from 1075 BCE to Macedonian Invasion
Link: https://www.britannica.com/place/ancient-Egypt/Egypt-from-1075-bce-to-the-Macedonian-invasion
Zugriffsdatum: 21/4/22
Titel: Nubian Pharaohs of Twenty-Fifth Dynasty Egypt
Link: https://www.thoughtco.com/nubian-pharaohs-wenty-fifth-dynasty-egypt-3989880
Zugriffsdatum: 21/4/22
Titel: Late Period of Ancient Egypt
Link: https://www.worldhistory.org/Late_Period_of_Ancient_Egypt/
Zugriffsdatum: 21/4/22
Titel: Alexander in Egypt and Some Consequences
Link: https://www.jstor.org/stable/3853895?read-now=1&refreqid=excelsior%3Aa4de2b1b0f39bc3a48400199287264b9&seq=1
Zugriffsdatum: 21/4/22
Titel: Esarhaddon and Egypt: An Analysis of the First Invasion of Egypt

Link: https://www.jstor.org/stable/43074609?read-now=1&refreqid=excelsior%3A02412609704e33c923c78df7b5939f7d&seq=1
Zugriffsdatum: 21/4/22

Titel: Alexander the Great Egypt History
Link: https://www.journeytoegypt.com/en/blog/alexander-the-great
Zugriffsdatum: 21/4/22

Titel: The Battle of Pelusium: A Victory Decided by Cats
Link: https://www.worldhistory.org/article/43/the-battle-of-pelusium-a-victory-decided-by-cats/
Zugriffsdatum: 21/4/22

Titel: Ptolemaic Dynasty
Link: https://www.worldhistory.org/Ptolemaic_Dynasty/
Zugriffsdatum: 21/4/22

Titel: Ptolemy I
Link: https://www.worldhistory.org/Ptolemy_I/
Zugriffsdatum: 21/4/22

Titel: Hellenic Culture in Egypt
Link: https://www.jstor.org/stable/3853691
Zugriffsdatum: 21/4/22

Titel: Roman Egypt
Link: https://www.worldhistory.org/Roman_Egypt/
Zugriffsdatum: 21/4/22

Titel: Cleopatra
Link: https://www.britannica.com/biography/Cleopatra-queen-of-Egypt
Zugriffsdatum: 21/4/22

Titel: The Battle of Actium
Link: https://www.history.com/this-day-in-history/the-battle-of-actium
Zugriffsdatum: 21/4/22

Titel: Vespasian
Link: https://www.britannica.com/biography/Vespasian
Zugriffsdatum: 21/4/22

Titel: Diocletian
Link: https://www.worldhistory.org/Diocletian/
Zugriffsdatum: 21/4/22

Titel: Egypt's role in the Byzantine Empire

Link: https://www.britannica.com/place/ancient-Egypt/Egypts-role-in-the-Byzantine-Empire
Zugriffsdatum: 21/4/22

Titel: Bubonic Plague Traced to Ancient Egypt
Link: https://www.nationalgeographic.com/science/article/bubonic-plague-traced-to-ancient-egypt
Zugriffsdatum: 29/4/22

Titel: Egypt from the Islamic Conquest to 1250
Link: https://www.britannica.com/place/Egypt/From-the-Islamic-conquest-to-1250
Zugriffsdatum: 29/4/22

Titel: Rashidun
Link: https://www.britannica.com/topic/Rashidun
Zugriffsdatum: 29/4/22

Titel: Islamic Egypt Time-line
Link: https://www.ucl.ac.uk/museums-static/digitalegypt/chronology/islamic.html
Zugriffsdatum: 29/4/22

Titel: The Abbasid Empire
Link: https://courses.lumenlearning.com/atd-herkimer-worldcivilization/chapter/the-abbasid-empire/
Zugriffsdatum: 29/4/22

Titel: Fatimid Dynasty
Link: https://www.britannica.com/topic/Fatimid-dynasty
Zugriffsdatum: 29/4/22

Titel: The Ottoman Conquest of Egypt (1517) and the Beginning of the Sixteenth-Century World War
Link: https://www.jstor.org/stable/162225?read-now=1&refreqid=excelsior%3Ae70bd594a54955011cfd60ba9e33c592&seq=1
Zugriffsdatum: 29/4/22

Titel: Sasanian dynasty
Link: https://www.britannica.com/topic/Sasanian-dynasty
Zugriffsdatum: 29/4/22

Titel: Post- Byzantine Egypt
Link: https://courses.lumenlearning.com/suny-hccc-worldcivilization/chapter/post-byzantine-egypt/
Zugriffsdatum: 2/5/22

Titel: Mameluks
Link: https://www.newworldencyclopedia.org/entry/Mameluks
Zugriffsdatum: 2/5/22

Titel: Egyptian Views of Ottoman Rule: Five Historians and Their Works, 1820-1920
Link: https://read.dukeupress.edu/cssaame/article-abstract/31/1/149/59700/Egyptian-Views-of-Ottoman-Rule-Five-Historians-and
Zugriffsdatum: 3/5/22

Titel: The Ottomans (1517-1798)
Link: https://www.britannica.com/place/Egypt/The-Ottomans-1517-1798
Zugriffsdatum: 3/5/22

Titel: The Campaign in Egypt
Link: https://www.napoleon.org/en/history-of-the-two-empires/articles/the-campaign-in-egypt/
Zugriffsdatum: 3/5/22

Titel: Battle of the Nile
Link: https://www.britannica.com/event/Battle-of-the-Nile
Zugriffsdatum: 3/5/22

Titel: Ottoman Empire
Link: https://www.history.com/topics/middle-east/ottoman-empire#:~:text=Decline%20of%20the%20Ottoman%20Empire,-Starting%20in%20the&text=In%201683%2C%20the%20Ottoman%20Turks,the%20Ottoman%20Empire%20in%201830.
Zugriffsdatum: 3/5/22

Titel: Biography of Suleiman the Magnificent, Sultan of the Ottoman Empire
Link: https://www.thoughtco.com/suleiman-the-magnificent-195757
Zugriffsdatum: 3/5/22

Titel: From the French to the British occupation (1798-1882)
Link: https://www.britannica.com/place/Egypt/From-the-French-to-the-British-occupation-1798-1882
Zugriffsdatum: 3/5/22

Titel: The Nature of Plague in Late-Eighteenth Century Egypt
Link: https://www.jstor.org/stable/44448549
Zugriffsdatum: 3/5/22

Titel: The Ottoman Response to the Egyptian Crisis of 1881-82
Link: https://www.jstor.org/stable/4283219

Zugriffsdatum: 3/5/22
Titel: Mohammed 'Ali
Link: https://rpl.hds.harvard.edu/faq/Mohammed-%E2%80%98ali
Zugriffsdatum: 3/5/22
Titel: Icelandic Volcano Caused Historic Famine in Egypt, Study Shows
Link: https://www.sciencedaily.com/releases/2006/11/061121232204.htm
Zugriffsdatum: 3/5/22
Titel: Abbas II
Link: https://www.britannica.com/biography/Abbas-II-khedive-of-Egypt
Zugriffsdatum: 3/5/22
Titel: WWI in Egypt: A forgotten sacrifice for colonial powers
Link: https://egyptindependent.com/wwi-egypt-forgotten-sacrifice-colonial-powers/#:~:text=Egypt%20was%20drawn%20in%20the,the%20residents%20of%20the%20city.
Zugriffsdatum: 3/5/22
Titel: Egypt
Link: https://courses.lumenlearning.com/boundless-worldhistory/chapter/egypt/
Zugriffsdatum: 3/5/22
Titel: Wafd
Link: https://www.encyclopedia.com/history/asia-and-africa/egyptian-history/wafd
Zugriffsdatum: 3/5/22
Titel: Saad Zaghloul
Link: https://www.britannica.com/biography/Saad-Zagloul
Zugriffsdatum: 3/5/22
Titel: World War II and its aftermath
Link: https://www.britannica.com/place/Egypt/World-War-II-and-its-aftermath
Zugriffsdatum: 3/5/22
Titel: Gamal Abdel Nasser elected president of Egypt
Link: https://www.history.com/this-day-in-history/nasser-elected-president
Zugriffsdatum: 3/5/22
Titel: Egypt: from revolution to coup to crisis, a timeline
Link: https://www.trtworld.com/africa/egypt-from-revolution-to-coup-to-crisis-a-timeline-37581
Zugriffsdatum: 3/5/22
Titel: Egypt President Abdul Fattah al-Sisi: Ruler with an iron grip
Link: https://www.bbc.com/news/world-middle-east-19256730

Zugriffsdatum: 3/5/22
Titel: Anwar Sadat
Link: https://www.britannica.com/biography/Anwar-Sadat
Zugriffsdatum: 5/5/22
Titel: Social Structure in Ancient Egypt
Link: https://www.worldhistory.org/article/1123/social-structure-in-ancient-egypt/
Zugriffsdatum: 5/5/22
Titel: Ottoman Cairo
Link: https://www.laits.utexas.edu/cairo/history/ottoman/ottoman.html
Zugriffsdatum: 5/5/22
Titel: Clothing and Adornment
Link: https://www.historymuseum.ca/cmc/exhibitions/civil/egypt/egcl06e.html
Zugriffsdatum: 5/5/22
Titel: Ancient Egyptian Law
Link: https://www.worldhistory.org/Egyptian_Law/
Zugriffsdatum: 5/5/22
Titel: Who were the Mameluks?
Link: https://www.historytoday.com/miscellanies/who-were-Mameluks
Zugriffsdatum: 5/5/22
Titel: Roman Egypt
Link: https://www.metmuseum.org/toah/hd/regy/hd_regy.htm
Zugriffsdatum: 5/5/22
Titel: Roman and Byzantine Egypt: background information
Link: https://www.ucl.ac.uk/museums-static/digitalegypt/roman/background.html
Zugriffsdatum: 5/5/22
Titel: The Ptolemaic Dynasty
Link: https://www.khanacademy.org/humanities/whp-origins/era-3-cities-societies-and-empires-6000-bce-to-700-c-e/36-the-growth-of-empires-betaa/a/read-the-ptolemaic-dynasty-beta
Zugriffsdatum: 5/5/22
Titel: Society in the Byzantine Empire
Link: https://www.worldhistory.org/article/1214/society-in-the-byzantine-empire/#:~:text=Byzantine%20society%2C%20as%20in%20that,were%20an%20even%20lower%20category).
Zugriffsdatum: 5/5/22
Titel: Social Structure of the Ottoman Empire

Link: https://www.thoughtco.com/social-structure-of-the-ottoman-empire-195766#:~:text=People%20associated%20with%20the%20Ottoman,members%20of%20the%20other%20professions.

Zugriffsdatum: 5/5/22

Titel: Christian Monks and Muslim Villagers in medieval Egypt: A Library of Congress Story

Link: https://blogs.loc.gov/kluge/2019/06/christian-monks-and-muslim-villagers-in-medieval-egypt-a-library-of-congress-story/

Zugriffsdatum: 5/5/22

Titel: Medieval Muslim Societies

Link: https://www.khanacademy.org/humanities/world-history/medieval-times/social-institutions-in-the-islamic-world/a/medieval-muslim-societies#:~:text=Muslim%2Dmajority%20and%20Muslim%2Druled,by%20smaller%2C%20decentralized%20regional%20powers.

Zugriffsdatum: 5/5/22

Titel: Why the Nile River Was So Important to Ancient Egypt

Link: https://www.history.com/news/ancient-egypt-nile-river#:~:text=The%20Nile%2C%20which%20flows%20northward,the%20midst%20of%20a%20desert.

Zugriffsdatum: 6/5/22

Titel: Impact of the Nile River on Ancient Egypt

Link: https://pages.vassar.edu/realarchaeology/2017/04/09/impact-of-the-nile-river-on-ancient-egypt/

Zugriffsdatum: 6/5/22

Titel: The Nile and Egyptian Religion

Link: https://courses.lumenlearning.com/atd-fscj-earlyhumanities/chapter/the-nile-and-egyptian-religion/

Zugriffsdatum: 6/5/22

Titel: Nilus

Link: https://www.greekmythology.com/Other_Gods/Minor_Gods/Nilus/nilus.html

Zugriffsdatum: 6/5/22

Titel: Ancient Egyptian Mythology

Link: https://www.worldhistory.org/Egyptian_Mythology/

Zugriffsdatum: 6/5/22

Titel: Hapi

Link: https://www.britannica.com/topic/Hapi

Zugriffsdatum: 6/5/22

Titel: Plant and Animal Life

Link: https://www.britannica.com/place/Nile-River/Plant-and-animal-life

Zugriffsdatum: 6/5/22

Titel: Quest for the Source of the Nile

Link: https://earthobservatory.nasa.gov/images/7236/quest-for-the-source-of-the-nile#:~:text=Beginning%20in%20the%20mid%2D1800s,the%20Nile's%20%E2%80%9Ctrue%E2%80%9D%20source.

Zugriffsdatum: 6/5/22

Titel: The Nile's Source Discovered

Link: https://www.historytoday.com/archive/nile%E2%80%99s-source-discovered#:~:text=John%20Hanning%20Speke%20discovered%20the,Nile%20on%20August%203rd%2C%201858.&text=John%20Hanning%20Speke%2C%20an%20army,at%20the%20age%20of%20seventeen.

Zugriffsdatum: 6/5/22

Titel: The Ancient Egyptian Economy

Link: https://rosenlearningcenter.com/article/689/the-ancient-egyptian-economy?username=rosensample&password=rosensample#:~:text=Agriculture%20made%20up%20a%20major,papyrus%2C%20stone%2C%20and%20gold.

Zugriffsdatum: 6/5/22

Titel: Oceanus' Family

Link: https://www.greekmythology.com/Titans/Oceanus/oceanus.html

Zugriffsdatum: 6/5/22

Titel: Khnum

Link: https://www.britannica.com/topic/Khnum

Zugriffsdatum: 6/5/22

Titel: Ancient Egyptian Religion

Link: https://courses.lumenlearning.com/suny-hccc-worldcivilization/chapter/ancient-egyptian-religion/#:~:text=The%20religion%20of%20Ancient%20Egypt,control%20the%20forces%20of%20nature.

Zugriffsdatum: 6/5/22

Titel: Egyptian Gods- The Complete List

Link: https://www.worldhistory.org/article/885/egyptian-gods---the-complete-list/

Zugriffsdatum: 6/5/22

Titel: The Emergence of Christianity in Egypt

Link: https://dailynewsegypt.com/2013/06/19/the-emergence-of-christianity-in-egypt/
Zugriffsdatum: 6/5/22
Titel: Christian Cairo
Link: https://www.laits.utexas.edu/cairo/history/babylon/babylon.html
Zugriffsdatum: 6/5/22
Titel: History of Egypt from the 7th Century
Link: https://www.introducingegypt.com/modern-history
Zugriffsdatum: 6/5/22
Titel: Jewish Life in Ancient Egypt
Link: https://www.brooklynmuseum.org/opencollection/exhibitions/752#:~:text=Jews%20lived%20peacefully%20among%20the,its%20lack%20of%20ethnic%20tensions.
Zugriffsdatum: 6/5/22
Titel: Serapis
Link: https://www.worldhistory.org/Serapis/
Zugriffsdatum: 6/5/22
Titel: The Cult of Alexander at Alexandria
Link: https://www.jstor.org/stable/263514
Zugriffsdatum: 6/5/22
Titel: Islam in Egypt
Link: https://rpl.hds.harvard.edu/faq/islam-egypt
Zugriffsdatum: 6/5/22
Titel: Diocletian, Persecution Of
Link: https://www.encyclopedia.com/religion/encyclopedias-almanacs-transcripts-and-maps/diocletian-persecution
Zugriffsdatum: 6/5/22
Titel: Fatimids Caliphate
Link: https://www.newworldencyclopedia.org/entry/Fatimids_Caliphate
Zugriffsdatum: 6/5/22
Titel: What's The Difference Between Sunni and Shi'a Muslims
Link: https://crestresearch.ac.uk/comment/whats-difference-sunni-shia-muslims/#:~:text=Sunnis%20focus%20on%20following%20the,parts%20of%20the%20Middle%20East.
Zugriffsdatum: 6/5/22

Titel: Byzantine Egypt and the Coptic Period, an Introduction
Link: https://smarthistory.org/egypt-coptic-period-introduction/
Zugriffsdatum: 7/5/22

Titel: 8 Facts About Ancient Egypt's Hieroglyphic Writing
Link: https://www.history.com/news/hieroglyphics-facts-ancient-egypt
Zugriffsdatum: 7/5/22

Titel: Tombs
Link: https://www.historymuseum.ca/cmc/exhibitions/civil/egypt/egca02e.html#:~:text=The%20first%20royal%20tombs%2C%20called,that%20have%20long%20since%20disappeared.
Zugriffsdatum: 7/5/22

Titel: Pyramids at Giza
Link: https://www.nationalgeographic.com/history/article/giza-pyramids
Zugriffsdatum: 7/5/22

Titel: Inside the Tombs of Saqqara
Link: https://www.smithsonianmag.com/history/inside-tombs-saqqara-180977932/
Zugriffsdatum: 7/5/22

Titel: Uncovering Secrets of the Sphinx
Link: https://www.smithsonianmag.com/history/uncovering-secrets-of-the-sphinx-5053442/
Zugriffsdatum: 7/5/22

Titel: Ancient Egyptian Fortresses
Link: https://weaponsandwarfare.com/2018/09/20/ancient-egyptian-fortresses/
Zugriffsdatum: 7/5/22

Titel: The New Kingdom
Link: https://courses.lumenlearning.com/boundless-arthistory/chapter/the-new-kingdom/#:~:text=There%20are%20six%20great%20temples,sandstone%20from%20south%2Dwestern%20Egypt.
Zugriffsdatum: 7/5/22

Titel: Copt
Link: https://www.britannica.com/topic/Copt
Zugriffsdatum: 7/5/22

Titel: The Transition from Coptic to Arabic
Link: https://journals.openedition.org/ema/1920

Zugriffsdatum: 7/5/22
Titel: Discovering the wonder of Egypt's Islamic architecture
Link: https://www.arabnews.com/node/1044981/art-culture
Zugriffsdatum: 7/5/22
Titel: Akhenaten
Link: https://www.worldhistory.org/Akhenaten/
Zugriffsdatum: 7/5/22
Titel: Tutankhamun
Link: https://www.history.com/topics/ancient-egypt/tutankhamen
Zugriffsdatum: 7/5/22
Titel: How Did King Tut Die?
Link: https://www.history.com/news/king-tut-death-mystery
Zugriffsdatum: 7/5/22
Titel: Ay
Link: https://www.britannica.com/biography/Ay-king-of-Egypt
Zugriffsdatum: 7/5/22
Titel: Howard Carter
Link: https://www.britannica.com/biography/Howard-Carter
Zugriffsdatum: 7/5/22
Titel: The Discovery of King Tut's Tomb
Link: https://www.thoughtco.com/tomb-of-king-tut-discovered-1779242
Zugriffsdatum: 7/5/22
Titel: Archaeologist opens tomb of King Tut
Link: https://www.history.com/this-day-in-history/archaeologist-opens-tomb-of-king-tut
Zugriffsdatum: 7/5/22
Titel: Tutankhamun's Curse?
Link: https://www.historytoday.com/archive/months-past/tutankhamuns-curse
Zugriffsdatum: 7/5/22
Titel: Horemheb
Link: https://www.britannica.com/biography/Horemheb
Zugriffsdatum: 9/5/22
Titel: Tutankhamun
Link: https://www.britannica.com/biography/Tutankhamun
Zugriffsdatum: 9/5/22

Titel: Smenkhkare
Link: https://www.britannica.com/biography/Smenkhkare
Zugriffsdatum: 9/5/22

Titel: Ankhesenamun
Link: https://www.britannica.com/biography/Ankhesenamen
Zugriffsdatum: 9/5/22

Titel: Desperately Seeking Queen Nefertiti
Link: https://www.nationalgeographic.com/adventure/article/150814-nefertiti-tomb-tutankhamun-tut-archaeology-egypt-dna
Zugriffsdatum: 9/5/22

Titel: The Queen Who Would Be King
Link: https://www.smithsonianmag.com/history/the-queen-who-would-be-king-130328511/
Zugriffsdatum: 9/5/22

Titel: Who was Hatshepsut?
Link: https://www.nationalgeographic.com/culture/article/hatshepsut
Zugriffsdatum: 9/5/22

Titel: Hatshepsut
Link: https://www.history.com/topics/ancient-egypt/hatshepsut
Zugriffsdatum: 9/5/22

Titel: Hatshepsut
Link: https://www.worldhistory.org/hatshepsut/#:~:text=Hatshepsut%20(r.,her%20stepson%20Thutmose%20III%20(r.
Zugriffsdatum: 9/5/22

Titel: Cleopatra
Link: https://www.history.com/topics/ancient-egypt/cleopatra
Zugriffsdatum: 9/5/22

Titel: Arsinoe IV (D. 41 BCE)
Link: https://www.encyclopedia.com/women/encyclopedias-almanacs-transcripts-and-maps/arsinoe-iv-d-41-bce
Zugriffsdatum: 9/5/22

Titel: Cleopatra: Biography of the last pharaoh of ancient Egypt
Link: https://www.livescience.com/44071-cleopatra-biography.html
Zugriffsdatum: 9/5/22

Titel: Cleopatra

Link: https://www.worldhistory.org/Cleopatra_VII/#:~:text=Cleopatra%20VII%20(l.%20c.%2069%2D30,of%20Alexander%20the%20Great%20(l.

Zugriffsdatum: 9/5/22

Titel: Saladin

Link: https://www.britannica.com/biography/Saladin

Zugriffsdatum: 10/5/22

Titel: Saladin

Link: https://www.history.com/topics/africa/saladin

Zugriffsdatum: 10/5/22

Titel: Saladin

Link: https://www.worldhistory.org/Saladin/

Zugriffsdatum: 10/5/22

Titel: The Assassins

Link: https://www.worldhistory.org/The_Assassins/

Zugriffsdatum: 10/5/22

Titel: Why does Saladin have such good PR in the Medieval West?

Link: https://www.medievalists.net/2014/09/saladin-good-pr-medieval-west/

Zugriffsdatum: 10/5/22

Titel: Hosni Mubarak

Link: https://www.britannica.com/biography/Hosni-Mubarak

Zugriffsdatum: 10/5/22

Titel: Hosni Mubarak, Egyptian Leader Ousted in Arab Spring, Dies at 91

Link: https://www.nytimes.com/2020/02/25/world/africa/hosni-mubarak-dead.html

Zugriffsdatum: 10/5/22

Titel: Mohamed Morsi

Link: https://www.britannica.com/biography/Mohamed-Morsi

Zugriffsdatum: 10/5/22

Titel: Mohamed Morsi, Who Brought the Muslim Brotherhood to the Egyptian Presidency

Link: https://www.newyorker.com/news/news-desk/mohamed-morsi-who-brought-the-muslim-brotherhood-to-the-egyptian-presidency

Zugriffsdatum: 10/5/22

Titel: Italian Invasion of Egypt in WWII

Link: https://about-history.com/italian-invasion-of-egypt-in-wwii/

Zugriffsdatum: 28/6/22

Pinch, G. Egyptian Mythology: A Guide to the Gods, Goddesses, and Traditions of Ancient Egypt. Oxford University Press, 2004.

Bunson, M. *The Encyclopedia of Ancient Egypt.* Gramercy Books, London, 1991.

Shaw, I. *The Oxford History of Ancient Egypt.* Oxford University Press, 2004.

Ikram, S. *Death and Burial in Ancient Egypt.* Longman, 2003.

Leeming, David Adams (2010). *Creation Myths of the World.* Santa Barbaro: ABC-CLIO. p. 102. ISBN 978-1-59884-174-9.

Wallis Budge, E.A. *Egyptian Religion.* Cosimo Classics, 2005.

Wilkinson, R. *The Complete Gods and Goddesses of Ancient Egypt.* Thames & Hudson, 2003.

Hart, George (2004). *Egyptian Myths.* Austin, Texas: University of Texas.

David, R. *Religion and Magic in Ancient Egypt.* Penguin Books, 2002.

M.V., Seton-Williams (1999). *Egyptian Legends and Stories.* U.S.A: Barnes & Noble Publishing.

Nardo, D. *Living in Ancient Egypt.* Thompson/Gale, 2004.

Allen, James P. (2000). *Middle Egyptian: An Introduction to the Language and Culture of Hieroglyphs.* Cambridge University Press.

Robins, G. *The Art of Ancient Egypt.* Harvard University Press, 2008.

Fleming, Fergus; Alan Lothian (1997). *The Way to Eternity: Egyptian Myth.* Amsterdam: Duncan Baird Publishers.

Goelet, O. et. al. *Egyptian Book of the Dead.* Chronicle Books, 2015.

Kemboly, Mpay. 2010. *The Question of Evil in Ancient Egypt.* London: Golden House Publications.

Van De Mieroop, M. *A History of Ancient Egypt.* Wiley-Blackwell, 2007.

Roberts, A. *Hathor Rising: The Power of the Goddess in Ancient Egypt.* Inner Traditions, 1997.

The One and the Many (translated by John Baines, Ithaca, NY: Cornell University Press, 1996).

Strudwick, H. *The Encyclopedia of Ancient Egypt.* Sterling Publishing, 2016.

The Crisis of Polytheism (London: Routledge, 2009).

Della-Piana, Patricia (2010). *Witch Daze, A Perennial Pagan Calendar.*

Quirke, S. (2001). *The Cult of Ra: Sun-worship in Ancient Egypt.* New York: Thames and Hudson, p.144.

"Book of the Dead of Nestanebetisheru."
https://www.britishmuseum.org/collection/object/Y_EA10554-66
"Book of the Dead of Djedkhonsiusankh."
https://www.britishmuseum.org/collection/object/Y_EA10328
Silverman, D. P. *Ancient Egypt.* Oxford University Press, 1997.

Bard, Kathryn (2008) *An Introduction to the Archaeology of Ancient Egypt.*

Herodotus (1920). *The Histories with an English translation by A. D. Godley.* Cambridge: Harvard University Press. At the Perseus Project of the Tufts University.

www.ingramcontent.com/pod-product-compliance
Lightning Source LLC
Chambersburg PA
CBHW070324010526
44107CB00004B/402